ԱՄԵՆ ՈՔ

ՁԵՌՆԵՐԵՑ Է

ALSO BY GREGORY V. DIEHL

Brand Identity Breakthrough: How to Craft Your Company's Unique Story to Make Your Products Irresistible

Travel as Transformation: Conquer the Limits of Culture to Discover Your Own Identity

The Influential Author: How and Why to Write, Publish, and Sell Non-Fiction Books That Matter

The Heroic and Exceptional Minority: A Guide to Mythological Self-Awareness and Growth

Our Global Lingua Franca: An Educator's Guide to Spreading English Where EFL Doesn't Work

Ամեն Ոք Ձեռներեց է

EVERYONE IS AN ENTREPRENEUR

Տնտեսական Ազատության Իրացումը

Հետխորհրդային Հայաստանում

Selling Economic Self-Determination in

Post-Soviet Armenia

Գրեգորի Դիլ

Gregory V. Diehl

IDENTITY PUBLICATIONS

For permission requests, write to the publisher at contact@identitypublications.com.

Contact the author at www.gregorydiehl.net.

Orders by U.S. trade bookstores and wholesalers. Please contact Identity Publications: Tel: (805) 259-3724 or visit www.IdentityPublications.com.

ISBN-13: 978-1-945884-85-6 (paperback)
ISBN-13: 978-1-945884-87-0 (hardcover)

First Edition
Publishing by Identity Publications (www.IdentityPublications.com).
Cover design by Irina Danilova.
Translated from English by Tatev Sahakyan.

ՁՈՆ

Գիտելիքը հարստության հիմնական աղբյուրն է աշխարհում: Այն գիտելիքը, որ առաջարկում է այս գիրքը, ամփոփում է իմ լավագույն փորձը՝ մեղմելու ոչ բավարար ֆինանսական կարողության խնդիրը, որով պետք է ապահովվեին մարդկանց հարմարավետությունն ու բարգավաճումը, խնդիր, որն այլ կերպ կոչվում է աղքատություն: Հենց այսպես եմ ես ցանկանում իմ ներդրումն ունենալ մեր շուրջը առկա լայն հնարավորությունների դաշտում, որոնք կարող ենք դիտարկել որպես ավելի մեծ հարստություն: Հետևաբար՝ այս գիրքը նվիրված է յուրաքանչյուր մարդու:

ЧТОБЫ СТРОИТЬ-НАДО ЗНАТЬ,
ЧТОБЫ ЗНАТЬ-НАДО УЧИТЬСЯ

”

Կառուցելու համար
պետք է իմանալ,
իսկ իմանալու համար
պետք է սովորել

ԲՈՎԱՆԴԱԿՈՒԹՅՈՒՆ

ՆԱԽԱԲԱՆ

Ես այս գիրքը գրել եմ այն մարդու համար, որը հետաքրքրված է, թե ինչպես է աշխարհը գործում, և ինչպես նա ինքը կարող է զարգացնել իր աշխարհայեցողությունը: Այս ձեռնարկի հասցեատերը նա է, ով բավականաչափ համարձակություն ունի կասկածի տակ դնելու իր համոզմունքներն այն մասին, թե ինքն ինչ արժեք կարող է առաջարկել աշխարհին՝ վարձատրվելով դրան համապատասխան: Իմ գրվածքը նրանց համար է, ովքեր խոչընդոտները չեն համարում անխորտակելի պատնեշ, ինքնաբերաբար չեն հավատում նրան, ինչին ուրիշներն են հավատում, կամ չեն հետևում կանոններին զուտ դրանց հետևելու համար՝ անկախ նրանից, թե որտեղ են ապրում, և թե ինչ ուժեր են թելադրում իրենց այս կամ այն ընտրությունը կատարել:

Կլինեն մարդիկ, ովքեր կբացեն այս գիրքը՝ ակնկալելով տակտիկական խորհուրդներ՝ ինչպես բարելավել իրենց ընկերության վաճառքը կամ կառավարումը, ինչպես կրճատել ծախսերը, ավելացնել շահույթը և այլն: Իսկ գուցե նրանք փնտրեն ոգևորող խոսքեր ֆինանսական ազատության և իրենք իրենց ղեկավարը դառնալու մասին: Այդ ընթերցողները կարող են անտեսել այստեղ հիշատակված ձեռներեցության սկզբունքների և քաղաքակրթական մշակույթի ավելի լայն քննության նպատա-կը: Հնարավոր է՝ նրանք բաց թողնեն այն պատմությունների ուղերձը, որոնք ցույց են տալիս, թե ինչպես են, ասենք, գյուղացիները փորձում առավելագույնի հասցնել իրենց կովերի կաթնատվությունը, լրացնել խոտի սակավությունը ձմռան համար, մեծացնել հաց թխելու ու վաճառելու դինամիկան դաժանորեն վերահսկվող տնտեսությունում: Նրանք գուցե չնկատեն ուղղակի և սկզբունքային կապը իրենց կյանքին առնչվող իրենց իսկ կատարած ընտրության և այն ընտրության միջև, որ կատարում են բացարձակապես այլ կենսակերպ ունեցող մարդիկ ամբողջ աշխարհում:

Այս աշխատությունը գրել ինձ ուղղակիորեն ներշնչել են այն մարդիկ, որոնք գիտելիքների կարիք ունեն ձեռներեցության սկզբունքների վերաբերյալ, որոնք բնակվում են գեղատեսիլ, բայց թույլ զարգացած Կալավան գյուղում՝ հեռավոր Արևելյան Եվրոպայի (կամ հեռավոր Արևմտյան Ասիայի) երկրներից մեկի՝ Հայաստանի Հանրապետության Գեղարքունիքի մարզում: Դա այն վայրն է, որտեղ ես որոշեցի բնակություն հաստատել երեք տարի առաջ: Այն ժամանակ ես գնեցի մի հին ու խարխուլ տուն և սկսեցի աստիճանաբար բարելավել իմ կենցաղային պայմանները և մեծացնել սոցիալական ներգրավումս համայնքի կյանքում: Այն, ինչ սկսվել էր որպես վաղաժամ թոշակի անցնելու պլան և հնարավորություն՝ ուսումնասիրելու Հայաստանը՝ իմ մորական տատիկի հայրենիքը, հենց տեղում վերածվեց հետազոտության, թե ինչպես է այս նախկին սովետական երկիրը հարմարվել ազատություններին և պարտականություններին, որոնք բերում է տնտեսական ազատությունը՝ կոմունիստական վերահսկողության փլուզման հետևանքով:

Իմ դիտարկմամբ՝ հենց այն մարդիկ, որոնք այժմ ապրում են անցումային շուկաների պայմաններում (այն, ինչ տնտեսագետները կարող են անվանել ծայրագավառային կամ զարգացող շուկաներ), ամենաշատն են շահելու, երբ սովորեն աշխարհին ձեռնարկատիրոջ աչքերով նայել: Բարեբախտաբար, հիմա նրանք ազատ են դա անելու համար՝ առաջին անգամ այն պահից ի վեր, երբ մեկ դար առաջ ԽՍՀՄ կազմավորմամբ գրեթե ամբողջական ավտորիտար վերահսկողություն հաստատվեց տնտեսության և մշակույթի վրա:

Հակառակ լայնորեն ընդունված կարծիքի՝ ձեռնարկատիրական գործունեությունը չի սահմանափակվում գրասենյակներում կամ նիստերի սրահներում, համալսարանական լսարաններում,

«ավտոտնակային ստարտափում» կամ նորաձև առցանց փորումներով: Այն չի պահանջում աշխատակիցների վարձում կամ ինչոր ակտիվի միլիոնավոր միավորների շրջանառություն, որն ինչոր մեկին հաջողվել է մտցնել շուկա: Ձեռներեցությունը մտածելակերպ է, աշխարհը տեսնելու հեղափոխական ձև, որը հավասարապես տարածվում է բոլոր մշակութային և տնտեսական հանգամանքներում ապրող մարդկանց վրա:

Հատկապես ուշադրություն դարձրեք այս գրքի վերնագրին. ոչ թե «Ամեն ոք պետք է դառնա ձեռներեց», այլ «Ամեն ոք ձեռներեց է»: Չկան մարդիկ, որոնք այս նկարագրությանը չեն համապատասխանում՝ բացառությամբ գուցե նորածինների և նրանց, ովքեր չեն կարող ընտրություն կատարել կամ ձեռնարկել նախապես մտածված գործողություններ՝ սահմանված նպատակներին հասնելու համար: Հնարավոր չէ խուսափել այն հիմնարար սկզբունքներից, որոնցով խելամիտ մարդիկ ռազմավարություն են կիրառում իրականության և իրենց փոխներգործության համար, որպեսզի արտադրեն և ղեկավարեն այն ամենը, ինչ համարում են արժեքավոր: Այդ կարողությունից զուրկ չեն արվեստագետները, բժիշկները, ուսուցիչները, բանվորները, ֆերմերները, տնային տնտեսուհիները, գիտնականները կամ ցանկացած այլ ծառայություն մատուցող մարդ, ում կարող եք պատկերացնել՝ անկախ տարիքից, ազգությունից, ռասայից, կրոնից կամ սեռից: Չկա այնպիսի մեկը, որը չի կարող իր կյանքը բարելավել՝ սովորելով մտածել այս կերպ և կիրառելով այս սկզբունքների տրամաբանությունը կյանքի բոլոր ընտրությունների ժամանակ:

Ձեռնարկատիրությունը, ինչպես գիտությունը, միաժամանակ ճշմարտությանը ենթարկվելն է և վճռականությունը՝ քամելու ցանկացած հարստություն, որ ճշմարտությունը կարող է տալ: Յուրաքանչյուր մարդ ձեռներեց է այն չափով, որ չափով նա ձգտում է իրականության հետ փոխներգործության իր սեփական պայմաններով, որպեսզի փոխի այն՝ դարձնելով իր համար առավել բարենպաստ: Դադարել լինել ձեռներեց կնշանակեր հրաժարվել կյանքին սկզբունքային մոտեցում ցուցաբերելուց, ինքնակամ հետ կանգնել սեփական արժեքներից: Դա կնշանակեր որդեգրել սնոտի մտածելակերպ, ըստ որի՝ իրականությունը պետք է փոխվի մարդու սպասելիքներին համապատասխան, առանց նախ մարդկանց ընկալումն ու գործողությունները փոխելու՝ համապատասխանելու իրականությանն այնպես, ինչպես այն կա:

Այս գրքի նպատակն է օգնել ընթերցողներին ընդունել և կիրառել ինքնորոշման այս հարացույցը՝ անկախ ապրելու վայրից, բարեկեցության մակարդակից կամ մասնագիտական փորձից: Անգամ չունենալով մասնագիտական ֆորմալ և համակարգված կրթություն՝ յուրաքանչյուր ոք, ով ձեռներեցի աչքերով է նայում իրերին, կարող է յուրացնել համապատասխան օրինաչափություններ և սկզբունքներ այնքան ժամանակ, քանի դեռ ունի դրանք ուսումնասիրելու և կիրառելու ազատություն և հնարավորություն: Դա է մտածված ձեռներեցության իմաստը՝ դադարել մեզ զգալ հանգամանքների զոհ, փոխարենը հավատալ կյանքն ուղղորդելու մեր խելամտությանը:

Գրեգորի Դիլ
Հայաստան, Կալավան

ՁԵՌՆԵՐԵՑՈՒԹՅԱՆ ԿԱՇԿԱՆԴՎԱԾ ԶԱՐԳԱՑՈՒՄԸ ՀԵՏԽՈՐՀՐԴԱՅԻՆ ՄՇԱԿՈՒՅԹՈՒՄ

Եթե դուք Արևմուտքի քաղաքացի եք, որը մեծացել է առավելապես ազատ հասարակությունում, ապա ունեք աշխարհի հետ փոխներգործության ձեր հարացույցը՝ ձևավորված հիմնականում ձեր և ձեր հարևանների կատարյալ ազատության ընձեռած հնարավորություններով: Դա սովորաբար դիտարկվում է որպես ինքնին ենթադրվող մի բան՝ հիմնականում ազատ լինել ձեր սեփական արժեքները որոշելիս, սեփական փիլիսոփայական անհատականությունը ձևավորելիս, ձեր սեփական դերը հասարակության մեջ ընտրելիս, ինֆորմացիան և զբաղմունքները, որոնցով լցնելու եք ձեր կյանքը, և թե ինչպես եք հետամուտ լինելու ձեր նպատակների իրագործմանն ու երջանկության բարձրագույն զգացողությանը: Ձեզ կարող է դժվար և անգամ անհնար թվալ, թե կյանքն ինչպիսին կլիներ, եթե այդպիսի կարևորագույն ընտրությունները կատարելու հնարավորություններից զրկված լինեիք, և դրանք որոշվեին կենտրոնական իշխանության կողմից, որն իրեն իրավունք կվերապահեր պարտադրելու ձեզ համաձայնել՝ ազատազրկման, հարկադրված աշխատանքի կամ մահապատժի սպառնալիքով:

ԱՄԵՆ ՈՔ ՁԵՌՆԵՐԵՑ Է

Այս մռայլ պատկերը ճշգրիտ ցույց է տալիս, թե ինչպիսին է եղել կյանքը այն միլիոնավոր մարդկանց համար, որոնք ապրել են Խորհրդային Միության կոմունիստական իշխանությանը ենթակա 15 պետություններից որևէ մեկում դեռ 30 տարի առաջ՝ մինչև 1991 թվականը: Կազմավորումից 71 տարի հետո կոմունիստական համակարգը փլուզվեց, և նախկինում բռնատիրական վերահսկողությամբ ապրող երկրների քաղաքացիները կրկին ազատ էին անելու այն, ինչը, նրանց կարծիքով, ամենաշատն էր համապատասխանում իրենց կյանքին, և ինչը լավագույնս կծառայեր իրենց շահերին: Չնայած տնտեսական, կրթական և քաղաքական հիմնարար փոփոխություններին, որոնք տեղի են ունեցել անկախության մութ և քաոսային առաջին տարիներից հետո, մարդիկ այժմ էլ շարունակում են իրենց կյանքը (ինչպես նաև իրենց երեխաների և թոռների կյանքը) կառուցել այն մեթոդներով, որոնց սովոր են, անգամ եթե վաղուց ձեռք են բերել ինքնուրույն որոշումներ կայացնելու ազատությունը: Բիզնեսի, կարողության կուտակման, ինքնակատարելագործման և դեպի սահմանված նպատակները գիտակցված ձգտման հայեցակարգերը, որոնք, թվում է, համընդհանուր գիտելիքներ են և գործում են ի շահ բոլոր մարդկանց, շարունակում են անտեսվել. ոչ որովհետև մարդիկ բավականաչափ խելացի կամ ուշադիր չեն դրանք հասկանալու համար, այլ որովհետև նրանց սերնդեսերունդ պարտադրվել են ազատության սահմանափակումներ, և նրանք ունեցել են վախի վրա հիմնված դրդապատճառներ՝ խուսափելու այդպիսի գործուն գաղափարներից: Այն ճնշող միջավայրում, որտեղ նրանք մեծացել են, այդպիսի հայեցակարգերի շուրջ մտածելն անիմաստ էր ու նույնիսկ վտանգավոր, և զարմանալի չէ, որ ձեռներեցության հանդեպ հետխորհրդային մշակույթներում մինչև այժմ էլ որոշակի դժկամություն կա: Խորհրդային Միության վերահսկվող տնտեսության մեջ առաջին անհրաժեշտության պարագաներ ստեղծելու հնարավորությունը վերցված է եղել անհատների ձեռքից, հետևաբար նրանք երբեք չեն զարգացրել այն հարացույցը, որը թույլ կտար հոգ տանել իրենց սեփական կարիքների համար: Այն, ինչ նրանց անհրաժեշտ էր, տրամադրվում էր նվազագույն չափով՝ առանց հակադարձելու կամ այլ բան ընտրելու հնարավորության, և այդ «հնազանդությունն» էլ հռչակված էր որպես լավագույն պահվածք՝ ի բարօրություն խորհրդային հասարակության: Իսկ երբ պետությունը անխուսափելիորեն ձախողեց պատշաճ կերպով բարիքներ մատուցելու իր խոստումը, չկար ոչ մի հասանելի ռեսուրս կամ այլընտրանքային ճանապարհ՝ ձեռք բերելու այն, ինչ անհրաժեշտ էր ապահով կյանքի համար: Անգամ եթե անհատները բավականաչափ խելացի և հավակնոտ էին, որպեսզի մշակեին արտադրության այլընտրանքային միջոցներ կամ ապրանքափոխանակում կազմակերպեին խորհրդային իշխանության հաստատած բռնի կարգերից դուրս, նրանք ենթարկվում էին բիրտ և դաժան քրեական հետապնդման: Հանցագործություն էր անգամ մտածելն ու խոսելը այն գաղափարների մասին, որոնք ներհակ էին կոմունիստական իդեալներին, քանի որ այլախոհությունը պետությունը համարում էր հոգեկան խանգարման մի տեսակ: Սոցիալիզմի հեղինակությունը նսեմացնող կամ Խորհրդային Միությունը հեղինակազրկող «քարոզչության» համար դատապարտվում էին գնդակահարության, ցմահ աքսորի կամ տասնամյակների ազատազրկման:

Ինչո՞ւ էր անխուսափելի, որ պլանային տնտեսության հիմնադիրները, որոնք որոշում էին, թե ինչ և որքան ապրանքների ու ծառայությունների կարիք ունի ամեն ոք, ամբողջությամբ ձախողելու էին իրենց «առաքելությունը»:

Ինչո՞ւ էր Խորհրդային Միությունը ի սկզբանե դատապարտված փլուզման: Պատասխանը պարզ է, և այն նույն պատասխանն է, թե ինչու նախատեսված արդյունքը ստանալու ցանկացած անփոփոխելի պլան ենթակա է ձախողման: Կիրառված մեթոդները անհամատեղելի էին իրականության հետ: Ոչ ոք չի կարող անտեսել տնտեսագիտության օրենքները՝ համարելով դրանք «անարդար» և «անհարմար», և ակնկալել դրական զարգացում: Ճիշտ նույն կերպ՝ մարդիկ չեն կարող անտեսել ֆիզիկայի օրենքները (անգամ եթե ձգողականությունը փոքր-ինչ անհարմար է նրանց համար): Կամ՝ չի կարելի հաշվի չառնել, որ երկու անգամ երկու հավասար է չորսի (թեև ցանկալի էր, որ 5 թիվը ստացվեր):

Կոմունիստները չէին կարող հաջողել իրականության դեմ այս պայքարում, անգամ Կարմիր բանակի աջակցությամբ:

Եթե իդեալական տնտեսությունն այն է, երբ դրանում ներգրավվածները ստանում են մաքսիմում արդյունք մինիմալ ծախսերի դիմաց, ապա միայն խորհրդային տնտեսության մեջ ներգրավված միլիոնավոր մարդիկ կարող էին համարժեքորեն արտահայտել, թե որոնք են այդ կարիքները, և որքան են իրենք՝ որպես անհատ, պատրաստ ներդնելու իրենց ժամանակից, աշխատանքից, կապիտալից և այլ ակտիվներից դրանք ձեռք բերելու համար: Խորհրդային տնտեսությունը բռնի կառավարող իշխանությունները թույլ տվեցին նույն սխալը, ինչ բոլոր իշխանությունները, որոնք փորձում են ստիպել մարդկանց իրենց պահել սահմանված կարգով: Նրանք անտեսեցին ժողովրդի իրական առաջնահերթությունները և բռնության սպառնալիքի ներքո փորձեցին առաջ տանել իրենց սեփականը, որը անհամապատասխան և ուտոպիստական դոկտրին էր, և պահանջում էր լիակատար կախվածություն չընտրվող ղեկավարներից:

Ճակատագրական սխալն այն էր, որ խորհրդային տնտեսական մեխանիզմը երբեք չէր աշխատում այն մարդկանց բնական և իրական ներդրումների միջոցով, որոնք իրենց նպատակներն ու ձգտումներն ունեին այդ տնտեսության մեջ: Փոխարենը այն կառուցված էր խճճված ՝ արտադրելու ապրանքների և ծառայությունների այն քանակը, որը, անհամաչափ հզոր մարդկանց մի փոքրիկ խմբի կարծիքով, բխում էր բոլորի շահերից: Սպառողների ցանկությունների այդպիսի ոչ ճիշտ ներկայացումը երբեք չէր կարող հանգեցնել այդ ցանկությունները բավարարելու օպտիմալ մեթոդին: Այն չէր կարող նույնիսկ իր փաբրիկացված մանդատներն ապահովել օպտիմալ ծախսերի առումով: Արդյունքում ավելի ու ավելի շատ ծախսեր էին պահանջվում ավելի ու ավելի քիչ փաստացի արդյունք ստանալու համար, և այն ինչ արտադրվում էր, հեռու էր մարդկանց ուզած օպտիմալ քանակից:

Խորհրդային տնտեսության կարգերում և՛ արդյունքը, և՛

ներդրումները ի սկզբանե սաբոտաժի էին ենթարկվել: Աշխատանքի դե-պարտամենտը ոչ մի տարբերակ չուներ նախապես հաշվարկելու, թե մարդիկ որ դերում են արդյունավետորեն գործում և չէր կարող հաշվարկել իդեալական տարբերակ՝ փոխհատուցելու նրանց արդյունավետության համար՝ առանց թույլատրելու կատարել իրենց սեփական ընտրությունը՝ համաձայն անհատական նախապատվությունների և կարողությունների: Ոչ մի համընդհանուր կամ տիեզերական մանդատ չի կարող մոտավոր հաշվարկել հասանելի արժեքների առաջարկի և առկա պահանջարկի իսկայական հորձանքի միախառնումը, և այս փաստի անտեսումը ավելի կտրուկ է դառնում տնտեսության մասշտաբների մեծացմանը համընթաց:

Իսկ ի՞նչ եք կարծում, խորհրդային իշխանություններն ինչպե՞ս էին արդարացնում տնտեսությունն իրենց վերահսկողության տակ պահելը: Շրջանառվող հիմնական պնդումն այն էր, թե անհատներն ընդունակ չեն իրենց համար ինքնուրույն կայացնելու նման կենսական որոշումներ: Մարդկանց համար հեշտ է ընկնել մոլորության մեջ՝ կարծելով, թե այն, ինչ արվում է ներկա պահին, միակ (կամ լավագույն) տարբերակն է, որ երբևէ կարող է լինել: Այսպիսով՝ միակ բանը, որ Խորհրդային Միության կողմնակիցը պետք է աներ, որ արդարացներ այն, ինչը օտարականի կողմից կդիտվեր որպես մարդու իրավունքների ոտնահարում և հակաարդյունավետ տնտեսական քաղաքականություն, այն է, որ մատնանշեր, թե պետությունը հաց է տալիս քաղցած մարդկանց:

«Տեսեք, մենք կերակրում ենք քաղցածներին»,կարող էին պնդել նրանք: «Առանց մեր ձեռնարկած անհապաղ միջոցառումների այս մարդիկ հաց չէին ունենա և շուտով սովից կմեռնեին: Ցանկացած մարդ դեռ ողջ է միայն բնական գործընթացների մեջ մեր ուղղակի միջամտության և մեր ցուցաբերած առատաձեռնության շնորհիվ: Եթե մենք դադարեցնեինք հացի արտադրությունն ու բաշխումը, հաց ընդհանրապես չէր լինի»:

Այս վերլուծությունից դուրս է մնում ակնհայտ, սակայն չբարձ-րաձայնված մի հանգամանք. միակ պատճառը, որ պետությունից բացի՝ ոչ ոք հաց չէր արտադրում, այն է, որ վերջինս բռնություն էր գործադրում հաց ստեղծող հասարակ ժողովրդի նկատմամբ՝ համոզված լինելու համար, որ ինքը միակ արտադրողն է: Խանութներում ալյուրը հիմնականում հասանելի չէր, քանի որ պետությունը վերահսկում էր արտադրությունն ու բաշխումը: Եթե որևէ անձ բացահայտեր հացահատիկ արտադրելու և հաց մատակարարելու ավելի լավ ձև պետության վերահսկողությունից դուրս, և փորձեր շուկայում առաջարկել դա քաղցած մարդկանց, ապա անմիջապես ջանքեր կգործադրվեին այս մասնավոր արտադրողին տնտեսությունից հեռացնելու համար: Նրա ընտրությունն ու մտածելակերպը կդիտարկվեր որպես սպառնալիք բոլոր այն մարդկանց համար, որոնք կախում ունեին պետական արտադրության հացից: Նրանք կհամարվեին սաստիկ եսասեր, եթե գործիքներն իրենց ձեռքը վերցնեին և մտածեին շահույթ ստանալ հացի կոլեկտիվ կարիքի արդյունքում: Այն, որ անհատները շարունակում էին մահվան ռիսկի ենթարկել իրենց կյանքը, որպեսզի գտնեին իրենք իրենց, իրենց ընտանիքներին և համայնքներին կերակրելու սեփական մեթոդները, վկայում է, թե որքան վատ էր պետությունը բավարարում նրանց այդ կենսական կարիքները:

Մարդկանց կերակրելու այս պարզագույն պլանային տնտեսության մոդելը նաև ամբողջությամբ անտեսում է այն փաստը, որ գոյություն ունեն հիմնական սննդի անհամար տեսակներ, բացի սոսկ հացից, և կան նույնքան չօգտագործված ռազմավարություններ՝ անհրաժեշտ քանակությամբ կալորիաներ և միկրոէլեմենտներ արտադրելու համար, որպեսզի բավարարեն մեծաթիվ մարդկանց կենսական պահանջները: Արևմուտքում, որտեղ այժմ սննդի շատ ավելի առատ տեսականի կա, քան պատմության ցանկացած այլ ժամանակաշրջանում, մարդիկ նույնիսկ նախընտրում են իրենց սննդակարգից բացառել հացը և այլ հացահատիկային մթերքները, ինչն անհնարին կթվար խորհրդային քաղաքացիներին, որոնք հիմնականում կախված էին հացից՝ բավարարելու սնուցման նվազագույն մակարդակը:

Այժմ մարդկանց կերակրելն Արևմուտքում այնքան հեշտացել

է, որ փաստացի մենք ստեղծել ենք սովի հակառակ խնդիրը՝ մարդիկ հիմա ավելի շատ մահանում են չափից շատ սնվելուց, քան թերսնումից: Սա դառը կատակ է, որը, սակայն հիանալի ցույց է տալիս, թե զարգացումն ուր կարող է հասնել, երբ արտադրության և սպառման արհեստական սահմանափակումները հանվեն, և ձեռնարկատերերին հնարավորություն տրվի կատարելու իրենց կենսական գործառույթը հասարակության մեջ: Ավելի շատ խնդիրներ կլուծվեն առավել բազմազան եղանակներով, երբ կան մեծաթիվ ազատ և մոտիվացված մարդիկ դրանք լուծելու համար: Սակայն միասնական կենտրոնացված մարմինը երբեք չի կարող հաշվի առնել իր մշակած գծային մոդելից դուրս եղող բոլոր հնարավորությունները, քանի որ նա ընդունել է այդ մոդելը որպես միակ լուծում դիտարկվող միակ խնդրի համար:

Վերջին 15 տարիների ընթացքում ես ճամփորդել եմ տնտեսապես զարգացող մի երկրից մյուսը՝ ապրելով, աշխատելով կամ դասավանդելով ավելի քան 50 հասարակության շրջանում: Իմ ճամփորդությունը սկսվեց Կալիֆոռնիայից, որտեղ մեծացել եմ, և ավարտվեց Հայաստանի հեռավոր գյուղերից մեկում, որտեղ ապրում եմ վերջին երեք տարիներին:

Շատ առումներով տեղի մշակույթին բնորոշ մտածողությունը, թե ինչպես արդյունավետ կազմակերպել կյանքի ընթացքը, իմ մտածողությունից խիստ տարբեր չէր էլ կարող լինել:

Բայց ես նկատել եմ, որ բնակչության աղքատ հատվածը, հիմնականում նրանք, ովքեր ապրում են գյուղերում կամ փոքր համայնքներում՝ մեծ քաղաքներից հեռու, միանգամայն կոմպետենտ և տաղանդավոր մարդիկ են ապրելակերպի մի շարք կարևոր հմտություններ ձեռք բերելու հարցում: Մեկուսացված կյանքն է նրանց ստիպում լինել այդպիսին: Եթե նրանք պետք է վերանորոգեն իրենց տունը վատ եղանակից պաշտպանվելու համար, ապա չկա ոչ մի վարպետ, ում կարող են կանչել գործը գնահատելու և ժամկետներ նշանակելու համար: Եթե նրանց ավտոմեքենան խափանվում է անհարմար վայրում, ապա հարկադրված են ինքնուրույն լուծել կամ օգնել միմյանց, ինչով հնարավոր է: Դա պարզապես խնդիր է իրական հետևանքներով, որի համար պետք է լուծում գտնեն հնարավորինս արագ և արդյունավետ:

Անգամ հասանելիություն չունենալով ժամանակակից դպրոցներին, գրքերին կամ ինտերնետին (ինչպես հաճախ լինում է)՝ նրանք կարողանում են միմյանց փոխանցել այդ գիտելիքներն ու հմտությունները իրենց համայնքի շրջանում, մեծերից՝ երիտասարդներին, հարևանից՝ հարևանին: Բայց այդ մարդիկ հազվադեպ են սովորում, թե ինչպես կիրառել նույն գիտելիքներն ու հմտությունները տակտիկապես համակարգված՝ ուղղորդելով դրանք ապրանքներ և ծառայություններ ստեղծելուն, կառավարելուն և օգուտներ քաղելուն:

Այս ռազմավարության բացի պատճառը ակնհայտ է թվում: Երբ մարդիկ մեծանում են մեկ հստակ հարացույցով, թե ինչն է թույլատրելի, կամ ինչպես պետք է փոխազդել իրականության հետ, նրանք սովորաբար կրում են այդ մտածողությունն ամբողջ կյանքի ընթացքում, անկախ այն բանից, թե ինչ է փոխվում իրենց շուրջը: Հավանաբար, նրանք նաև իրենց երեխաներին կփոխանցեն այդ կարծրացած համոզմունքները, թեպետ կողքից նայողին միանգամայն ակնհայտ է, որ այն աշխարհը, որում ապրում են երեխաները, արմատապես տարբեր է նրանից, ինչին հարմարվել են ծնողները: Թեև այս վատ հակումը վերաբերում է բոլորիս, դա հատկապես զգալի է քաղաքական և տնտեսական ոլորտում սրընթաց և զանգվածային փոփոխությունների ենթարկվող մշակույթներում: Խաղի կանոնները, որոնցով հասակ են առել նախորդ սերունդները, հնացած են և հաճախ հակաարդյունավետ՝ իրենց հետագա սերունդների նպատակների համար:

Միշտ հիշում եմ Մերիի հետ ունեցած խոսակցությունս՝ երիտասարդ երևանցի հայուհու, որ մեր հարևան գյուղում անգլերենի ուսուցչուհի է: Նա ծանոթացրեց ինձ իր պատանի աշակերտների հետ որպես «բիզնես գրքերի հեղինակի», իսկ հետո ներկայացրեց իր մտքերն այն մասին, թե ինչ է բիզնեսն իրենց համար: Այդպես ես կբնութագրեի ոչ թե բիզնեսը, այլ մոլախաղերը: «Բիզնեսում դուք պետք է ռիսկի ենթարկեք այն ամենը, ինչ ունեք՝ նոր բան սկսելու համար: Եվ գուցե շատ հաջողակ լինեք որոշ ժամանակ մեծ գումար աշխատելու առումով, բայց հետո (իսկ գուցե հենց հաջորդ օրը) կարող եք կորցնել ամեն ինչ և դուրս մղվել բիզնեսից»:

Ի՞նչն է ձեր աչքին զարնում այս նկարագրության մեջ: Ես այն տպավորությունը ստացա, թե մարդը զրո ազդեցություն ունի բիզնեսի արդյունքի վրա: Գուցե այս մարդիկ սկսում են բիզնեսով զբաղվել սխալ պատճառներով և սխալ կարծիք ունենալով դրա վերաբերյալ: Գուցե նրանք դա տեսնում են որպես արագ հարստություն երաշխավորող մեխանիզմ, որը պարտավոր է դռան շեմի մոտ բերել ցանկալի փողի տոպրակներ: Եվ հնարավոր է, պարզապես հավանական է, որ այդ մարդիկ հայտնվեն ճիշտ ժամանակին ճիշտ տեղում ճիշտ ապրանքով՝ այնպես, որ սկզբում որոշակի հաջողության հասնեն: Բայց նրանք ունակ չեն տարբերելու, թե ինչն են ճիշտ անում, ինչը՝ սխալ, և վաղ թե ուշ սխալները երևան են գալու: Հաջողությունը (կամ հաջողության պատրանքը), որով նրանք սկսում են, արագորեն փլուզվում է, և իրենք մնում են դառը իրականությանը դեմ հանդիման ոչ կենսունակ բիզնես մոդելով: Նրանք չգիտեն՝ որն է իրենց սխալը, հետևաբար չեն կարող մեղադրել իրենք իրենց: Նրանք սխալը համարում են «այդ անհասկանալի «բիզնես» հասկացությունը» կամ շուկայական պայմանները, որոնց մեջ ձախողել են:

Ահա թե ինչու են այս մարդիկ նախընտրում երաշխավորված աշխատավարձ ստանալ, որքան էլ որ այն խղճուկ լինի և անարդար՝ այն վաստակելու համար կատարված աշխատանքի դիմաց: Համենայն դեպս, նրանք գիտեն, որ իրենց աշխատանքը պարզապես փշուր-փշուր չի լինի իրենց ոտքերի տակ այնպիսի պատճառներով, որոնք իրենք չեն կարողանա մատնանշել: Իհարկե, այս մոտեցումը միայն ապահովության պատրանք է: Ցանկացած աշխատանք որևէ կազմակերպությունում կարող է անհետանալ ցանկացած ժամանակ նրանց վերահսկողության տակ եղող կամ դրանից դուրս պատճառներով: Բայց աշխատանքը ստեղծում է հարմարավետության, ապահովության և աշխարհին պատկանելության զգացողություն, և այդ պատրանքը այն ամենն է, ինչ որոշ մարդիկ ունեն: Նրանք դա ավելի են գերադասում, քան ինքնուրույն ինչոր բան ստեղծելու անորոշությունը:

Անտեղյակ մարդիկ կարծում են, որ տնտեսագիտությունը ձանձրալի է կամ ոչ պրակտիկ՝ սովորելու կամ քննարկելու համար: Իմ մոդելում տնտեսագիտությունը նկարագրում է այս մոլորակի վրա մարդկանց ինքնակամ վարքագծերի հանրագումարը: Ինձ շատ հետաքրքիր է այն ամենը, ինչ տնտեսագիտությունն ընդգրկում է, և այն, թե ինչպես է մարդկանց յուրաքանչյուր ընտրություն ներգործում և ազդում մյուս ընտրության վրա:

Տնտեսագիտությունը նաև մեկն է այն ոլորտներից, որոնցից սովորական մարդը ամենից քիչ տեղեկացվածն է, դեռ ավելին՝ չգիտի էլ, որ ինքն անտեղյակ է այդ մասին: Նա, ով չի ուսումնասիրել կենսաբանություն կամ մաթեմատիկա, հավանաբար չի հայտարարում, որ շատ լավ հասկանում է դրանցից կամ բարձրաձայն կարծիք հայտնում դրանց մասին, մինչդեռ յուրաքանչյուր ոք, ով պնդում է որոշակի տեսակետ տնտեսագիտության վերաբերյալ կամ խոսում, թե ինչպես պիտի այն գործի, հանրությունը դա համարում է օբյեկտիվ: Ես հաճախ եմ խորհել, թե ինչու է այդպես: Լավագույն պատասխանը, որ կարող եմ գտնել, այն է, որ մարդկանց մեծամասնությանը երբեք չեն սովորեցրել, որ տնտեսագիտությունն ընդհանրապես օբյեկտիվ բնույթ չունի էլ, որովհետև այն, ըստ էության, ուսմունք է մարդկանց ընտրության մասին, իսկ մարդիկ ամեն դեպքում ազատ կամք ունեն, հետևաբար, նրանք կարծում են, որ տնտեսական մոդելները պետք է գործեն այնպես, ինչպես իրենք են կամենում: Այս չբարձրաձայնված մոտեցումը բաց է թողնում մեկ հանգամանք՝ այն, որ տնտեսագիտությունը ուսմունք է, որը տարածվում է օբյեկտիվ և սահմանափակ իրականության վրա, որն էլ գործում է կոշտ և արագարար կանոնների համաձայն: Տնտեսագիտությունը դիսկուրս է, թե ինչպես ենք մենք փոխազդում իրականության վրա, որպեսզի դրանից ստանանք այն, ինչի կարիքն ունենք և դարձնենք այնպիսին, ինչպիսին ուզում ենք, որ լինի: Սա անելու այլ տարբերակ չկա, քան նախևառաջ ընդունել բնության օրենքները և կյանքի իրողությունները, ներառյալ այն, ինչ մենք կոչում ենք տնտեսություն և ձեռնարկատիրություն: Ըստ էության՝ ձեռնարկատերը պարզապես մեկն է, որ արտադրում կամ կառավարում է հարստությունը սուբյեկտիվ արժեքի տեսքով: Անհնար է ինքնուրույն ապրել առանց դա անելու:

Իմ բազում հայաստանցի ընկերներ կամ այլ հետխորհրդային երկրների քաղաքացիներ մինչ օրս էլ ապրում են իրենց մշակույթից ծագող անգիտակից վախի մեջ, վախ ազատությունից և անձնական պատասխանատվությունից: Երկար տասնամյակներ ապրելով բռնատիրական հասարակարգում ՝ շատերը կորցրել են հպարտության բնական և բնածին զգացումը, որն առաջանում է սեփական կյանքի համար հաշվետու լինելուց, ինքնուրույն որոշելուց, թե ինչպես է այդ կյանքն ընթանալու, և գիտակցված ջանքերով իր ուզածին հասնելուց: Նրանց համար հեշտ չէր անցումը խորհրդային վերահսկումից դեպի համեմատաբար ավելի մեծ անձնական ազատության համակարգի և դրանով պայմանավորված՝ նոր հարացույցի: Ավագ սերնդից շատերը շարունակում էին հավատալ, որ բռնապետությունն ու տնտեսական ստրկությունը գերադասելի են այն ծանր բեռից, որը բնորոշ է ինքնակամ գործելուն մի աշխարհում, ուր նրանք հայտնվում էին առաջին անգամ: Նրանք նախընտրում էին, որ հզոր և ազդեցիկ առաջնորդը կամ պետական գործակալությունը իրենց փոխարեն ընտրություն կատարի արտադրության և հարստության կառավարման հարցերում: Ազատության հանդեպ այս պաթոլոգիական վախը այստեղ՝ Հայաստանում, դրդում է ծնողներին և ընտանիքի ավագներին սովորեցնելու իրենց երեխաներին խուսափել անհարկի ռիսկերից, ինչը նշանակում է նաև զրկել նրանց ձեռքբերումներ ունենալու հնարավորությունից: Արդյունքը կանխատեսելի է՝ շատ տաղանդավոր և ստեղծագործ երիտասարդներ լուրջ դրդապատճառ են ունենում թողնելու Հայաստանը և գնալու օտար երկրներ, որտեղ ստանում են ավելի մեծ ազատություն և իրենց ձգտումներն իրականացնելու ավելի մեծ հնարավորություններ: Իսկ առանց ձեռնարկատիրական մտածելակերպ ունեցող և առաջադեմ երիտասարդության՝ դանդաղում է Հայաստանի ընթացքը դեպի տնտեսական կայունություն և բարգավաճում:

Փողն ամեն օր ձեռքից ձեռք է փոխանցվում մեր շուրջը: Մարդիկ շարունակ որոշում են ձեռք բերել այս կամ այն իրը, որն ավելի են նախընտրում, քան փողը պահելը: Այդ պատճառով իսկապես զարմանալի է, որ նրանք դժվարանում են փող վաստակելու գոնե մեկ նորարարական միջոց գտնել: Դրամական փոխանակումներով է որոշվում ժամանակակից կյանքը: Գումար ծախսելու եղանակներն ավելանում են ամեն օր, հետևաբար ավելանում են նաև այն վաստակելու ձևերը: Ի վերջո, ամեն ծախսված դոլարի, եվրոյի, իենի և դրամի դիմաց պետք է որ լինի ստացված դոլար, եվրո, իեն և դրամ:

Սակայն մարդիկ հազվադեպ են այսպես մտածում: Նրանք, իհարկե, տեսնում են դժվարությամբ վաստակած գումարը ծախսելու բազում տարբերակներ: Մեր կյանքը հեղեղված է գովազդով և սպառողական աշխարհի այլ ներգործություններով, որոնք խրախուսում են երկնքի տակ եղած ամեն ինչի վրա գումար ծախսել, ծախսե՛լ ու ծախսել, այդ թվում՝ այն ամենի վրա, ինչի գոյության մասին մենք գաղափար անգամ չունեինք, ո՛ւր մնաց թե ցանկանայինք դրանք ձեռք բերել: Բայց երբ մարդիկ մտածում են հավասարման մյուս կողմի, այն է՝ գումար վաստակելու տարբերակների մասին, նրանք հակված են աշխարհը տեսնելու սահմանափակ և բարդ անելիքների միջոցով, որոնք վերաբերում են ընդունելի կարիերայի ուղիներին:

Ուրեմն՝ որտե՞ղ է անհամապատասխանությունը: Ինչո՞ւ ենք մենք համարում, թե գումար ծախսելու տարբերակները չափազանց շատ են և բազմազան, մինչդեռ այն ունենալու հնարավորությունները՝ սակավ, և պետք է ենթարկվեն խիստ դոգմատիկ կանոնների բյուրոկրատական ինստիտուտների կաշկանդող հայացքի ներքո: Պատճառը օբյեկտիվ և անգամ տրամաբանական չէ. պատճառն իհարկե մշակութային է: Եվ բարեբախտաբար, մշակույթը կարող է փոխվել նրանց համար, ովքեր ամենաշատն են դժվարանում ապրուստի միջոց գտնել այս աշխարհում: Տնտեսական հաջողություն ունենալու համար մարդուն ընդամենն անհրաժեշտ է, որ արտադրի ավելի շատ, քան սպառում է:

Գործելու և ընտրելու միջոցով դրան հասնելու ուղիները անվերջ են, ինչպես ի սկզբանե գոյություն ունեցող հարստության ձևերը արտադրելու կամ կառավարելու համար: Դուք գուցե արդեն քննադատաբար եք մոտենում իմ մոտեցումներին անընդհատ վիճարկվող այս թեմայի հարցում: Հետևաբար պետք է ընդունեք այս աշխատության մեջ բերված իմ փաստարկները միայն այն դեպքում, եթե համաձայն եք իմ ներկայացրած սահմանումների հետ և տեսնում եք դրանց միջև առկա տրամաբանական կապը: Ես ջանացել եմ հնարավորինս պարզ և հետևողական լինել հիմնական տերմիններն օգտագործելիս: Այդ նպատակով գրքի վերջում զետեղվել է ձեռնարկատիրական գործունեության սկզբունքների բառարան, որը կօգնի ավելի ստույգ հասկանալ ձեռնարկում հանդիպող տնտեսագիտական ձևակերպումները:

Ավելին՝ դուք պետք է կարողանաք արտարկել այն առանձին պատմություններն ու օրինակները, որոնք ես ներկայացնում եմ այստեղ և պրոյեկտել դրանք ձեր կյանքի ընթացիկ դեպքերի և մշակութային ու տնտեսական պայմանների վրա, որոնցում ապրում եք: Միայն այդ ժամանակ կարող ենք պնդել, որ իմ դավանած տնտեսագիտական սկզբունքները համընդհանուր են և միայն մեկ ազգի կամ մեկ երկրի տնտեսության վրա չէ, որ տարածվում են, չեն գործում միայն ինչոր մեկի անձնական հարստացման կամ կրթության օրինակում: Դրանք տարածվում են երրորդ աշխարհի ամենաաղքատ և ամենաքիչ կրթված ռեզիդենտների վրա ճիշտ նույնքան, որքան ամենազարգացած երկրների հարուստ և բարձր կրթական մակարդակ ունեցող բնակիչների վրա: Ես երբեք չեմ եղել այնպիսին, որ երևույթների իմ սուբյեկտիվ ընկալումները խանգարեն ինքնուրույն պարզելու, թե ինչպես են իրականում դրանք գործում: Ի վերջո, դա այն ամենն է, ինչ անհրաժեշտ է ցանկացած մասշտաբի հաջողակ ձեռնարկատեր լինելու համար. նոր բաներ փորձելու, արդեն իսկ հաստատված պրակտիկան հարցականի տակ դնելու և իրենց նպատակներին հասնելու լավագույն ուղիներն ինքնուրույն մտածելու պատրաստակամություն՝ առաջնորդվելով միայն իրականության խիստ ու հաստատուն կանոններով: Ցանկացած մեկը, որ այլ բան է ասում, փորձում է պնդել այն կարծրացած հարացույցը, որով ինքը սովորել է ապրել… կամ պարզապես փորձում է ինչոր բան վաճառել ձեզ:

ՄԱՍ I

ԻՆՉՊԵՍ Է ՁԵՌՆԱՐԿԱՏԻՐԱԿԱՆ ՄՏԱԾԵԼԱԿԵՐՊԸ ՀԱՆԳԵՑՆՈՒՄ ՀԱՐՍՏՈՒԹՅԱՆ ԿՈՒՏԱԿՄԱՆ

Այսօր ապրող գրեթե յուրաքանչյուր ոք ավելի հարուստ է, քան գրեթե յուրաքանչյուր ոք նախորդ սերունդներից: Այս համարձակ պնդման իսկությունը հաստատելու համար մեզնից պահանջվում է նախ հասկանալ՝ ինչ է հարստությունը և դրա առաջացման բնական համակարգը: Թե ինչ է մարդկանց մեծամասնությունը մտածում, երբ պատկերացնում է հարստությունն իր գլխում, իրականում միայն դրա փաքսիմիլն է, այն քարտեզը, որը ցույց է տալիս դրա իրական սահմանները: Նույնիսկ նրանք, ում մարդիկ համարում են հաջողակ մասնագետ, գուցե չհասկանան իրենց նյութական հարստության բնույթը և այն, թե որտեղից է այն գոյանում:

Մի՞թե խոշոր գումարը ձեր բանկային հաշվեկշռին համարվում է հարստություն: Ինչպե՞ս կարող է այդպես լինել: Դա միայն թվային սիմվոլների հաջորդականություն է էկրանի կամ թղթի կտորի վրա: Ի՞նչ օգուտ դրանից: Իսկ ի՞նչ կասեք կանխիկ թղթադրամի մասին: Արդյո՞ք դա հարստություն է: Ի վերջո՝ դա ընդամենը գունավոր թուղթ է (կամ պլաստիկ պոլիմեր, նայած թե որ երկրում եք ապրում), որի վրա կան կոդավորված նախշեր և վաղուց մահացած առաջնորդների պատկերներ:

Արդյո՞ք թանկարժեք մետաղները, ինչպիսին ոսկին և արծաթն են, հարստություն են: Իսկ ի՞նչ կասեք ադամանդների և այլ թանկարժեք քարերի մասին: Արդյոք բիթքոինը հարստությո՞ւն է: Այն պարզապես համակարգչային կոդերի կույտ է: Բայց այդպիսին են նաև երբևէ գրված բոլոր համակարգչային ծրագրերը: Արդյոք հաջողակ ընկերության բաժնետոմս ունենալը համարվո՞ւմ է հարստություն: Ընկերությունը, անշուշտ, հարուստ է:

Արդյոք հեղինակավոր համալսարանում բակալավրի, մագիստրոսի կամ դոկտորի կոչում ստանալը հարստությո՞ւն է: Դրանք, իհարկե, թանկ են, այնպես որ պետք է ինչոր կերպ առնչություն ունենան հարստության ձեռքբերման հետ, այնպես չէ՞: Արդյոք բարձրագույն հանրահաշիվ իմանալը հարստությո՞ւն է: Իսկ իմանալը, թե ինչպես փոխել մեքենայի վնասված անվադո՞ղը:

Արդյո՞ք հազար գլանակ զուգարանի թուղթը ձեր նկուղում

հարստություն է: Ի՞նչ կասեք տարատեսակ մուրճերով, սղոցներով և գայլիկոններով լի արկղիկների մասին: Արդյոք այդ ամենը գոնե մասամբ նշանակություն չի՞ ստանում ձեր գիտելիքների շնորհիվ, երբ կարող եք կիրառել տվյալ գործիքները և դրանցով իրեր սարքել կամ նորոգել ձեր հմտությամբ:

Հարստությունն այն է, ինչ աշխարհում յուրաքանչյուր մարդ և՛ արտադրում, և՛ սպառում է իր կյանքի յուրաքանչյուր օր:

Եվ այնուհանդերձ մի իրողություն, որն այսքան համընդհանուր է, մենք կարծես թե ընկալում ենք բազում սխալ մոտեցումներով՝ ինչ է այն, ինչպես է աշխատում, որոնք են այն ձեռք բերելու և մեծացնելու լավագույն ուղիները: Բոլոր հարստությունները գոյանում է արտադրելուց, իսկ արտադրելը մեր ընտրության և գիտակցված գործողությունների արդյունք է: Մենք գործի ենք դնում գիտելիքներն ու հմտությունները՝ ստեղծելու այնպիսի բաներ, որոնք օգտաբեր ենք համարում: Օգտաբեր է այն ամենը, ինչ օբյեկտիվորեն կարող է արժեք բերել անհատին: Բայց այն, ինչ դուք համարում եք օգտաբեր, կարող է չափազանց տարբերվել նրանից, թե ինչն եմ օգտաբեր կարծում ես կամ փողոցի անկյունում կանգնած մարդը... կամ մեկը աշխարհի մյուս ծայրում: Արժեքն այն է, ինչը մարդուն սուբյեկտիվ բավարարվածության ավելի բարձր վիճակի է հասցնում: Այն, ինչ սուբյեկտիվորեն արժեքավոր է, կարող է փոխվել մարդու կյանքի ընթացքում կամ նույնիսկ ամեն պահի՝ ամեն օրվա անցողիկ տրամադրությունների հետ: Երկու մարդկանց նախընտրությունները երբեք լիարժեքորեն նույնը չեն:

Սա այն սկզբունքն է, որն ազատ հասարակությանը, փոխադարձ շահի համար հաշտ համագործակցող անծանոթ մարդկանց զանգվածային կոնգլոմերացիային թույլ է տալիս գործել: Մեր տարբերությունները նախապատվությունների և կարողությունների հարցում թույլ են տալիս մի անհատին հետամուտ լինել իր սեփական արժեքներին՝ օգնելով մեկ ուրիշին գտնել իր արժեքները, և հակառակը: Եթե բոլորը ցանկանային նույն բանը նույն չափով (և նրանք լինեին հավասարապես ունակ դրան հասնելու), ապա առևտուրը որպես այդպիսին չէր կարող տեղի ունենալ: Բոլոր մարդիկ կաշխատեին ձեռք բերել նույն գիտելիքները, նույն հմտություններն ու նյութական բարիքները: Մեր տարբերություններն են, որ հնարավորություն են տալիս մասնավորեցնելու մեր մտքերն ու աշխատանքը առանձնահատուկ արտադրանք ստեղծելու համար, որն ուրիշները կցանկանան ունենալ այնքան, որ փոխանակեն իրենց աշխատանքի արդյունքի հետ: Մենք ստանում ենք մեր ուզածը, որն ինքներս չէինք կարող կամ երբեք չէինք ցանկանա արտադրել, և նույնն էլ՝ ուրիշները:

Հարուստ մարդը նա է, որն ունի օգտակար լինելու բազում տարբերակներ և լայն հնարավորություններ: Այդպիսի մարդիկ շատ ուղիներ ունեն ձեռք բերելու այն, ինչն իրենց բավարարվածություն կբերի: Նրանք կյանքի տարբեր խնդիրները լուծելու ավելի շատ ճանապարհներ ունեն, քան քիչ հարուստ մարդիկ: Նրանք ավելի ապահով են, քանի դեռ կարողանում են ռազմավարությամբ կառավարել իրենց հարստությունը, որովհետև ավելի քիչ են աղետները, որոնց պատրաստ չեն կամ չեն կարողանա դրանցից հետո վերականգնվելու տարբերակ գտնել: Հարստությունը այն ակտիվների սեփականությունն է, որոնք ապահովում են սուբյեկտիվ արժեք. դա ընտրանքային իշխանություն և վերահսկողություն է:

Ահա թե ինչու մենք կարող ենք վստահաբար ասել, որ այսօր ապրող գրեթե յուրաքանչյուր մարդ ավելի հարուստ է, քան ցանկացած մեկը նախորդ սերունդներից: Այսօր ժամանակակից տեխնոլոգիաների տարածվածությունը աշխարհի բոլոր ծայրերում՝ սանտեխնիկան, էլեկտրականությունը, ինտերնետի հասանելիությունը, էժան և հեշտ գտնվող սմարթֆոնները ամենաաղքատ վայրերում, հնարավորություններ է ընձեռում գրեթե բոլոր մարդկանց, որոնք չէին կարողանա ապրել նախորդ դարերում: Հասարակ մարդն այսօր այնքան մեծ ընտրություն և հասանելիություն ունի նյութական բարիքների աշխարհում, որի մասին անցյալ դարաշրջանների թագավորությունները չէին էլ կարող երազել, չէին կարող փոխանակել իրենց քարերը, ձիերը կամ ծառաներին՝ դրանք ձեռք բերելու համար:

Մեզ նախորդած սերունդները մեզ համար հնարավոր են դարձել

վայելել նյութական բարիքները՝ աստիճանաբար զարգացնելով այն գիտելիքներն ու տեխնոլոգիաները, որոնցով հավաքվում և զտվում են երկրի բնական ռեսուրսները՝ վերածվելով օգտակար նյութերի: Իսկ այդ նյութերը վերածվել են ապրանքների՝ հնարավորություն տալով հետամուտ լինելու մեր նպատակներին, որոնք այնքան սովորական են թվում մեզ, բայց անցյալում կախարդական կթվային ցանկացած մեկին: Մեր տնտեսություններն ու կապերը զարգացել են այն աստիճանի, որ կարող ենք գնել մեր ուզած գրեթե ամեն բան, որ չենք կարող ստեղծել ինքներս, որովհետև մենք կարող ենք հաղորդակցվել մյուս արտադրողների հետ՝ չնայած լեզ-վական և մշակութային արգելքներին, և հաղթահարել լոգիստիկ դժվարությունները ցանկացած հեռավորության կամ տարածության վրա: Իսկ ինքներս էլ կարող ենք առաջարկել ինչ-որ բան, որը մյուս արտադրողները կհամարեն արժեքավոր որևէ այլ ապրանքի դիմաց, որ նրանք ունակ են արտադրելու, անգամ եթե մենք նրանց պարզապես տալիս ենք իրական հարստության թվային համարժեքը:

Եվ որովհետև այդքան կուրացած ենք մեր ժամանակի ճոխությամբ, գրեթե բոլորս մոռանում ենք, թե ինչ կլիներ, եթե մենք չունենայինք այդքան շատ հնարավորություններ ծնվելու պահից սկսած: Մեզ շատ դժվար է պատկերացնել, թե ինչ-ի նման կլիներ կյանքը մի հասարակությունում, որտեղ ստիպված էինք լինելու ինքներս մեզ սպասարկելու ուղիներ գտնել այն ամենով, ինչ սպառում ենք, կամ դա արվեր փոքր տեղական համայնքի կողմից, քանի որ այդ ամենը ակնթարթորեն հասանելի չէ բոլորին: Այսպիսով՝ մենք մոռանում ենք, թե որտեղից է տվյալ հարստությունը գալիս, և թե ինչ է նշանակում լինել մեկը, ով դեր ունի այն տեսանելի ճոխությունը ստեղծելու մեջ, որը մենք ասոցիացնում ենք բարձր կենսամակարդակի հետ: Բայց միևնույն ժամանակ ճշմարտությունը մնում է այն, որ սովորական մարդկային գիտելիքները, հմտություններն ու տեխնոլոգիաներն են այն ամենի հիմքը, ինչ մենք համարում ենք հարստություն:

ԳԼՈՒԽ 1

ԳԻՏԵԼԻՔ ԵՎ ՀՄՏՈՒԹՅՈՒՆ. ԻՆՖՈՐՄԱՑԻԱՆ ԵՎ ԴՐԱ ԱՐԴՅՈՒՆԱՎԵՏ ԿԻՐԱՌՈՒՄԸ

Շատ հաճախ մարդիկ կարծում են, թե հարստության և ապահովվածության հասնելու ամենակարևոր պայմանը իրենց չարքաշ աշխատանքն է: Նրանց մտքում դա գծային հավասարում է. եթե դուք ուզում եք լինել ավելի հարուստ, ապա պետք է աշխատեք ավելի շատ: Եվ, իհարկե, կան խնդիրներ, որոնց դեպքում այս մոտեցումը միանգամայն տեղին է: Եթե ձեր ճանապարհին խոշոր և ծանր քար է ընկած (և մի ուրիշ ճանապարհ չկա), դուք ոչ մի տեղ չեք հասնի, մինչև այն չտեղափոխեք, ինչն անկասկած պահանջում է ուժերի լարում: Բայց նույնիսկ այս վերահսկելի փոքրիկ իրողության շրջանակում ճանապարհը փակող քարը տեղափոխելու ձեր կարողությունը չի հանգում միայն քրտնաջան աշխատելու ձեր պատրաստակամությանը: Անշուշտ, այլ հավասար պայմաններում ամրակազմ և ուժեղ մարդը, որն ունի ավելի մեծ տոկունություն, առավել հեշտությամբ կիրի քարը, քան թույլ և փոքրամարմին մարդն իր նվազ տոկունությամբ:

Բայց ձեր հաջողությունը կախված կլինի նաև իրավիճակը գնահատելու ձեր գիտելիքներից ու կարողությունից և շրջակայքում առկա ռեսուրսներից, որոնք կարող են խթան հանդիսանալ և բազմապատկել ձեր գործողությունների արդյունավետությունը: Եթե շատ խելացի եք և ռեսուրսներով հարուստ, ապա կարող եք «ոտքի վրա» գործիքներ պատրաստել, որը ձեզ թույլ կտա խնդիրն ավելի արագ լուծել և պակաս ջանքերով: Եթե լավ առաջնորդ եք և կարող եք համոզել անգամ անծանոթ մարդկանց օգնել ձեզ լուծելու խնդիրը (յուրաքանչյուրը թող կենտրոնանա այն բանի վրա, ինչից լավ է գլուխ հանում), այն, ինչ թվում էր անհաղթահարելի մարտահրա-վեր, հանկարծ կարող է դառնալ միանգամայն կառավարելի: Բավարար ուսումնասիրության դեպքում դուք կարող եք այնքան ուժեղացնել ձեր դիտողական ունակությունները, որ տեսնեք ակնհայտ լուծումներ, որոնք առկա էին ամբողջ ժամանակ, բայց որոնք դուք անտեսել էիք, քանի որ կարծում էիք՝ քարը տեղափոխելու միակ միջոցը հնարավորինս ուժեղ հրելն է: Մարմնիդ ու հոգուդ բոլոր ուժերի ներդրումն այդ քարի տեղաշարժման վրա՝ աշխատելու ամենաարդյունավետ տարբերակը չէ: Իմացությունը, թե ինչպես օգտագործել (իսկ անհրաժեշտության դեպքում իմպրովիզացնել) գործիքները, որոնք կբազմապատկեն ձեր մկանների ուժի ազդեցությունը, ի վերջո ավելի շատ կնպաստի քարի տեղաշարժմանը, քան միայն կոշտ ուժը:

Պատճառահետևանքային կապի շղթայում գիտելիքն այն մասին, թե ինչպես է իրականությունը գործում, հիմնական շարժիչ ուժն է: Մեր գիտելիքներից են բխում մեր բոլոր ընտրությունները: Հասկանալով ինչ անել կամ չանել, որպեսզի հասնենք ցանկալի արդյունքի կամ խուսափենք անցանկալիից, մենք ունակ ենք դառնում արդյունավետ գործելու: Եթե հարստությունը արժեք է, ապա մեր առաջնահերթ խնդիրն է՝ իմանալ, թե ինչն է համարվում հարստություն (ինչպես մեզ, այնպես էլ ուրիշների համար) և ինչպես ձեռք բերել կամ ստեղծել այն: Ձեզնից կարող է պահանջվել հարացույցի որոշակի ճշգրտումներ աշխարհին այսպիսին տեսնելու համար, բայց բնության մեջ գոյություն ունեցող ոչինչ իրականում որևէ օգտաբերություն չունի իր «լռելյայն» վիճակում: Առանց որոշակի կանխամտածված գործողությունների՝ այն մնում է միայն որպես հումք, չմշակված ռեսուրս՝ օգտաբեր դառնալու պոտենցիալով: Այդ բնատուր պոտենցիալը, ինչքան էլ որ լավը լինի, հարստություն է դառնում մարդկային գիտելիքի շնորհիվ, որ նա ձեռք կբերի և կգործադրի իրողություններին համապատասխան, քանի որ տրամադրված է արժեք ստեղծելու:

Այսպես՝ Երկիր մոլորակի՝ այսօր ունեցած բնական ռեսուրսների ճնշող մեծամասնությունը ներկայիս տեսքով գոյություն է ունեցել միլիոնավոր տարիներ: Բազմատեսակ անտառները, մետաղի հանքերն ու վառելիքի պաշարները եղել են շատ ավելի վաղուց, քան մենք կարող ենք պատկերացնել: Բուսական ու կենդանական ծագման նյութերը, որոնք հիմա էլ մշակում ենք որպես հիմնական սննդամթերք, բնության մեջ եղել են դարեր ի վեր: Եթե նրանց արժեքը բոլոր ժամանակներում նույնն է եղել, ինչո՞ւ է միայն վերջին տասնամյակում կամ դարերում սկսել օգտագործվել մեծ ծավալներով: Մեր նախնիները և յուրաքանչյուր կենդանի արարած պետք է հասանելիություն ունենային նույնչափ հարստության, ինչ ժամանակակից մարդիկ, եթե արժեքն իսկապես գոյություն ունենար բնական վիճակում գտնվող յուրաքանչյուր ռեսուրսի մեջ:

Բայց պարզ է, որ սա այդ դեպքը չէ: Բնական ռեսուրսների միջոցով ինչերի՛ կարող ենք մենք հասնել այսօր, և ինչերի կհասնեին նախկինում. տարբերությունը հսկայական է: Կամ ինչի՞ են ընդունակ ոչ բանական արարածները, որքան էլ բնական ռեսուրսները նրանց աչքի առջև լինեն: Հարցը գիտելիքն է, թե ինչպես օգտագործել լիառատ պոտենցիալը:

Եթե մեզնից մեկը հայտնվեր վայրի բնության մեջ՝ հեռու քաղաքակրթությունից, ժամանակակից տեխնոլոգիաներից և մարդու ստեղծած բազում հարմարություններից, որոնց սովոր ենք, նա արագ կհասկանար հարստության և արժեքի իրական բնույթը: Արդյոք շատ թղթադրամը արժեք կունենա՞ր անմարդաբնակ տունդրայում, անապատում կամ ջունգլիներում: Թերևս այո, եթե մենք այրեինք այն ջերմություն ստանալու համար, բայց իհարկե ոչ որպես փոխանակման միջոց, ինչն իր համար նախատեսված գործառույթ էր: Ի՞նչ օգուտ ունի փոխանակման միջոցը, երբ ոչ ոք չկա, ում հետ փոխանակում իրականացնենք:

Արդյոք շատ հումքային չմշակված ռեսուրսներ ունենալը արժե-քավո՞ր կլիներ բնության մեջ: Սովորական անտառում մենք արդեն իսկ շրջապատված կլինեինք ավելի շատ փայտանյութով՝ ապաստարանների կառուցման համար, բույսերով՝ հյուսելու համար, մսով և մրգերով՝ սննդի համար, անձրևով, լճերով ու առվակներով՝ ջուր խմելու համար, կենդանիների մորթով՝ բրեզենտների և հագուստի համար, և քարով՝ գործիքների համար, որը մենք չէինք կարող օգտագործել ողջ կյանքում: Սակայն այս բնական առատության մեջ ոչ մի ռեսուրս որևէ օգտաբերություն չունի, քանի դեռ մենք չունենք գիտելիքներ, հմտություններ և տեխնոլոգիա՝ դրանք հավաքելու և պիտանի բանի վերածելու համար:

Բնական պայմաններում ծառերը իրենք իրենց չեն ընկնում և չեն վերածվում միատեսակ հարթությամբ փայտե տախտակների, իսկ այդ տախտակները չեն դասավորվում տնակի տեսքով: Մեզ առնվազն պետք են ձեռքի գործիքներ, ինչպիսիք են կացինն ու սղոցը՝ դրանք կտրելու համար, մեզ անհրաժեշտ են գիտելիքներ, թե ինչպես դրանք միացնենք իրար, որ տնակը մեզ պաշտպանի վատ եղանակից և այլ վտանգներից: Բնական պայմաններում վայրի կենդանիները չեն զբոսնում խարույկի շուրջը, չեն հանում իրենք իրենց կաշին ու փորոտիքը և եփվում մեր ուզած ձևով: Մեզ պետք կգան որսորդական զենքեր, ինչպիսիք են դանակը, նիզակը կամ նետուաղեղը, ինչպես նաև դրանք արդյունավետ օգտագործելու հմտություններ՝ կենդանուն որսալու և կրակի վրա խորոված պատրաստելու համար:

Բնական պայմաններում նա, ով տիրապետում է շրջակա միջավայրի օրենքներին, ունի ստեղծելու նվազագույն հմտություններ և թեկուզ մեկ գործիք, օրինակ՝ փոքրիկ կացին, կգոյատևի ավելի լավ, քան ամենահարուստ մարդը, որը սրանցից և ոչ մեկը չունի: Ժամանակի ընթացքում նրանք կսովորեն կիրառել այս մեկնարկային ակտիվներն այնպես, որ կարողանան ստանալ ավելի ու ավելի շատ արդյունք: Անտառում բավական երկար ապրելով՝ նրանք կբացահայտեն, թե որտեղ են սննդի և ջրի նոր աղբյուրները, կտեղորոշեն լրացուցիչ բնական ռեսուրսները, որոնք կարող են հավաքել և օգտագործել ավելի արդյունավետ՝ իրենց հարմարավետությունն ու գոյատևումն ապահովելու համար: Նրանք կստեղծեն նոր գործիքներ: Նրանք այնքան կկիրառեն այդ գործիքները, մինչև որ չափազանց կհմտանան և կունենան բազմաթիվ տարբերակներ՝ վայրի բնությունից նոր տեսակի հարստություններ ստեղծելու համար:

Եթե վերակառուցեինք ժամանակակից աշխարհն ամենասկզբից, մենք հենց այդպես էլ կանեինք՝ սկսելով մեր գիտելիքներից, թե ինչպես են իրերը գործում և բնականորեն ընդլայնելով դրանք՝ հարստություն ստեղծելու համար: Որքան շատ եք հասկանում, թե ինչպես է իրականությունը գործում, այնքան ավելի շատ բան կարող եք անել այդ իրականության պայմաններում: Ահա թե ինչու է ձեռնտու չսահմանափակել կրթությունը միայն մեկ մասնագիտական ոլորտով՝ կտրված մնացյալ ամենից, ինչ կարող ենք իմանալ աշխարհի մասին: Թեև նեղ մասնագետ դառնալը մեզ ավելի հեղինակավոր է դարձնում տվյալ ոլորտում, սակայն այն խանգարում է տեսնելու բոլոր ուղիները, որոնցով կարող ենք մեկտեղել մեր լայն գիտելիքներն իրերի մասին այնպես, ինչպես ոչ ոք չի արել մեզնից առաջ: Երբեմն հատուկ արժեք ստացվում է տարբեր փորձառությունների անսովոր համադրումից, այլ ոչ թե ֆենոմենալ ստուգություն դրսևորելով մեկ կոնկրետ առաջադրանքում:

Ահա թե ինչու ներկա և ապագա հարստության և ապահովվածության մեջ ամենախելամիտ ներդրումը չի ուղղվում վերջնական ապրանքների ստացմանը, ինչպիսիք են արժույթները, ոսկին ու արծաթը, կամ նույնիսկ շքեղությունների ձեռքբերմանը, ինչպիսիք են մեքենաները և անշարժ գույքը, որոնք ավանդաբար ասոցիացվում են հարստության հետ: Ամենամեծ ապահովությունը կյանքում գալիս է օգտակար գիտելիքից, քանի որ դրանով մենք կարող ենք շարունակել ստեղծել այն ամենը, ինչ համարվում է արժեքավոր՝ ներառյալ նորարարությունները, որոնց մասին դեռ ոչ ոք չգիտի՝ դրանք արժեքավոր կարծելու համար:

Բարեբախտաբար, պատմության մեջ երբեք չի եղել ավելի լավ ժամանակ՝ սովորելու այն ամենը, ինչ կցանկանայիք: Կրթությունը սահմանափակված չէ համալսարաններով, կոչումներով կամ դպրոցական ֆորմալ ծրագրերով: Այն նույնիսկ չի սահմանափակվում նրանով, ինչ կարող եք սովորել մասնագիտացված մասնավոր քոլեջներում: Հնարավոր է՝ եղել են ժամանակներ, երբ դրանք աշխարհի մասին ավելի օգտավետ գիտելիքներ սովորելու լավագույն վայրերն ու ճանապարհներն էին, բայց այժմ այլևս այդպես չէ: Թերևս դրանք առայժմ լավագույնն են ձեր գիտելիքների դիմաց կոչումներ և վկայագրեր ստանալու առումով, ինչը կարող է շատ պետք գալ՝ կախված նրանից, թե ինչպես եք պատրաստվում կիրառել ձեր իմացությունը:

Ինչպե՞ս կարող եք սովորել այն ամենը, ինչ ուզում եք իմանալ: Երկու ճանապարհ կա միայն՝ անձնական փորձառությունը և անուղղակի ուսումնառությունը: Այս երկու տարբերակներում էլ գիտելիքների մեծ մասը, որ ձեռք կբերեք ձեր կյանքի ընթացքում, ավելի շատ կստանաք այլ մարդկանց խորհուրդների միջոցով, քան ձեր անմիջական փորձով: Չափազանց շատ բան կա սովորելու, իսկ բավարար ժամանակ՝ ոչ: Այնուամենայնիվ, երբեմն ինքնուրույն ինչ-որ բան փորձելն ու սեփական եզրահանգումներն անելը լավագույն (կամ միակ) միջոցն են իմանալու այն, ինչ փնտրում եք:

Անուղղակի ուսումնառությունն ամենուր է, բազմազան ձևերով: Իմ այս գիրքն անուղղակի ուսուցման ձև է բոլոր նրանց համար, ովքեր հնարավորություն ունեն կարդալու այն: Երբ ծնողը պատասխանում է իր փոքրիկ երեխայի անհամար հարցերին, դարձյալ անուղղակի ուսուցման օրինակ է: Երբ այդ նույն ծնողն իր դեռահասին ցույց է տալիս, թե ինչպես վարել մեքենան, նույնպես անուղ-ղակի ուսուցման ձև է: Տեսանյութը, որտեղ հմուտ արհեստավորն աշխատելիս բացատրում է իր գործողությունները, անուղղակի ուսուցման ձև է: Ցանկացած մեկը, որ բավարար չափով որևէ գիտության է տիրապետում և կարող է պատշաճ արտահայտել կամ ցուցադրել դա, անուղղակի ուսուցանող է: Ուսուցիչներն ու ուսանելու հնարավորություններն ամենուր են ժամանակակից աշխարհում, բայց դուք կարող եք դրանք չնկատել, քանի դեռ ինչ-որ բան սովորելու գիտակցված որոշում չեք կայացրել: Մեր գիտելիքների կիրառումը նպատակաուղղված գործողությունների միջոցով անվանում ենք հմտություն: Հմտությունը մեր ընտրության արդյունքն է, որը դրսևորվում է որպես ստրատեգիական գործողություն՝ կարևոր նպատակների հասնելու համար: Խորհրդային Միությունում մասնագիտությունները նախասահմանված էին որպես հիմնական հմտությունների համախումբ, որոնք ներկայացնում էին կրկնվող սակավաթիվ գործողություններ, որ մարդիկ կատարում էին իրենց աշխատանքային գործունեության ընթացքում Աշխատանքի նախարարության վերահսկողության ներքո:

Բայց երբ աշխարհին նայում եք ձեռնարկատիրական հարացույցի տեսանկյունից, միայն մեկ գիտության տիրապետման հայեցակարգը հետզհետե դառնում է անարդյունավետ: Դա հետևանք էր որևէ կոնկրետ ոլորտում կրթվելու և (անհրաժեշտության դեպքում) վկայագիր ստանալու համար եղած սահմանափակ եղանակների, երբ մարդիկ կարող էին վստահել ձեր աշխատանքին այնքան, որ վճարեին դրա համար: Այժմ ոչ միայն շահավետ է ձեռք բերել շուկայական պահանջարկ ունեցող երկրորդ, երրորդ կամ չորրորդ մասնագիտությունը, այլև յուրաքանչյուրը կարող է կտրուկ ավելացնել իր վաստակելու կարողությունները` ունենալով միմյանց փոխլրացնող հմտություններ: Հաճախ սա այն ճանապարհն է, որով անցնում է գործարարը` բիզնեսի լիարժեք հիմնադիր դառնալու համար: Որևէ բիզնես արդյունավետ վարելու համար ձեզ հարկավոր է առնվազն բավարար պատկերացում ունենալ ոչ միայն հաճախորդներին առաջարկվող ապրանքի կամ ծառայության հիմնական աղբյուրների, այլև դրա հետ կապված ամեն ինչի մասին: Դուք պետք է իմանաք, թե ինչպես և ինչու են մարդիկ նախընտրում տվյալ ապրանքը և ոչ թե մյուսը ձեր ոլորտում: Պետք է իմանաք ձեր կողմից շրջանառվող ապրանքների և ծառայությունների իրացման մասին, ներառյալ այն ամենը, ինչ կարող է սխալ ընթանալ: Պետք է ծանոթ լինեք այն մյուս ոլորտներին, որոնց վրա դրանք կարող են ազդեցություն ունենալ: Ոչ մի բիզնես չի կարող գոյություն ունենալ վակուումի մեջ:

Այսպիսով` թեև պարտադիր չէ փորձագետ լինել ձեր հիմնական գործի հետ առնչվող բոլոր ոլորտներում, այդուհանդերձ առնվազն դրանց հիմունքներին տիրապետելը ձեզ թույլ կտա լինել այնպիսի դիրքում, որ կարողանաք ավելի արդյունավետորեն, զանազան տարբերակներով մարդկանց առաջարկել այն, ինչի պահանջարկը ներկայացնում են: Այն հնարավորություն է տալիս իրավիճակները և դրանց դեպքում պահանջվող օգնության տեսակները (և թե արդյոք միայն դո՞ւք կարող եք ապահովել դա) գնահատելու ավելի լայն մասշտաբներով: Այն ստիպում է ձեզ ավելի հմտորեն գտնել, վարձել և ղեկավարել մարդկանց, որոնք կարող են մասնագիտանալ հատուկ այն ոլորտներում, որոնց վրա ինքներդ նախընտրում եք չկենտրոնանալ: Ձեր բազային գիտելիքների շնորհիվ առնվազն կկարողանաք գնահատել նրանց կարողություններն ու աշխատանքի որակը և թե համապատասխանո՞ւմ են արդյոք ձեր բիզնեսին:

Բազմազան հմտություններ ունենալը, նույնիսկ այնպիսիք, որոնք ուղղակիորեն միմյանց չեն փոխլրացնում, նման է ձեր դրամական ներդրումների պորտֆելի դիվերսիֆիկացմանը: Հիշեք, ցանկացած նոր բան, որ սովորում եք անել, ներդրում է, որովհետև դուք կկարողանաք առաջ շարժվել ժամանակի այդ կետից՝ անելով այնպես, որ այդ ներդրումը արժեք դառնա ձեզ, ձեր սիրելիների և նույնիսկ բոլորովին անծանոթ մարդկանց համար, որոնք պատրաստ են դրա դիմաց գումար վճարել կամ առաջարկել այլ արժեքավոր բաներ:

Ցանկացած տնտեսական միջավայր ենթարկվում է պահանջարկի փոփոխություններին: Երբ դուք մի շարք արժեքավոր հմտությունների «սեփականատեր» եք, շատ քիչ է հավանական, որ դրանց բոլորի հանդեպ պահանջարկը միաժամանակ վերանա երկար ժամանակով: Միակ բանը, որ պետք է անեք փոփոխվող պայմաններին հարմարվելու համար, այն է, որ ձեր ուշադրությունը տեղափոխեք այն հմտությունների կատարելագործման և խթանման վրա, որոնք ամենաշատ արձագանքներն են ստանում այդ պահին (որոնցից էլ հավանաբար կստանաք ամենամեծ եկամուտները): Դուք միակ ղեկավարն եք այն բիզնեսի, որը հենց ձեր կյանքն է: Ձեր արտադրանքը ձեր ունակություններն են:

Հմտություններն ավելի դժվար են ձեռք բերվում, քան պասիվ գիտելիքը: Գիտելիքն աննյութական է: Այն գոյություն ունի տրամաբանության, հայեցակարգերի և պայմանականությունների իր ուրույն տեսական աշխարհում՝

վակուում, որի վրա չի ազդում ֆիզիկական իրականությունը: Մինչդեռ ցանկացած հմտության համար մեր մարմինները պետք է վարժեցնենք այնպես, որ կատարեն հատուկ, երբեմն էլ խիստ ճշգրիտ գործողություններ, որոնք

«նյութականացնում» են մեր գիտելիքները ինչոր իրական արժեք ստեղծելու համար: Մարմինը չի կարող ակնթարթորեն փոխել իր գործելու ունակությունը: Մկանները պահպանում են կրկնվող գործողությունների հիշողությունը իրենց մեջ: Անգամ եթե մեզ բացատրեն ինչոր բան, և դա շատ արագ հասկանանք, միևնույն է, մեզնից պահանջվելու է հաճախակի և պարբերաբար վարժեցնել մարմնի այն մասերը, որոնք հրամանը ստանալուն պես պետք է աշխատեն մեր ուզած ձևով: Կարող են պահանջվել ամիսներ, կամ նույնիսկ տարիներ՝ զարգացնելու մեր ուժն ու դիմացկունությունը՝ առավել դժվար խնդիրները արդյունավետ և վստահ լուծելու համար, այնպես, որ կարողանանք դրանք ներառել եկամուտ գեներացնող հմտությունների մեր պորտֆելում: Սա է պատճառներից մեկը, թե ինչու լավ մոտեցում չէ պարզապես սպասել և տեսնել, թե որ հմտություններն են պահանջված տվյալ պահին, և հետո միայն սկսել սովորել դրանք: Մենք ուզում ենք պատրաստ լինել կապիտալիզացնելու մեր կարողությունները, երբ հնարավորության պահը գա:

Այլ հավասար պայմաններում լավագույն հմտությունները, որ կարելի է ձեռք բերել, առաջանում են արհեստի նկատմամբ բնական հակումից: Դուք ավելի հեշտությամբ և հաճույքով կսովորեք դրանք: Որպես բոնուս՝ հմտությունն ինքնին հաճելի պարգև կլինի, նույնիսկ եթե դուք երբեք այն մասնագիտորեն կիրառելու հնարավորություն կամ կարիք չունենաք: Հիմա պարզեք, թե ինչով եք սիրում զբաղվել և ինչ բնատուր ընդունակություններ ունեք, որպեսզի կարողանաք սկսել դրա շուրջ հմտությունների փունջ ստեղծելու երկարատև ճամփորդությունը: Սա ձեր ապագա հարստության և ապահովվածության մեջ ներդրումներ կատարելու լավագույն ձևերից է: Քանի դեռ ողջ եք և մտավոր առումով ու ֆիզիկապես՝ կարող, դեռ հնարավորություն ունեք կապիտալացնել այն ոչ նյութական ակտիվները, որոնք այժմ ձեր անձի մասն են:

Նոր հմտություններ ձեռք բերելը օգնում է ձեզ լուծել անլուծելի թվացող խնդիրներ, գուցե նաև նրանք, որոնց մասին արդեն վճռել եք, թե լուծում չունեն կամ որոնք չեք էլ ճանաչել որպես խնդիր: Երբ ձեր առաջին պատասխանը որևէ խնդրի այն է, որ ինչ-որ տեղ անպայման կա ինչ-որ լուծում, և դուք պարզապես այն չեք տեսնում, ձեր ամբողջ մոտեցումը խնդրին կփոխվի: Դուք չեք վերլուծի ձեր կյանքն ու հնարավորությունները այն մակարդակով, որով սովոր եք վերլուծել, դուք կսկսեք ակտիվորեն փնտրել այլ հեռանկարներ ողջ կյանքի ընթացքում: Դուք ինքներդ ձեզ հարց կուղղեք՝ ո՞րը կա-րող է լինել այս խնդիրը հարթելու լավագույն ճանապարհը, եթե ոչ ոք երբևէ չհայտներ լուծման միակ տարբերակը, կամ ասեր, թե ոչ մի լուծում չկա:

Բացի դրանից՝ երբ որևէ մեկն արդեն լուծել է նախկինում չհանդիպած ինչ-որ խնդիր, համեմատաբար ավելի հեշտ է ուսումնասիրել նրա աշխատանքը և վերակիրառել այն, քան փորձել դա անել զրոյից: Միայն իմանալը, որ գոյություն ունի առնվազն մեկ կենսունակ մեթոդ, հնարավոր է դարձնում ավելի շատ կենտրոնանալ լուծման վրա, քան եթե դուք պարզապես «դնում-վերցնում» եք հնարավոր տարբերակները: Եթե կարող եք նայել, թե ինչպես է ինչ-որ մեկը դժվարին աշխատանք կատարում, անգամ եթե չգիտեք՝ ինչ է անում և ինչպես, ապա ինտուիտիվ կսկսեք մասերի բաժանել նրա մեթոդները և ինքներդ ձեզ համար գծել սեփական մոտեցումները, որ մոտավորապես նման են նրա մեթոդներին:

ԳԼՈՒԽ 2

ԿԱՊԻՏԱԼԸ ԵՎ ՍՊԱՌՄԱՆ ԱՊՐԱՆՔՆԵՐԸ. ՀԱՐՍՏՈՒԹՅՈՒՆ ՈՒ ԲԱՎԱՐԱՐՎԱԾՈՒԹՅՈՒՆ ՁԵՌՔ ԲԵՐԵԼՈՒ ՏԵԽՆՈԼՈԳԻԱՆ

Ցանկացած գործիք նյութականացված է և օգնում է ավելի արդյունավետ կատարելու տվյալ առաջադրանքն ու հասնելու մեր նպատակներին՝ պայմանավորված այդ առաջադրանքի հաջողությամբ: Հաճախ պարգևատրում ենք համարում ոչ թե հենց առաջադրանքը և դրանում ներդրված ջանքերը, այլ դրա ավարտից հետո ստացվող ուշացած բավարարվածությունը: Կապիտալ ապրանքն այն ամենն է, ինչ մենք օգտագործում ենք որպես միջնորդ՝ փնտրվելիք երկարաժամկետ արժեքը ստանալու համար: Դրան ի հակադ-րություն՝ բավարարվածություն զգում ենք անմիջապես ինչոր բան սպառելիս: Դա մի հարստություն է, որին «գումարում» ենք մեր ժամանակն ու աշխատանքը՝ ավելի մեծ հարստություն արտադրելու համար: Մարդու արժանիքներից է այն, որ նա տվյալ պահին կարող է հրաժարվել ինչոր թանկ բանից՝ ապագայում ավելի մեծ արժեք ունենալու համար: Իսկապես, դա բնորոշ է մեր յուրաքանչյուր ընտրությանը: Այսպիսով՝ եթե արդեն որոշել եք, թե ինչ արժեք կարող եք ստեղծել ձեր կրթության և հմտությունների միջոցով (դեռ չեմ նշում նախասիրությունները), շատ խելամիտ կլինի, եթե պարզեք, թե ինչ գործիքներ ձեզ կօգնեն ավելի արդյունավետ լինել այդ հարցում: Ավելին՝ պետք է գիտակցեք, որ այդ արտադրության գործիքներն իրականում ձեր ունեցած ամենակարևոր նյութական հարստությունն են, քանի որ դրանք հնարավորություն են տալիս ձեռք բերելու մնացած ամեն ինչ:

Վստահաբար կարող եմ ասել՝ այստեղ՝ Հայաստանում՝ մեր գյուղի բնակչության շրջանում, ամենածույլ և քիչ աշխատունակ մարդը ես եմ: Մինչդեռ ես հավանաբար նաև ամենաշատ հարստությունն եմ ստեղծում և ամենաշատ գումարը վաստակում: Ինչո՞ւ է այդպես: Ինչպե՞ս կարող ենք բացատրել այս հակասությունը:

Քանի որ իմ շատ հմուտ հարևանները ստիպված են եղել երկար տարիներ ապրել ծանր աշխատանք կատարելով, նրանք հասել են ֆիզիկական պատրաստվածության այնպիսի մակարդակի, որին ես կարող եմ նախանձել միայն: Նրանց մշակույթն ու ապրելակերպը դա պահանջել են դեռևս դեռահասության տարիներից:

Իսկ ինչո՞վ էի ես զբաղված, երբ դեռահաս էի: Տարբեր մեթոդներ էի փորձարկում՝ համոզելու անծանոթ մարդկանց վճարել ինձ փոքր առաջադրանքներ լուծելու դիմաց: Օգնում էի մեր հարուստ թոշակառու ընկերներին վաճառել իրենց հին ոճային հագուստն ու հավաքածուները օնլայն, երբ ես ստիպված էի սովորել լուսանկարելու, գնանշելու և ապրանքները նկարագրելու օպտիմալ ձևեր, որոնց մասին քիչ բան գիտեի: Այս զբաղմունքը ֆիզիկապես չէր հոգնեցնում և հազվադեպ էր մեծ մտավոր ջանք պահանջում ինձնից: Անելիքիս մեծ մասը զվարճալի էր: Բայց դա հետզհետե ավելացնում էր իմ գիտելիքներն այն մասին, թե ինչպես են շուկաներն աշխատում, ինչպես օգտագործել ժամանակակից գործիքներն ու տեխնոլոգիաներն այնպիսի առաջադրանքների համար, որոնց մասին չէի էլ մտածի, չէի էլ կարողանա անել ձեռքի ուժով: Սովորում էի նաև համագործակցել մարդկանց հետ՝ իմ փնտրածը գտնելու համար:

Այն հսկայական տարբերությունը, թե մարդիկ ինչ կարող էին արտադրել մի քանի հարյուր տարի առաջ և այսօր, կարող է բացատրվել ինչպես առաջնակարգ ոչ նյութական գործոններով (վերը նշված գիտելիքների և հմտությունների բացակայությամբ), այնպես էլ նյութական գործոններով (առաջնակարգ գործիքների և տեխնոլոգիայի բացակայությամբ): Այսօրվա կրթությունն ու տեխնոլոգիաները ժամանակակից մարդուն հնարավորություն են տալիս բազմապատկելու իր արտադրանքը: Այսօրվա ֆերմերը չի սահմանափակվում միայն եզների, մանգաղների, բահերի, կացինների և գութանների միջոցով ստացվող արտադրական արդյունքով: Նա կարող է նույն հողից հազարավոր անգամ ավելի պահանջված սնունդ ստանալ սպառողների համար և կառավարել արտադրանքի ու վաճառքի շատ ավելի մեծ քանակություն ավելի քիչ աշխատուժով՝ շնորհիվ ժամանակակից հզոր գործիքների՝ տրակտորներ, էքսկավատորներ, շղթայական սղոցներ, լայնածավալ ոռոգման ավտոմատացված համակարգեր և վերահսկվող կլիմայով ջերմատներ:

Ի՞նչ արդյունք կարող էր ստացվել ձեր գործում կամ մասնագիտության մեջ, եթե օգտագործվեին միայն արդյունաբերական հեղափոխությունից առաջ եղած գործիքները: Կարո՞ղ էր արդյոք ձեր ոլորտն ընդհանրապես գոյատևել: Գործիքները մեծացնում են մեր արտադրական կարողությունները, ինչպես նաև մեր ունակությունները՝ ստեղծելու նոր բաներ, որոնց մասին նախկինում չէինք մտա-ծել: Այդ ամենն էլ իր հերթին տանում է նոր ոլորտների զարգացման և ընձեռում շահույթ ստանալու նոր հնարավորություններ: Սա ձեռնարկատիրական մտածելակերպ է ձեր աշխատանքի բնույթի վերաբերյալ և ստրատեգիապես ամենագործուն եղանակը՝ ընտրելու գումարը ծախսելու տարբերակը:

Ես մեծապես անակնկալի եկա, երբ առաջին անգամ իմ հարևաններից կազմված փոքր խմբի էի վարձել՝ վերանորոգելու հին տունը, որն այստեղ գնել էի: Պարզվեց՝ նրանցից շատերը չունեն իրենց սեփական գործիքները, թեպետև մեկ տասնամյակից ավելի զբաղվում էին շինարարությամբ (այստեղ՝ Հայաստանում, կամ Ռուսաստանում, երբ հնարավորություն էր ընձեռվում մի քանի ամսով աշխատել խոշոր նախագծում): Բոլոր այդ դեպքերում անհրաժեշտ գործիքները աշխատանքի ողջ ընթացքում նրանք ստացել են գործատուից: Եվ, բնականաբար, նույնը ակնկալում էին ինձնից, ու ես ի վերջո ընդունեցի այդ պայմանը: Այժմ գյուղում ամենաշատ գործիքներ և դրանք օգտագործելու ամենաքիչ փորձ ունեցող մարդը ես եմ: Սա ևս մեկ տարօրինակ հակասություն է, որը բացատրվում է մեր մշակույթների և սպասումների տարբերություններով:

Երբ երեք տարի առաջ ես տեղափոխվեցի այստեղ, գնեցի հազարավոր դոլարներ արժեցող առաջնակարգ, հզոր գործիքներ՝ սեղանի սղոց, անլար գայլիկոն և շաղափիչ, մուրճ ու շատ այլ բաներ, որովհետև կանխատեսում էի, որ դրանցով կկարողանամ ավելի շատ հարստություն ստեղծել, քան դրանք ձեռք բերելու համար ծախսված գումարն է: Այդ կանխատեսված հարստության մի մասը ես կարող եմ ինքս ստեղծել՝ սովորելով օգտագործել գործիքները հասարակ կենցաղային խնդիրների լուծման համար: Սակայն աշխատանքի մեծ մասի համար ես վարձում եմ ինձնից ավելի բանիմաց և հմուտ մարդկանց՝ կառուցելու այնպիսի բաներ, որոնք ինքս այժմ ի վիճակի չեմ կառուցելու: Նրանց ջանքերը բազմապատկող իմ գործիքների և իրենց արժեքավոր հմտությունների համադրութ-յան արդյունքում ավելանում է ինչպես իմ նյութական հարստությունը՝ ավելի գեղեցիկ տան և կահույքի տեսքով, այնպես էլ նրանցը՝ իմ վճարած գումարի տեսքով:

Անգամ հիմա, երբ ես վճարում եմ շատ ավելի բարձր, քան սովորաբար ստանում են նմանատիպ աշխատանքների համար, նրանք չեն կարողանում համոզիչ պատասխանել, թե ինչու գումարի մի մասը չեն ծախսել սեփական գործիքներ գնելու համար: Ինձ թվում է՝ նրանք դեռ կրում են հին մտածելակերպի ազդեցությունը, որը հրամայում է իրենց թաքցնել վաստակած գումարը. նրանք վախենում են, որ ապագայում գուցե չունենան եկամտի աղբյուր, իսկ գոյատևել պետք է: Նրանք չեն տեսնում այն պարզ ճշմարտությունները, որոնք ակնհայտ են ուրիշ մշակույթի կրողին, մշակույթ, որտեղ ձեռնարկատիրական գործունեության հիմունքներն ուսուցանվում են բոլորին, հոչակվում է բոլորի իրավունքը:

Այն գործիքները, որոնց վրա այստեղ վարանում են գումար ծախսել, իրականում թույլ կտային վերահսկել հմտությունների կիրառումը՝ ավելի շատ հարստություն արտադրելու համար:

Հետագայում հայ երիտասարդներն ինձ բացատրեցին, որ արտադրական գործիքների մեջ ներդրում կատարելու հիշյալ վարանումը կապված է փաստի հետ, որ խորհրդային համակարգում կապիտալ արտադրությունը պետության բացահայտ և բացառիկ իրավունքն էր, և պաշտոնապես արգելվում էր ազատ տնտեսական արտադրությունը: Շատ հայերի ենթագիտակցության մեջ մինչև հիմա էլ պահպանվել է այն համոզմունքը, որ իրենք պատասխանատու չեն արտադրությանն առնչվող որոշումների և դրանց իրագործման համար, որովհետև պետության նշանակած անձին է վերապահված այդ դերը: Նրանք սովոր էին, որ ինչ-որ ղեկավար մարմին իրենց ասեր, թե կոնկրետ ինչպես է պետք կիրառել հմտությունները, և ստեղծեր դա անելու պայմաններ՝ բացառապես թույլատրված արտադրության շրջանակում: Արդյունքում նրանք չէին ձևավո-րում ստեղծագործ մտածելակերպ՝ իրականությունը վերափոխելու, ավելի մեծ հարստություն ստեղծելու համար, որովհետև դա կհանգեցներ ձերբակալության կամ ավելի խիստ պատժի խորհրդային տնտեսությունը պլանավորողների կողմից, որոնք կարծում էին, որ լավատեղյակ են ոլորտից:

Այսօր էլ այդ մարդիկ կարծում են, թե արգելված է ունենալ ավելին, քան անձամբ իրենք կարող են սպառել մոտ ապագայում: Ինձ համար այս ողբերգական իրադրությունը համարժեք է տարիներ շարունակ հոգեբանական բռնության և ուղեղի լվացման արդյունքում առաջացող ընկճախտին: Դա գրեթե ամբողջությամբ զրոյացնում է ապագայի հեռահար պլանավորման կամ խնդիրների պատճառահետևանքային կապի բարդ մոդելներ կառուցելու կարողությունը: Նման հեռատեսություն պահանջող աշխատանքը հարմար էր միայն որևէ ոլորտում պետության նշանակած կառավարչի համար, կամ էլ նրանց ստիպում էին դրան հավատալ:

Կարևոր է հիշել, որ ոչ մի տեսակի գործիք կամ տեխնոլոգիա չի կարող ձեզ կամ որևէ մեկին ասել, թե ինչ ցանկանաք. դրանք պարզապես օգնում են ավելի հեշտ ստանալ այն, ինչ ցանկանում եք: Եթե ինչոր մեկը ցանկանում է, ասենք, ոչ բարոյական, դատապարտելի կամ ինքնաոչնչացնող մի բան, նա կարող է գործիքներ օգտագործել, որպեսզի օպտիմալացնի արդյունքը այն նույն չափով, որքան կարելի է ստանալ հնարավոր ամենաքիչ ներդրումով: Գործիքն ինքնին չեզոք է: Այն ուժ և նշանակություն է ստանում միայն լավ կամ վատ նպատակով կիրառվելիս:

Ակտիվները, որոնք մենք ձեռք ենք բերում հարստության այլ ձևեր ստեղծելու համար (այսինքն՝ ինչոր նպատակի հասնելու և ոչ թե անձնական սպառման համար), կապիտալ ապրանքներ են: Իսկ ի՞նչ ակտիվներ ենք ձեռք բերում անմիջական սպառման համար: Արդյոք նրա՞նք, որոնք իրենք իրենցով արդեն իսկ վերջնական նպատակ են և անմիջապես բավարարվածություն են պարգևում:

Այս նկարագրությունը վերաբերում է այն ամենին, ինչ հասարակ մարդիկ գնում և օգտագործում են իրենց առօրյա կյանքում: Մենք ինչոր բանի պակաս ենք զգում և փորձում ենք գտնել մի բան, որը կարող է այդ բացը լրացնել: Մենք քաղցած ենք, ուստի սնունդ ենք փնտրում, որ սպառենք այն ուտելու միջոցով: Մենք ձանձրանում ենք, ուստի փնտրում ենք հեռուստացույցներ, որ «սպառենք» դրանք՝ դիտելու միջոցով: Մենք հետաքրքրված ենք նոր թեմաներով, ուստի փնտրում ենք գրքեր, որոնք «սպառում» ենք կարդալով: Նման ձևով օգտագործվելու դեպքում այս ակտիվները մեծ ծրագրի քայլեր չեն՝ ավելի շատ հարստություն ստեղծելու կամ հետագայում ավելի մեծ բավարարվածության հասնելու համար: Դրանք իրենք իրենցով վերջնական նպատակներ են: Դրանք վերացնում են սուբյեկտիվ անբավարարվածությունը և տալիս բավարարվածության զգացում, իսկ այդ բավարարվածության գնահատումը շատ անհատական է:

Ապրանքներ, որոնք մենք գնում ենք բազմակի սպառման մտադրությամբ (օրինակ՝ հագուստը, որն անպայման կհագնենք մեկ անգամից ավելի), որոշվում են մեր այն հարատև պահանջմունքների հիման վրա, որոնք, թեև երբեք ամբողջությամբ որոշակիացված չեն, բայց նաև պատահական չեն, և հակված են ի հայտ գալու բավականին կանխատեսելի պարբերականությամբ: Քիչ է հավանական, որ վաղն արթնանաք և նկատեք, որ ձեր գեղագիտական, երաժշտական, սպորտային, խոհանոցային և ժամանցային նախասիրությունները բոլորովին այլ են, քան այսօր, նույնիսկ եթե դրանք միշտ զարգանում են: Եթե հարստությունը բխում է նրանից, ինչ դուք սուբյեկտիվորեն համարում եք արժեքավոր, ապա հարկ է իմանալ ձեր հիմնական անձնական նախասիրությունները և ծախսել ձեր գումարը դրան առավելագույնս համապատասխան: Ոչ մի տակտիկական առավելություն չկա այն բանում, որ գնում եք հենց այնքան, որքան ձեզ անմիջապես անհրաժեշտ է՝ բացի նրանից, որ կծախսեք միայն այնքան գումար, որն այդ պահին է անհրաժեշտ: Բայց ինչպես կտեսնեք, դա հաճախ նշանակում է, որ ստիպում եք ինքներդ ձեզ երկարաժամկետ հեռանկարում ավելի շատ ծախսել և ենթարկվել մեծ անհարմարությունների և անապահովության: Հաճախ խելամիտ է ավելի շատ գումար ծախսել ապահովելու միջնաժամկետ կամ երկարաժամկետ պաշարն այն իրերի, որոնք ամենաշատն եք օգտագործում կամ որոնք ամենակարևորն են ձեր ապրելակերպի համար:

Ես զարմացա՝ տեսնելով, թե որքան շատ է պակասում այս մտածելակերպը հայկական գյուղերում (և ոչ միայն հայկական): Սկզբում ենթադրում էի, թե քանի որ այս մարդիկ սովոր չեն, օրինակ, որ խանութը կամ բենզալցակայանը լինի մոտակայքում, ապա նրանք կսովորեն հավաքել այնպիսի ապրանքների պաշարներ, որոնք չեն կարող հեշտությամբ արտադրել իրենք իրենց համար: Ի վերջո, դուք չէիք ցանկանա ապրել բենզալցակայանից կես ժամվա հեռավորության վրա, երբ հայտնաբերեք, որ մոռացել եք լիցքավորել մեքենան, երբ դրսում էիք, և հիմա էլ բավականաչափ բենզին չկա քաղաք հասնելու համար:

Հարևաններիցս մեկը, երբ տեսավ, որ տանս պահում եմ կենցաղային սպառման այնպիսի ապրանքներ, ինչպիսիք են պահեստային լամպերը, դանակները, լապտերները, լրացուցիչ շապիկները, կոշիկները և այլն, ասաց, որ իմ տունը նման է խանութի: Նա երբեք չէր տեսել մի տուն, ուր այդ քանակությամբ «ավելորդ» իրեր կան, որոնք նախատեսված չէին անմիջապես օգտագործվելու կամ վաճառելու համար: Ես փորձեցի բացատրել, որ նախընտրում եմ ապրանքները գնել մեծ քանակությամբ, որովհետև պարզապես ավելի հանգիստ եմ, երբ գիտեմ, որ բավարար չափով ունեմ դրանցից, և կարիք չկա անհանգստանալու հաջորդ անգամ, երբ այդ իրերը կրկին պետք կգան: Բացի դրանից՝ մեծածավալ գնումը հաճախ ավելի քիչ գումար է պահանջում, քան քիչ-քիչ գնելը, իսկ կյանքը հեռավոր գյուղում ենթադրում է՝ միշտ չէ, որ կարող եմ ձեռք բերել ինձ անհրաժեշտ բաները հենց այն պահին, երբ դրանց կարիքն ունենամ: Ի՞նչ կլիներ, եթե ավտովթար կամ սողանք պատահեր ճանապարհին, և հնարավոր չլիներ քաղաք գնալ այն օրը, երբ ես ծրագրում էի դա անել: Ի՞նչ կլիներ, եթե հասնեի քաղաք, և պարզվեր, որ հենց այն խանութը, ուր նախատեսել էի գնալ, այդ օրը փակ է, կամ ապրանքները սպառվել են:

Հետո եկան «Քովիդ-19» համաճարակն ու դրանից բխող սահմանափակումները: Հանկարծ անգամ դժվար հասանելի առևտուրը դարձավ բոլորովին անհասանելի: Պետական որոշումները, թե երբ, որտեղ և ինչպես է ինձ թույլատրված գնալ մարդաշատ վայրեր, փոփոխվում էին ամեն շաբաթ: Մեկուսացման մի այդպիսի շրջանում ոստիկաններն ինձ արգելեցին գնալ նախընտրածս սուպերմարկետը, որովհետև այն գտնվում էր սահմանված գծից այն կողմ, և ոչ էական նշանակությամբ ուղևորությունները մարզից մարզ արգելված էին: Ես միայն կարող էի մոտ մեկ ժամ հետ գնալ հակառակ ուղղությամբ և առևտուր անել իմ մարզում եղած սուպերմարկետներից, ինչը ընտրության շատ ավելի քիչ տարբերակներ էր թողնում:

Անորոշության այդ շրջանում ես հատկապես ուրախ էի, որ

սովորություն ունեմ պահելու հիմնական սպառման ապրանքները մեծ քանակով՝ անհրաժեշտության դեպքում հարմարավետ կենսակերպը մի քանի ամսով ապահովելու համար: Բացի այն ամենից, ինչ գնել և պահել էի, ես ինքս էլ ստեղծում էի ուտելիքիս մեծ մասը՝ իմ այգու բանջարեղենից և ճագարներից ու սագերից, որոնց պահում էի միս և ձու ունենալու համար: Երբ գյուղում ինչոր մեկին հավելյալ բենզին է պետք, որովհետև բենզասղոցի համար գնված մեկ լիտրը չի հերիքում, նրանք թակում են իմ դուռը, քանի որ գիտեն՝ հավանաբար պահեստում կունենամ 20 լիտր տարողությամբ տարա արտակարգ իրավիճակների դեպքում անհարմարությունից խուսափելու համար:

Հիշե՛ք. հարստությունը օբյեկտիվ իրականության սուբյեկտիվ արժևորումն է անհատի կողմից: Նյութական ակտիվները, որոնք ունեք, ձեզ համար պետք է հարստության բացահայտ ցուցիչներ լինեն: Եվ կախված նրանից, թե հիմնականում ինչպես եք օգտագործում դրանք, որոշվում է, թե հարստության որ կատեգորիային են պատկանում:

Եթե երաժշտության ուսուցիչ եք, կիթառը կամ դաշնամուրը կարող են լինել ձեր հիմնական գործիքները այն ծառայության մատուցման համար, որ կոչվում է երաժշտության դասընթաց: Դրանք ռազմավարության մի մասն են, որով ձեզ վարձող ուսանողները հասնում են իրենց նպատակին՝ ավելի շատ գիտելիք և հմտություններ ձեռք բերել նվագելու համար (և ձեր նպատակին՝ փող աշխատելու): Բայց եթե դուք պարզապես հաճույք եք ստանում նվագելուց, դաշնամուրը և կիթառը կհամարվեն սպառման ապրանքներ: Այն արժեքը, որ դրանք ստեղծում են ձեզ համար, անմիջականորեն ապահովում են հանգիստ, ժամանց, ստեղծագործական հաճույք և այլն: Ցանկացած կապիտալ կարելի է դարձնել սպառման ապրանք կամ հակառակը՝ արտադրման գործիք: Հագուստը կարող է լինել ձեր մասնագիտական աշխատանքի կարևոր գործիքը: Ձեր հեռուստացույցը կարող է օգնել ձեզ կատարել հետազոտություն, որը կկիրառեք մեկ այլ տեղ՝ ավելի մեծ հարստություն ստեղծելու համար: Անգամ հենց սնունդը, որն ընդունում եք, կարող է դիտվել որպես կալորիաների և սննդանյութերի ներդրում ձեր մարմնում, որը, բավականաչափ լիցքավորվելով, կստեղծի ձեզ համար ավելի արժեքավոր մի բան: Արժեքն ինքնին գոյություն չունի այս ակտիվների մեջ, այլ կախված է ձեր մեկնաբանությունից, թե ինչպես եք ցանկանում օգտագործել դրանք՝ որպես ինքնին արդյունք և փորձառությո՞ւն, թե՞ որպես միջնորդող քայլեր՝ ավելին ստանալու համար:

ԳԼՈՒԽ 3

ԱՊՐԱՆՔՆԵՐ ԵՎ ԱՐԺՈՒՅԹՆԵՐ. ՀԱՐՍՏՈՒԹՅԱՆ ԴՐՍԵՎՈՐՄԱՆ ԵՎ ՓՈԽԱՐԿԵԼԻՈՒԹՅԱՆ ՁԵՎԵՐԸ

Վաղ հասարակություններում, եթե տվյալ երկրի տնտեսական կյանքին մասնակցող բոլոր մարդիկ հետևողականորեն ցանկանում էին ունենալ ինչոր բան, որը հեշտությամբ կարող էր փոխանցվել մի սեփականատիրոջից մյուսին, տվյալ արտադրանքը դառնում էր ապրանք այն օգտագործողների շրջանում։ Այդպիսի օրինակներ էին աղը, համեմունքները, ընկույզը, բանջարի սերմերը, խոշոր եղջերավոր անասունները։ Ապրանքների պաշարները ձեզ համար դառնում էին արժեքների պահեստ, որովհետև եթե անգամ այլևս աղի կարիք չունենայիք անձնական սպառման համար, դուք կարող էիք վստահ լինել, որ ձեր հարևանները վաղ թե ուշ դրա կարիքը

29

կունենան և պատրաստ կլինեն փոխանակելու այլ արտադրանքի հետ, որի կարիքը դուք ունեք: Ապրանքները առաջին բանն էին, որ ձեռք բերեցին փողի հատկություն:

Իրենց ձևով և սահմանված գործառույթով պայմանավորված՝ ապրանքներն ունեն տարբեր ժամկետներ և պահպանման պահանջներ: Մետաղներն ակնհայտ առավելություն ունեն, որովհետև դրանք սովորաբար կիրառվում են բազմաթիվ եղանակներով, պաշտպանված են վնասվելուց, ժամանակի ընթացքում նկատելիորեն չեն քայքայվում, կոմպակտ են, դրանցով հեշտ է աշխատել և հեշտ է պահելը նույնիսկ փոքր տարածքում:

Այնուամենայնիվ, ապրանքների այլ տեսակներ կարող են այսքան հաջող չլինել: Մեկ բարել նավթը բարձր է գնահատվում ամբողջ աշխարհում իր էներգետիկ պոտենցիալի համար (դրանից կարելի է ստանալ վառելիքի տարբեր տեսակներ, օրինակ՝ բենզին): Քչերն են ուզում ունենալ նավթ՝ հենց սկզբնական տեսքով. նրանք ցանկանում են համընդհանուր օգտաբերություն ունեցող բաներ, որոնք կարելի ստանալ նավթից: Բայց այդ մեկ բարելը կկշռի ավելի քան 300 ֆունտ և շատերի համար էական տարածք կզբաղեցնի՝ ապահով պահելու համար: Բացի դրանից՝ նավթի պահպանությունը վտանգավոր է իր դյուրավառության և վնասակար գազերի պատճառով: Հետևաբար, եթե դուք ցանկանայիք ապրանքներ գնել որպես արժեքի պահեստ, հավանաբար լավ միտք չէր լինի փորձել մեծաքանակ նավթահումք պահել ձեր տանը:

Ի՞նչ եք կարծում՝ որքան չմշակված փայտանյութ կամ բամբակ կարող եք ունենալ ձեռքի տակ: Այս նյութերը, իհարկե, երկար ժամանակ կպահանջեն, որ դառնան կիրառական, մինչդեռ դրանք անհարմար են պահելու համար և ենթակա են քայքայման: Այնուամենայնիվ, միջին վիճակագրական մարդը կարող է հեշտությամբ ապահով և գործնական միջոց գտնել՝ իր նախընտրած մետաղներից մի քանի կիլոգրամ պահելու համար:

Թեև ապրանքների սուբյեկտիվ արժեքն ու օբյեկտիվ օգտաբերությունը կանխատեսելի են, ժամանակի ընթացքում դրանց գները կարող են բարձրանալ կամ իջնել՝ կախված տեխնոլոգիական և շուկայական գործոններից: Ալյումինը թեթև և չժանգոտվող մետաղ է, և այսօր այնքան հաճախ ու այնքան տարբեր ոլորտներում է օգտագործվում, որ մարդկանց մոտ ասոցիացվում է էժան գազավորված ըմպելիքի տարայի հետ, որ նրանք գցում են աղբամանն ամեն օր: Սակայն նախկինում այն եղել է ամենահազվագյուտ և թանկարժեք մետաղն աշխարհում: Այնքան դժվար էր բնական վիճակով ալյումին գտնել և այն զտել, որ սկզբնական շրջանում ավելի թանկ էր, քան ոսկին: Ի վերջո, քիմիական զտման նոր մեթոդները զգալիորեն հեշտացրին երբեմնի հազվագյուտ մետաղի ստացումը հսկայական քանակությամբ: Բացի դրանից՝ ալյումինը ամենաշատ վերամշակվող նյութերից մեկն է, ուստի հազիվ թե հասանելի պաշարը սպառվի: Այսօր անգամ արդյունաբերական շուկայում ալյումինի պայթյունային պահանջարկի դեպքում դրա մեկ կիլոգրամը կարժենա ընդամենը 2 ԱՄՆ դոլար, մինչդեռ ոսկու կիլոգրամն արժե ավելի քան 60 հազար ԱՄՆ դոլար: Անհավատալի է, որ մեկանգամյա օգտագործման այս հասարակ մետաղը մի ժամանակ ավելի թանկ է եղել, քան աշխարհում փողի ամենահին և ամենահայտնի ձևը: Այնուհանդերձ, այս վառ պատմական օրինակը ցույց է տալիս, թե ապրանքների գնահատումն իրականում որքան կամայական և սուբյեկտիվ է:

Հնարավոր է և հակառակը պատահել. էժան ու տարածված ապրանքների գները կարող են մի քանի անգամ բարձրանալ՝ դրանք դարձնելով հազվագյուտ և թանկ: Մաքուր արծաթը ժամանակին այնքան էժան էր, որ ամերիկացիներն այն պահում էին իրենց գրպանում՝ որպես մանրադրամ, և հավանաբար նրանք տասնամյակների ընթացքում կորցրել են անհամար տոննաների արծաթ պարզապես անփութության պատճառով կամ ծուլանալով գետնին ընկած տասանոցը վերցնել: Այսօր, երբ արծաթն ամբողջ աշխարհում բարձր է գնահատվում կոլեկցիոներների և ներդրողների կողմից, այդ ամենն անհեթեթ է թվում:

Մենք «թափոն» ենք անվանում այն ապրանքները, որոնք զուրկ են տեսանելի օգտաբերությունից: Բանանի կեղևի գործառույթն է պահել և պաշտպանել քաղցր ուտելի մասը, մինչև այն կհասունանա կամ կուտվի: Այդ պահից սկսած, սակայն, մենք այն համարում ենք թափոն, որովհետև չենք գտնում այլ օգտակար կիրառություն: Նույնը վերաբերում է պոլիէթիլենային թաղանթին և պոլիստիրոլին, որոնցով փաթեթավորվում է ժամանակակից ապրանքների մեծ մասը: Դրանց գործառույթն անհրաժեշտ է և շատ կարևոր մինչև այն պահը, երբ ապրանքը հանում ենք տոպրակից կամ փաթեթից, ինչից հետո դրանք անմիջապես դառնում են բեռ, որոնք պետք է մի տեղ նետել: Դրանց նախկին օգտաբերությունը գրեթե ակնթարթորեն փոխվում է անպետքության: Ներկայիս տեխնոլոգիական հնարավորությունների պայմաններում մենք չենք կարող կովից միայն միս ստանալ՝ առանց ստանալու նաև մի քանի այլ մթերքներ (առնվազն մինչև լաբորատորիայում ստեղծված արհեստական միսը դառնա սովորական): Դրանցից մի քանիսի, ինչպես, օրինակ, փորոտիքի և կաշվի համար մենք գտել ենք այլընտրանքային օգտակար կիրառություն: Մենք այնպիսի պայմաններ ենք գտել, որոնցում սուբյեկտիվ արժեք ենք կորզում դրանցից: Բայց մնացած բաները համարվում են թափոն: Դժվար է մտածել «թափոն» տերմինի ավելի բառացի մեկնաբանություն, քան իսկական կովի թուրջն է:

Բայց նույնիսկ թուրջը դադարում է թափոն լինել այն պահին, երբ ինչ-որ նորարարի գլխում ծնվում է հանճարեղ մի գաղափար՝ այն օգտագործել որևէ արժեքավոր արդյունք, օրինակ՝ պարարտանյութ ստանալու համար: Նմանապես, ածխաթթու գազը, որ մարդիկ և կենդանիները արտաշնչում են ամեն վայրկյան, թեև մեզ համար անպետք մի բան է, սակայն արժեքավոր է բույսերի համար, որոնք իրենց հերթին արտանետում են «անպետք» թթվածին, որ մենք ենք շնչում: Քանի որ ածխաթթու գազը կարևոր է բույսերի համար, այն արժեքավոր է նաև այն ձեռնարկատերերի համար, որոնք մշակում են այդ բույսերը:

Հնարավո՞ր է արդյոք, որ այն բաները, որ համարում ենք ժամանակակից քաղաքային կյանքի և արդյունաբերական արտադրության ամենաահավոր թափոններ, ինչպիսիք են ավտոմեքենաների արտանետումները, օգտագործված միջուկային վառելիքը և չվերամշակվող արդյունաբերական մնացորդները, մի օր դառնան արժեքավոր ապրանքներ՝ փնտրելու և ունենալու համար: Այս պայմաններում ոչ մի պատճառ չէր լինի սահմանափակելու մեր արտադրությունը և դրա կողմնակի արտադրանքը, քանի որ այլևս որևէ էական վնաս չէր հասցվի մեզ կամ շրջակա միջավայրին: Ընդամենը պետք է փոխվեն տեխնոլոգիաներն ու մեր գիտելիքները այն մասին, թե ինչպես օգտագործել այն, ինչ հիմա համարում ենք թափոն:

Տարբերությունը ապրանքների և արժույթների միջև այն է, որ ըն-կալումը, թե ինչ կարող է մեզ տալ ապրանքը, հիմնված է դրա օբյեկտիվ օգտաբերության վրա՝ ֆիզիկական հատկություններ, որոնց միջոցով այն ստանում է հատուկ գործառույթներ՝ համաձայն բնության օրենքների, մինչդեռ մեր ընկալումը, թե ինչ կարող է փողը մեզ տալ, շատ սպեկուլյատիվ է: Փողի նյութական արժեքը այն թղթի գինն է, որի վրա տպվել է (եթե ընդհանրապես այն գոյություն ունի նյութական ձևով, ոչ թե միայն որպես համակարգչային ծածկագիր):

Դեռ մանկուց մեզ սովորեցրել են փայփայել այն թղթի կտորները, որ մենք կոչում ենք թղթադրամ: Այն էմոցիայի վրա հիմնված սովորություն է, որ դրվել է մեր մտքերում կյանքի կարևոր փուլերում: Մեզ թվում է՝ գիտենք՝ ինչպես է փողն աշխատում, որովհետև ամբողջ կյանքում ապրել ենք դրանով, և փորձագետներն էլ մեզ խորհուրդ են տվել, թե ինչպես վաստակել, խնայել, ներդնել և ծախսել այն:

Բայց փողի մասին ամենատարօրինակ բանն այն է, որ չնայած գրեթե բոլորս կարծում ենք, թե ուզում ենք ունենալ այն և պատրաստ ենք ջանասիրաբար աշխատել դրա համար, իրականում հենց փողը չէ, որ ուզում ենք: Մենք ուզում ենք այն, ինչ փողը կարող է անել մեզ համար: Կապ չունի, թե որքան շատ ենք փող ուզում և որքան ենք պատրաստ զոհաբերելու՝ այն ունենալու համար, միշտ կան բաներ, որ մենք ավելի ենք ուզում, քան փողը: Եթե դա ճիշտ չլիներ, ապա երբեք ոչինչ չէինք գնի: Մենք երբեք չէինք ծախսի մեր փողը, որովհետև միշտ սուբյեկտիվ արժեքային դատողություններ կանեինք՝ ավելի լավ է պահել գումարը, քան այն օգտագործել անհամար բաներ ձեռք բերելու համար, որ մարդիկ պարբերաբար առաջարկում են մեզ դրա դիմաց: Փողը կոչված է լինելու վերջնական միջոց, բայց ոչ վերջնանպատակ:

Փողն ինքն իրենով միայն երևակայական արժեք ունեցող թիվ է: Այն արժեքավոր է միայն այնքանով, որքանով աշխարհը հավաքականորեն որոշում է դա: Եթե լավ սարքված բահը շարունակում է նույն ձևով փոս փորել, և առողջարար սենդվիչն էլ շարունակում է նույնչափ կալորիաներ և սննդանյութեր ապահովել՝ անկախ դրանց մասին համընդհանուր կարծիքից, ապա փողն ամբողջությամբ կախված է սուբյեկտիվ կարծիքներից՝ իր գործառույթը կատարելու համար:

Հարստության ձևերի մեջ փողը յուրահատուկ է նրանով, որ ինչքան շատ է լինում, այնքան ավելի քիչ օգտակարություն ունի: Հարստության մեկ ուրիշ նման տեսակ գոյություն չունի: Ձեր ավտոմեքենան չի դառնա ավելի անպետք ձեզ աշխատանքի տանելու և հետ բերելու համար, եթե այդ նույն մոդելից միլիոններով ավելի շատ արտադրվի: Եթե ձեր ավտոմեքենան արտադրող ընկերությունը ձեզ պարզապես անվարձահատույց նվիրեր ևս մեկը, ապա և՛ առաջինի, և՛ երկրորդի օգտաբերությունը կմնար նույնը: Ճիշտ է, եթե ցանկանայիք ավտոմեքենան վաճառել ազատ շուկայում, ապա գնորդների պատկերացումներն առկա առաջարկի մասին բացասաբար կազդեին ձեր առաջարկած գնի վրա, սակայն գործարանը, միայն արտադրության ծավալները մեծացնելով, չի կարող հանգեցնել նրան, որ ձեր մեքենան ավելի վատ աշխատի, քան նախկինում: Բայց նույնը չի կարելի ասել արժույթի դեպքում: Ցանկացած մաքուր արժույթ չունի որևէ այլ օբյեկտիվ օգտաբերություն՝ բացի առքուվաճառքի գործընթացում փոխանակման գործառույթ կատարելուց: Եթե ձեր աշխատավարձը բարձրանա, դա դեռ չի նշանակում, որ ձեր ունեցվածքը նույնպես կավելանա, որովհետև դոլարի օգտաբերությունը կախված է դրա ընդհանուր առաջարկից: Ամեն նոր թղթադրամ ավելի քիչ արժեքավոր է դարձնում ամեն հինը՝ որպես հարստության տարբեր տեսակների փոխանակման միջոց: Քանի դեռ փողի առաջարկն ավելի արագ է աճում, քան ձեր՝ փող աշխատելու կարողությունը, դուք օբյեկտիվ օգտաբերություն եք կորցնում: Ըստ էության՝ ձեր փողը միշտ «վերավաճառվում» է բաց շուկայում, որտեղ «գնորդներին» հասանելի առաջարկը միշտ աճում է:

Հնում մետաղադրամները հատվում էին բարձրարժեք մետաղներից, ինչպիսիք են ոսկին, արծաթը և պղինձը, այնպես որ մարդիկ ու նեին որոշակի վերջավոր և նյութական հիմք՝ իրենց հարստությունը գնահատելու համար: Բրոնզը (հիմնականում պղնձի և անագի համաձուլվածք) ունի բազմաթիվ արտադրական կիրառություններ, բայց, ինչն ավելի կարևոր է, այն հեշտությամբ կարելի է ստուգությամբ կշռել: Այն բաժանելի է, ինչը նշանակում է, որ մեկ ամբողջ ունցիա բրոնզ ունենալը նույնքան լավ է, որքան ունենալ երկու կես ունցիա բրոնզ: Այն փոխարկելի է, ինչը նշանակում է, որ մաքուր բրոնզի մեկ ունցիան, բոլոր գործնական նպատակներով, նույնական է մյուսին:

Քանի որ մարդիկ չէին ցանկանում ամեն անգամ ինչոր բան գնելիս կամ վաճառելիս ստիպված ստուգել իրենց մետաղի քաշն ու մաքրությունը, իշխանությունները թողարկեցին մետաղադրամներ և մետաղի այլ ձևեր, որոնք խորհրդանշում էին դրանց իսկությունը և չէին կարող հեշտությամբ կեղծվել: Մետաղադրամի դեմքը դարձավ դրա օրինականության և արժեքի խորհրդանիշը: Դուք ոչ միայն գնահատում էիք փողի արժեքը մետաղի նյութական բաղադրիչներով, այլև այն մարդկանց կամ կազմակերպությունների հեղինակությամբ, որոնք հաստատում էին այն:

Այսօր աշխարհի բոլոր հիմնական արժույթներն իրենց բնույթով ֆիատ են, ինչը նշանակում է, որ դրանց գործառույթը՝ որպես հարստության դրսևորում, կախված է պետության հարկադրանքից, որ ստիպում է մարդկանց օգտագործել դրանք որպես այդպիսին: Ահա թե ինչու ԱՄՆ դոլարի թղթադրամներն իրենց վրա ունեն հետևյալ գրությունը. «Այս թղթադրամը օրինական վճարման միջոց է բոլոր պարտքերի համար՝ պետական և մասնավոր»: Դա միայն փողի օգտաբերության խոստում չէ՝ որպես հարստություն, դա նաև սպառնալիք է: Դուք պե՛տք է սա ընդունեք որպես փող, եթե ցանկանում եք վաճառք իրականացնել Միացյալ Նահանգների բաց շուկայում, կամ էլ պատրաստվում եք վճարելու հսկայական տուգանք (իհարկե, ԱՄՆ դոլարով)՝ բանտ չընկնելու համար:

Մինչև 1971 թվականը ԱՄՆ-ը, ինչպես շատ այլ երկրներ, իր արժույթի արժեքը կապում էր մաքուր ոսկու ֆիզիկական պահեստների հետ: Ոսկու ստանդարտը երաշխավորում էր, որ յուրաքանչյուր դոլարային թղթադրամ շրջանառության մեջ իրենից ներկայացնում է բնության մեջ հազվագյուտ, համընդհանուր պահանջարկ ունեցող ապրանքի շոշափելի քանակություն: Երբ ԱՄՆ-ը, մյուս երկրների նման, հրաժարվեց ոսկու ստանդարտից, դա նրան հնարավորություն տվեց ազատորեն թղթի վրա տպել կամ թվային տեսքով ցույց տալ այնքան փող, որքան ցանկանում էր և անհրաժեշտ էր համարում տնտեսության համար: Քանի որ փողի զանգվածը ազատորեն ընդլայնվում էր կամայական տեմպերով, դա հնարավոր դարձրեց նախապես կանխատեսել արժույթի արագ գնաճը (այսինքն՝ արժեզրկումը): Ամեն անցնող տարվա հետ ձեր դրամապանակում կամ բանկային հաշվում առկա յուրաքանչյուր դոլարով հնարավոր էր գնել ավելի ու ավելի քիչ ապրանքներ և ծառայություններ, քանի որ այդ դոլարներն ավելի ու ավելի շատ էին շրջանառության մեջ հայտնվում:

Մինչև 1965 թվականը ԱՄՆ-ը շարունակում էր թողարկել տասը, քսանհինգ, հիսունցենտանոց և մեկդոլարանոց մետաղադրամները 90%-ով մաքուր արծաթ պարունակող համաձուլվածքով, որն աշխարհում երկրորդ ամենահայտնի ապրանքային փողն է: Սա արդյունավետորեն երաշխավորում էր, որ մետաղադրամները միշտ արժենային առնվազն այնքան, որքան արծաթ էին պարունակում իրենց մեջ, և դրանց չափերն ու կշիռը հատուկ ընտրված էին, որպեսզի պարունակեն արծաթի ճիշտ քանակություն՝ արտացոլելու մետաղադրամի անվանական արժեքը: Ահա թե ինչու հին արծաթյա 50 ցենտը կշռում է 12,5 գրամ, իսկ մեկ դոլարը՝ 25 գրամ: Դրանց արծաթե կշիռները ամբողջովին համապատասխանում են այն հարստությանը, որը ներկայացվում է իրենց անվանական արժեքով: Այսօր 90% արծաթ պարունակող այդ մետաղադրամների նյութական արժեքը մոտ 20 անգամ գերազանցում է դրանց անվանական արժեքին:

Քանի որ ժամանակակից արժույթները հիմնված են ոչ այլ ինչի, եթե ոչ սպեկուլյացիայի և այն ակնկալիքի վրա, որ մնացած բոլորը սպեկուլյացիա են անում նույն կերպ, ինչ դուք, ուստի դրանք մնայուն արժեք չեն ներկայացնի մարդկային պատմության բոլոր փուլերում: Սա լավ է աշխատում այն կառավարությունների համար, որոնք ստեղծում, ղեկավարում և քաղաքացիներին պարտադրում են օգտագործել իրենց ֆիատ արժույթը. այլևս ոչ մի պետություն կարիք չունի լինելու ֆինանսապես պատասխանատու և արդարացիորեն ու տևական կատարելու իր տարբեր գործառույթները (այսինքն՝ շահույթով), որովհետև այն միշտ կարող է թողարկել փողի կամայական քանակություն՝ փոխհատուցելու համար իր անարդյունավետ ռազմավարության կորուստները: Ուստիև մոլեգնող ինֆլյացիայի պատճառով աշխարհի գրեթե բոլոր հիմնական արժույթները տարեցտարի արժեզրկվում են: Պետության արժույթը շատ հաճախ կապված է դրա քաղաքական ճակատագրի և իշխանության հետ:

Այսպիսով՝ թեև արժույթները կարող են շատ հարմար լինել ամենօրյա տնտեսական գործարքների համար, դրանք ամենավատ տարբերակներից են՝ փողի տեսքով պահելու ձեր հարստությունը երկար ժամանակ:

Սիրահարվել փողին նշանակում է տրվել պատրանքների և մոռանալ՝ ինչն է իրական, և ինչու է փողն ընդհանրապես կարևոր: Շատ հարուստներ ընկնում են այդ թակարդը, երբ իրենց չի հետաքրքրում, թե որտեղից է գալիս փողը, կամ թե ինչ են արել իրենք դրանք վաստակելու համար: Նրանց հետաքրքրում է միայն այն, որ փող ունենան և կարողանան այն ծախսել, ինչպես ցանկանան: Նրանք ձգտում են միայն պարգևատրման՝ առանց պատասխանատվության: Նրանց փողը դառնում է պարզապես թվանշան, որ ցույց է տալիս աշխարհին, թե որքան կարևոր են իրենք և որքան իշխանություն պետք է ունենան իրենց կարծիքով:

ՄԱՍ II

ԻՆՉՊԵՍ Է ՁԵՌՆԱՐԿԱՏԻՐԱԿԱՆ ՄՏԱԾԵԼԱԿԵՐՊԸ ՀԱՆԳԵՑՆՈՒՄ ՀԱՐՍՏՈՒԹՅԱՆ ԿՈՒՏԱԿՄԱՆ

Առանց արտաքին միջամտության համեմատաբար քիչ հարստությունից դեպի համեմատաբար ավելի շատ հարստություն բնական ճանապարհը գիտելիքների և հմտությունների ձեռքբերումն է, որոնք զարգացնում են ձեզ և հնարավորություն տալիս ավելի լավ ընտրություններ և գործողություններ կատարելու: Մենք կիրառում ենք ռազմավարություններ և գործիքներ, որպեսզի մեզ և ուրիշների համար հարստություն գեներացնենք ավելի ու ավելի արդյունավետ ձևերով, և հենց այդպես էլ աշխարհը ժամանակի ընթացքում դառնում է ավելի հարուստ՝ ստեղծելով ավելի մեծ արժեք ավելի քիչ ջանքերով և ավելի արագ տեմպերով, քան մենք կորցնում ենք անկայուն կյանքի, պատահարների և սպառման հետևանքով: Սա արդյունավետության էությունն է: Հնարավոր չէ փախչել այս պատճառահետևանքային կապից՝ այնպես, ինչպես հնարավոր չէ փախչել իներցիայից, ձգողականությունից և քամու դիմադրությունից, եթե ցանկանում եք օդապարիկ կառուցել:

Այսպիսով՝ որքան էլ հակասական թվա, որևէ չունևորի համար հարստանալու ուղին ազատվելն է այն մտա-ծելակերպից, որով նա փողը դնում է առաջին տեղում հարստության ձեռքբերման հարցում: Արդեն իսկ պետք է պարզ լիներ, որ գիտելիքների և հմտությունների համադրությունն է ամենակարևոր դերը խաղում մեր արտադրելու կարողության մեջ: Աշխարհի բոլոր փողերը չեն օգնի մի մարդու, որը չգիտի, թե ինչպես արդյունավետորեն ծախսի դրանք՝ փոխանակելով գիտելիքի և իրական հարստության, նյութական բարիքների հետ, որոնք կարող են ժամանակի ընթացքում բնականորեն ավելանալ:

Թեև մինչ այժմ ես միտումնավոր կերպով փողն ավելի քիչ օգտաբեր ու կարևոր եմ համարել, սակայն դա արել եմ միայն հարստության բոլոր այլ ձևերի հետ համեմատությամբ: Ճիշտ գործածված փողը ֆանտաստիկ օգտակար գործիք է և մարդկության մեծագյուտերից մեկը: Այն շատ կարևոր է որպես փոխանակման միջոց ժամանակակից տնտեսության համար, երբ մեծ թվով անհատներ արտադրում են տարատեսակ արժեքներ, որոնց շուկայական պահանջարկը մշտապես փոփոխվում է:

Փողն օգտաբեր է, որովհետև հաճախ դա մարդկանց համոզելու

ամենադյուրին ճանապարհն է՝ անել այն, ինչ դուք ցանկանում եք: Դա փողի գոյության ամբողջ իմաստն է: Փողը նախատեսված է լինել մի բան, որն աշխարհում բոլորս արժևորում ենք՝ օբյեկտիվ դարձնելու մեր՝ անսահմանորեն տարբեր սուբյեկտիվ ցանկությունները: Դուք ստիպված չեք մարդկանց տալ հենց այն, ինչ նրանք ուզում են, որպեսզի ինչոր ծառայություն մատուցեն ձեզ, որովհետև ենթադրվում է, որ նրանց փող է անհրաժեշտ, որպեսզի ձեռք բերեն այն, ինչ ցանկանում են (կամ հիմա կամ ինչոր պահի հեռավոր ապագայում):

Փողը պարզեցնում է այն հաշվարկները, որոնք անհրաժեշտ են փոխադարձ շահավետ փոխանակում կատարելու համար, որովհետև միակ փոփոխականը դառնում է այն գումարի չափը, որով հնարավոր է խրախուսել մեկին կատարել տվյալ գործողությունը, ինչն էլ տարբեր է ամեն մարդու համար՝ կախված նրանից, թե որքան գումար արդեն իսկ ունեն, որքան է, իրենց կարծիքով, անհրաժեշտ, ինչ այլ հնարավորություններ ունեն փող աշխատելու: Դա կախված է նաև այն հարաբերական անհարմարությունից, որ պետք է կրեն, որպեսզի անեն այն, ինչ ուզում եք, որ անեն ձեզ համար:

Այնուամենայնիվ, շատերը դեռ այն կարծրատիպն ունեն, թե փողն անպայման չարիք է, բնու, այն լինելով պարտադրվում է արհեստական սպառողական հասարակության կողմից: Օ՜, որքան ավելի հեշտ կլիներ կյանքը, եթե երբեք չմտածեինք այն մասին, թե ինչ արժեն որոշ բաներ կամ թե կարո՞ղ ենք արդյոք մեզ թույլ տալ դրանք ունենալ: Այս մտածողությունն ունեցող մարդիկ կա՛մ ապրում են մի հասարակությունում, որը ստիպում է իրենց կիրառել շատ վատ արժույթ (այսինքն, այն լավ չի կատարում կայուն փոխանակման միջոց լինելու իր գործառույթը), կա՛մ նրանց չեն սովորեցրել՝ ինչպես գումար աշխատել ու ծախսել այն հեշտ և արդյունավետ տարբերակով:

1991-ին Ռուսաստանի Կենտրոնական բանկի կողմից խորհրդային ռուբլու մատակարարման կտրուկ աճով պայմանավորված հիպերինֆլյացիան, միավորվելով աշխատողների կողմից կտրուկ նվազող արտադրական արդյունքի հետ, փողը դարձրին ոչ կենսունակ փոխանակման միջոց: Սա մեծապես նպաստեց բարտերային տնտեսության զարգացմանը սև շուկայում, որից մարդիկ կախում ունեին՝ կյանքի հիմնարար պահանջմունքները բավարարելու և ապրանքներ բաշխելու համար: Այդ պայմաններում արդարացի կերպով ավելի հեշտ էր ուղղակիորեն ինչոր ստանդարտ համարժեք քանակություններով փոխանակել ընդհանրապես հասանելի և համընդհանուր անհրաժեշտության ապրանքները, ինչպիսիք են հագուստն ու հիմնական սնունդը, քան փորձել ներդնել որևէ հիպոթետիկ թվային անվանական միավոր, որն այսպես թե այնպես անընդհատ կորցնում էր իր արժեքը: Արտադրանքը և սպառողական ապրանքները կրկին ստանձնեցին արժույթի գործառույթը, ինչպես սկզբնական հասարակություններում, որոնք հավաքում և փոխանակում էին աղը:

Նկատեք հսկայական պարադոքսը: Արժույթը, որը հատուկ ստեղծվել էր որպես ուղիղ բարտերի անհարմարություններն ու անարդյունավետությունը վերացնելու գործիք, այնքան վատ էր կառավարվում, որ իրականում ավելի անարդյունավետ էր այն օգտագործելը, քան չօգտագործելը: Պատկերացրեք, որ էլեկտրական գայլիկոնն այնքան վատ է սարքված, որ իրականում ձեզ համար ավելի հեշտ է վերադառնալ ձեռքով աշխատող պարզ պտուտակահանին, քան փորձել աշխատեցնել էլեկտրականը:

Սա պատճառներից մեկն է, թե ինչու նախկին Խորհրդային Միության երկրներում, ինչպես Հայաստանում, մարդիկ գուցեև առանձնապես չմոտիվացվեին փողով: Վնասակար և ոչ կենսունակ հարաբերությունները, որ նրանք պարտադրված էին ունենալ փողի հետ՝ ստալինյան բռնատիրության և հակաարդյունավետ տնտեսական քաղաքականության արդյունքում, նրանց դրդեց գտնելու նորարարության այլ միջոցներ: Անընդհատ նոր փող մտցնելով շրջանառության մեջ՝ պետությունը կարող էր միայն ժամանակավորապես ստեղծել իրական հարստություն արտադրելու պատրանքը: Ճակատագրի հեգնանքով՝ այդպես իշխանությունները կորցնում էին այն փոքրիկ ունակությունը, որով դեռ կարող էին աշխատավոր դասին դրդել ավելի մեծ գնումների:

Թեև արդեն երեք տասնամյակ է, ինչ այդ ժամանակներն անցյալում են, բայց փողի նկատմամբ ենթագիտակցական անվստահությունը դեռ ապրում է շատերի մեջ, հատկապես ավագ սերնդի (նույնիսկ ներկայիս հայկական դրամի հանդեպ, որը պաշտոնապես փոխարինեց խորհրդային ռուբլուն 1993 թվականին): Ոմանց անվստահությունը դրսևորվում է որպես մոլուցք՝ կրճատելու բոլոր ավե-լորդ ծախսերը և իրենց գումարից հնարավորինս շատ մաս փոխանակելու այլ արժույթների՝ դոլարով կամ եվրոյով՝ երկարաժամկետ խնայողությունների համար: Իսկ թանկ ապրանքների՝ մեքենաների, տների առքուվաճառքի դեպքում շատ տարածված է դրանց արժեքը նշանակել դոլարով, որովհետև դրամի գնողունակության տատանումները չափազանց մեծ են: Իհարկե, համեմատաբար ավելի ուժեղ արտարժույթից կախված լինելը միայն հետաձգում է խնդիրը, որովհետև նույնիսկ ամենակայուն ֆիատ արժույթները ապահովագրված չեն արժեզրկումից կամ անկումից: Ուրիշ հայեր էլ, ձգտելով արժեք ստանալ իրենց վաստակած գումարից, ընտրում են հակառակը՝ ծախսել հնարավորինս շատ՝ գնելով անհարկի ապրանքներ, որոնք չունեն երկարաժամկետ արժեք: Պարզապես մարդիկ վստահ չեն, թե վաղվա օրն ինչ կբերի, հետևաբար կվայելեն այն, ինչ ունեն հիմա: Շատ ափսոս է, որ մարդկանց այս երկու ներհակ խմբերն էլ անտեսում են համակարգվածության, արդյունավետության և մասշտաբայնության առավելությունները, որը կունենային, եթե գնվող և վաճառվող արժեքի մասին սովորեին մտածել հստակ թվային արտահայտությամբ, նույնիսկ դրամի նման քիչ օպտիմալ արժույթի դեպքում: Ձեռնարկատիրական մտածելակերպ որդեգրել հարստության համակարգային կուտակման համար՝ նշանակում է հրաժարվել այն կարծրատիպից, թե փողը չարիք է՝ կյանքի կարճաժամկետ բարիքները ձեռք բերելու համար, փոխարենը՝ որպես հավաքական փաթեթի մաս դիտարկել այն ամենը, ինչ մենք երբևէ արտադրում և փոխանակում ենք: Այն, թե ինչպես ենք ծախսում մեր գումարը, նույնքան կարևոր է, որքան այն, թե ինչպես ենք դա վաստակում: Յուրաքանչյուր գնում և յուրաքանչյուր ռազմավարություն փորձ է կա՛մ ունեցվածքն ավելացնելու, կա՛մ եղածը կորստից պաշտպանելու:

ԳԼՈՒԽ 4

ԳՆՈՒՄՆԵՐ ԵՎ ՆԵՐԴՐՈՒՄՆԵՐ. ԴՐԱՄԻ ՓՈԽԱԿԵՐՊՈՒՄԸ ԱՎԵԼԻ ՄԵԾ ՀԱՐՍՏՈՒԹՅԱՆ

Եթե փողը տարատեսակ սուբյեկտիվ արժեքների փոխանակման միջոց է, ապա ամենաակնհայտ սկզբունքներից մեկը, որ բոլորը պետք է հասկանան, այն է, որ երբևէ ծախսված յուրաքանչյուր դոլար (կամ ցանկացած այլ արժույթ) պետք է դրա դիմաց բերի ինչոր արժեք այն ծախսողի համար: Այդքանը պարզ է թվում: Բայց շատ մարդիկ չեն նկատում այն հանգամանքը, որ տարբեր տեսակի արժեքներ ունեն տարբեր աստիճանի ազդեցություններ և արդյունավետության շատ տարբեր տևողության կյանք: Բացի այդ՝ արժեքը միշտ կախված է այն համատեքստից, թե մարդն այդ պահին ինչի է տիրապետում կամ ինչն է իրեն հասանելի, որպեսզի որոշի թե ամենաշատն ինչ է ուզում հաջորդիվ: Աշխարհի ամենագեղեցիկ կահույքը, օրինակ, այնքան էլ օգտավետ չէ առանց կացարանի, որտեղ այն պետք է տեղադրվի:

Դրա արժեքը բավականին ցածր է, քանի դեռ այդպիսի կացարան չկա, ինչից հետո այն հանկարծակի ու կտրուկ աճում է: Երբեմն արժեքը, թեև կարևոր է, նշանակություն է ունենում միայն մի քանի րոպե, օրինակ, երբ մենք գնում ենք համեղ և սննդարար ուտելիք, երբ քաղցած ենք: Դա անհրաժեշտ ծախս է, որովհետև առանց սննդի մենք, իհարկե, մեզ վատ կզգայինք քաղցի զգացումից և ի վերջո սովից կմահանայինք: Մեր օրգանիզմն ապրում է կրկնվող կենսաբանական «անհարմարությունների» ցիկլերի մեջ, որոնք պահանջում են պարբերական լուծումներ, և մենք քիչ բան կարող ենք անել դա համակարգված կերպով փոխելու համար: Մենք կարող ենք միայն միջոցներ ձեռնարկել ախտանշանների դեմ: Ապրելու համար մենք պետք է շարունակաբար ձեռք բերենք կարճաժամկետ արժեքներ, որոնք մեզնից պահան-ջում է կյանքը: Երբեմն, սակայն, այն արժեքը, որ մենք ստանում ենք մեր գնումներով, կարող է պահպանվել երկար տարիներ կամ նույնիսկ ավելին, քան մեր կյանքը: Որակով կահույքը տասնամյակներ շարունակ կծառայի իր նպատակին չնչին մաշվածությամբ, եթե դրան խնայողաբար վերաբերվեն: Այն պոտենցիալ մեծ գումարը, որ ծախսում ենք գեղեցիկ սեղան կամ բազմոց գնելու վրա, ներդրում է մի քանի տարվա օգտակարության մեջ: Այն մարդու համար, որն ունի երկարաժամկետ արժեքի մտածելակերպ, և ում ընթացիկ ծախսերն ավելի քիչ են, քան նա կարող է վաստակել, հեշտ է արդարացնել նախապես արվող խոշոր գնումը:

Անգամ գոյություն ունեն արժեքի այնպիսի ձևեր, որոնք ժամանակի ընթացքում բազմապատկվում են և մեզ են վերադարձնում ավելի մեծ արժեք: Սրանք հաճախ ամենաբարդն են նկատվելու առումով: Քաղցած ժամանակ սննդի արժեքը ակնհայտ է: Վայրի բնության մեջ յուրաքանչյուր կենդանի ապրում և մեռնում է սնվելով: Ամուր կաղնե սեղանի արժեքը պարզ է, եթե դուք այն մարդն եք, որը գտնում է այդ սեղանի բազմաթիվ կիրառություններ, գնահատում է նման արհեստագործությունը և կարող է ողջամտորեն կանխատեսել դրա արդյունքը: Բայց արժեք տեսնել այնպիսի բաներում, որոնք որոշ ժամանակ գործադրվելուց հետո կարող են ավելի մեծ արժեք ստեղծել մեզ համար (և հետևաբար՝ փող), պահանջում է հայեցակարգման և պրոյեկցիայի ավելի շատ շերտեր՝ գործ ունենալով բազմաթիվ անհայտ փոփոխականների և պայմանների հետ: Դա պահանջում է ձեռնարկատիրական մտածելակերպ, որն այնքան էլ տարածված չէ աշխարհում, ներառյալ շահավետ փոխազդեցությունների հաջորդականություն տեսնելու ունակությունը, այնպես, ինչպես մեխանիզմի շարժվող մասերն են, որոնք կարելի է մտածված բարելավել:

Թեև մեզնից ոչ ոք չի կարող կատարելապես կանխատեսել ապագան, կան որոշակի ընդունված հաստատումներ, որոնցից բոլորս կախված ենք և դրանց շուրջ կառուցում ենք մեր կյանքը: Մենք գիտենք, որ մեզ անհրաժեշտ կլինի կանոնավոր սնվել մինչև կյանքի վերջ: Մենք դա գիտենք, քանի որ բոլոր մարդիկ միշտ էլ ուտելու կարիք են ունեցել: Այնուհանդերձ, այն, թե ինչ ենք ուտում և թե ինչպես ենք ուտում, ենթակա է փոփոխության՝ նոր տեխնոլոգիաների, մշակույթի և տնտեսական ու էկոլոգիական հանգամանքներով պայմանավորված: Ի՞նչ ճշգրտությամբ կարող եք կանխատեսել, թե մեկ տարի հետո ինչ սնունդ կցանկանաք սպառել, և թե ինչ հասանելի կլինի ձեզ: Եթե վստահ եք, որ կարող եք դա գուշակել, ի՞նչն է ձեզ խանգարում ձեր գումարի մի մասը ծախսել հիմնական չփչացող սննդամթերքի մեկ տարվա պաշար գնելով: Մեծածախ գնումն իհարկե ավելի էժան է, քան մանրածախը, և գներն էլ մեկ տարվա ընթացքում ինֆլյացիայի և շուկայական այլ գործոնների պատճառով այսպես, թե այնպես կբարձրանան: Եթե հիմա ավելի ցածր գնով ձեռք բերեք մի բան, ինչը վստահաբար օգտագործելու եք, ուրեմն կխնայեք այն գումարը, որ ստիպված եք լինելու վճարել ապագայում:

Կարո՞ղ եք գուշակել, տարիներ հետո ինչպիսի տանը կուզենաք ապրել, և աշխարհի ո՞ր մասում պետք է այն գտնվի: Կամ կարո՞ղ եք գոնե իմանալ, թե ինչ նյութեր կպահանջվեն այն պատրաստելու համար, եթե նախատեսում եք ինքներդ կառուցել: Այս տիպի գնումները, եթե արվել են ճիշտ գնով, ներդրումներ են ապագայի օգուտների մեջ՝ ձեր ունակության՝ ապրելու այնպես, ինչպես ձեզ համար առավել հաճելի է և իմաստալից: Որքան լավ եք կարողանում կանխատեսել ձեր սեփական ցանկությունները, այնքան ավելի խելամտորեն կարող եք ընտրել, թե ինչպես ծախսել ձեր գումարը արժեք ձեռք բերելու համար:

Այնուամենայնիվ, մենք չենք կարող ակնկալել, որ անվերջ շարունակելու ենք ձեռք բերել նյութական բարիքներ նույն նեղ շրջանակով, և դրանցից նույն չափի օգուտ քաղելով: Գոյություն ունի նվազող եկամտաբերություն այն ակտիվների համար, որ մենք ձեռք ենք բերում: Որոշակի պահից սկսած՝ դրանք նույնիսկ դառնում են պարտավորություններ: Դրանք կորստից, գողությունից, քայքայումից կամ վնասվելուց պաշտպանելու, դրանց ֆունկցիոնալությունը պահպանելու սթրեսն ի վերջո դառնում է ավելի մեծ, քան այն օգուտը, որ տալիս են մեզ: Ոչ ոք երբեք չի կամենա ծախսել իր ունեցած գումարը այն պատահական առարկաների վրա, որոնք պարզապես մի պահ գրավում են նրա ուշադրությունը՝ ինչոր ժամանակավոր արժեք թվալով: Մինչդեռ մեզ հենց այդպես են սովորեցրել վարվել գումարի հետ: Մենք գնում ենք ավելի ու ավելի քիչ բաներ, որոնք ապահովում են երկարաժամկետ հուսալի օգտաբերություն, և ավելի ու ավելի շատ անպետք բաներ, որոնք վաղուց կորցրել են իրենց պիտանիությունը: Հաճախ էլ «տնօրինվող եկամուտը» ծախսում ենք մակերեսային բաների վրա՝ զվարճություններ, արագորեն մոռացվող հմտություններ, որոնք որևէ մնայուն արժեքով չեն հարստացնում մեր միտքը, անհատականությունը, գիտելիքներն ու կարողությունները:

Թեև կարճատև հաճույքները անհրաժեշտ են, սակայն դրանք հարստության ամենաանկարևոր ձևն են, եթե մեր նպատակը ապահով ունեցվածքի ձեռքբերումն է և տնտեսության արտադրողական կարողությունների զարգացումը: Մենք բոլորս պետք է սնվենք, բայց այն արժեքը, որ ստանում ենք սննդից, անհետանում է գրեթե նույն պահին, երբ սնումն ավարտվում է: Մեզ բոլորիս հանգիստ է անհրաժեշտ, բայց հեռուստացույց դիտելը արժեքներ ստեղծելու հնարավորություններ է տալիս միայն այնքան ժամանակ, քանի դեռ բավականաչափ խելացի ու նպատակասլաց ենք հեռուստացույցը որպես գործիք այդ նպատակին ծառայեցնելու համար:

Տրամաբանական է, որ եթե մենք փոխենք ծախսելու մեր հակումը կարճ ժամկետում արժեզրկվող ապրանքների գնումից դեպի երկարաժամկետ կայուն արժեքների ձեռքբերում, ապա ժամանակի ընթացքում կավելացնենք մեր հարստությունն ավելի արագ տեմպերով, քան նախկինում:

Վերջերս իմ դյուրակիր համակարգիչը կոտրվել էր, և ես նստած սպասում էի, թե երբ այն կնորոգեն: Շուտով այն եզրակացությանը եկա, որ արդարացված ներդրում կլինի ծախսել 500 ԱՄՆ դոլարին համարժեք գումար և ձեռք բերել նոր համակարգիչ: Ի սկզբանե ես չէի նախատեսել այդքան գումար ծախսել նոր համակարգչի վրա: Բայց դա միանգամայն արդարացված որոշում էր և արդյունք էր իմ կենսունակ ռազմավարության՝ ներդրում, որն ունի համարյա զրոյական ռիսկ: Ես կարող էի կատարել այս հաշվարկը, որովհետև գիտեի, որ ամենօրյա հասանելիություն չունենալով իմ համակարգչին (որն այժմ արտադրության իմ հիմնական գործիքն է)՝ չէի կարողանա պահպանել կատարածս աշխատանքի մեծ մասը և վարձատրվել դրա դիմաց: Իմ եկամտի աղբյուրները, որոնք հասանելիություն են պահանջում իմ համակարգչին, կնվազեին այնքան ժամանակ, մինչև նոութբուքիս նորոգումն ավարտվեր, ինչը կարող էր շաբաթներ տևել: Բացի դրանից՝ ստիպված էի լինելու իմ բոլոր ստեղծագործական նախագծերը մի կողմ դնել, ինչն ինձ համար լինելու էր խոշոր գումար վաստակելու հնարավորության կորուստ: Հետևաբար, ես չտատանվեցի ծախսել 500 ԱՄՆ դոլար նոր համակարգչի վրա, անգամ եթե այն օգտագործելու էի մի կարճ ժամանակ, որովհետև գիտեի, որ նորն ունենալով՝ կարող եմ աշխատել ավելի շատ, քան այդ գումարն է: Որպես բոնուս՝ ես կարող եմ պահուստային նոր գործիք ունենալ և ապագայում էլ հույս դնել նրա վրա, երբ իմ հիմնական համակարգիչը նորից խափանվի:

Այնուհանդերձ, գյուղում իմ հարևանների աչքերում երկրորդ համակարգչի հանկարծակի ձեռքբերումը (մի բան, որ նրանք համարում էին ճոխություն) միայն ցույց էր տալիս, թե որքան հարուստ և շփացած եմ ես, որովհետև կարող եմ անել այդպիսի հսկայական և ոչ անհրաժեշտ գնում իմ քմահաճույքի համար և առանց երկար ու լուրջ մտածելու: Նրանք չէին նկատում այն անտեսանելի տնտեսական հաշվարկը, որն իմ գնումը դարձնում էր միանգամայն արդարացի: Նրանց դաստիարակել են այն կարծրատիպով, թե ամեն գնով պետք է խուսափել «անտեղի» մեծ գումար ծախսելուց: Նրանց կարծիքով՝ ավելի լավ կլիներ, եթե ես համբերատար սպասեի, մինչև համակարգիչս նորոգվեր, և վերսկսեի իմ աշխատանքը այդ ժամանակ՝ ընթացքում ապրելով «պաշտպանական», ոչ ծախսային ռեժիմով, մինչև վստահ կլինեի, որ նորից ունեմ եկամտի հուսալի աղբյուր: Նրանք մեղավոր չեն, որ այդպես են մտածում: Նրանք այդպես են ապրել իրենց կյանքի մեծ մասը՝ ցատկելով գումար աշխատելու անհուսալի կարճաժամկետ մեկ հնարավորությունից դեպի մյուսը դրանց հայտնվելուն պես և միշտ համապատասխանեցրել են իրենց ծախսելու սովորությունները այն գումարի հետ, որն այդ պահին վաստակում են: Նրանք չեն զարգացրել համակարգված և ձեռնարկատիրական մտածելակերպ, թե ինչպես օգտագործեն իրենց գիտելիքն ու հմտությունները հատուկ նախատեսված գործիքների միջոցով՝ երկարաժամկետում հարստություն ստեղծելու համար:

Ձեռնարկատիրական միտքը, որը նյութական ունեցվածքը նախ և առաջ դիտարկում է որպես ավելի շատ և ավելի արդյունավետորեն հարստություն ստեղծելու գործիք, արագ որոշում է, թե երբ է ավելի խելամիտ ձեռք բերել այն գործիքները, որոնք վճռորոշ են կարևոր արժեքները ստեղծելու հարցում: Գիտելիքների, գործիքների և ամենահուսալի համակարգերի ավելիով ձեռք բերելը ապահովագրության մի տեսակ է: Այն սկսվում է գիտելիքից, թե էլ ինչպես կարող ենք բավարարել մեր հարմարավետության բազային պահանջները, լինեն դրանք կենսաբանական պահանջներ, ինչպիսիք են սնունդը, ջուրը և մաքրության ապահովումը, թե յուրահատուկ ճոխություններ, որոնք ավելի անհատական են: Այսպիսով՝ ես ոչ միայն ուրախությամբ հավելյալ գումար եմ վճարում երկրորդ համակարգչի համար, որը կկարողանամ օգտագործել, երբ հիմնականը անհասանելի է, այլև վճարում եմ տանը 4G WiFi շարժական ինտերնետ կապի համար՝ կիրառելով իմ ապահովագրությունը: Ինտերնետի արագությունն այս հեռավոր գյուղում ավելի լավ է, քան ակնկալում էի: Բայց ժամանակ առ ժամանակ դեռևս լինում են ծառայության ընդհատումներ, որոնք կարող են տևել մի քանի րոպեից մինչև մի քանի ժամ: Իմ հարևանների համար այս կարճատև խափանումները մեծ խնդիր չեն՝ ի տարբերություն ինձ, ում համար դա աշխատանքային անհրաժեշտություն է:

Ես օգտագործում եմ ինտերնետը գումար վաստակելու, կարևոր թեմաներ ուսումնասիրելու, գրքերս գրելու, սոցիալական կյանքին մասնակցելու, ինչպես նաև զբաղմունքի ու հանգստի նպատակով: Այսպիսով՝ ինտերնետ ծառայության նույնիսկ շատ կարճատև ընդհատումը կարող է հանգեցնել արտադրողականության և գումարի սրընթաց կորուստների, ճիշտ այնպես, ինչպես երբ ատաղձագործի միակ մուրճը կամ սղոցը կոտրվում է բարդ աշխատանքի կեսին կամ նրա միակ մատակարարի մոտ հանկարծ վերջանում է փայտանյութը: Այդ իսկ պատճառով, ես մեծ հաճույքով ամեն ամիս վճարում եմ մոտ 20 ԱՄՆ դոլարին համարժեք գումար մեկ այլ ինտերնետ մատակարարի՝ լրացուցիչ WiFi կապ ունենալու համար, անգամ եթե օգտագործում եմ դրա մի փոքր մասը, քանի որ ունեմ հիմնականը: Հավանականությունը, որ երկու կապն էլ միաժամանակ կանջատվեն իրարից անկախ պատճառներով, զրոյական չէ, բայց էականորեն ավելի փոքր է, քան այն, որ դրանցից որևէ մեկն ընդհատվի: Անգամ եթե միայն ամիսը մեկ է պատահում, որ իմ հիմնական ինտերնետ կապն անջատվի, միևնույն է, այդ ընթացքում ես կարող եմ աշխատել ամենաքիչը 20 ԱՄՆ դոլար. լրացուցիչ ինտերնետի իմ ապահովագրությունը արդեն իսկ ծածկում է այն կորուստը, որից ինձ պաշտպանում է:

Նմանատիպ «ապահովագրական» քաղաքականությունը նպատակ ունի հնարավորինս կառավարել ռիսկերը: Այսպիսի վերահս-կողության հակապատկերն է այն մարդկանց վարքը, որոնք հակում ունեն դեպի մոլախաղերը, երբ գրեթե չի վերահսկվում բարենպաստ կամ անբարենպաստ արդյունքը, որովհետև այդ մարդկանց ընկալմամբ՝ իրենք չեն վերահսկում նաև, թե ինչպես են գումար աշխատում կյանքի մյուս ոլորտներում:

Որպեսզի ինչոր չափով վերահսկեք, թե ինչպես եք աշխատում և ծախսում ձեր գումարը, դուք պետք է ունենաք համապատասխան գիտելիքներ: Դուք պետք է ունենաք բավականաչափ հմտություններ՝ վստահ լինելու համար, որ ձեր գործողություններից կստանաք ցանկալի արդյունքներ: Պետք է գիտենաք, թե մյուս մարդիկ, ում հետ համագործակցային հարաբերություններ եք ստեղծում, ինչպես կկատարեն իրենց դերերը արժեքի ստեղծման և փոխանակման շղթայում (նաև թե ինչպես են այդ դերերը լրացնում ձեր դերը): Դա միակ միջոցն է գործադրելու ձեր ազդեցությունն այնպես, որ ինչ ոլորտում էլ ներդրած լինեք ձեր գումարը, այն բերի ավելի բարձր արժեք՝ այդպիսով երաշխավորելով, որ տվյալ ներդրումը չի փոշիանա, այլ արդարացված է:

Երբ երկարաժամկետ անձնական օգտագործման համար որևէ բան եք գնում, դուք մտածում եք ձեր նախասիրությունների մասին: Երբ գնում եք որևէ ակտիվ՝ հարստություն ստեղծելու համար, որը վաճառելու եք ուրիշներին, դուք մտածում եք ձեր հմտությունների արդյունավետության մասին, և թե մարդիկ ինչը կարժևորեն այնքան, որ ցանկանան գնել ձեզնից: Երբ դուք գնում եք որևէ ակտիվ այլ մարդկանց ավելի բարձր գնով վերավաճառելու համար, դուք մտածում եք, որ ուրիշները դա կհամարեն ավելի արժեքավոր և դրա համար պատրաստ կլինեն վճարելու ավելին: Այս սկզբունքը ճիշտ է անկախ նրանից, թե ինչ դասի ակտիվի հետ գործ ունեք՝ նյութական, թե ոչ նյութական՝ թանկարժեք մետաղներ, հնաոճ կահույք, անշարժ գույք, կրիպտոարժույթներ, ընտանի կենդանիներ, սպառման ապրանքներ կամ որևէ այլ բան:

Նման ճշգրիտ կանխատեսում անելու համար դուք պետք է հասկանաք և՛ ակտիվի հիմնական որակները, և՛ այն, թե ինչպես են այդ որակներն ընդհանրապես գնահատում այն մարդիկ, որոնք գնում և օգտագործում են դրանք: Ավելին, ձեր կանխատեսելու ունակությունները պետք է ավելի լավը լինեն, քան ընդհանուր շուկայինն է, գոնե այն առումով, թե ինչի վրա եք նախընտրում ծախսել ձեր գումարը: Եթե ակտիվով հետաքրքրված բոլոր մարդիկ նույնքան հմուտ լինեին դրա ապագա արժեքը կանխատեսելու հարցում, որքան դուք, նրանք արդեն իսկ կգնեին դա, և գինն արդեն հասած կլիներ այնտեղ, որտեղ բոլորի կարծիքով այն փոփոխելի է: Ենթադրենք՝ փայտանյութի շուկայում բոլորը նույնչափ վստահությամբ գիտեն, որ հաջորդ շաբաթ փայտի գինը կկրկնապատկվի: Այդ դեպքում նրանք բոլորը ձեռք կբերեն այնքան, որքան այս շաբաթ կարող են կես գնով՝ կա՛մ մյուս շաբաթ 100% շահույթով վերավաճառելու մտադրությամբ, կա՛մ պահելու իրենց վերջնական օգտագործման համար: Նման շտապողականությունը, սակայն, հակառակի պես կբերի նրան, որ գինը մյուս շաբաթվա փոխարեն կբարձրանա այս շաբաթ:

Նույնը վերաբերում է այն ամենին, ինչ ներդրվում է բիզնեսում՝ երկարաժամկետ շահույթ ստանալու հույսով: Գործող բիզնես մոդելը պահանջում է ժամանակի, էներգիայի և կապիտալի ներդրում մի շարք նյութական և ոչ նյութական ակտիվների մեջ՝ այն նախապայմանով, որ կկարողանաք դրանք ինչոր կերպ փոխակերպել՝ շուկայում արժեքը բարձրացնելու համար: Հիշեք, որ նույնիսկ վարձած մասնագետների աշխատանքը ձեր ապրանքի բաղադրիչն է, և դուք պետք է հատուկ այնպես գործեք, որ այդ ապրանքն արժենա ավելին, քան դրա համար վճարում եք: Եթե դուք պատկերացում չունեք այն ապրանքատեսակների մասին, որոնց հետ աշխատելու եք, աշխատուժի ու ռեսուրսների մասին, որ անհրաժեշտ են դրանք արտադրելու համար, և այն գործոնների մասին, որոնք ազդում են գնորդների ընկալման վրա, ապա ձեզ համար շատ դժվար կլինի ապահովել ավելի բարձր գին (և հետևաբար՝ շահույթ):

Բայցևայնպես ձգտում ունեցող ձեռնարկատերերը հաճախ ընկնում են տարածված բիզնեսներ վարելու թակարդը, որոնց մասին հատուկ գիտելիքներ և կիրք չունեն, ընդամենը ինչոր տեղ լսել են, թե դրանք հուսալի են և հեշտ փող աշխատելու համար: Բայց ինչպե՞ս կարող է որևէ մեկը ստուգել այս պնդումների ճշմարտացիությունը՝ առանց նախապես ամբողջական պատկերացում կազմելու շուկայական մեխանիզմների և արտադրության նրբությունների մասին: Հավանաբար, այն մարդիկ, ովքեր հասնում են հաջողության և աժիոտաժ են առաջացնում, կարողանում են դա անել, միայն որովհետև նրանք հասկանում են գործի այն նրբությունները, որոնք նորեկները չեն իմանա՝ անտեսանելի, բայց վճռորոշ դետալներ, որոնք դժվար չափելի և դժվար գնահատելի են մեկի համար, ով ծանոթ չէ դրանց այնպես, ինչպես իրենք:

Գյուղի իմ ընկերներից Արթուրը, հավանաբար ոգեշնչվելով իմ հաճախակի քննարկումներից, անչափ հետաքրքրված էր պանրի տեղական բիզնես սկսելու հարցով: Սկզբում ես զարմացա, որովհետև չէի լսել, թե նա ունի համապատասխան գիտելիքներ պանրագործության վերաբերյալ, կամ այն տեղական թիրախային շուկայում բաշխելու և վաճառելու մեխանիզմների մասին:

Հետո պարզվեց, որ Արթուրն իրականում չի մտածել, թե ինչ տեսակի պանիր կարող է արտադրել, կամ շուկայում ովքեր են լինելու իր գնորդները:

Հետագա զրույցից հետո հասկացա հետևյալը. միակ պատճառը, որ ընկերս ընդհանրապես մտածում էր պանրի բիզնես սկսելու մասին, այն էր, որ շատ կովեր ուներ, և նրա եկամտի հիմնական աղբյուրը կաթը տեղական պանիր արտադրողներին վաճառելն էր: Արթուրը հասկանում էր, որ այդ կաթն ավելի մեծ եկամուտ կբերեր, եթե ինքն ունենար անհրաժեշտ սարքավորումներ և անձնա-կազմ այն պանրի վերածելու համար: Դա պարզապես ամենաուղիղ ճանապարհն էր, որ նա տեսնում էր՝ մեծացնելու իր վաստակելու կարողությունը այն ակտիվներով, որոնց հետ արդեն սովոր էր աշխատել:

Իսկ ի՞նչ եք կարծում՝ ինչո՞ւ էր նա ի սկզբանե գնել այդ բոլոր կովերը և սկսել կաթ վաճառել: Ոչ այլ պատճառով, եթե ոչ տեսնելով, որ ուրիշներն անում են դա և համեմատաբար հաջողում: Նրա կովերը դարձել էին իր արտադրության ամենաարժեքավոր գործիքները՝ կանոնավոր մատակարարելով ապրանքային կաթ, որն ամեն օր կանխատեսելի գնով կարող էր վաճառել այն ձեռնարկատերերին, ովքեր կօգտագործեին դա սպառման այլ ապրանք՝ պանիր արտադրելու համար: Սակայն, որքան էլ ընկերս բախտավոր էր, որ ուներ եկամտի այդ անկախ աղբյուրը, ես տեսնում էի, որ նա իրական ներքին ձգտում չուներ իր կովերը պահելու կամ այդ ոլորտի որևէ գիտելիք ձեռք բերելու:

Ես որոշեցի փոքրիկ մարտահրավեր նետել Արթուրին և ցույց տալ այն հնարավորությունները, որոնցով կարող էր ապահովել տարբեր եկամուտների հոսքեր և ղեկավարել բիզնեսներ: Ես նրան ասացի, որ անկասկած կարող է պանրի բիզնեսով զբաղվել՝ օգտագործելով իր և իր հարևանների՝ արդեն իսկ արտադրած կաթը: Բայց միայն սկզբում հազարավոր դոլարներ պետք կգային, որպեսզի նա ձեռք բերեր սարքավորումներ և պետական հավաստագրեր՝ արտադրությանը մեկնարկ տալու համար, դեռ չհաշված իր ապրանքը փաթեթավորելու և բրենդավորելու աշխատանքը:

Նա նույնիսկ չէր դիտարկել այս ամենը սպառողների տեսանկյունից, քանի որ սովոր էր կաթի մեծածախ վաճառքին: Նա նույնիսկ չէր մտածել՝ ինչ տեսակի պանիր է արտադրելու և ինչով է այն տարբերվելու շուկայում արդեն իսկ եղած էժան տեսականուց: Մի խոսքով՝ նա բացարձակապես պատրաստ չէր կովեր բուծելու և նրանց կաթը մեծածախ վաճառելու պարզ և գծային բիզնես մո-դելից անցում կատարել շատ ավելի բարդ և բազմաճյուղ մոդելի՝ վերածել այդ կաթը պանրի, բրենդավորել և շուկա գտնել դրա համար: Այդ ամենը միշտ կատարել էին այն մյուս ընկերությունները, որոնց վաճառել էր կաթը:

Բավականին լավ ճանաչելով իմ ընկերոջն ու նրա հետաքրքրությունները՝ ես նրան անսպասելի առաջարկ արեցի՝ ընտրել բոլորովին այլ ձեռնարկատիրական ուղի, ինչը հավանաբար երբեք չէր անցնի նրա մտքով: Մի անգամ մեր տանը ես նկատել էի, թե ինչպես է նա մեծ ուշադրությամբ զննում կահույքը՝ հասարակ, էժան, բայց ֆունկցիոնալ: Արթուրը հարցնում էր՝ որքան եմ վճարել դրանց համար, ասում, թե ինչն է իրեն դուր գալիս, իսկ ինչը կարելի էր բարելավել: Այս դիտարկումներից ես գլխի ընկա, որ նա մեծ կիրք ունի կահույքագործության հանդեպ: Եվ ծանոթ լինելով նրա ձեռքերի հմտությանը շինարարության մեջ՝ հասկացա, որ հավանաբար ունի նաև ատաղձագործի տաղանդ:

Ես հարցրի իմ ընկերոջը, թե ինչու չի մտածում բիզնես հիմնել այն ոլորտում, որից ավելի լավ է հասկանում, որի նկատմամբ բնատուր հակում ունի, հետևաբար՝ ավելի հաճույքով կհաղթահարի դրա հետ կապված մարտահրավերները՝ մի բան, որին վերաբերող գիտելիքներն ու հմտությունները հարստացնելն իր համար ոչ միայն հաճելի կլինի, այլև ֆինանսապես շահավետ: Արթուրը պատասխանեց, որ չի կարող զբաղվել կահույքագործությամբ, որովհետև չունի համապատասխան գործիքներ, և ես հասկացա, որ ինչոր բան սխալ է նրա մտածելակերպի մեջ:

Ինչո՞ւ էր ընկերս պատրաստ ռիսկի ենթարկելու հազարավոր դոլարներ՝ պանրի բիզնես սկսելու համար, բայց բացառում էր շատ ավելի քիչ ծախսը այն գործիքների վրա, որոնք անհրաժեշտ էին կահույք պատրաստելու համար: Ինչպես միշտ, պատասխանը թաքնված էր նրա մեջ սերմանված մշակութային ընկալումների մեջ: Ոչ ոք նրան երբևէ կահույքի բիզնես սկսելու ո՛չ անուղղակի, ո՛չ էլ բացահայտ թույլտվություն չէր տվել: Նա չէր տեսել, որ իր նման մեկը փորձեր դա անել, հետևաբար դա իր մտածողական համակարգի մաս չէր: Հնարավորություններ տեսնելու ընկերոջս ունակությունը խիստ սահմանափակված էր նրանով, ինչ արդեն ուղղակիորեն տեսել էր, այլ ոչ նրանով, ինչ ինքը կարող էր երևակայել: Իհարկե, շատ հարցեր կլինեին, որոնց համար նա պետք է լուծումներ ունենար նախքան վստահորեն պնդելը, որ կահույք պատրաստելն ու վաճառելը շահութաբեր կլինի, և որ սկզբնական ծախսերը հեշտությամբ կփոխհատուցվեն: Բայց այդ բոլորը հարցերի պատասխանները նա կունենար, եթե ողջ կյանքի ընթացքում իրեն համոզած չլինեին, թե ձեռներեց լինել չի կարող:

Իմ ընկերը դեռ գոնե բավականաչափ ձգտում ուներ՝ բարելավելու իր վաստակելու կարողությունն այնպես, որ դա արդեն իսկ լիներ գործունեության ընդլայնման տրամաբանական սկիզբը: Ինչ էլ որ արտադրեք, միշտ արժե հարցնել, թե ինչ է հարկավոր անել դրա արժեքը բարձրացնելու համար և որքանով հեշտ կլինի իրականացնել տվյալ գործողությունները: Ի վերջո, չկա այնպիսի ակտիվ, որը հնարավոր չլինի ինչոր կերպ ավելի արժեքավոր դարձնել՝ լավ վերամշակման, կատարելագործման և կամ փոխակերպման միջոցով: Ոչինչ գոյություն չունի կատարյալ վիճակում: Հարցը միայն հետևյալն է. արդյոք լրացուցիչ ռեսուրսների շարունակական ներդրումը համարժեք չափով կավելացնի՞ դրա արժեքը, թե ավելի լավ է այն շուկա հանել այնպես, ինչպես կա, և վերցնել այն շահույթը, ինչ կարող եք ստանալ վաճառքից: Այս սկզբունքը գործում է մարդկության երազած յուրաքանչյուր արվեստի գործի ստեղծման, յուրաքանչյուր սպառման ապրանքի արտադրման և յուրաքանչյուր նոր գաղափարի իրագործման դեպքում:

ԳԼՈՒԽ 5

ԱԿՏԻՎՆԵՐԻ ԱՊԱՀՈՎՈՒԹՅՈՒՆ. ԿՈՒՏԱԿՎԱԾ ՀԱՐՍՏՈՒԹՅԱՆ ՊԱՇՏՊԱՆՈՒՄԸ ՆՐԱՆ ԲՆՈՐՈՇ ԿՈՐՍՏԻ ՌԻՍԿԻՑ

Թեև մարդիկ հաճախ խուսափում են հասարակ ձեռնարկատիրական նորարարություններից, որովհետև չեն ցանկանում ռիսկի դիմել, նրանք նաև հաճախ չեն նկատում, որ ամեն ինչն է ռիսկ պարունակում: Քանի որ մենք ամեն բան չենք կարող կանխատեսել, երբեք ոչ մի երաշխիք չկա, որ այն, ինչ անում ենք, կտա ցանկալի արդյունքը: Մենք պարզապես հույս ենք կապում բազմաթիվ հանգամանքների հետ, որոնք հավանական են դարձնում կյանքի շարունակությունը այն ձևով, որին արդեն սովոր ենք: Մենք պտտում ենք բանալին կողպեքի մեջ՝ ակնկալելով, որ տան դուռը կբացվի: Մենք աշխատանքի ենք ներկայանում՝ ակնկալելով ստանալ կանոնավոր աշխատավարձ: Մթերային խանութ ենք գնում՝ ակնկալելով գտնել մեր ամենասիրած սնունդը: Բայց բոլոր այս արդյունքները կախված են ֆիզիկական գործընթացներից, որոնք մենք չենք կարող վերահսկել:

Նրանք, ովքեր ապրում են թույլ զարգացած երկրներում, ժամանակակից հարմարությունները չեն համարում որպես ապրիորի տրված մի բան, որովհետև անցել են պատերազմների, սովի, փակ սահմանների, հիպերինֆլյացիայի և ձախողված ենթակառուցվածքների միջով, որոնք թույլ չեն տալիս, որ տնտեսության մեքենան ամբողջ ժամանակ գործի այնպես, ինչպես ակնկալվում է: Դա պատճառներից մեկն է, թե ինչու են նրանք ավելի շատ հակված հույսը դնելու իրենց սեփական հմտությունների և անմիջական հարևանների աջակցության վրա, որպեսզի ունենան այն բաները, որոնք Արևմուտքում մարդիկ ձեռք են բերում պատրաստի: Նրանք գիտակցում են, որ ցանկացած պահի ամեն ինչ կարող է սխալ ընթացք ստանալ բազմաթիվ պատճառներով: Էլեկտրական հոսանքը կարող է անջատվել ցանկացած պահի: Վթարի կամ այլ խնդրի պատճառով քաղաք տանող միակ ճանապարհը կարող է երկար ժամանակով փակվել: Եվ այսպես շարունակ:

Այս անորոշությունները մեծ նշանակություն ունեն, որովհետև այն ամենը, ինչ մենք երբևէ անում ենք, իր գինն ունի, նույնիսկ եթե մենք այն չհամարենք մեծ: Փոխադրումը պահանջում է վառելիք (որը կարող է բավականին թանկ լինել) և մաշեցնում է մեր մեքենաները: Անգամ մեր գլխում խնդիրները լուծելու բուն գործընթացը առաջացնում է կոգնիտիվ սթրեսի որոշակի մակարդակ, որը մեզ համար տանելի է: Կա նաև ֆիզիկական սթրեսի ռիսկ մեր օրգանիզմի համար, կա մարմնական վնասվածք ստանալու հավանականություն: Չկա մի բան, որը մեզնից ժամանակ չի խլում: Ինչ էլ որ որոշենք անել, դա ընտրություն է մնացած ամեն ինչի դեմ, որ կարող էինք անել և բոլոր հնարավորությունների դեմ, որ կարող էինք ունենալ: Եվ եթե անգամ տեսականորեն գիտենք, թե ինչպիսին է լինելու տվյալ ֆիզիկական գործընթացի արդյունքը՝ համաձայն բնության օրենքների, մենք չենք կարող իրականացնել այդ գործընթացը վակուումի մեջ կամ կատարյալ վերահսկողություն ունենալ մեր գործողությունների և այն նյութերի նկատմամբ, որով աշխատում ենք:

Այսպիսով՝ պարզ է, որ մենք բոլորս ռիսկի կառավարիչներ ենք ամենաուղիղ իմաստով: Մենք ինքնակամ կրում ենք այդ և այլ հավանական կորուստները, որովհետև նախապես տեսնում ենք անհամաչափ մեծ եկամտի ստացման հնարավորություն, բայց այդ հնարավորության պատկերացումը տարբեր է երկու անհատի դեպքում կամ միևնույն անհատի տարբեր տրամադրությունների ժամանակ: Մարդիկ, ում մենք անվանում ենք պրոֆեսիոնալ ձեռնարկատերեր, նրանք են, ովքեր սովորել են կառավարել բնական ռիսկը (որին, իրականում, բոլորս էլ մասնակցում ենք)՝ հասնելու ավելի ու ավելի բարձր մակարդակների՝ ավելի մեծ եկամուտներ ստանալու համար (դրամական կամ այլ տեսակի): Իրականում մեզ ընդամենը պետք է հասկանալ, թե ինչ ենք ուզում, ինչ ենք պատրաստ զոհաբերելու դրա համար, և մոտավորապես ինչ շանսեր կան, որ մեր նախագիծը կաշխատի այնպես, ինչպես պատկերացնում ենք: Սա ևս մեկ ապացույց է, որ կարևոր է ներգրավվել այն բիզնեսում, որից մենք իսկապես հասկանում ենք, և ոչ թե հետևել ակնհայտ ու ակներև ուղղություններին, որոնք շահավետ են այլ մարդկանց համար: Մենք չենք կարող գնահատել՝ ինչ ռիսկերի արժե գնալ՝ առանց շատ լավ ծանոթանալու այն գործընթացներին, որոնք ճշգրիտ որոշում են այդ ռիսկերի արդյունքները:

Ո՞րն է նյութական հարստության այն ամենամեծ կորուստը, որը դուք կարող եք կրել, եթե ձեր կյանքը դասավորվեր այնպես, ինչպես հիմա է: Պատասխանը կախված է այն բանից, թե այդ հարստությունը ինչ ձևեր է ընդունում և որոնք են դրա խոցելի կողմերը: Ավտոմեքենաները, լինելով բարդ կառուցվածքով սարքեր, հակված են խափանվելու, հետևաբար պահանջում են կանոնավոր սպասարկում՝ իրենց օգտաբերությունը պահպանելու համար: Եթե ձեր մեքենայի կարևոր և թանկարժեք ինչ-որ մասի վերանորոգման ծախսն ավելի մեծ է, քան բուն մեքենայի արժեքը, կամ փոխարինող մաս գտնելը չափազանց դժվար է, դա ձեզ համար կլինի նյութական հարստության հսկայական կորուստ:

Տները և անշարժ գույքի այլ ձևերը կարող են թվալ նյութական հարստության ամենաապահով և հուսալի տեսակներից: Նույնիսկ եթե այդ տարածքում անշարժ գույքի շուկան տատանվում է, և այն գինը, որը կարող եք ստանալ ձեր գույքը վաճառելու համար, շատ ավելի ցածր է, քան դուք սպասում էիք, միևնույն է, այն դեռ պահպանում է իր օբյեկտիվ ֆիզիկական գործառույթը որպես կացարան: Դուք դեռևս կունենաք ապրելու մի տեղ, որը կպաշտպանի ձեզ տարերքից և կշարունակի մնալ հարմարավետ և հաճելի բնակության վայր:

Սակայն տները նույնպես ենթակա են կորստի: Երկրաշարժեր և այլ բնական աղետներ տեղի են ունենում ամենուր: Անզգուշության պատճառով բռնկվում են հրդեհներ, որոնք կարող են վերահսկողությունից դուրս գալ նույնիսկ ծխի դետեկտորների, կրակմարիչների և մոտակայքում հրշեջ ծառայության առկայության պարագայում: Սխալ պաշտպանված խողովակները ձմռանը կարող են սառչել և պայթել, ինչը մեծ վնաս կհասցնի շինությանը: Պետք է հաշվի առնել նաև վանդալիզմը, որովհետև ոչինչ չի երաշխավորում, որ ինչոր մեկը, որը փորձում է վնաս պատճառել, հանկարծ չի որոշի քար նետել ձեր պատուհանին:

Իմ գյուղում ես պետք է նաև հաշվի առնեմ այն վտանգը, որ տանս սպառնում է հարևան երկու երկրներից, որոնք բացահայտ ի ցույց են դնում տարածքային էքսպանսիայի իրենց մտադրությունները Հայաստանի նկատմամբ, ներառյալ այն շրջանի, որտեղ իմ գյուղն է: Եթե Ադրբեջանի կամ Թուրքիայի բանակը հրաման ստանա հատելու միջազգային սահմանները, անցնի իմ տուն հասնող ճանապարհը և զենքի սպառնալիքով ստիպի գյուղի բնակչությանը տարհանվել, ես այլ բան չեմ կարողանա անել, եթե ոչ ընդունել իմ տան կորուստը, նաև այն ողջ ունեցվածքի կորուստը, որ ֆիզիկապես չեմ կարող ինձ հետ տանել, այն հազարավոր դոլարների կորուստը, որ վճարել եմ տան վերանորոգման համար:

Արդյո՞ք դուք նախընտրում եք ձեր նյութական հարստությունը պահել կանխիկ գումարի տեսքով: Այդպես են անում իմ հարևանները: Ֆինանսական ինստիտուտների հանդեպ արդարացի անվստահության պատճառով նրանք բանկերում հաշիվներ չեն բացում. կանխիկ գումարը՝ որպես խնայողություն, պահում են իրենց տանը՝ ներքնակի տակ կամ պահարանի հետևում:

Սակայն թղթադրամները ենթակա են քայքայման: Սովորական օգտագործման պայմաններում դրանք մեծ մասամբ ընդամենը մի քանի տարի են մնում շրջանառության մեջ: Տնային թաքստոցում պահելու դեպքում պետք է հիշել թղթի փտելու վտանգի մասին, վնասատու միջատների առկայության, հրդեհի հավանականության մասին (էլ չեմ ասում գողությունը կամ պարզապես կորուստը): Եթե ձեր կանխիկ գումարը չծախսեք, բայց պահեք բանկում, այն գրեթե լիովին ապահովագրված կլինի այս տիպի սպառնալիքներից, սակայն այս դեպքում էլ դրամն ապահովված չէ արժեզրկումից:

Ինֆլյացիան խնդիր է աշխարհի յուրաքանչյուր ֆիատ արժույթի համար: Սա նշանակում է, որ ձեր փողը վաղ թե ուշ կարժեզրկվի, քանի որ թղթադրամների քանակը ժամանակի ընթացքում կավելանա՝ առանց այն ապրանքների և ծառայությունների գնի համարժեք աճի, որոնք ձեռք բերելու համար դրամը նախատեսված է: Սովորաբար դա տեղի է ունենում դանդաղ և կանխատեսելի, բայց կարող է տեղի ունենալ նաև միանգամայն հանկարծակի, երբ պետությունն անպատասխանատու դրամավարկային քաղաքականություն է իրականացնում: Այն, ինչ կարող եք գնել բանկում պահված 1000 ԱՄՆ դոլարով տասը տարի անց, հավանաբար շատ ավելի քիչ կլինի, քան այն, ինչ կարող էիք գնել այդ գումարը բանկին ի պահ տալու ժամանակ, անգամ եթե թղթի և թանաքի նյութական արժեքը մնացել է նույնը: Եթե նպատակը նյութական հարստությունը կորստից պաշտպանելն է, ապա պետք է հաշվի առնել փողի արժեզրկումը:

Իհարկե այս ամբողջ վերլուծությունը հիմնված է ենթադրության վրա, որ դուք ի սկզբանե ունեք որոշակի հարստություն և փորձում եք պաշտպանել այն:

Մեկ այլ դիտարկում. Միացյալ Նահանգներում գնումներ կատարելու սովորույթները տարբեր են զարգացած աշխարհի շատ երկրների մշակույթներից: Ամերիկացիները տքնում են, որ ունենան մի փոքր ավելին, քան իրականում կարող են իրենց թույլ տալ:

Ինձ համար այդպես էլ անհասկանալի մնացած պատճառներով՝ ամերիկացիները պարտք վերցնելը և պարտքով ապրելը դարձրել են իրենց կենսակերպը:

Ես գիտեմ, թե որքան տարօրինակ է սա հնչում աշխարհի այլ երկրների բնակիչների համար, որոնք սովորաբար բավականաչափ գումար են աշխատում, որպեսզի իրենց կյանքի հիմնական ծախսերը հոգան: Ինչո՞ւ են ամերիկացիներն ավելի շատ վարկ վերցնում և պարտք կուտակում, եթե արդեն իսկ այդքան գումար ունեն: Ինչո՞ւ պարզապես չեն ծախսում ունեցածը այնպիսի բաների վրա, որ կարող են իրենց թույլ տալ: Շատ դեպքերում ես այլ պատճառ չեմ տեսնում, եթե ոչ այն, որ առաջին հերթին դա նրանց սովորեցրել է իրենց մշակութային հայեցակարգը, երբ պարտք վերցնելը դառնում է անհրաժեշտություն՝ պահպանելու բնականից բարձր այն կենսամակարդակը, որին նրանք սովոր են:

Ապրելով նյութական սպառման այնպիսի մակարդակում, որը թեկուզ մի փոքր ավելին է պահանջում, քան դուք ի վիճակի եք ստեղծելու, ունենում եք հսկայական սթրես: Մինչդեռ մարդիկ, ովքեր ծախսում են այնքան, որքան ունեն, երբեք չեն առնչվում այդ խնդրին: Պարտքերի մեջ խրվելը կյանքը վերածում է խաղի, երբ պետք է անվերջ աշխատել ավելի ու ավելի տքնաջան՝ այն չափանիշներին հասնելու համար, որոնցով նախապես որոշել եք ապրել: Դա կտրուկ դժվարացնում է կապիտալի կուտակումն ու ներդրումը այնպիսի ոլորտներում, որոնք շահույթ կբերեն կամ գոնե պարզապես կպահպանեն եղածը: Այնուամենայնիվ, արևմտյան ապրելակերպը հանգում է նրան, որ երիտասարդ անհատի՝ հարստություն ստեղծելու և արդյունավետ ծախսելու ունակությունը զոհաբերվում է նրա ժամանակավոր հարմարավետությանը՝ ձեռք բերելու ինչոր նյութական բան, որն այդ պահին ցանկալի է: Ջրի պանիրը մկան թակարդում է լինում, և դուք չեք կարող ստանալ ինչոր բան ոչնչի դիմաց: Բոլորը վճարում են իրենց պարտքերը, և բոլոր հաշիվներն ի վերջո հավասարվում են:

Մարդկանց վերաբերմունքը ռիսկի նկատմամբ կտրուկ փոխվում է, երբ նրանք դառնում են ինքնավստահ՝ ստանալով այն վերահսկելու հնարավորություն: Երբ նրանք չեն հավատում հարստություն ստեղծելու հաստատ հնարավորությանը իրենց գիտելիքների, հմտությունների, գործիքների և կապերի շնորհիվ, ապա դեֆիցիտի իրենց վախը տարածում են այն ամենի վրա, ինչ հաջողվում է ստեղծել: Ամեն ինչ թանկ է նրանց համար, որովհետև վստահ չեն, թե ինչով կարող են փոխարինել դրանք՝ սպառվելուց հետո կամ կորցնելու դեպքում: Եվ, այո, հնարավոր է ամեն ինչ կորցնել, իսկ որոշ բաներ կորստի են ենթարկվում ավելի հեշտ, քան մյուսները:

Սակայն եթե ամեն ինչ մշտապես և շարունակաբար կորցնում է իր արժեքը, ո՞րն է հարստության ապահովության ամենաբարձր աստիճանը, որ մարդը կարող է ունենալ: Ցանկացած ֆիզիկական բան ենթակա է կորստի: Սնունդը արագ կորցնում է պիտանիությունը: Հագուստը մաշվում է: Գործիքներն ու սարքերը կոտրվում են: Անգամ տներն են քանդվում կամ ավերվում անժամանակ աղետներից:

Իսկ ի՞նչ են ոչ նյութական ակտիվներն այդ դեպքում: Ձեր գիտելիքներն ու հմտությունները ձեր մտավոր և ֆիզիկական պատրաստվածության մի մասն են: Դրանք կախված են միայն ձեր մարմնի և մտքի առողջությունից: Քանի դեռ դուք հոգ եք տանում ձեզ համար, պետք է կարողանաք ապավինել ձեր գիտելիքներին և հմտություններին ողջ կյանքում (թեպետ անգամ մարմինն ու միտքը ի վերջո տկարանում են և ենթակա են նույն դժբախտ պատահարներին, ինչ ամեն ֆիզիկական բան, այնպես որ, իսկապես ապահով ոչինչ չկա): Մարդկային կապերը նույնպես հարատև չեն, այլ գոյություն ունեն այնքան ժամանակ, քանի դեռ մենք ողջ ենք կամ քանի դեռ թույլ չենք տվել, որ դրանք վերանան վատ վերաբերմունքի կամ բարի համբավի կորստի պատճառով:

Ուրեմն արդյո՞ք տրամաբանական չէ, որ հնարավոր ամենամեծ ապահովությունը մեր կյանքում կլինի նախ և առաջ ոչ նյութական ակտիվներում ներդրում անելիս: Որքան շատ գիտելիքներ, հմտություններ ձեռք բերենք և կապեր ձևավորենք ողջ կյանքի ընթացքում, այնքան ավելի շատ հարստություն կկարողանանք ստեղծել, նույնիսկ անկանխատեսելի ժամանակներում, երբ հարստության մեր նյութական ձևերը անհուսալի կթվան: Մտածեք, թե որքան արագ հարստությունը կարող է ստեղծվել և կորչել այնպիսի պատճառներով, որոնք ոչ մի կապ չունեն մարդկային սխալների հետ: Շուկայում տատանումներ տեղի են ունենում առևտրի բոլոր ոլորտներում: Եթե դուք ձեր հարստության հիմնական մասը պահում եք մի շուկայում, որը հանկարծ դառնում է շատ ավելի քիչ արժեքավոր, ձեզ կարող է թվալ, թե կորցրել եք այն ամենը, ինչ ստեղծել եք ամբողջ կյանքում ձեզ և ձեր ընտանիքի համար: Պատճառն այն է, որ դուք ձեր ապահովությունը կապում եք նյութական ապրանքների և հարստություն ներկայացնող սիմվոլների հետ: Դուք հավատում եք, որ կարող եք լիկվիդացնել դրանք ապագայում, երբ ձեզ փող պետք լինի, ինչն իրականում ընդամենը հարստության մեկ այլ պայմանական սիմվոլ է:

Կարող է տասնամյակներ պահանջվել այնքան գումար ունենալու համար, որ կարողանաք ձեզ թույլ տալ ունենալ գեղեցիկ տուն, ավտոմեքենա, բաժնետոմսերի պորտֆել կամ մի քանի ունցիա ոսկի բակում թաղված: Բայց եթե դուք միաժամանակ կորցնեք ամեն ինչ մի շարք դժբախտ դեպքերի հետևանքով և ստիպված լինեք վերադառնալ սկզբնական կետին՝ զրո նյութական ակտիվներով, ի՞նչ եք կարծում, որքա՞ն ժամանակ կպահանջվի ձեզնից վերադարձնելու այդ ամենը և դեռ ավելին: Պատասխանն է՝ շատ ավելի կարճ ժամանակ, քան պահանջվել էր առաջին անգամ:

Ինչո՞ւ: Ո՞րն է տարբերությունը առաջին և երկրորդ անգամվա միջև: Նույնիսկ առանց այն բոլոր նյութական և սիմվոլիկ ակտիվների, որ համարում եք հարստություն, դուք դեռ կպահպանեիք այն ակտիվները, որոնց վրա ի սկզբանե հիմնվել էիք հարստություն ստեղծելու համար: Տեսեք. այն, ինչ դուք իրականում ձեռք էիք բերել երկար տարիների աշխատանքով, փողը և ունեցվածքը չէին, այլ գիտելիքն էր, թե ինչպես ձեռք բերել դրանք, և փորձը, որ անհրաժեշտ է հմտությունների զարգացման համար: Ելնելով ձեր գործունեության բնագավառից՝ դուք նաև հարաբերություններ էիք ստեղծում այն մարդկանց հետ, ում գիտելիքներն ու հմտությունները լրացնում էին ձերը: Դրա միջոցով ձեռք էիք բերում համբավ (այսպես կոչված՝

անձնական բրենդ), որն ավելի էր հեշտացնում նոր մարդկանց հետ բիզնես վարելը, ովքեր ուրիշ դեպքերում չէին վստահի ձեր փորձին և ունակություններին: Այս բոլոր գործոնների շնորհիվ է, որ համեմատաբար ավելի հեշտ պետք է լինի կորցրած հարստությունը վերականգնել:

Այս գործոնները շատ բան են բացատրում այն հոգեբանական տարբերությունների մասին, որ ունեն մարդիկ, որոնք վաստակել են մեծ հարստություն, և մարդիկ, որոնք ձեռք են բերել դա դիպվածով կամ բախտի բերմամբ, օրինակ՝ վիճակախաղով կամ ճիշտ պահին գնված մի բաժնետոմսով: Մարդիկ, որոնք պատահմամբ են հարստանում, իրենց հաջողությունը համարում են բացառիկ, որովհետև չունեն նույնին հասնելու մեթոդաբանական ծրագիր, երբ հարստությունը սպառվի կամ կորչի: Իրենց արտադրողական գործունեությունը պատճառահետևանքային կապ չունի դրա հետ: Յուրաքանչյուր դոլար, որը դուրս է գալիս պահոցից, նվազեցնում է սահմանափակ առաջարկը: Բայց մարդիկ, որոնք խորությամբ հասկանում են, թե ինչպես հարստության հասնել իրենց գիտելիքների, ունակությունների, կապերի, հեղինակության, ծախսելու սովորությունների կամ այլ ոչ նյութական ակտիվների շնորհիվ (որոնք նրանցից հեշտությամբ չեն կարող խլել), ունեն բոլորովին տարբեր հոգեբանություն: Առաջին հերթին նրանք շատ ավելի պատրաստ կլինեն դիմելու հաշվարկված ռիսկերի և ծախսելու իրենց գումարն այնպես, որ այն բերի ավելի մեծ հարստություն: Նրանք հարստությունը (դրամական կամ այլ) կհամարեն պտուղ, բայց ծառն իրենք են, որ կարող են արդյունավետորեն և ակտիվորեն փոխհարաբերվել աշխարհի հետ: Ինչ էլ պատահի պտուղներին, քանի դեռ արմատը անսասան է, ծառը կարող է կրկին աճել: Գիտելիքը և ունակությունները հարստության ամենաապահով ձևն են, որ կարող եք ունենալ, որովհետև դրանք բնականորեն առնչվում են ձեր կյանքին: Դուք չեք կարող միշտ վերահսկել ձեր ֆիզիկական հարստությունը, որքան էլ զգուշավոր լինեք: Դուք չեք կարող անգամ անհրաժեշտ ուշադրությունը հատկացնել ձեր ունեցվածքը կազմող ամեն ինչին: Բայց ձեր գիտելիքները մնում են բացառապես ձեր մտքում, իսկ հմտությունները կախված են ձեր մարմնի շարժողական ունակություններից: Եթե հոգ տանեք ձեր մտավոր և ֆիզիկական առողջության համար, ինչի համար արդեն իսկ պետք է բավական շահագրգռված լինեք, դուք կարող եք պաշտպանել ձեր գիտելիքներն ու հմտություններն ավելի լավ, քան պաշտպանում եք ցանկացած այլ ունեցվածք: Այսպիսով՝ դրանք ոչ միայն ձեր ամենակարևոր ակտիվներն են, այլև ամենահուսալիները:

Իհարկե, դուք կարող եք անդառնալիորեն կորցնել նաև ֆիզիկական կամ հոգեկան առողջությունը: Այն աշխատանքը, ինչ մի ժամանակ կատարում էիք հմտորեն, տարիներ հետո կարող է ձեր ուժից վեր դառնալ: Դուք կարող եք մոռանալ գիտելիքները, որոնց նախկինում տիրապետում էիք: Դուք կարող եք ցանկացած պահի մահանալ ցանկացած պատճառով: Այդ ժամանակ ձեր ողջ նյութական հարստությունն անիմաստ կդառնա:

Այդուհանդերձ, եթե դուք պատրաստվում եք ձեր կյանքն ապրելու ձեռներեցի պես, ո՛ր ռազմավարությունը ճիշտ կլինի: Թղթադրա՞մ կուտակել: Սպառողական ապրանքնե՞ր: Օգտակար գործիքներ և մեքենանե՞ր: Թե՛ գիտելիք և հմտություններ՝ մնացած ամեն բան արժեքավոր դարձնելու համար:

ԳԼՈՒԽ 6

ԿՐԹՈՒԹՅՈՒՆԸ ՈՐՊԵՍ ԿԱՊԻՏԱԼ. ԿՐԵԴԻՏԱՅԻՆ ՉԵՆՔ՝ ՄԱՍՇՏԱԲԻ ՏՆՏԵՍՈՒՄ ՍՈՎՈՐԵԼՈՒ ԱՐԴՅՈՒՆՔՈՒՄ

Ամեն անգամ, երբ բախվում եք որևէ խնդրի, դուք ունեք այն լուծելու (կամ անտեսելու) մի շարք կանխատեսելի տարբերակներ: Պատկերացրեք, օրինակ, թե ձեր վերարկուի կոճակը պոկվել է: Վերարկուի ֆունկցիոնալ օգտաբերությունը որոշ չափով նվազել է, որովհետև այն չի կարող ամբողջությամբ կոճկվել, ինչն էլ ձեզ անպաշտպան է թողնում վատ եղանակին: Վերարկուի էսթետիկ նշանակության վրա (հասարակության մեջ ներկայանալի տեսք ունենալու համար) այդ մեկ կոճակի բացակայությունը նույնպես բացասաբար է ազդել, որովհետև այժմ դուք թափթփված և անխնամ տեսքով քայլում եք փողոցով: Սխալ ընկալման հետևանքով դա կարող է հանգեցնել հասարակության բացասական տպավորությանը, ինչն էլ իր հերթին կվնասի ձեր համբավը:

ԱՄԵՆ ՈՔ ՁԵՌՆԵՐԵՑ Է

Դուք ունեք մի քանի տարբերակ.

1. Կարող եք անտեսել խնդիրը և շարունակել հագնել վերարկուն՝ շարունակելով քիչ թե շատ պաշտպանված մնալ վատ եղանակից: Իսկ գուցե եղանակն այնքան վատ չէ, որ լուրջ անհանգստության առիթ դառնա: Կամ գուցե դուք սոցիալական այն դիրքում չեք, որ վատ հագնված լինելը բացասաբար ազդի կարիերայի վրա:

2. Դուք կարող եք դեն նետել վերարկուն և չփոխարինել այն: Հնարավոր է, որ վերարկու հագնելու կարիք ընդհանրապես չունեք, և դրա կորուստը էականորեն չի վնասի ձեր հարմարավետությունը կամ ոճը:

3. Դուքկարողեքգնելնորը: Գուցեհենցսկզբիցէլայդվերարկուն ձեզ դուր չէր գալիս, պարզապես սպասում էիք պատրվակի, որպեսզի այն փոխարինեք մեկ ուրիշով, որը սուբյեկտիվորեն ավելի լավն եք համարում: Միգուցե հագուստը արդեն մի քանի փոքրիկ պատռվածք կամ բծեր ուներ, և կոճակի պոկվելու այս լրացուցիչ հանգամանքը արդարացրեց այն փոխելու որոշումը: Գուցե դուք այդ պահին ավելի շատ փող ունեք և ավելի քիչ ժամանակ, ուստի նոր վերարկու գնելն առավել ձեռնտու է, քան հինը նորոգման հանձնելը:

4. Կարելի է գտնել մեկին, որն ունի անհրաժեշտ գործիքներն ու նյութերը (առնվազն թել ու ասեղ) և տիրապետում է կարուձևի արհեստին, որպեսզի ամրացնի կոճակը: Գուցե այդ մարդը ձեր ընկերն է, որ անվարձահատույց օգնության կհասնի, իսկ գուցե պրոֆեսիոնալ դերձակ, որն իր ծառայության դիմաց բարեսրտորեն չնչին գումար կվերցնի:

5. Դուք ինքներդ կարող եք կարել կոճակը: Դուք պետք է ձեռք բերեք թել, ասեղ ու մկրատ և կարել սովորեք, եթե դեռ չգիտեք: Գուցե դուք երբևէ ոչինչ չեք կարել և պետք է սկսեք գիտելիքների և կարողությունների բոլորովին զրոյական կետից: Գուցե կարկատել եք պարզ բաներ, օրինակ՝ փոքրիկ պատռվածքներ, բայց չեք տիրապետում վերարկուի կոճակ կարելու տեխնիկային: Կամ գուցե արդեն իսկ փորձառու դերձակ եք, և սա ձեզ համար չնչին գործ է:

Թե ինչպես կգաք այս խնդրի օպտիմալ լուծմանը, կախված

է մի շարք գործոններից, որոնց մի մասը ձեր վերահսկողության տակ է, մյուս մասը՝ ոչ: Օրինակ, դուք չեք կարող ազդել եղանակի կամ շրջապատի մարդկանց սոցիալական ակնկալիքների վրա: Դուք չեք կարող նոր վերարկու գնելուն կամ դերձակ վարձելուն այլընտրանք գտնել, բայց կարող եք շատ բան անել դրա մասին ձեր տեղեկացվածությունը բարձրացնելու համար (օրինակ՝ վերարկու փնտրել այն խանութներում, որոնց առկայության մասին տեղյակ եք և հասցեները գիտեք):

Բայց այն տիրույթը, որի վրա դուք առավելագույն վերահսկողություն ունեք, առնչվում է ձեր գիտելիքները և հմտությունները բարելավելու կարողությանը, որպեսզի կատարեք տվյալ առաջադրանքը: Անգամ այն իրավիճակում, երբ թվում է, թե սովորելու ոչ մի հնարավորություն չկա՝ գրքեր, ուսուցողական տեսանյութեր, ինտերնետային հոդվածներ կամ գոնե մի մարդ, որը ցույց կտա, թե ինչպես կոճակ կարել, միևնույն է, դուք միշտ ձեր տրամադրության տակ ունեք փորձել-սխալվելու դարավոր մեթոդը: Ունենալով թելերի կծիկ, վճռականություն և բավարար ժամանակ՝ կհասնեք նախատեսված արդյունքին՝ սկզբում փորձելով ու վրիպելով, բայց աստիճանաբար հմտանալով: Հարցը միայն հետևյալն է. արդյոք արժե՞ այդ բոլոր ջանքերը ներդնել ընդամենը մեկ կոճակի համար:

Երբ առաջին անգամ ինչոր նոր բան եք անում, դուք դա անում եք ձեր անձնական արդյունավետության ամենացածր մակարդակում: Եթե գիտեք, որ տվյալ խնդրին բախվելու եք հազվադեպ, ապա ձեզ համար անշուշտ ավելի ճիշտ կլինի գտնել մեկին, որն արդեն ունի անհրաժեշտ գործիքները (օրինակ՝ ասեղ), նյութերը (օրինակ՝ թել և կոճակ) և գիտելիքներն ու հմտությունները առաջադրանքը ձեր փոխարեն կատարելու համար: Գրեթե ցանկացած արդյունավետ գործունեության համար պահանջվող նախնական ներդրումները իմաստ ունեն միայն որոշակի մասշտաբների դեպքում:

Մենք օգտագործում ենք «մասշտաբի տնտեսում» տերմինը՝ նկարագրելու համար, թե ինչպես են ընկերությունները գործում արդյունավետ՝ արտադրելով ավելի շատ միավոր ապրանք՝ կատարելով միևնույն ներդրումները կամ դրանք մի փոքր ավելացնելով: Բայց մենք հաճախ չենք նկատում, թե ինչպես է այդ նույն տրամաբանությունը գործում մեր անձնական ընտրությունների և մտադրված գործողությունների կրկնվող շղթայում: Երբ նշում ենք, որ հարստության ապահովման ամենալավ ձևը նախ մարդու ոչ նյութական պոտենցիալը զարգացնելն է, նկատի ունենք, որ այդ հատկությունները նման են ֆիզիկական մեխանիզմներին, որոնք մենք սովոր ենք տեսնել մեծ ընկերություններում, երբ նրանք որպես գործոն հաշվի են առնում այդ մեխանիզմները տնտեսական հաշվարկների մեջ, ճիշտ ինչպես պանիր արտադրող մեքենան, որը գնելու համար իմ ընկերը ցանկանում էր հազարավոր դոլարներ ծախսել՝ ենթադրելով, թե ժամանակի ընթացքում դա նրան հնարավորություն կտա ստանալու շատ ավելի մեծ գումար, որովհետև ինքն անվերջ պանիր կարտադրեր վաճառքի համար: Եթե կենտրոնանաք այն բանի վրա, թե նոր գործ սկսելը դժվար կամ թանկ է, ապա հաշվի չեք առնի, թե որքան ավելի հեշտ և էժան կարող է դառնալ այն, երբ իմանաք՝ ինչ եք անում, և ունենաք ռեսուրսներ՝ գործընթացն օպտիմալացնելու համար: Այդպես է լինում ամեն անգամ, երբ մենք ինչ-որ նոր բան ենք սովորում, և դա հոգեբանական դիմադրության հիմնական ձևերից մեկն է, որը խանգարում է մեզ ընդլայնելու մեր կարողությունները: Ինքնըստինքյան ավելի գայթակղիչ է շարունակել այն, ինչով զբաղվել մենք արդեն գիտենք (հետևաբար՝ մեզ համար դա հեշտ է դարձել), քան ստիպել մեզ անցնել նոր գիտելիքներ սովորելու ճանապարհով, երբ մեր գործողությունները դժվար և անարդյունավետ են թվում այնքան ժամանակ, մինչև սկսում ենք տեսնել համարժեք դրանց արդյունքը:

Նույն կերպ էլ պետք է վերլուծենք՝ արժե՞ արդյոք դժվարությամբ աշխատած գումարով նոր գործիք գնել, որը հենց այդ պահին չի գործածվելու: Արժե՞ արդյոք հարյուրավոր դոլարներ արժեցող կարի մեքենա գնել, եթե նախատեսում եք այն օգտագործել միայն մի քանի հագուստ նորոգելու համար: Թերևս ոչ: Հագուստի նորոգման արժեքը պարզապես բավարար չէ դա արդարացնելու համար: Նույնիսկ եթե այդ զգեստը իսկապես թանկ է կամ անհնար է փոխարինել, դուք միշտ էլ կարող եք վարձել ինչ-որ մեկին, որը կնորոգի այն ավելի քիչ գումարով, քան դուք կանեիք սեփական կարի մեքենան գնելու համար՝ չհաշված աշխատաժամանակի արժեքը, որ պետք է ծախսեիք ինքնուրույն կարելու վրա, և կարելու այլ պարագաները:

Բայց ենթադրենք՝ դուք վստահ եք, որ ձեր սիրելի հագուստը սեփական կարի մեքենայով նորոգելու անհրաժեշտություն մի քանի անգամ է լինելու: Եվ ենթադրենք՝ դուք կարող եք հաշվարկել, որ այս նորոգումների համար մեկ ուրիշին վարձելու ծախսը արագորեն կգերազանցի մեքենայի և ձեր ժամանակի ծախսը: Արդյունքի զգալի մասշտաբի դեպքում կարի մեքենայի ձեռքբերման մեկանգամյա ծախսը դառնում է արդարացված:

Սա տեսնելու համար դուք պետք է կարողանաք հեռահար հայացք նետել ձեր ապագա կարիքների վրա: Բայց, դժբախտաբար, մարդիկ, որոնք իրենց համարում են աղքատ և հուսահատ են, սովոր են տեսնելու միայն այն, ինչ հենց իրենց առջև է: Հաջորդ աշխատանքը: Հաջորդ աշխատավարձը: Պարզապես «ձգել» մինչև ամսվա վերջ և կատարել կոմունալ վճարումները: Բավականաչափ գումար հավաքել ավտոմեքենայի խիստ կարևոր մասի համար, որը պետք է փոխարինվի: Եվ այսպես շարունակ:

Պատկերացրեք՝ դուք այնքան համարձակ եք, որ կիրառում եք այս համընդգրկուն մտածելակերպը նաև ձեր սեփական կարիքներից դուրս: Միգուցե դուք գիտեք, որ կարող եք պատրաստել և վաճառել առնվազն մեկ վերնաշապիկ կամ հագուստի մեկ այլ տեսակ, եթե ունենաք բարձրակարգ կարի մեքենա, բայց մեկ վերնաշապիկից ստացված շահույթը չի փոխհատուցի մեքենայի գինը: Մինչդեռ եթե բավականաչափ համարձակություն ունենայիք ռիսկի դիմելու՝ կանխատեսելով, որ երկար ժամանակ բազմաթիվ հաճախորդներ կունենաք, նույնիսկ եթե նրանց անհատական գնումները փոքր լինեին, ապա ներդրումը կարի մեքենայի ձեռքբերման համար միանգամայն արդարացված կհամարեիք:

Այս ամենը անփորձ մարդկանց համար փոքր-ինչ նման է մոլախաղի: Այսպես՝ Մերին՝ մեր գյուղի անգլերենի ուսուցչուհին, ի սկզբանե բիզնեսի էությունը տեսնում էր հետևյալ կերպ. կատարել մեծ ջանքերի և գումարի խաղադրույք ապագայում արդյունք ստանալու հավանականության վրա, որը գրեթե դուրս է ձեր վերահսկողությունից: Եթե գնեք այդ կարի մեքենան, գուցե ձեր բախտը կբերի և անմիջապես կունենաք հաճախորդների մեծ հոսք: Բայց, ամենայն հավանականությամբ, դուք հազիվ թե գտնեք որևէ հաճախորդ, և այդ մեքենան կմնա որպես հուշարձան՝ ի հիշատակ ձեր ձախողմանը որպես ձեռնարկատեր: Բայց որքան ավելի լավ սովորեք շուկայի մեխանիզմները, այնքան ավելի մեծ վերահսկողություն կունենաք ձեր հաջողության հավանականության վրա՝ անկախ նրանից, թե որ բիզնեսն եք ընտրում:

Ձեր բոլոր ջանքերն ու ռեսուրսները մեկ վախվորած գործողության վրա կենտրոնացնելու փոխարեն դուք կարող եք կիրառել ավելի տակտիկական մոտեցում՝ սկսելով իրար լրացնող մի շարք փոքր գործողություններից, որոնցից յուրաքանչյուրը պահանջում է ոչ մեծ ռիսկ և ոչ մեծ ներդրում: Այդպես ժամանակի ընթացքում փորձով կիասկանաք, թե իրականում ինչը կարող է լավ աշխատել: Ցանկացած առանձին նախագիծ, որը կտապալվի, մեծ ձախողում չի լինի, քանի դեռ մյուսներից առնվազն մեկը կամ մի քանիսը շահութաբեր են: Իսկ ավելի լավ կլինի, որ ձեր նախագծերն ընդհանրություններ ունենան. այդ դեպքում գուցե կկարողանաք միավորել բոլորի մեկնարկային ծախսերը, ինչն էականորեն կհեշտացնի ինչոր նոր բանի անցնելու հնարավորությունը: Կամ գուցե արդեն իսկ ունեք գործիքներ և այլ ռեսուրսներ, որոնք մինչ այդ ձեռք էիք բերել անձնական օգտագործման կամ այլ նպատակներով: Կարո՞ղ եք ձեր մտածողությունը փոխել այնպես, որ սկսեք տեսնել թաքնված տնտեսական արժեքները գիտելիքների, հմտությունների և այլ նյութական ակտիվների մեջ, որոնք արդեն իսկ ունեք:

Գյուղում իմ հարևանները հաճախ տարակուսում են՝ տեսնելով, թե որքան շատ եմ նոր գործիքներ և «խաղալիքներ» գնում, ինչը, ըստ նրանց, ամերիկյան անպատասխանատու սպառողական մտածողության հետևանք է: Ծախսե՛լ, ծախսե՛լ ու ծախսել, գնել ցան-կացած փայլուն առարկա, որն ուշադրություն կգրավի: Գինը, ենթադրում են, նշանակություն չունի: Բայց ես գիտեմ, որ կատարածս գրեթե յուրաքանչյուր գնում ինձ հնարավորություն կտա բացահայտելու, թե որքան եմ ես պատրաստ նոր հմտության զարգացման կամ ձեռնարկատիրական նոր հնարավորություններից օգտվելու: Նյութական ունեցվածքի մեծ մասը, որ ես գնում եմ, արդյունքում կարող է մոռացվել, վաճառվել կամ դեն նետվել, բայց դրա մի փոքր մասն էլ ինձ համար նոր գործունեության դռներ է բացում: Մի մասն էլ կարողանում եմ կիրառել իմ ունեցած մյուս ակտիվների հետ՝ արտադրողականությունն ու եկամուտը մեծացնելու համար:

Անխուսափելի ծախսերը, որոնց կարիքն առաջանում է իմ նախասիրություններին սկզբունքորեն հետևելու արդյունքում, արժեն նրան, որ բացահայտվեն իմ հետաքրքրությունները, որոնց մասին հակառակ դեպքում երբեք չէի իմանա: Ի վերջո ես չէի ուզենա կյանքիս մնացած տասնամյակներն անցկացնել նվագելով նույն երաժշտական գործիքները կամ նույն թեմայով գրքեր հեղինակելով:

Քանի որ ես բավականաչափ կապիտալ ունեմ, ուստի չեմ վախենում գնել տարբեր գործիքներ, որոնցից յուրաքանչյուրը մի քանի հարյուր դոլար արժե: Այդ բազմազան իրերից շատերն ինձ կձանձրացնեն, բայց հենց դրա շնորհիվ կհասկանամ, թե դրանցից որոնք են իմ գործունեության հենարանները: Այդ մի քանի նոր գործիքներն ինձ կհարստացնեն զգալիորեն ավելի, քան այն ծախսն էր, որ կատարվեց մյուս բոլորը գնելու համար:

Որպես պերմանենտ ձեռներեց՝ ես «միկրոբիզնեսային» նման անխոհեմ հակումներ ունեմ, և հարցը, թե արդյոք կարո՞ղ եմ որևէ բանից բարոյական շահույթ ստանալ առանց մեծ ռիսկի կամ ջանքերի, միշտ իմ մտքում է: Դա կարող է այնպիսի մի պարզ քայլ լինել, ինչպես օրինակ՝ վերցնել մի բան, որը, իմ կարծիքով, պատշաճ գնահատված չէ, և գտնել սպառողի, որը պատրաստ է դա ձեռք բերել արժանի գնով: Ես պարզապես օգտվում եմ հիմնական շուկայական արբիտրաժից՝ արժեքի անձնական ինտերպրետացիաների հարաբերական տարբերություններից: Ձեռնարկատերը նա է, ով հասկանում է, որ միևնույն բանը տարբեր մարդիկ տարբեր են գնահատում, և աշխատում է այդ անհավասարակշռությունն ուղղելու վրա: Երբեմն ձեռնարկատիրական մտածելակերպը մարմնավորվում է որպես մարդկանց գիտելիքների և հմտությունների համադրման ուղիների որոնում: Սա հետևյալ սկզբունքի կիրառումն է. «Ամբողջն ավելին է, քան նրա մասերի գումարը»: Ձեռնարկատերը նա է, ով տեսնում է արժեք ստեղծելու չօգտագործված հնարավորությունները ու գործում է դրանց հիման վրա, և երբեմն նրա ամենաարժեքավոր ներդրումը հարստության արտադրության մեջ պարզապես ուրիշների ներդրումը հնարավորինս արդյունավետ վերահսկելն ու ղեկավարելն է:

Ոչ մի պատճառ չկա ձեր կյանքի սովորությունները բաժանելու խիստ հակոտնյա կատեգորիաների, ինչպիսին են գործն ու զվարճանքը, մասնագիտությունն ու հոբբին, աշխատանքն ու հանգիստը: Ոչ մի պատճառ չկա մեր ունեցած ակտիվները տեսնելու միայն որպես կապիտալ ապրանքներ, որոնք օգտագործում ենք երկարաժամկետ հարստության ձեռքբերման համար (աշխատանք), կամ միայն որպես սպառման ապրանքներ, որ օգտագործում ենք անմիջական բավարարվածություն ստանալու համար (զվարճանք): Միշտ էլ կարելի է նոր և հետաքրքիր ուղիներ փնտրել մեր գիտելիքների և հմտությունների ամբողջությունն արդյունավետ ու շահաբեր կիրառելու համար: Ձեռնարկատերը հասկանում է, որ ճիշտ մոտեցման դեպքում ցանկացած գործունեություն (հաճելի է, թե ոչ) կարող է վերածվել սուբյեկտիվ արժեքի, և միշտ կարելի է գտնել գործունեության ավելի շատ տեսակներ, որոնք արդարացված են ձեզ համար: Կրթությունը մարդու գիտելիքների ավելացումն է այն մասին, թե ինչպես է իրականությունը գործում, և յուրաքանչյուր նոր գործունեություն ինչ-որ առումով դա անելու հնարավորություն է տալիս:

Այդուհանդերձ ինձ շատ է զարմացնում, թե Հայաստանում ապրող ինչքան քիչ մարդ է իրերն այսպես տեսնում, անգամ ամենապայծառ մտքի տեր և ամենից կարող մարդիկ: Անցյալի վատ փորձի պատճառով, որ բխում է սովետական դպրոցների ստիպողական ուսուցումից, խելացի և ընդունակ մարդիկ նոր գիտելիքներ և հմտություններ ձեռք բերելուն չեն նայում այն նույն տեսանկյունից, ինչ բիզնեսմենը, երբ ձեռք է բերում նոր գործիքներ, որոնց միջոցով շարունակելու է անհամեմատ ավելի մեծ հարստություն ստեղծել: Անգամ երեխաներն ու երիտասարդները, որոնք իրենց հիմնական կրթությունը ստանում են ոչ խորհրդային կրթական համակարգում, դեռևս տառապում են իրենց հայրերի հետադիմական կրթական քաղաքականության պատճառով: Խորհրդային հասարակության մեջ ընդհանուր գրագիտությունը համարվում էր զարգացած կրթության բավարար չափանիշ. «Եթե չընդունեք կրթության այն ձևը, որը մեր կարծիքով լավագույնն է, դուք առհասարակ կրթություն չեք ստանա»: Ըստ էության՝ սա նույն կեղծ հիմնավորումն է, որը Խորհրդային Միությունը բոլոր ոլորտներում մենիշխանությամբ կիրառում էր ժողովրդի դեմ (ոչ թե հանուն նրա):

Սակայն միայն կարդալ իմանալը դեռ լիարժեք կրթության գրավական չէ, ինչպես միայն հացը բավարար չէ առողջ սննդի համար: Գրելն ու կարդալը, իհարկե, շատ կարևոր հմտություններ են, բայց դրանց օգտակարությունը դրսևորվում է միայն այն դեպքում, երբ գիտակցաբար կիրառվում են ճիշտ գործիքների հետ: Ինչպես պարզվեց, խորհրդային բնակչության շրջանում գրագիտության բարձր մակարդակ ապահովելու հիմնական դրդապատճառն այն էր, որ հեշտ լիներ նրանց ուսուցանել կոմունիստական գաղափարախոսությունը, ինչը բոլորովին անօգուտ էր և անկախությանն ու ազատ մտածելակերպին հակասող: Գրելն ու կարդալը ոչնչով չեն տարբերվում իմ հարևանների մյուս բազում հմտություններից, որ ունեցել են ամբողջ կյանքում, թեև հաճախ չեն կարողացել արդյունավետորեն իրացնել դրանք: Սա ավտորիտար կրթության մոդելի անխուսափելի հետևանքն է, որտեղ մարդկանց աշխարհայացքն ու մտածելակերպը ձևավորվում են պատժի սպառնալիքի և կենտրոնական իշխանության անբեկանելի հրահանգների ներքո: Ստեղծագործական կամ քննադատական մտածելակերպի համար տեղ չկա, եթե չկա հետաքրքրասիրություն և անձնական շահագրգռվածություն: Կարդալ ու գրել կարողանալը, առանց հնարավորություն ունենալու այդ հմտությունը կիրառելու ձեր անձնական կրթական նպատակներին հասնելու համար, նույնն է, թե տանը գրադարանը լցնեք գրքերով, որոնց միտքը չեք հասկանում, և ինքներդ ձեզ անվանեք կիրթ:

Նույնիսկ այսօր յուրաքանչյուր հայ աշակերտ մի քանի տարի անցնում է անգլերենի պարտադիր դասընթաց, որը ոչ ավելի է, քան մակերեսային գիտելիքների մի քանի պարագրաֆ անգիր անելը՝ միայն քննությունը հանձնելու նպատակով: Իսկ դպրոցն ավարտելուց հետո քչերն են կարողանում կիրառել անգլերենի իրենց գիտելիքները՝ իրենց կամ մեկ ուրիշի կյանքում արժեքներ ստեղծելու համար: Այս ձևական մոտեցմամբ միայն առաջընթացի պատրանք է ստեղծվում թեստային միավորների, գնահատականների և դիպլոմների տեսքով, որոնք ոչ մի էական ազդեցություն չունեն իրական հարստության արտադրության վրա: Արդյունքն այսօր էլ դեռ ընտրվում և չափվում է կամայականորեն՝ ճիշտ այնպես, ինչպես Խորհրդային Միության բյուրոկրատական կառավարման ժամանակ էր:

Իրական կրթությունը առաջին հերթին պահանջում է բաց և հետաքրքրասեր միտք, մինչդեռ դա առաջինն է հետընթաց ապրում, երբ երեխաներին ստիպում են սովորել բաներ, որոնք նրանց հետաքրքիր չեն, այնպիսի մեթոդներով, որոնք չեն համապատասխանում նրանց անհատական խառնվածքին: Բայց այն, ինչ Խորհրդային Միությունում անվանում էին կրթություն, հիմնականում նշանակում էր կրկնվող առաջադրանքներով մտապահել այն, ինչ խորհրդային իշխանությունները կարևոր էին համարել: Որպես սովետական քաղաքացի՝ դուք պետք է այնքան ժամանակ անգիր սովորեիք, մինչև իշխանությունները ձեզ արժանի համարեին աշխատել այն մասնագիտությամբ, որի կարիքը, իրենց սահմանափակ պատկերացմամբ, տնտեսությունն ուներ, իսկ ձեր գործողությունների արդյունքն արդեն իսկ կանխորոշված էր: Հասկանալի է, որ դա չհանգեցրեց քննադատական կամ ստեղծագործական մտածելակերպի զարգացմանը, մարդկանց անձնական աճին կամ գոնե նրանց ամենահիմնական կենսական կարիքների բավարարմանը:

Սա հատկապես այսօր խոչընդոտ է հայերի համար, որոնք դեռ միայն փորձում են հարմարվել ձեռնարկատիրական գործունեության ռեալ սկզբունքներին: Ինքնուրույն վերլուծելու և սեփական գործողությունների արդյունքները գնահատելու ունակությունը կարևոր է ցանկացած ազատ անհատի համար, որի գործունեությունը չի կաշկանդում արտադրության և սպառման չափն ու կերպը թելադրող կենտրոնական մարմինը: Ինստիտուցիոնալ վերահսկումը անհատներին թույլ չի տվել ինքնուրույն սովորել այն, ինչ հետաքրքրում է իրենց, կամ ինչի մեջ նրանք կարող են գոնե երկարաժամկետ օգտաբերություն տեսնել անձնական կյանքում: Ինչպես որ ձեռնարկատիրական միտքը չի սպասում, որ արտաքին ուժերը գան և ստիպեն արդյունավետ գործողություններ կատարել, այնպես էլ չի սպասում հրահանգների, թե ինչ է պետք սովորել: Այն կրթության հնարավորություններ է տեսնում ամենուր, և գիտի, որ սովորելու ավելի օգտակար և արժեքավոր բաներ կան:

Դպրոցն ավարտած քանի՛ խելացի մարդ կա, որ պնդում է, թե այլևս չի կարող սովորել այս կամ այն բանը, որքան էլ դա հետաքրքրում է նրանց: Քանի՞ երիտասարդի եք հանդիպել, ովքեր հրաժարվում են այնպիսի գործունեությամբ զբաղվելուց, որը քոլեջում իրենց ուսումնական ծրագրի մաս չի կազմել: Քանի՞ հոգի է կարծում, որ անհնար է, կամ առնվազն քիչ հավանական է, որ մարդը կարող է տիրապետել ինչոր բարդ գիտության՝ առանց սովորելու ֆորմալ կրթական միջավայրում:

Կրթության մասին բոլոր կարծրատիպերի ընդհանրությունն այն է, որ եթե ուսումնառությունը կազմակերպված չէ սահմանված մեթոդներով կամ հատուկ կենտրոնի թույլտվությամբ, ուրեմն այն իմաստ չունի: Կրթությունն իրական չէ, քանի դեռ որոշում կայացնողներն այն չեն հայտարարել ընդունելի: Եվ այսպես՝ մարդիկ, որոնց ամբողջ կյանքը հետաքրքիր ուսումնառություն պիտի լիներ, մնում են փակուղում: Նրանք վստահ չեն սովորելու իրենց ունակության վրա և չեն տեսնում գիտելիք կուտակելու լայն հնարավորություններ իրենց շուրջը: Դա հանգեցնում է այն արհեստական սահմանափակումներին, որոնց պատճառով հարստությունը կուտակվում է միակ որոշված ճանապարհով: Մենք այլևս չենք տեսնում այն, ինչ գտնվում է հենց մեր աչքի առաջ, որովհետև սովորել ենք ոչինչ չնախաձեռնել:

ՄԱՍ III

ՀԱԿԱՁԵՌՆԱՐԿԱՏԻՐԱԿԱՆ ՏՐԱՄԱԴՐՎԱԾՈՒԹՅՈՒՆ, ԱՊԱՏԵՂԵԿԱՏՎՈՒԹՅՈՒՆ ԵՎ ԱՐԳԵԼՔՆԵՐ

Նախկին խորհրդային երկրները արդեն 30 տարի ազատ տնտեսություն ունեն, որպեսզի վերափոխեին այն ժողովրդի իրական պահանջներին համապատասխան: Բռնապետությունը, որի օրոք ձեռներեցները ազատազրկվում էին կամ գնդակահարվում «ինքնագլուխ» առևտուր անելու «ահավոր մեղքի» համար, այլևս գոյություն չունի: Տնտեսական ինքնորոշման միակ խոչընդոտը այլևս չկա, բայց դա չի նշանակում, որ մարդիկ միանգամից հասել են բաց և անկաշկանդ ձեռներեցությամբ զբաղվելու գիտակցությանը:

Մի ամբողջ նոր սերունդ է ձևավորվել այդ մթին ժամանակներից ի վեր: Թեպետ այսօրվա երիտասարդները ծնվել են կոմունիզմի փլուզումից հետո և ուղղակիորեն չեն ենթարկվել այն հալածանքներին, որոնք կրել են իրենց ծնողները, միևնույն է, հավանական է, որ նրանք կկրեն նախորդ սերունդների հոգեբանական բեռը: Նրանք իրենց ծնողներից, պապերից ու տատերից ինքնաբերաբար սովորում են կյանքի կազմակերպման հնացած ռազմավարությունները: Դրանցից շատերը բխում են անապահովության մշտական զգացումից, սակավ հնարավորություններից և իրենց սեփական ճանապարհին ընտրելու ազատության բացակայությունից: Այդպիսով՝ հարստություն ստեղծելու և կուտակելու, տնտեսական բարձր նշաձողեր սահմանելու և ավելի մեծ եկամուտ ստանալու համար ռազմավարական ռիսկերի դիմելը հայկական մշակույթում բացարձակ չի խրախուսվում:

Մարդու անհատական ձգտումներին ԽՍՀՄ-ում նշանակություն չէր տրվում: Խորհրդային վերահսկողության ներքո ապրող հասարակության անդամներին, պարտադիր համալսարանական կրթությունը ավարտելուց հետո, պետությունը աշխատանքի էր գործուղում այնտեղ, որտեղ ինքն էր հարմար նկատում՝ ի շահ կոմունիստական կարգի: Դուք անտրտունջ պետք է ընդունեիք այն, ինչ ձեզ տրվում էր, այլապես կկորցնեիք ձեր սոցիալական դիրքը, և անմատչելի կդառնային առողջապահությունն ու կրթությունը՝ երաշխավորված

«փառավոր» առաջնորդների կողմից:

Ցավոք, այս անմիտ գաղափարական հարացույցը տարածվել

է անձնական կյանքի մյուս ոլորտների վրա նույնպես: Վաղ ամուսնությունը, օրինակ, կարևոր էր խորհրդային հասարակության մեջ ընդունվելու և հանդուրժողականության մեջ ապրելու համար: Շատ հաճախ ծնողներն էին կողակից ընտրում զավակների համար՝ իրենց կարծիքով՝ ճիշտ միջավայրից և ճիշտ ժամանակին: Երիտասարդ հայ կանանցից շատերը, որոնց ես ճանաչում եմ, իրենց երջանիկ են համարում, որ ծնվել են Խորհրդային Միության փլուզումից հետո, որովհետև նրանք գիտեն, թե որքան վատ կլիներ իրենց կյանքը այդ շրջանում այս և անհամար այլ պատճառներով: Վերջին մի քանի տարիներին ապրելով Հայաստանում՝ ես անհամար տարբերություններ եմ տեսնում ծնողների և երեխաների՝ ապագայի մասին պատկերացումներում, լինեն դրանք կրթական, թե մասնագիտական նախընտրություններ: Ծնողները սովորաբար պնդում են, որ իրենց զավակներն առաջնահերթություն համարեն ապահով ու կայուն աշխատանքը, քան թե, ասենք, նախասիրությունները, ներքին բավարարվածությունը, նորարարությունը, կյանքի հոգևոր իմաստը: Դա հասկանալի է. նրանք տեսել են մի աշխարհ, որտեղ ապրելու իրավունքի նախապայմանը եղել է ղեկավարին և պետությանը գոնե նվազագույն չափով գոհացնելը: Եկամուտը շահույթի և ոչ անպայման աշխատավարձի միջոցով ավելացնելու արևմտյան մտածողությունը հակառակ է այն ամենին, ինչ այստեղ ծնողները սովորեցրել են իրենց երեխաներին 90-ականներից սկսած:

Այս մտածելակերպը պատրվակ է դառնում շատ մարդկանց համար, այդ թվում՝ ժամանակակից հայերի և այլ զարգացող երկրներում ապրող մարդկանց, որոնք իրենց աղքատ են հայտարարում, անապահով, ինչ-որ տեղ անօգնական, միայն թե մի նոր բան չձեռնարկեն, եթե անմիջապես հաջողության չեն հասել առաջին փորձից: Անհաջողության առաջին իսկ նշանը նրանք ընդունում են որպես հաստատում այն բանի, որ բիզնես շահույթն իրենց համար չէ: Դա հյուծող կարծրատիպ է: Քանի դեռ նրանք հավատում են, որ հանգամանքները դուրս են իրենց վերահսկողությունից, որևէ մոտիվացիա չունեն դրանք փոխելու, և միշտ ավելի հեշտ մեղադրում են ինչոր նենգ արտաքին ուժի, քան պատասխանատվություն ստանձնում սեփական կյանքի համար:

Իհարկե, այն, որ մարդկանց մի խումբ ավելի հաջողակ է, քան մյուսները, ճշմարտություն է: Որոշ մարդկանց միշտ ավելի հեշտ են տրվելու ռեսուրսները, կրթությունն ու հնարավորությունները: Բայց ոչ մեկը չի բացառում, որ ձեր կարգավիճակը կտրուկ փոխելու լավագույն ձևը, ուզեք, թե չուզեք, անընդհատ ձեռներեցության սկզբունքների կիրառումն է այն ամենի հանդեպ, ինչ կարող եք վերահսկել:Շարունակնստելնուլալըոչինչչիփոխի:Կենտրոնանալով նրա վրա, ինչն ընդունակ եք փոխելու, կարող եք բարեկեցության համեմատաբար ցածր աստիճանից արագ հասնել ավելի բարձրին՝ առանց հույսը դնելու

«բախտի» կամ ուրիշների հարստությունը խլելու վրա:

Պատկերացրեք, որ այս ինքնակործան մտածելակերպով առաջնորդվեիք նաև կյանքի մյուս ոլորտներում: Եթե նոր-նոր սկսեիք զբաղվել փայտագործությամբ և ցանկանայիք գեղեցիկ սեղան պատրաստել, ապա ձեր առաջին ջանքերը հաջողությամբ չէին պսակվի: Եթե դուք հիասթափվեք այդ առաջին ձախողումից, չեք շարունակի կատարելագործվել:

Բայց եթե դուք ավելի օբյեկտիվ նայեք իրականությանը, կընդունեք, որ հմտանալու համար ժամանակ է պետք և քիչ առ քիչ վարժվել տվյալ արհեստին: Ձեռներեցությունից հրաժարվել, միայն որովհետև ինքնուրույն գումար աշխատելու ձեր առաջին փորձը ձախողվել է (ինչպես, ցավոք, լինում է բազմաթիվ խելացի և կարող մարդկանց դեպքում), նույնն է, թե ակնկալեք, որ կարող եք գեղեցիկ սեղան պատրաստել՝ առանց երբևէ ծանոթ լինելու ատաղձագործության արհեստին: Սակայն չէ՞ որ դա մասնագիտություն է, որը պահանջում է ուսում և փորձ:

Նրանք, ովքեր ձեռնարկատիրության ոլորտում կիրառում են համապատասխան սկզբունքներ, աստիճանաբար կավելացնեն իրենց հարստությունը, մինչդեռ նրանք, ովքեր չեն կիրառում դրանք, աստիճանաբար կկորցնեն ունեցածն էլ: Որտեղից էլ նրանք սկսեն և ինչ առավելություններ կամ թերություններ էլ ունեն, միևնույն է, կհաջողեն կամ կձախողեն միայն իրենց կատարած քայլերի հետևանքով: Նոր զարգացող երկրներում մարդկանց դասավանդել են կեղծ տնտեսագիտություն, դասավանդել են նրանք, ովքեր իրենք իսկ սահմանափակ և թերի պատկերացումներ ունեին այդ գիտության մասին կամ գիտակցաբար խաբում էին մարդկանց՝ նրանց վերահսկելու համար: Ահա թե ինչու շատ կարևոր է ծանոթանալ ձեռնարկատիրության օրենքներին հնարավորինս վաղ տարիքում, քանի դեռ սխալ աշխարհընկալումը չի արմատացել: Հասուն տարիքում էլ կարելի է կարծրատիպերից ազատվել, բայց այդ ժամանակ դրանք ավելի արմատացած են լինում: «Իդեալերգիկ ռեակցիաները» գործում են նույն ձևով, ինչ ֆիզիկական ալերգիկ ռեակցիաները՝ ստիպելով մեր օրգանիզմին չընդունել որևէ անծանոթ նյութ, եթե անգամ այն անվնաս է:

Շատ ավելի հեշտ է կրթել հետաքրքրասեր երիտասարդներին, որովհետև նրանք չունեն կարծրացած հարացույցներ, որոնք «կդիմադրեն» տրամադրվող ավելի օգտակար գիտելիքներին:

Անհեթեթ է թվում, սակայն ձեռներեցության շատ ասպեկտներ, որոնք կոմունիստական պետությունները փորձել են իրենց քաղաքացիներին ներկայացնել որպես էգոիզմի և նենգության արտահայտություն, |իրականում այն սկզբունքներն են, որոնք բացառիկ ուժ են տալիս անհատներին և քաղաքակրթությանը: Իոսիֆ Ստալինի կամ Լենինի նման բռնապետերը միշտ ունենալու են իրենց օրակարգը՝ քարոզելու, թե ձեռներեցությունը խափանում է խաղաղ և արդար հասարակության ձևավորումը, քանի որ ստիպում է մարդկանց մրցել միմյանց հետ, մինչդեռ նրանք պետք է թև թևի աշխատեն հանուն «ընդհանուր բարիքի»: Իսկ ընդհանուր բարիքին, ըստ նրանց, պետք է հասնել թելադրելով, թե ով որտեղ և ինչպես պիտի աշխատի, որպեսզի արտադրի այս-այս ապրանքներն ու մատուցի այս-այս ծառայությունները:

Համաձայն կոմունիստական աշխարհընկալման՝ երբ ձեռնարկատերն ինքն է որոշում, թե ինչն արժևորի և արտադրի, դա վնասում է մնացած բոլորին: Բայց մեզնից նրանք, ովքեր ապրել են հիմնականում ազատ տնտեսություններում, գիտեն, թե իրականում որքան հետամնաց և հակաարդյունավետ է այս մտածելակերպը: Երբ ձեռնարկատերը որևէ ոլորտ է մտնում, իրականում նա հնարավորություն է տեսնում սպառողներին ավելի շատ և ավելի արդյունավետ ձևով տրամադրելու այն, ինչ նրանք ցանկանում են: Շահույթը պարզև է, որ ձեռներեցը ստանում է ուրիշներին օգտակար լինելու դիմաց: Եվ ուրիշների համար հարստություն ստեղծելով՝ նաև ինքներդ ձեզ համար եք հարստություն ստեղծում, ինչն ար-դար առևտրի հատկանիշն է: Քանի դեռ դուք ողջ եք, քանի դեռ մտածում եք, աշխատեցնում ձեր հմտությունները, կարող եք շարունակ մեծացնել ձեր ստեղծած արդյունքի օգտաբերությունն ու արդյունավետությունը:

Շատ սահմանափակումներ, որոնք համարել ենք իրական, փաստորեն միայն սոցիալական կարծրատիպեր են, որոնք բխում են մշակույթից: Սովետական կոմունիստական հասարակության գոյատևման համար պահանջվում էր, որ մարդիկ կառչեն պետության խոստացած նվազագույն սոցիալական երաշխիքներից և որպես անհատներ՝ ինքնուրույն ուղիներ չփնտրեին դրանք բարելավելու համար: Իսկ իրականում պետությունը միայն ձևացնում էր, թե տրամադրելու է այս կամ այն հիմնական ծառայությունները: Ամբողջատիրական համակարգի էությունն էր ճնշել անհատական ձգտումները: Այս ամենի հետևանքները սերունդների կյանքում ծանր հետք են թողել, ինչն այսօր էլ նկատելի է Հայաստանի և հետխորհրդային այլ պետությունների մշակույթներում:

ԳԼՈՒԽ 7

ՁԵՌՆԱՐԿԱՏԻՐԱԿԱՆ «ԿՈՒՅՐ ԲԾԵՐ». ՀԱՐՍՏՈՒԹՅԱՆ ԸՆՁԵՌԱԾ ՀՆԱՐԱՎՈՐՈՒԹՅՈՒՆՆԵՐԻ ԱՆՏԵՍՈՒՄԸ

Մեր գյուղում ամեն մի ընտանիք արտադրում է մի տեսակի ապրանք կամ զարգացրել է մի որևէ հմտություն՝ մեծ մասամբ միայն սեփական կարիքներին ծառայեցնելու համար: Գյուղացիները բանջարեղեն են աճեցնում կամ կենդանիներ են բուծում՝ իրենց իսկ սնման համար: Նրանք իրենք են պատրաստում իրենց կահույքը, իրենք են նորոգում իրենց տունը: Ամեն մեկն ունի իր կենսական և կենցաղային կարիքները բավարարելու բազմաթիվ հմտություններ, ինչն Արևմուտքում շատերի նախանձը կշարժի:

Ես զարմացել էի և մի փոքր տխրել, երբ հայ գյուղացիները

կտրականապես մերժում էին իմ առաջարկը՝ իրենց հմտությունները ձեռներեցությանը ծառայեցնելու: Համայնքապետերը չէին կարողանում հասկանալ, թե ինչու էի խնդրում իրենց, օրինակ, կազմել այն բոլոր ապրանքների և ծառայությունների ցանկը, որոնք ուրիշներին կարող էին առաջարկել գյուղի բնակիչները: Նրանք չէին տեսնում ապրանքի և ծառայությունների շրջանառության իսկայական հնարավորությունը: Նրանք չէին պատկերացնում, թե ինչպես կարող են կազմակերպել և բրենդավորել իրենց սեփական բիզնեսը: Նրանք չէին տեսնում նոր հնարավորություններ այդ բոլոր փոխլրացնող հմտությունների և ռեսուրսների սիներգետիկ համախմբման մեջ:

Իմ այդ առաջարկը՝ պարզ և ակնհայտորեն շահավետ (համենայն դեպս՝ ինձ համար) կարծես ոչ ոք չէր հասկանում: Առաջարկում էի, օրինակ, գյուղի կենտրոնում մի փոքրիկ խանութ բացել, որտեղ բնակիչները կարող էին միմյանց և զբոսաշրջիկներին վաճառել իրենց արտադրանքը՝ միրգ, բանջարեղեն, օղի, գինի, միս, ձու և կաթ: «Գրեգո՛րի, այստեղ բոլորն արդեն գիտեն, թե ով ինչ բանջարանոց կամ այգի է մշակում, ինչ կենդանիներ է բուծում: Մենք գիտենք՝ ում տուն գնալ, եթե մեզ ինչոր բան է պետք: Խանութը կգործի միայն քեզ համար, որովհետև դեռ չես ճանաչում բոլորին»: Ես փորձում էի բացատրել, որ երբեմն կարելի է մարդկանց առաջարկել հեշտորեն գնել այնպիսի բաներ, որոնք մինչ այդ չէին էլ ցանկացել, քանի որ ոչ ոք դա չէր հուշել: Այսպիսով մեծանում է ապրանքները վաճառելու հավանականությունը: Ահա թե ինչու Արևմուտքում մենք դրանք կոչում ենք «հարմարավետ խանութ-ներ»: Այդ խանութների վայրն ու տեսականին շատ ավելի հարմար են գնումներ կատարելու համար, թեկուզ մի փոքր ավելի բարձր գնով: Դրանք նաև ստեղծված են մեր թաքնված պահանջմունքները բացահայտելու համար, երբ չենք մտածում այս կամ այն ցանկալի ապրանքը գնելու մասին, քանի դեռ այն չենք տեսնում հարմար պայմաններում:

Հետագայում ես շարունակում էի առանձնազրույցներ ունենալ գյուղ ժամանած զբոսաշրջիկների հետ: Գրեթե բոլորը հիանում էին տեղի բնության գեղեցկությամբ և գյուղական հանդարտ կյանքի գրավչությամբ: Այդուհանդերձ, նրանք նշում էին, թե որքան անհարմար է ամեն անգամ իրենց հետ տեղաշարժել ողջ սնունդն ու այլ սպառման ապրանքներ, որովհետև չնայած շրջապատված էին մթերք արտադրողներով, սակայն չգիտեին, ինչպես կարող են գնել դրանք: Մի անգամ զբոսաշրջիկներն ընդհատել էին իրենց ուղևորությունը, որովհետև ավարտվել էր թարմ բանջարեղենը, իսկ այն գնելու համար պետք էր քաղաք հասնել:

Այսպիսով՝ իմ համագյուղացիները, մթերքի խանութ չունենալով, ոչ միայն բաց էին թողնում գումար աշխատելու այդ հնարավորությունը, այլև կորցնում էին մյուս եկամուտները, որոնք կստանային, եթե զբոսաշրջիկներն ավելի երկար մնային գյուղում՝ վարձելով սենյակներ, գնելով հուշանվերներ, ստանալով էքսկուրսավարի ծառայություններ:

Գյուղացիների տարբեր հմտությունները՝ որպես իրար փոխլրացնող արժեքներ, ունեն սիներգիայի պոտենցիալ՝ գեներացնելով ավելին, քան կարող է դրանցից յուրաքանչյուրն առանձին: Բոլոր մարդկանց համար մեկ ընդհանուր և կանխատեսելի խնդիր լուծելով՝ դուք հնարավորություն եք ունենում նրանց համար լուծել այլ խնդիրներ ևս: Եվ ձեր լուծած ամեն մի խնդիրը իր մեջ ունի ավելի մեծ շահույթի պոտենցիալ:

Գյուղացիները համարում էին, թե արտադրության ոլորտում ողջ հնարավոր առաջարկն արդեն արված էր, և ողջ հնարավոր պահանջարկը՝ բավարարված: Նրանց համար իրենց տնտեսական համակարգն ուներ ցիկլային և կանխատեսելի բնույթ, ինչը և Խորհրդային Միությունն էր հարկադրում համազգային մասշտաբով: Դա ապրելու շատ պարզ ձև է. ամեն մեկի գործը միայն սեփական կարիքների բավարարումն. ձեռք ես բերում այն, ինչ քեզ է պետք: Մարդկանց մտքով չի անցնում, որ այն, ինչ իրենց պետք է, պետք է նաև ուրիշներին՝ գյուղում ապրեն, թե քաղաքում, Հայաստանում, թե աշխարհի ցանկացած անկյունում:

Այսպես մտածելու պատճառով է, որ մարդիկ խրված են մնում իրենց չգոհացնող բնագավառում, որտեղ աշխատելով՝ երբեք իրենց բավարարված չեն զգացել: Դա թույլ չի տալիս նրանց տեսնել, թե ինչպես կարող են իրենց սովորական հմտությունը կիրառել նոր ձևերով կամ նոր հմտություններ զարգացնել: Խնդիրը սահմանափակ հեռանկար տեսնելն է թե՛ մեծության, թե՛ տևողության առումով:

Բայց չէ՞ որ առևտրային կենտրոններում չի վաճառվում հենց այնտեղ արտադրված մթերքը: Այդ ապրանքները տրամադրում են անասնաբույծները, հողագործները և տարբեր արտադրողներ: Մի՞թե սխալ չէ, որ մենք վատնում ենք հսկայական վառելիք, աշխատուժ և այլ ռեսուրսներ, որպեսզի դրանք հասցնենք միջնորդներին, որոնք շահույթ են ստանում միայն դրանք վերջնական սպառողներին վերավաճառելով:

Սխալը պետք է որ ակնհայտ լինի. անմիջական սպառողներից մեծ ջանք չէր պահանջվի՝ գնելու տվյալ ապրանքները հենց արտադրողներից, եթե անգամ դա մի փոքր անհարմար լիներ իրենց համար:

Իմ գյուղում կան բազմաթիվ արտադրողներ, բայց չկա ոչ մի միջնորդ, որ գնումը հարմար դարձնի պոտենցիալ սպառողներին: Այսպիսով՝ արտադրողները կարծում են, թե սպառողներ չկան, որովհետև եթե լինեին, կգային կգտնեին իրենց արտադրանքը:

Սա կարող է շոկային թվալ արևմտյան մշակույթում, սակայն զարգացող երկրներում մարդիկ կրակում են իրենք իրենց ոտքերին՝ ի չիք դարձնելով սեփական հնարավորությունները, բացարձակ չխրախուսելով ձեռներեցությունը նոր սերնդի շրջանում: Շատ մշակույթներում գումար վաստակելը դիտարկվում է որպես անխուսափելի չարքաշ աշխատանք, որ պետք է կատարի տան տղամարդը՝ իր ընտանիքի կարիքները հոգալու համար: Երեխան պետք է դպրոցում դաս սովորի, տնային առաջադրանքներն անի կամ անհոգ խաղա ընկերների հետ: Ավելի ուշ նրան սպասում է մի ամբողջ կյանք ձգվող աշխատանքը, երբ ունենա իր ընտանիքը կամ բավականաչափ մեծանա, որ սկսի կրել այդ բեռը:

Հայաստանում անգամ այսպիսի ասացվածք կա. «Փողը ձեռքի կեղտ է»: Շատ հայեր կարծում են, որ իրենց երեխաները կդառնան ագահ և նյութապաշտ, եթե փողին առնչվեն վաղ տարիքից: Այդ պատճառով ծնողները փողն իրենց երեխաներից հեռու են պահում այնպես, ինչպես Արևմուտքում ծնողները հեռու կպահեին բռնությունից և սեքսից: Նրանք փորձում են պաշտպանել իրենց զավակներին ենթադրյալ չարիքից, ինչը նվազեցնում է հավանականությունը, որ այդ պատանիները երբևէ փողը կդիտեն որպես փոխանակման հրաշալի գործիք, ինչպիսին որ այն կա իրականում:

Մինչդեռ Արևմուտքում գրեթե ծիսական ավանդույթ է, որ դեռահասը լիմոնադի վաճառասեղան դնի հարևան մայթին կամ դռնեդուռ անցնի՝ առաջարկելով մեկ դոլարով հնձել ուրիշների սիզամարգը: Այս պահվածքը մեզանում միշտ համարվում է ողջունելի: Մենք հիանում ենք երեխաների ձգտումով և հնարամտությամբ, որովհետև նրանք ջանք են գործադրում աշխարհին ինչոր արժեքավոր բան առաջարկելու համար և մի փոքր վճար են խնդրում դրա դիմաց (որը մենք ուրախությամբ տրամադրում ենք): Դա կա-րող է փոքր բան թվալ, բայց նման վաղաժամ կոփումը թույլ է տալիս երեխաներին գումար աշխատելու ազնիվ հայեցակարգեր ունենալ և հատկապես ստեղծագործ մոտեցումներ ցուցաբերել:

Մի անգամ հարևանիս երեխաները, որոնց հետ շատ անգամ մտերմիկ զրույցներ եմ ունեցել, ինձ հյուր գալով, հարցրին՝ կարո՞ղ եմ իրենց որևէ աշխատանք առաջարկել: Նրանք գիտեին, որ ես գյուղի մեծահասակներից մի քանիսին վարձել եմ՝ տունս վերանորոգելու համար, և բնական հետաքրքրասիրությունը դրդել էր պարզելու՝ իրենք էլ չե՞ն կարող օգտվել գումար աշխատելու հնարավորությունից:

Չցանկանալով ճնշել երեխաների ձգտումները՝ ես նրանց ձեռնոցներ տվեցի և ասացի, որ յուրաքանչյուրին կվճարեմ 1 ԱՄՆ դոլարին համարժեք դրամ, եթե նրանք իմ տանն ընդամենը 15 րոպե բացօթյա աշխատանք կատարեն: Նրանք արագ ավարտեցին գործը, և ես վճարեցի խոստացած գումարը: Երեխաները ոգևորված և գոհ էին: Ես էլ ինձ լավ զգացի, որ խրախուսել էի նրանց, որ իրենք իրենց օգուտ բերեն՝ առաջարկելով օգնել ուրիշներին:

Պատկերացրեք իմ զարմանքը, երբ հաջորդ օրը երեխաների հայրը հայտնվեց իմ դռան մոտ բավականին վրդովված: Նրան չէր զայրացրել այն, որ երեխաներն աշխատել էին ինձ համար: Նա բարկացել էր, որ ես իր զավակներին դրամ եմ տվել իրենց կատարած աշխատանքի համար: «Նրանք դեռ շատ փոքր են, նրանք դեռ շատ փոքր են»,շարունակ կրկնում էր հայրը:

«Հատկապես ինչի՞ համար են շատ փոքր»,հետաքրքրվեցի ես: Գիտեի, որ նա և գյուղի մյուս բնակիչները չէին համարում, որ այդ տարիքում երեխաները դեռ փոքր են տանը նման գործեր անելու համար: Գիտեի նաև, որ ոչ ոք չէր կարծում, թե երեխաները փոքր են ինձ հետ շփվելու համար, քանի որ դպրոցում հաճախ նրանց դասավանդում էի որպես կամավոր: Միայն փող վճարելն էր, որը նրանց հայրը համարում էր իր ընտանիքի պատիվը նվաստացնող մի բան: Փողը պետք է աշխատեր տան հայրը, իսկ ավելի ուշ՝ չափահաս որդիները: Երբ դրամ են աշխատում դեռահասները, հայերի պատկերացմամբ՝ չքավորության նշան է: Նրանց մշակութային համոզմունքներն էլ երեխաներին ստիպում են շարունակել նույն ապրելակերպը՝ նյութական հարստության բացակայությամբ:

Պատկերացրեք մի տեսարան, երբ այս երեխաները վճռականորեն ըմբոստանում են իրենց ծնողների ցանկության դեմ: Պատկերացրեք, որ նրանք ոգեշնչվել են ձեռներեցության արևմտյան իդեալներով, և մինչև չափահաս դառնալը արդեն սկսել են ավելի շատ գումար վաստակել, քան իրենց ծնողները: Ի՞նչ եք կարծում, ինչպե՞ս կարձագանքեն ծնողները: Կարծում եմ՝ նրանք սպառնալիք կզգան և հավանություն չեն տա իրենց երեխաների «շեղված» վարքագծին՝ անկախ նրանից, թե ինչ օբյեկտիվ օգուտներ է այն բերում: Նրանք ամեն ինչ կանեն՝ հիասթափեցնելու կամ ուղղակիորեն արգելելու իրենց երեխաներին կայացնել այսպիսի օգտաբեր որոշումներ: Սա ապշեցուցիչ կերպով հիշեցնում է կոմունիստական իշխանության կիրառած մարտավարությունը, որը ձգտում էր լիակատար վերահսկողություն սահմանել իր ժողովրդի ձգտումների վրա: Եվ այսպես՝ երեխաներն էլ կա՛մ կենթարկվեն ծնողների հարկադրանքին, կա՛մ կընդդիմանան ավելի ուժեղ՝ անդառնալիորեն խզելով հարաբերությունները սեփական ծնողների հետ: Սա բարդ իրավիճակ է, որում հայտնվում են շատ երիտասարդներ, ովքեր ինչոր կերպ հաջողել են դուրս գալ հոգեբանական բանտից:

Այժմ պատկերացրեք հակառակը. գյուղի այս երեխաների ծնողները, թեև չունենալով ուղղակի փորձառություն, ակնհայտ պոտենցիալ օգուտ են տեսնում նրա մեջ, որ խրախուսեն իրենց երեխաներին վաղ տարիքից սովորելու ուրիշներին ծառայություն մատուցել՝ դրանից օգուտ քաղելով: Պատկերացրեք, թե նրանք չեն վախենում այն հեռանկարից, որ իրենց երեխաները կորդեգրեն այլ արժեհամակարգ և կունենան կյանք, որը խիստ տարբերվում է իրենց ապ-րածից, բայց որը նրանց դարձնում է ավելի երջանիկ, ավելի առողջ և անհատապես կայացած: Ինչի՞ կարող էին հասնել այս տղաները հասուն տարիքում: Ցավոք, մենք երբեք չենք իմանա: Համենայն դեպս, ոչ այս սերնդի դեպքում:

Սակայն երիտասարդների բնական հետաքրքրասիրության շնորհիվ ձեռներեցության մշակույթի ռադիկալ էվոլյուցիայի հույսը դեռ ամբողջովին կորած չէ:

Երեխաների հետ կապված վերոհիշյալ անհաճո դեպքից շատ չանցած՝ գյուղի դեռահասները սկսեցին իմ տուն գալ՝ հետևելու այն աշխատանքին, որը վարձով կատարում էին մեծահասակները: Նրանցից շատերի համար սկզբում դա ընդամենը հետաքրքրություն էր իմ անձի և տանս նոր՝ ավելի ժամանակակից տեսքի և կառուցվածքի նկատմամբ:

Նկատելով երեխաների հետաքրքրությունը՝ նրանց հարցրի՝ արդյոք իրենք էլ չէի՞ն ցանկանա զբաղվել շինարարական աշխատանքներով, ինչի դիմաց ես պատրաստ էի վճարելու մի փոքր ավելի նվազ օրավարձ, քան մեծահասակներին: Սակայն պարզվեց, որ եթե անգամ տղաներին հաջողվեր ստանալ ծնողների թույլտվությունը, միևնույն է, ոչինչ չէր ստացվի, որովհետև նրանցից շատերը բազում պարտականություններ ունեին դպրոցում և կենցաղում: Նրանք չէին կարող ամբողջական օր տրամադրել այնպիսի աշխատանքներին, ինչպիսին էր հասարակ կանաչապատումը: Բայց ես չէի ցանկանում կորցնել այս հնարավորությունը՝ արդյունքի վերածել նրանց հետաքրքրասիրությունը, քանի դեռ այն արտահայտվել էր:

Ես պատանիներին առաջարկեցի այլ՝ ավելի հաջող գործարք. նրանք կարող էին իմ տուն գալ ցանկացած օր և ցանկացած ժամանակ և աշխատել իրականացվող նախագծերից որևէ մեկի վրա, իսկ դա նշանակում էր մի փոքր ստեղծագործական մոտեցում ցուցաբերել ձեռներեցության նկատմամբ: Ես նրանց վճարելու էի ֆիքսված գումար՝ յուրաքանչյուր աշխատած ժամի համար: Դա նման չէր սո-վորական աշխատանքին, երբ ղեկավարը ենթականերին հրահանգում է կատարել բարդ և կրկնվող գործողություններ շաբաթը հինգ օր: Երեխաները կարող էին գալ շաբաթ առավոտյան կամ կեսօրին՝ մի քանի ժամով: Ինձ համար կարևոր էր միայն այն, որ նրանք ազնվորեն ջանքեր գործադրեն և առաջընթաց գրանցեն այն աշխատանքում, որը կատարելիս իրենց լավ են զգում:

Այն, ինչ սկսվել էր մի քանի անբաններից, որոնք ժամանակ առ ժամանակ լրացուցիչ գումար էին պահանջում ինչ-ինչ շինարարական պարագաներ գնելու համար, շուտով վերածվեց վստահելի մարդկանց հոսքի, որոնք գալիս էին ամեն օր՝ առնվազն մի քանի ժամով: Նրանք շատ արագ հասկացան կապը իրենց առաջարկած արժեքի և դրա դիմաց փոխհատուցման միջև: Քանի որ նրանց էր թողնված որոշելը, թե ինչպես և երբ կկատարեն տվյալ գործը, ուստի բարձր աշխատանքային էթիկա էին ցուցաբերում: Նրանք գիտեին, որ միտք չունի աշխատանքի գալ, երբ չափազանց հոգնած են կամ այդ պահին եռանդ չունեն, ուստի գալիս էին միայն այն ժամանակ, երբ տրամադրված էին արդյունավետ աշխատանքի: Ճիշտ նույն կերպ ժամանակակից ֆրիլանսերները և տնից աշխատող մարդիկ են ազատորեն տնօրինում իրենց ժամանակը և ինքնուրույն կազմում աշխատանքային գրաֆիկը, որովհետև պարտավորություն չունեն գրասենյակ ներկայանալու՝

իրենք իրենց ստիպելով աշխատել ցածր արդյունավետությամբ միայն հանուն նրա, որ պահպանեն սահմանված գրաֆիկը, իսկ գործատուին հեշտ լինի իրենց վերահսկելը:

Երբ դեռահասներն ավարտեցին այն փոքր աշխատանքները, որոնց համար ի սկզբանե վարձվել էին, նրանք միանգամից առաջարկեցին նաև այլ աշխատանքներ կատարել, ասենք՝ ավելի ընդարձակ բացօթյա վանդակ պատրաստել ճագարներիս համար, հնձել բակի խոտը, արահետներ բացել կամ ցանկապատ կառուցել տանս շուրջը: Ես հարցրի՝ նախկինում կատարե՞լ են նման աշխատանք, և նրանք խոստովանեցին՝ ոչ, բայց կարծում էին, որ հեշտությամբ կարող են սովորել և գործը գլուխ բերել: Եվ իսկապես, բոլորիս համար էլ հեշտ էր սովորել: Պարզապես ինտերնետում մի քանի ուսուցողական տեսանյութ դիտելով, հարցուփորձ անելով արհեստավարժ մեծահասակներից, արագ հասկանալով, թե ինչ շինանյութեր ունեմ և ինչ պետք է գնեմ՝ նրանք կարողացան ընդլայնել իրենց «բիզնես համագործակցությունը» ինձ հետ՝ արժեքի նոր ձևեր առաջարկելով, որոնց դիմաց արժեր վճարել: Եվ դա մինչ այդ ո՛չ իմ, ո՛չ նրանց մտքով չէր անցնում:

Դեռահասները չէին գիտակցում, բայց նրանք, ըստ էության, ինձ հետ մասնակցում էին առևտրային գործընթացի. ես գնորդն էի, նրանք՝ վաճառողը: Նրանք հաջողությամբ ինձ համոզեցին պատվիրել այնպիսի ծառայություններ, որոնց համար ի սկզբանե չէի ցանկանում գումար ծախսել: Եվ այդ ամենը բխում էր ավելի շատ դրամ վաստակելու նրանց անձնական շահագրգռվածությունից, ինչպես նաև հետաքրքրասիրությունից՝ նոր օգտավետ գիտելիքներ ձեռք բերելու (այսինքն՝ զարգացնելու իրենց կարողություններն ու հմտությունները):

Մենք բոլորս էլ մեծ օգուտ քաղեցինք այսպիսի նոր աշխատանքային հարաբերության հաստատումից և պահպանումից:

ԳԼՈՒԽ 8

ԿԵՂԾ ՖԱՍԱԴԸ. ՌԻՍԿԻՑ ԽՈՒՍԱՓԵԼՈՒ ԿԱՄ ՊԱՏԱՍԽԱ ՆԱՏՎՈՒԹՅԱՆ ԲԱՑԱԿԱՅՈՒԹՅԱՆ ՀԵՏԵՎԱՆՔՆԵՐԸ

Գոյություն ունեն ձեռներեցության բազմաթիվ ուղեցույցներ, սակայն դրանք չեն ծառայում իրենց նպատակին, որովհետև չկան ձեռնարկատիրական գործունեության իրական նախադրյալներ, հատկապես՝ իդեալներ: Քիչ են նաև այն անհատները, որոնք ազատ ընտրության հնարավորություն ունեն:

Հայաստանում պետական դրամաշնորհային ծրագրերով հազարավոր դոլարներ են տրամադրվել գյուղացիներին, որպեսզի նրանք հյուրատներ կառուցեն զբոսաշրջիկների համար: Դրա նպատակն է զարգացնել տուրիզմը այս հեռավոր շրջաններում միաժամանակ տեղացիներին առաջարկելով սեփական բիզնեսը վարել՝ իրենց համար կայուն եկամտի աղբյուր ապահովելով, որը հիմնված է արդեն իսկ ունեցած նյութական ակտիվի վրա, այն է՝ իրենց տունը: Եվ որքան ես եմ նկատում, այս բարեփոխիչ ծրագրերի առաջին մասը բավականին հաջող է իրականացվել: Շատ գյուղացիներ կարողացել են իրենց հին տների մի մասը վերածել գեղեցիկ և ժամանակակից պանդոկների զբոսաշրջիկների համար:

Բայց ահա այստեղ էլ շատ դեպքերում պատմությունն ավարտվում է: Այժմ նրանք ունեն մի բիզնես՝ պարտադրված պետության կողմից, բիզնես, որն արդյունավետ վարելու ոչ մի անձնական փորձ կամ գիտելիք չունեն: Նրանցից շատերը երբեք չեն ճամփորդել իրենց հայրենի շրջանից դուրս, հետևաբար՝ երբեք չեն եղել հյուրատան կենվոր և չեն կարող իրերին նայել պոտենցիալ հաճախորդի տեսանկյունից: Նրանք նախ չգիտեն, թե ինչ է պետք անել մարդկանց գրավելու համար, կամ թե ինչ պետք է անեն, որ պատշաճ կերպով բավարարեն այդ մարդկանց կարիքներն ու ակնկալիքները: Այսպիսով՝ այս նոր հյուրատների տերերից շատերը խոստովանում են, որ իրենց այցելուները ընկերներն ու հարազատներն են, որոնք այսպես, թե այնպես հյուր գալու էին, և ոչ թե, նկատեք, ծառայությունների համար վճարող զբոսաշրջիկները:

Տեսնո՞ւմ եք՝ որն է խնդիրը: Կառավարությունը նրանց տվել է գործիքներ և ռեսուրսներ, սակայն չի տվել կրթություն դրանք արդյունավետ օգտագործելու համար: Աշխարհի բոլոր բարձրակարգ էլեկտրական գործիքներն ու որակյալ փայտանյութը չեն օգնի ձեզ սեղան պատրաստել, եթե նախապես չսովորեք դրանք արդյունավետ օգտագործել: Ճիշտ նույն վիճակում է այս չգործող հյուրատ-ների սեփականատերերի մեծ մասը՝ նստել և սպասել, մինչև ինչոր տեղից կհայտնվեն վճարունակ հաճախորդներ և իրենց գումար կառաջարկեն միայն այն պատճառով, որ իրենք ունեն ակտիվներ՝ պոտենցիալ արժեքներ հյուրատների տեսքով:

Հասանելիություն ստանալով նյութական ակտիվներին, որոնց հետ վարվելու գիտությանը չեն տիրապետում՝ այս գյուղացիները անտեսել են հարստության ստեղծման բնական օրենքների պատճառահետևանքային կապը: Ծաղկող բիզնես դառնալու որքան պոտենցիալ էլ որ ունեին այս հյուրատները, դրանք արդեն գրեթե ամբողջությամբ մսխվել են: Բայց ո՞ւմ են պետք դրանք, չէ՞ որ այդ մարդկանց տներն արդեն ավելի գեղեցիկ են: Նրանք շահել են պետական դրամաշնորհից, անգամ եթե չգրավեն ոչ մի վճարունակ հաճախորդի: Շահել են, քանի որ երբեք որևէ ռիսկի չեն դիմել, պատասխանատվություն չեն ստանձնել: Քանի որ սեփական հայեցողությամբ չէ, որ նրանք բացել են հյուրատներ և չեն վճարել դրա համար, ուստիև չեն զգում սնանկացման ռիսկ, ինչը կստիպեր հաղթահարել շուկայական խոչընդոտները՝ լուրջ արդյունքի հասնելու համար:

Պատկերացրեք՝ որքան տարբեր կլիներ իրավիճակը մի գյուղացու համար, որն ամբողջ տարի տքնաջան աշխատել է՝ խնայելու համար 3000 ԱՄՆ դոլար և կատարել է շուկայի ուսումնասիրություն, որն անհրաժեշտ է ռացիոնալ գնահատելու իրենց գյուղում հյուրանոց աշխատեցնելու հնարավորությունները: Պատկերացրեք՝ նրանք ժամանակ են ծախսում բիզնեսի հիմունքները սովորելու համար, կարողանալու ինքնատիպ և ճանաչելի բրենդ ստեղծել, գրավիչ հարմարություններ ապահովել, որոնք կարդարացնեն ավելի բարձր օրավարձը և մրցակցային առավելություններ կտան մյուս հյուրատների նկատմամբ: Պատկերացրեք՝ նրանք սովորում են անգլերեն և այլ միջազգային լեզուներ, որ կարողանան սպասարկել օտարերկրացիներին: Ահա այն մարդը, որը հնարավոր ամեն բան կանի իր ժամանակի, կապիտալի և էներգիայի ներդրումը բազմապատիկ եկամտի տեսքով վերադարձնելու համար: Ահա նա է իսկական ձեռներեցը:

Իսկ ամենակարևորը՝ այն գիտելիքներն ու հմտությունները, որոնք ձեռք կբերեր տվյալ գյուղացին, նրան պետք կգային ցանկացած այլ բիզնես վարելիս: Իմացության և կարողության այս ոչ նյութական ակտիվները կդառնային կայուն հարստության ստեղծման իրական աղբյուր, ոչ ինչպես մեծահոգի բարերարի նվիրած մեծ ու գեղեցիկ շենքը: Այս վերջինը մի հարստություն է, որը գնահատելու և պահպանելու մոտիվացիա չկա:

ԱՄԵՆ ՈՔ ՁԵՌՆԵՐԵՑ Է

Նույն կերպ էլ՝ գյուղական դպրոցների տնօրենները, չունենալով սահմանված չափանիշներին համապատասխան արդյունք ստանալու պարտավորություն, պատասխանատվություն չեն զգում հետևելու երեխաների, ասենք, անգլերեն սովորելուն, պատասխանատվություն չեն զգում հավաստիանալու, որ նրանք ակտիվորեն կարդում են դպրոցի գրադարանին նվիրված նոր անգլերեն գրականությունը և բարելավում են իրենց գիտելիքներն ու հմտությունները: Անգլերենը որպես լեզու օբյեկտիվորեն օգտակար գործիք է ողջ աշխարհում, որովհետև այդ լեզվով խոսում են ամենաշատ թվով մարդիկ՝ ամենատարբեր վայրերում և հանգամանքներում: Հետևաբար՝ չպե՞տք է անգլերեն սովորողները սուբյեկտիվորեն բարձր գնահատեին այդ լեզուն, քանի որ հասկանում են, որ այն որպես հմտություն կիրառելով՝ կկարողանան տարատեսակ հարստություն ստեղծել: Ի՞նչ կլիներ, եթե բոլորը այս գյուղերում տեսնեին այն պատճառահետևանքային կապը, որ կա լավ անգլերեն խոսելու ունակության և բազում մասնագիտական ու կենսական հնարավորություններից արդյունավետորեն օգտվելու հնարավորության միջև, ինչը նրանց ամբողջ կյանքում կապահովեր ավելի շատ հարստություն և սոցիալական ապահովություն: Որքան ավելի շահագրգռված կլինեին նրանք, որ իրենք և իրենց երեխաները լավ սովորեին անգլերեն, անգամ եթե երբեք չունենային տպավորիչ գրադարան կամ հայտնի «Ուլիսեսը» այդ գրադարանում: Ավելին՝ որքան ավելի շատ հարստություն կստեղծեր այդ գրադարանն այն մարդկանց կառավարմամբ, որոնք աշխատում են մեթոդաբանությամբ՝ օգտագործելով տնտեսագիտական իրողությունների պատճառահետևանքային կապի իրենց իմացությունը:

Գրադարանի բացվելուց հետո մասնավոր անձը իմ գյուղի այդ նույն դպրոցին մեծահոգաբար դաշնամուր նվիրեց: Թեև դաշնամուրը տեղադրված էր ընդհանուր տարածքում՝ տեսանելի վայրում, բայց ամիսներ շարունակ տնօրենությունը այդպես էլ փորձ չարեց երեխաների համար երաժշտության դասեր կազմակերպելու: Ես առաջարկեցի իմ սեփական ժամանակից մի քանի ժամ նվիրաբերել դաշնամուրը լարելու և երաժշտական կրթության տարրական ծրագիր սկսելու համար: Ես գիտեի, որ միակ մարդն էի այդ տարածքում, որ կարող էի դաշնամուրից օգտաբերություն ու արժեք քաղել: Թեև արտաքուստ հետաքրքրություն ցուցաբերվեց, սակայն իմ ջանքերը դատապարտվեցին: Այսպիսով՝ դաշնամուրը մնաց իր տեղում՝ վրան գրքեր և սուրճի բաժակներ, ասես ինտերիերը գեղեցկացնող կահույք լիներ, այլ ոչ թե երաժշտական հակումներով մարդկանց ծառայելու ֆունկցիոնալ գործիք:

Այն, որ մարդիկ չեն ցանկանում պատասխանատվություն ստանձնել ոչ նյութական ակտիվներից արժեք ստանալու համար, որոշ տեղերում այնքան սուր է արտահայտված, որ անհուսալի և աբսուրդային է թվում արևմտյան մտածողության տեսանկյունից: Մի քանի անգամ այլ հետխորհրդային երկրներով շրջագայելիս՝ Ուկրաինա, Վրաստան, վարձով բնակարան փնտրելիս ես վրդովմունքով հասկացա, որ մարդիկ չունեն անգամ տարրական ձեռնարկատիրական պատկերացումներ՝ նույնիսկ այս հասարակ գործարքից արդար շահույթ ստանալու համար:

Երբեմն պատահում է, որ քիչ եկամուտ ունեցող մարդիկ (որոնց Արևմուտքում հաստատ կհամարեին աղքատ) ունենում են մի քանի տուն կամ բնակարան, որոնք տարիներ առաջ ձեռք են բերել շատ էժան կամ ժառանգություն են ստացել ընտանիքի այլ անդամներից: Նրանք կողպել են այդ տները՝ չիմանալով ինչպես լավագույնս կարելի է ծառայեցնել դրանք ի շահ իրենց: Բայց արդյո՞ք անշարժ գույք ունենալը, որը ԱՄՆ-ում երազանք է և պարծենալու առիթ ինքնուրույն հաջողության հասած մարդկանց համար, ինքնաբերաբար մարդուն դարձնում է հարուստ: Արդյոք գույքը ինքն իրենով հարստություն և օգտակարությո՞ւն է բերում սեփականատիրոջը, պարզապես միայն գոյություն ունենալով: Թե՞ դեռ անհրաժեշտ է որոշակի ռազմավարություն կիրառել դրանից օգուտ քաղելու համար:

Նա, ով դաստիարակվել է ձեռնարկատիրական մտածելակերպով, անշարժ գույքը դիտարկում է և՛ որպես եկամուտ բերող ակտիվ, և՛ որպես շահավետ երկարաժամկետ ներդրում: Բայց իմ այցելած երկրներում տարօրինակ կերպով գործում է հակառակ մոտեցումը. բացակայում է ձեռներեցության մշակույթը: Քանի դեռ «ավելորդ» տանը ոչ ոք չի բնակվում, ոչ ձեռնարկատիրական միտքը հակված է այն համարելու բեռ: Այն պահանջում է մաքրություն և խնամք, և սեփականատերերից շատերը նախընտրում են պարզապես անտեսել իրենց գույքը՝ թողնելով այն մաքրության և հարմարությունների առումով անմխիթար վիճակում: Նրանց համար լավագույն լուծումը տունն արագ վաճառելն է միանվագ կանխիկ գումարով:

Երբ ես փորձում էի երկար ժամանակով բնակարան վարձել այդ մարդկանցից, պայմանավորվածության գալը շատ հաճախ տհաճ էր և դժվար: Եթե ես նրանց ասեմ, որ տանն ինտերնետի կարիք ունեմ, կպատասխանեն, թե քանի որ անձամբ չեն օգտվում ինտերնետից, պատճառ չեն տեսնում այն միացնելու համար: Սա ևս մեկ ցուցիչ է, որ նրանք իրենց գույքը չեն էլ դիտարկում որպես ակ-տիվ, որը առաջարկում են ուրիշ մարդու՝ դրամական շահույթ ակնկալելով առանց պատշաճ պայմանների ապահովման: Ես նրանց ասում եմ, որ ինտերնետի միացման մեկանգամյա վճարը փոքր գումար է այն հարյուրավոր դոլարների համեմատ, որ ես վճարելու եմ ամեն ամիս, և որ նրանց զուտ շահույթը ավելի մեծ կլինի, քան իրենց խղճուկ աշխատավարձը (եթե ընդհանրապես աշխատանք ունեն): Այսքանից հետո էլ, միևնույն է, նրանք չէին կարողանում կամ չէին ցանկանում տեսնել ավելի մեծ և ավելի կայուն հեռանկարը ինտերնետի միացման մեկանգամյա ծախսից հետո: Սակայն չէ՞ որ ընդամենը մեկ զանգով նրանք կարող էին կապի ծառայություն մատուցող ընկերության հետ պայմանագիր կնքել, իսկ երբ ես լքեի բնակարանը, հեշտությամբ կարելի էր դադարեցնել պայմանագիրը: Կամ էլ՝ ինտերնետով ապահովված վարձու բնակարանն այնուհետև կդառնար մշտական ակտիվ: Հաշվի առնելով, թե ընդհանրապես ինչքան քիչ տանտերեր էին իրենց նեղություն տվել միացնել ինտերնետը վարձակալների համար, դա առաջարկելը նրանց ուժեղ մրցակցային առավելություն կտար այլ վարձով տների նկատմամբ՝ ապահովելով ավելի բարձր վճար և մշտապես վարձակալման ավելի մեծ հավանականություն:

Այս տանտերերից ոմանք անգամ չէին ցանկանում մաքրել

իրենց բնակարանը, նախքան այն վարձով տրամադրելը: Նրանք չէին ցանկանում իրենց ժամանակից մի քանի ժամ տրամադրել այդ գործին, առավել ևս չէին ցանկանում մի չնչին գումարով մաքրուհի վարձել, որպեսզի անօգուտ պարտավորությունը վերածվեր կայուն եկամտի աղբյուրի, ինչն անմիջապես և էականորեն կբարելավեր նրանց կենսամակարդակը:

Եթե ինձ այդքան հաճախ չհանդիպեին նման սյուրռեալիստական պատկերներ ամենատարբեր երկրներում, ես կկարծեի, թե այս պատմությունները չափազանցություն են: Միգուցե այն մարդիկ, ովքեր այդպես էլ չսովորեցին նայել ավելի հեռուն և տեսնել հսկա-յական պոտենցիալը այն նյութական գործիքների և ռեսուրսների մեջ, որոնք վատնել են, այդուհանդերձ կունենան հետնորդներ, որոնք ապագայում կկարողանան կիրառել իրենց նոր և ոչ կարծրատիպային մոտեցումները՝ բարելավելու սեփական կյանքն ու հասարակական միջավայրը: Երբ դա տեղի ունենա զանգվածայնորեն, շատ չանցած՝ կտեսնենք, որ բոլոր զարգացող տնտեսություններում կենսամակարդակը բարձրանում է և նույնիսկ գերազանցում է այն երկրների ցուցանիշը, որոնք այժմ համարվում են ամենազարգացածը:

ԳԼՈՒԽ 9

ՅՈՒՐԱՑՈՒՄ. ՈՉՆՉԻ ԴԻՄԱՑ ԻՆՉՈՐ ԲԱՆ ՍՏԱՆԱԼՈՒ ՀԱԿԱԱՐԴՅՈՒՆԱՎԵՏ ՑԱՆԿՈՒԹՅՈՒՆԸ

Առանց որոշակի ներդրումների խոշոր արդյունք ստանալու ցանկությունը Արևմուտքում մենք անվանում ենք արագ հարստանալու մոլուցք: Դա մտածելաձև է, որը չի ընդգրկվում օպտիմալ արդյունավետության հասնելու ունակության սահմանում: Այն հակասում է իրականության օրենքներին՝ անտեսելով կամ ժխտելով փաստը, որ մի բան սպառելուց առաջ պետք է այն արտադրել: Այն մարդկանց դեպքում, որոնք չարքաշ աշխատանքով անփոփոխ ամսավճար են ստանում և չունեն ակնհայտ պոտենցիալ իրենց վաստակելու ունակությունները բնականորեն զարգացնելու, ոչնչի դիմաց ինչոր բան ստանալու գայթակղությունը հասկանալի է: Ցավեշտալի է, բայց նույն այդ ջանասեր մարդիկ ձեռներեցության ոլորտում կարող են տրվել ծուլությանը՝ այդպես էլ միջոցներ չձեռնարկելով իրական հարստություն ստեղծելու բարոյական, ողջունելի և կայուն ճանապարհով:

Մեր օրերում խաբեբաները հաճախ օգտվում են այս թուլությունից Ագահությունը տարօրինակ քայլերի է դրդում: Ավելի հավանական է, որ անիրատեսական խոստումներն ընդունվեն որպես ճշմարտություն, եթե զոհն ուզում է հեշտ գումար աշխատել: Նույնը վերաբերում է թրեյդերներին, որոնք շահույթ են ստանում միայն հարմար պահին իրականացրած վերավաճառքից: Բայց մի օր հանկարծ նրանք տարվում են այդ «գործով», և մի ապրանք են գնում անմիջապես շուկայի կորեկցիայից և մասսայական գնիջեցումից առաջ: Նրանք այնքան են ոգևորվում արագ ու խոշոր շահույթ ստանալու հնարավորությունից, որ դադարում են իրավիճակին սթափ նայել: Առանց ներդրման արդյունք ստանալու կիրքը միշտ էլ կործանարար է և զրկում է պարկեշտորեն ապրուստ վաստակելու բազում հնարավորություններից, որովհետև կամազրկությունը թույլ չի տալիս դիմադրել գայթակղությանը: Արագ հարստանալու կրքի հակաթույնն է սովորել կյանքի բնական օրենքները, որոնք թույլ կտան վերահսկել մեր աշխատանքը, ստեղծագործական արդյունքը և ապահովել դրա ինքնատիպությունը շուկայում: Եվ սա վերաբերում է ոչ միայն գիտելիքներին ու հմտություններին, որոնք զարգացնում եք ձեռներեցությամբ զբաղվելու համար, այլև այն հարաբերություններին, որոնց ապավինում եք՝ այս ակտիվների շահութաբեր փոխանակման համար:

Ես անհամար պատմություններ եմ լսել սովետական աշխատավորների մասին, որոնք անում էին ամեն բան՝ իրենց աշխատավայրից ռեսուրսներ և պաշարներ գողանալու համար՝ ստանալով մեծ, բայց կարճաժամկետ օգուտ: Նրանց տեսանկյունից ամենահուսալի բաներից մեկն էր, որ կարող էին անել՝ գոնե մի փոքր ապահովելու իրենց ընտանիքների բարեկեցությունը: Արևմտյան մշակույթում դատողությունն ակնհայտորեն բոլորովին ուրիշ կլիներ: Ինչո՞ւ պիտի մարդը բարոյազրկվի, արատավորի իր համբավը, աշխատանքը կորցնելու ռիսկին դիմի, միայն թե անվճար ձեռք գցի ինչոր ապրանքի, որ կարող էր գնել իր աշխատավարձով:

Բայց սովետական աշխատավորները քիչ եկամուտներ ունեին, ավելի քիչ, քան ապօրինի յուրացնում էին պետական գործարաններից: Եթե դուք աշխատեիք մանկական հագուստի արտադրամասում և իմանայիք, որ խանութներում հերթեր են գոյացել դրանք գնելու համար, գուցե ավելի արդար համարեիք աշխատավայրից ձեր երեխային տանել այն զգեստը, որ չեք կարող գնել խանութից, քանի որ պետությունը հապաղում է կատարել իր խոստումը՝ ձեզ հագուստով ապահովելու: Անգամ եթե ինքներդ տվյալ ապրանքի կարիքը չունենայիք, այն գողանալով՝ դուք կարող էիք վստահ լինել, որ մեկ այլ սովետական քաղաքացի, որ տանջվում է պետության առաջացրած դեֆիցիտից, ուրախությամբ կփոխանակի այն մի ուրիշ արժեքավոր ապրանքով, որն արդեն ձեզ է անհրաժեշտ:

Երբ նոր էի ձեռնարկել տանս վերանորոգումը, շինարարներից մեկը, չբավարարվելով իմ բարձր վարձատրումից, աշխատանքային գործիքներ գնելու պատրվակով հավել յալ գումար էր պահանջում՝ մտածելով, թե ես ոչինչ չեմ հասկանա: Սակայն շուտով պարզեցի, որ այդ գործիքներն ավելի էժան են, և տվ յալ մարդը զրկվեց այն լավ աշխատանքից, որը հեշտությամբ չէր կարող գտնել իր տարածաշրջանում: Նա դարձավ գործազուրկ, որովհետև ցանկանում էր ուրիշի հաշվին ստանալ մի բան, որի համար ջանք չի թափել: Հնարավո՞ր է, որ նա բարոյապես արդար է համարել ինձնից գողանալը՝ իմանալով, որ ես գումարի պակաս չեմ զգում, իսկ ինքն աղքատ է: Արդյոք նա մտածո՞ւմ էր, որ եթե ես համեմատաբար ավելի հեշտ եմ ապրուստ վաստակում, ուրեմն ցավ չեմ զգա գումարի կորստից կամ գուցե նույնիսկ չնկատեմ գողությունը: Հիմա ես նրա մասին վատ կարծիք ունեմ և, իհարկե, այլևս աշխատանք չեմ առաջարկի ոչ մի նախագծում, նրան դրամ կամ արժեքավոր ունեցվածք չեմ վստահի:

Ո՞րն էր այս մարդու սխալը: Ինչո՞ւ էր նա պատրաստ վնասելու իր շահավետ հարաբերություններն ու արատավորելու իր համբավը, միայն թե հեշտ և արագ օգուտ ստանա:

Այն գյուղերում, որտեղ ժամանակի ընթացքում լավագույնս կարժևորեն և որպես գործիք կկիրառեն բարի համբավը, կտեսնեն, թե որքան են ավելանում ձեռնարկատիրական հնարավորությունները, հետևաբար նաև հարստությունը:

Ինձ խաբող շինարարի երկրորդ սխալն այն էր, որ դիմացինին չէր ընկալում որպես մարդու, այլ նրան համարում էր ռեսուրս, որը կարելի է շահագործել, և ոչ թե հավասար իրավունքներ ունեցող հասարակական էակ, որի հետ կարելի է արդար և փոխշահավետ համագործակցություն ունենալ: Զարգացող երկրներում հաճախ են Արևմուտքից եկած զբոսաշրջիկներին կամ ներգաղթյալներին այդպես ընկալում, և դա հանգեցնում է խտրական մոտեցման: Ես այնպիսի տպավորություն ունեմ, թե հայերը կարծում են՝ մենք բոլորս ծնվել ենք հարուստ ընտանիքներում և ֆինանսապես ապահովված ենք ողջ կյանքի համար, որովհետև, ասենք, ԱՄՆ կառավարությունը հզոր է (ինչ էլ որ նշանակի այդ «հզորությունը»): Նրանք համարում են, թե ինձ նման մարդիկ թեթև աշխատանքի շնորհիվ լողում են փողի մեջ, մինչդեռ իրենք անարդարացիորեն ճգնում են՝ օրվա հացը վաստակելու համար:

Այս դժբախտ մարդիկ իրենց զայրույթը սխալ ուղղությամբ են արտահայտում: Տեղի կրթական մշակույթն է, որ մոլորեցրել է նրանց՝ թույլ չտալով ազատորեն մտածել այն մասին, թե ինչպես ավելի մեծ արդյունավետությամբ կարելի է մասնակցել տնտեսական կյանքին և՛ տեղական, և՛ միջազգային մակարդակով: Լավ մասնագիտական հարաբերությունների ձևավորումն ինձ նման մեկի հետ, որը կարող էր առաջարկել ավելի լայն հնարավորություններ, առաջին վճռորոշ քայլը կլիներ տնտեսական ծուղակից դուրս գալու համար, որի մեջ նրանք խրված են մի ողջ կյանք: Այսպիսով, սա կարծես թե նմանվում է տխուր ինքնակատարվող մարգարեության:

Ձեռներեցը, որը չունի ոչ մի արհեստական սահմանափակում իր արգասաբեր աշխատանքում, արագ ըմբռնում է հարաբերակցությունը ուրիշների համար իր ստեղծածի և դրա դիմաց կուտակած հարստության միջև, ինչն էլ, բնականաբար, դրդում է անդադար ավելի արդյունավետ դարձնելու իր գործողությունները՝ արդար և ազնիվ այլ մարդկանց հետ համագործակցելով: Նրանք շահագրգռված են հնարավորինս շատ արժեքներ ստեղծելով և բաց են ուրիշների հետ փոխանակում կազմակերպելու հարցում: Ինչ արժեք էլ որ իրենք անձնապես չեն սպառում կամ չեն պահում հետագայի համար, կարող են փոխանակել ուրիշների առաջարկած արժեքների հետ:

Բայց հավասարումը կտրուկ փոխվում է, երբ շուկայական փակ համակարգում մենք թեկուզ փոքր-ինչ կողոպուտ ենք «ներմուծում»: Անգամ «փոքրիկ» խաբեությունները համակարգային ազդեցություններ ունեն տնտեսության և մշակույթի վրա, բայց գողը դա երբեք չի գիտակցում: Երբ մի մարդ գողանում է մյուսից (և դրա համար չի պատժվում), փոխշահավետ համագործակցությունը դադարում է, և առաջանում է միակողմանի շահ դիմացինի հաշվին: Փոխադարձ սիմբիոզները վերածվում են վնասաբեր մակաբույծների՝ ոժքախտացնելով հենց գողին:

Գողությունը մարդուն դարձնում է ծույլ, քանի որ վերացնում է հարստություն ստեղծելու և այն կառավարելու խթանը:

Ցավոք, սա այն ճանապարհն է, որն ընտրում են բազում հանցագործներ՝ իսկապես կարծելով, թե իրենք հասարակության մեջ ունեն արդյունավետ գործելու հնարավորություններ: Այդ մարդիկ կա՛մ չեն տեսնում սովորական մի աշխատանք ունենալու տարբերակներ, կա՛մ այդ աշխատանքի դիմաց վճարվող գումարն այնքան աննշան է, որ ընտրում են խարդախության ճանապարհը: Որոշ զեղծարարներ այնքան են հմտանում իրենց «գործի» մեջ, այնպիսի հնարամտություն են դրսևորում, այնպիսի գործիքակազմ մշակում, որ կարելի է միայն զարմանալ, թե որքան մեծ արժեք կարող էին ստեղծել հասարակության համար, եթե իրենց այդ նույն ունակութ-յուններն ու հնարավորությունները կիրառեին ազնիվ ձեռներեցության մեջ:

Պատկերացրեք՝ մի ամբողջ հասարակություն դառնա այնքան հուսահատ և անգործունակ, որ գողերն ավելի շատ լինեն, քան նրանք, ովքեր ստեղծում են գողանալու ենթակա ապրանքներ: Մի օր ի վերջո գողանալու ոչինչ չի մնա, և ազնիվ ձեռներեցներն էլ կկորցնեն աշխատելու մոտիվացիան, որովհետև այն, ինչ ստեղծում են, իրենցից խլում են նույն պահին: Նման հասարակությունը կդատապարտվեր կործանման:

Երբ ինչոր մեկը գողանում է կամ թույլ է տալիս, որ գողությունը մնա աննկատ և անպատիժ, նպաստում է բոլոր նրանց անկմանը և տապալմանը, ովքեր տնտեսապես առնչություն ունեն իր կյանքի հետ, ինչն էլ ի վերջո վնասում է հենց իրեն: Գողությունն ու խարդախությունը կործանում են քաղաքակրթության տնտեսական էթիկան. ձեռներեցությունը դառնում է իմաստազուրկ և մեզ բոլորիս մոտեցնում անարխիային, երբ չենք կարող օգտվել այլոց գիտելիքներից, հմտություններից և գործիքներից: Այսպիսով՝ լինել հարուստ, ապահովված և ունենալ վերահսկելի բիզնես՝ նշանակում է նաև պաշտպանել այդ ամենը նրանցից, ովքեր չգիտեն արժևորել և հարգել մարդու վաստակը: Դա նաև կարող է ստիպել, որ ամեն գնով խուսափեք այն մարդկանց հետ համագործակցելուց, որոնց մտածողությունը բարոյապես տարբեր է ձեր աշխարհընկալումից, հակառակ դեպքում պատրաստ եղեք վճարելու այդ հարաբերությունների գինը:

Նկատեք նաև, թե ինչպես է գողության սպառնալիքն իսկ ստիպում փոխել մեր կենսակերպը և արդյունավետ սովորությունները: Որքա՞ն գումար, որքա՞ն ժամանակ և ջանք է ներդնում սովորական մարդը, որպեսզի պաշտպանի ջանասիրաբար կուտակած հարստությունը: Փականներ՝ դռների վրա, ճաղավանդակներ՝ պատուհաններին, չհրկիզվող պահարաններ՝ թաքցված նկուղում: Սրանք բոլորը հնարվել և զանգվածաբար արտադրվել են մեր նյութական ունեցվածքի կորուստը կանխելու համար: Դրանք օգտագործվում են ամենուր, բացառությամբ միաբան փոքրիկ հանրույթներից:

Կարծում եմ՝ կողոպտիչներից շատերն այդպիսին են դառնում ոչ թե չարության կրքից, այլ մտածում են, թե իրենք զրկված են արժանապատիվ աշխատանքի հնարավորությունից, իսկ մյուսներն անարդարացիորեն հարուստ են:

Երբեմն ես պատկերացնում եմ, թե ինչպիսին կլիներ աշխարհը, եթե բոլորը, անգամ բազային գիտելիքներ և հմտություններ ունեցող մարդիկ, դեռ պատանեկության տարիքից սովորեին, թե ինչպես կարելի է կիրառել ձեռնարկատիրական սկզբունքները՝ իրենց հիմնական ակտիվներից արդյունավետ եկամուտ ստանալու համար:

Պատկերացրեք՝ այդ սկզբունքները ներդրվեին աշխարհի բոլոր մշակույթներում: Այդ ժամանակ մարդկության՝ ապրուստի միջոց հայթայթելու մշտական խնդիրն ու մտահոգությունը կվերանային: Եվ բոլորս մեր ջանքերն ու ժամանակը կուղղեինք ոչ թե խարդախներից պաշտպանվելու, այլ միայն հասարակության համար արժեքներ ստեղծելու վրա՝ փոխարենը միշտ ստանալով համահունչ վարձատրություն ապրանքների, գումարի և բավարարվածության տեսքով:

ԳԼՈՒԽ 10

ԲՅՈՒՐՈԿՐԱՏԱԿԱՆ ՄՏԱԾԵԼԱԿԵՐՊ. ՈՐՈՇ ԲԱՆԵՐ «ՃԻՇՏ» ԱՆԵԼՈՒ ՈՂԲԵՐԳՈՒԹՅՈՒՆԸ

Ձեր խնդիրները լուծելու համար ստիպված լինելով դիմել պետական իշխանություններին՝ ընկնում եք բյուրոկրատական քաշքշուկի մեջ, որն ամեն առումով հակասում է ձեռներեցության մշակույթին։ Եվ պետությունը կարճաժամկետ լուծումներ առաջարկում է, սակայն բյուրոկրատիան քայքայում է ազատ ուսումնասիրութ-յուններ կատարելու, քննադատաբար մտածելու, նորարարական ազդեցիկ և արդյունավետ լուծումների ունակությունը:

Արդյունավետություն նշանակում է ստանալ առավելագույն արդյունք նվազագույն ներդրումներով։ Դուք չեք կարող տվյալ գործի արդյունավետությունը պարզել առանց ներդրման և արդյունքի համեմատության:

ԱՄԵՆ ՈՔ ՁԵՌՆԵՐԵՑ Է

Խորհրդային Միության ամենաբարգավաճ ժամանակներում կարելի էր մակերեսային վերլուծել առողջ տնտեսությունն ու քաղաքացիների կենսապահովման մակարդակը՝ հիմնվելով բացառապես այսօրինակ տվյալների վրա. քանի մարդ աշխատանք ունի, որքան գումար է պետությունը ներդնում այս կամ այն ոլորտում: Բայց ո՞վ պիտի պարզեր, թե այդ մարդկանց աշխատանքի և պետության ներդրումների արդյունքում ինչ արժեք է ստացվել: Որո՞նք էին սահմանված նպատակները՝ կատարվող յուրաքանչյուր աշխատանքի, աշխատած յուրաքանչյուր օրվա, ծախսված յուրաքանչյուր ռուբլու և կենտրոնացված բյուրոկրատիայի համար: Իհարկե, ոչ մի կոմունիստ մտադրություն չուներ, որ միլիոնավոր մարդիկ սովից մահանան, ռուբլին արժեզրկվի կամ այդ հսկա տերությունը փլուզվի անկայուն տնտեսության պատճառով: Սակայն կատարված ներդրումների նպատակի և ստացված իրական արդյունքի միջև մեծ անհամարժեքություն կար:

Ձեռնարկատիրական մտածելակերպը անհամատեղելի է բյուրոկրատիայի հետ, քանի որ պահանջում է շարունակ նոր մոտեցումներ ցուցաբերել յուրաքանչյուր խնդրին և սահմանված նպատակին հետամուտ լինելիս միշտ գտնել ցանկալի արդյունքին հասնելու օպտիմալ տարբերակը: Մտածել բյուրոկրատի պես նշանակում է սևեռվել միայն հաստատված ընթացակարգերի վրա՝ առանց որևէ ստեղծագործական մոտեցման՝ հասկանալու, թե ինչպես տվյալ գործը կարել էր ավելի արդյունավետ կատարել, առանց քննելու նույնիսկ՝ արդյոք այդ պահին դրանք արդյունավե՞տ են կա-տարվում: Դա կարող էր նշանակել նաև կենտրոնացում միայն մեկ արդյունքի վրա՝ անտեսելով դրա ստեղծման համար պահանջվող անհամաչափ մեծ ծախսերը:

Ենթադրենք՝ սկսում եք հետաքրքրվել հողագործությամբ և ցանկանում եք լոլիկ աճեցնել: Բայց լինելով ինքնահավան և անհամբեր՝ մտածում եք, թե կարիք չունեք բուսաբուծություն սովորելու: Դուք կարևորում եք միայն այն, որ ունեք մեծ ցանկություն լոլիկ աճեցնելով արդյունք ստանալու: Այսպիսով՝ երբեք չեք կարդում բուսաբուծության որևէ գիտական ուղեցույց, անգամ տարրական խորհուրդ չեք հարցնում փորձառու հողագործներից՝ ինչ հողատարածք ընտրել, ինչ հաճախականությամբ ոռոգել և այլն: Դուք ձեզ նեղություն չեք տալիս անգամ հասկանալու գոյություն ունեցող բնական օրենքները, որոնք պայմանավորում են լոլիկի որակն ու քանակը, ուստիև չեք ներդնի անհրաժեշտ ռեսուրսներ՝ այդ օրենքներին համապատասխան գյուղատնտեսական աշխատանքներ կազմակերպելու համար: Առանց այս ամենի իմացության՝ անկախ նրանից, թե որքան ժամանակ ու ջանք եք ներդնում, միևնույն է, լոլիկ չեք ստանա: Կամ առնվազն դրանք չեն ունենա ցանկալի որակը: Իհարկե, հնարավոր է՝ բախտի բերմամբ ձեզ հաջողվի մի քանի տունկ աճեցնել, բայց

օպտիմալ ծավալի չեք հասնի:

Այս օրինակը շատ պատկերավոր է, բայց նույն սկզբունքով են զարգանում մարդկային գործունեության բոլոր տեսակները՝ անկախ բարդության աստիճանից: Արժեք ստեղծելու համար դուք չեք կարող մշակել կոորդինացված քայլերի օպտիմալ մի համակարգ՝ առանց հասկանալու այն բնական օրենքները, որ ազդում են տվյալ համակարգի յուրաքանչյուր բաղադրիչի վրա: Ահա թե ինչու սկսնակ ձեռներեցները ձախողում են իրենց բիզնեսը: Նաև այդ պատճառով է, որ հապճեպ նախագծերը չեն տալիս սպասված արդյունքը, որքան էլ ձեր մտադրություններն ազնիվ են, ստանում են հանրային աջակցություն կամ ղեկավարվում են խարիզմատիկ առաջնորդների կողմից:

Քանի որ ձեր ներդրման արդյունքի ուղղակի ազդեցության կրողը դուք եք, ուստի շահագրգռված եք ժամանակ, ջանքեր ու այլ ռեսուրսներ չվատնել այնպիսի բաների վրա, որոնք չեն համապատասխանում ձեր նպատակին: Օբյեկտիվ իրականությունը, որում ապրում եք, ունի բնական օրենքներ, որոնք հնարավոր չէ անտեսել, որքան էլ ցանկանաք:

Այսպես նույնիսկ խելացի մարդիկ չեն ցուցաբերում քննադատական և ստեղծագործական մոտեցումներ՝ հետևելու բնական օրինաչափություններին: Բյուրոկրատական մտածողությունը ստիպում է նրանց անել այն, ինչ ընդունված է, այլ ոչ թե այն, ինչն անհրաժեշտ է: Բյուրոկրատիան պահանջում է խստորեն հետևել սահմանված կանոնների տառին, բայց ոչ երբեք՝ ոգուն, անգամ երբ ցանկացած ողջախոհ մարդու համար ակնհայտ է, որ հենց այդ կանոններից թեկուզ մի փոքր հրաժարվելը կմոտեցներ այն նպատակին, որին հասնելու համար դրանք ի սկզբանե գրվել էին:

Բյուրոկրատական մտածողության պատճառով է, որ ավելի շատ ձախողվում էին Խորհրդային Միության պլանային տնտեսության այն ոլորտները, որտեղ ղեկավարները ավելի շատ գումար և ռեսուրսներ էին ներդնում: Ստացվում էր՝ քիչ արդյունք ստեղծողներն ավելի բարձր էին վարձատրվում, ինչը, իհարկե, հակաարդյունավետ մոտեցում էր: Իշխանությունների բյուրոկրատական ընկալմամբ՝ անհնար էր, որ պետական ռազմավարությունը սխալ լիներ. նրանք համարում էին, թե հաջողության համար պետք է պարզապես ավելի շատ աշխատել և ավելի արագ: Բյուրոկրատացված երկրում ապրելու ամենավատ հետևանքն այն է, որ խելացի, կարող և ստեղծագործ մարդիկ ի վերջո դադարում են իրենք իրենց հավատալ և պատասխանատվություն չեն ստանձնում սեփական պահանջների ինքնուրույն բավարարման համար: Բյուրոկրատիային սովոր հասարակությունները մշտապես կարիք են ունենում ինչ-որ հեղինակությունների առաջնորդության (իրական կամ երևակայա-կան), նրանցից թույլտվություն ստանալու՝ որևէ նոր բան սկսելու կամ իրենց ներքին մղումներով գործելու համար: Նրանց կարծիքով՝ եթե իրենք չեն կարող որևէ գործունեություն ծավալել սահմանված կարգի համաձայն, ուրեմն ընդհանրապես պետք է հրաժարվեն դրանից: Ավելին՝ նրանք կարող են ուրիշներին էլ պարտադրել նույն կարծրատիպը՝ ընտրել դժվար և անարդյունավետ ճանապարհը, որովհետև չի կարելի շեղվել բյուրոկրատիայից:

Պատկերացրեք ձեր շփոթմունքը, երբ հանկարծ հասկանում եք, որ այդ ամբողջ ընթացքում գործելու ավելի լավ ուղիներ են եղել: Ամեն անգամ, երբ դուք ձեզ բռնացնում եք «մենք միշտ այդպես ենք արել» մտքի վրա՝ որպես ինչ-որ բանի արդարացում, դուք նույնպես մտածում եք բյուրոկրատի պես:

Անգամ եթե սարի չափ ապացույցներ ներկայացնեք, թե

կան ավելի լավ ուղիներ ցանկալի արդյունքին հասնելու համար, մարդիկ, միևնույն է, կշարունակեն կառչել իրենց մշակութային նախապաշարմունքներից: Երբ ես իմ կամավորական աշխատանքն առաջարկեցի գյուղի դպրոցին՝ երեխաներին անգլերեն սովորեցնելու համար, մի քանի տարի ինձ ոչ ոք չէր ընդունում: Բազմիցս փորձեցի համոզել դպրոցի տնօրենությանն ու ծնողներին, որ ես կարող եմ մեծապես օգնել երեխաներին խոսակցական անգլերենը զարգացնելու, սակայն առաջարկս երբեք լուրջ չընդունվեց, որովհետև ուսուցման իմ մեթոդները չէին համապատասխանում դպրոցի բյուրոկրատական կրթական մոդելին: Մարդկանց համար ոչ մի նշանակություն չուներ, որ ես գյուղում միակն էի, ում համար անգլերենը մայրենի լեզու էր, և որ աշխարհի բազմաթիվ երկրներում եմ այն ուսուցանել:

Միայն երբ քաղաքի համայնքային հաստատությունները ոգևորությամբ ընդունեցին անգլերենի դասավանդման իմ առաջարկն ու մոտեցումները, գյուղում հարևաններս սկսեցին սոցիալական ազդակներ ստանալ, և նրանք վստահություն զգացին իմ մեթոդա-բանության նկատմամբ, որն այդքան ժամանակ առաջարկում էի: Միայն թե ես արդեն չափազանց զբաղված էի: Ինչե՛ր կարող էին իրականացվել այդ և հարակից գյուղերի երեխաների համար, եթե գոնե մեկ մարդ ձեռնարկատիրական մտածողություն ունենար՝ տեսնելու երկարաժամկետ արդյունքները այն բացառիկ հնարավորությունից, որն իրենց տրված էր: Իրենց կյանքում որքա՜ն ավելորդ դժվարությունների և խոչընդոտների կհանդիպեն բացառապես հայերեն խոսող այս երեխաները՝ միայն այն պատճառով, որ բյուրոկրատական մտածողությամբ ծնողները և համայնքի ղեկավարները հրաժարվում են արդյունքի հասնելու ավելի լավ ուղիներ փնտրելուց և ավելի ամբիցիոզ նպատակներ սահմանելուց:

Անհեթեթ է թվում, բայց դա այն նույն մտածելակերպն է, որի պատճառով նրանք խուսափում են երբևէ սեփական միջոցներով գումար վաստակելու փորձից՝ անկախ իրենց օբյեկտիվ ունակություններից: «Օ՜, ոչ, ես չեմ կարող բիզնես սկսել: Ինձ դա չեն սովորեցրել: Ես լիցենզիա չունեմ: Ես չունեմ խանութ, չունեմ գեղեցիկ տարբերանշան: Ես չեմ հաճախել բիզնես դպրոց»: Այս խեղճ մարդկանց ստիպել են հավատալ, թե ձեռնարկատիրական գործունեությունը դեռ չեն սկսել, եթե դեռ չի շրջանառվում որոշակի քանակությամբ ապրանք, չեն վարձվել որոշակի քանակությամբ աշխատողներ, չկա մեծ խանութ և այն չի բերում որոշակի քանակությամբ եկամուտ: Իրականում, երբ դուք շահույթ ստանալու որևէ տարբերակ եք մշակում արժեքավոր ապրանքների ստեղծման, ծառայությունների մատուցման կամ փոխանակման համար, դուք արդեն իսկ ձեռներեց եք:

Ձեռնարկատիրական մոտեցումը, որ կիրառում ենք մեր նպատակներին հասնելու ռազմավարությունը կատարելագործելու համար, կիրառելի է նաև ամենօրյա խնդիրների դեպքում, որոնց լուծման ճանապարհները, մեր համոզմամբ, լավ գիտենք: Սովորաբար մտածում ենք, որ եթե մի բան մեր առօրյայի մասն է եղել տարիներ շարունակ, ապա էլ ի՞նչ չբացահայտված կողմ այն կարող է ունենալ: Էլ ի՞նչ ուղիներով մենք կարող ենք օպտիմալացնել և բարելավել այն, հատկապես եթե գործում ենք այնպես, ինչպես բոլոր մյուսները: Մենք կարող ենք մտածել, թե այլընտրանքային տարբերակներ չկան, սակայն այն մարդիկ, որոնք իսկապես փնտրում են, ի վերջո գտնում են նոր գործիքներ և լուծումներ, որոնք շրջադարձորեն փոխում են իրենց ապրելակերպը և ձևավորում նոր սովորություններ:

Երբ ես տեղափոխվեցի գյուղ և վրա հասավ առաջին ձմեռը, իմ հին տունն ընդհանրապես պատրաստ չէր ցրտին: Քանի որ գյուղում գազամատակարարում չկա, բոլորն առաջին հերթին հույսը դնում են փայտի վառարանների վրա: Ձմռանը նախորդող ամիսներին նրանք անասելի շատ ժամանակ են ծախսում սովորական ձեռքի կացիններով վառելափայտը կոտրելու համար: Թեև դա հիանալի ֆիզիկական մարզում է (եթե հենց մարզվել եք ուզում), սակայն նաև երկար ժամանակ է պահանջում: Այնուամենայնիվ, ջերմության այլընտրանքային աղբյուրի բացակայությունը մարդկանց ուրիշ տարբերակ չի թողնում, եթե ոչ այս ծանր ֆիզիկական աշխատանքը կատարելը: Սակայն ես չցանկացա այդքան ջանք ներդնել մի տոննա փայտ կոտրելու համար, ուստի, ինչպես միշտ, այս նոր իրավիճակին բախվելիս էլ ուսումնասիրեցի, թե սովորական կացնից զատ՝ ինչ գործիքներ կան փայտն ավելի հեշտ և արագ կոտրելու համար: Պարզվեց՝ դա սեպաձև կացինն է, որը մի քանի անգամ ավելի ծանր է, քան սովորական կացինը, իսկ սայրը ավելի մեծ բացվածք ունի: Դրա շնորհիվ այն մեկ հարվածով ճեղքում է կոճղը՝ զգալիորեն կրճատելով աշխատանքի ժամանակն ու ծախսվող ֆիզիկական էներգիան:

Բայց ի զարմանս ինձ՝ Հայաստանում ոչ մի տեղ, անգամ Երևանի մեգամոլերում չկարողացա գտնել այդ կատարյալ գործիքը: Ես ստիպված էի պատվիրել այն արտասահմանից, և թեպետ ծախսը մեծ էր լինելու, սակայն դա արդարացված էր՝ համեմատած այն ծանր աշխատանքի հետ, որ ստիպված էի կատարել սովորական կացնով: Արդյունքից տպավորված էին նույնիսկ իմ հարևանները, որոնք ամբողջ կյանքում փայտ են կոտրել ձմռանը տաքանալու համար: Նրանք զարմացած էին, թե որքան արագ ու հեշտ էին ճեղքվում անգամ մեծ ու ամուր գերանները: Շատ չանցած՝ գյուղացիները սկսեցին հետաքրքրվել, թե որքան եմ ծախսել սեպաձև կացին ձեռք բերելու համար և որտեղից եմ այն գնել:

Ինչպե՞ս ես՝ գյուղական կյանքին բոլորովին անծանոթ օտարերկրացիս, նպաստեցի այն մարդկանց գործի բարելավմանը, որոնք տասնամյակներ շարունակ ապրել էին այդտեղ և ֆիզիկապես շատ ավելի ուժեղ էին ու հմուտ: Ես ընդամենը խնդրին նայեցի ձեռներեցի հայացքով՝ դրսևորելով այն նույն մոտեցումը, որն արտահայտվում է ցանկացած նոր փորձարկվող բիզնես նախագծի կամ հոբբիի դեպքում: Ես բյուրոկրատի պես չմտածեցի, թե չկան այլ ճանապարհներ, քան նրանք, որոնք ինձ ցույց էին տվել: Փոխարենը փորձեցի գտնել խնդիրը լուծելու ամենաարդյունավետ տարբերակը՝ հաշվի առնելով ողջ հասանելի ինֆորմացիան և ռեսուրսները, որոնց կարող էի ապավինել: Նույնիսկ այն խնդիրների դեպքում, որոնց լուծման ուղեցույցներ չեմ գտնում համացանցում, ես չեմ դադարում մտորել ելքեր գտնելու շուրջ:

Ի՞նչ եք կարծում՝ ինչո՞ւ են իմ հարևանները (և թերևս Հայաստանի բոլոր այն գյուղերի բնակչությունը, որտեղ չկա գազամատակարարում) համարել, թե ցախ կոտրելու ամենալավ գործիքը սովորական կացինն է, և ոչ թե սեպաձևը: Հավանաբար նորից ու նորից այդ նույն մշակութային ազդեցության պատճառով: Նրանք ծնվել են այնպիսի միջավայրում, որտեղ բոլորն օգտագործում են սովորական կացին, հետևաբար կրկնօրինակում են այն, ինչ տեսնում են: Երիտասարդ ժամանակ նրանց հայրերը սովորեցնում են, թե ինչպես օգտագործել կացինը, և նրանք կիրառում են այդ տեխնիկան մինչև մահ՝ փոխանցելով նույն ավանդույթը իրենց որդիներին: Քանի որ ես երբևէ ծանոթ չեմ եղել փայտը կոտրելու ընդունված ձևերին, ես չունեի պատրաստի պատասխան այս նոր հարցին, որին հանկարծ բախվել էի: Եվ որովհետև խառնվածքով այնպիսին եմ, որ արագ հոգնում եմ լարված ու կրկնվող աշխատանքից, ես միշտ ձգտում եմ այնպիսի լուծումներ գտնել, որոնք չեն պահանջի ավելի շատ ջանք ներդնել, քան ի վիճակի եմ:

Ձեռներեցությունը հիմնովին կատարելագործելու այսպիսի պարզ հնարավորություններն ամենուր են, երբ մենք սովորում ենք փնտրել դրանք: Կյանքը չպետք է սահմանափակվի նույն խնդիրներն անընդհատ նույն կերպ լուծելով: Մենք կարող ենք համակարգեր ստեղծել, որոնք նվազագույնի են հասցնում այն ակտիվ ներդրումները, որ անհրաժեշտ են յուրաքանչյուր օրը լիարժեք ապրելու և հաջորդին հասնելու համար: Հենց այդպես ենք մեր տեսադաշտում տեղ ազատում, որպեսզի բարվոք ապագան ավելի տեսանելի լինի, և իմանանք, թե ինչպես կարելի է արդարացված երկարաժամկետ ներդրումներ կատարել գիտելիքների, հմտությունների և գործիքակազմ մշակելու ճանապարհով, որը եկամուտ է բերելու մի քանի տարի անց:

Եթե որևէ մեկի համար արդյունքը դառնում է նպատակ, նա սկսում է փոխել մտածելակերպը՝ օպտիմալացնելով գործընթացներն ու տեսնելով առաջնահերթությունները: Այդ առաջնահերթությունները սահմանվում են ըստ խնդրի կատարման արագության, որոշվում են քիչ դրամական ծախսերով, որակի կամ հմտության բարձր աստիճանով, ժամկետի ճկունությամբ և հազարավոր այլ գործոններով: Բայց եթե մարդը սկսում է մի գործընթաց՝ առանց մտածելու, թե ինչպիսի արդյունք կարող է լինել կամ առանց դիտարկելու հնարավոր այլ ռազմավարությունները (անգամ դեռ երբևէ չկիրառված), ապա հենց սկզբից կկաշկանդի իր ձեռնարկատիրական գործունեության արդյունավետ զարգացումը:

Նկատի ունեցեք, սակայն, որ այս սկզբունքը չի գործում, երբ ներգրավված ենք մի աշխատանքում, որից ինքնին վայելք ենք զգում: Գուցե մենք հաճույք ենք զգում ավտոմեքենա նորոգելուց: Եվ եթե միայն այդ հաճույքն է լինելու արդյունքը, ապա ավելի լավ է՝ ուրիշ մասնագետի վարձենք մեր փոխարեն տվյալ աշխատանքը կատարելու: Սակայն մեքենան վերանորոգելը մեզ համար նաև ժամանցի ու հանգստի ձև է, և միայն ինքներս ենք ունակ գնահատելու այդ արդյունքի սուբյեկտիվ արժեքը: Բացի դրանից՝ կարող ենք ստանալ նաև ուրիշ ոչ նյութական արդյունքներ, օրինակ՝ ինժեներական մեր հմտությունների և գիտելիքների բարելավումը: Իսկ եթե մենք տվյալ աշխատանքը կատարում ենք մեր ընկերոջ կամ հարազատի հետ, ապա դա նաև մարդկային հարաբերություններն ամրապնդելու միջոց է: Հետևաբար նպատակներին հասնելու բոլոր ռազմավարություններն էլ արդարացված են, եթե հիմնվում են իրականության գնահատման ճշգրիտ հարացույցների վրա, և դրանց իրագործումն էլ մեզ հեշտ է տրվում:

Երբ դուք անընդհատ վախենում եք ինչոր առաջադրանք կատարելուց, ինչը խիստ անհրաժեշտ է ցանկալի արժեքը ստանալու համար, ապա խելամիտ կլինի՝ առաջին հերթին դիտարկեք բոլոր այն ուղիները, որոնցով կարող եք թեթևացնել կամ վերացնել այդ բեռը: Հնարավոր է՝ գոյություն ունի այնպիսի տեխնոլոգիա, որը չեք դիտարկել և որը կօգնի խուսափել այն գործողությունից, ինչը կատարելը դժվար է ձեզ համար: Այդպես եղավ իմ դեպքում, երբ հասկացա, որ կարող եմ ավելի կարճ ժամանակում և նվազ ջանքերով կոտրատել փայտը, եթե ընդունված գործիքից՝ սովորական կացնից, հրաժարվեմ և ընտրեմ «անսովորը»՝ սեպանման կացինը, որի աշխատանքն ավելի արդյունավետ է շնորհիվ իր կառուցվածքի: Իսկ գուցե կա ուրիշ՝ շատ ավելի լավ տարբերակ օգտագործելու ձեր՝ արդեն ունեցած հին գործիքները: Եվ շատ ավելի լավ, եթե պարզվի, որ կարելի է վարձել մեկին, որը հաճույքով կանի դա որոշակի գումարի դիմաց, իսկ դուք այդ ընթացքում կկենտրոնացնեք ձեր ուժերը ուրիշ գործի վրա, որով ավելի մեծ արժեք եք ստեղծում: Հարմարավետության ձգտումն ու հետաքրքրասիրությունը դրդում են մեզ շարունակ փնտրելու ավելի լավ ուղիներ՝ արդեն ծանոթ գործընթացներն իրականացնելու և մեծ արդյունքի հասնելու համար: Երբ ես գնեցի մի քանի սովորական տեսախցիկ՝ տանս շրջակայքը վերահսկելու համար, իմ տարեց հարևաններից մեկը՝ Հովհաննեսը, հիացած էր նոր տեխնոլոգիայով: Նա, հակառակ իր տարիքին, շարունակում էր հետաքրքրվել նորարարություններով, եթե տեսնում էր, որ դրանք իր կյանքի որակը բարելավելու ներուժ ունեն: Ես իմ բակն ու տունը հսկելու համար էի տեսախցիկներ գնել, իսկ Հովհաննեսը, դրանք տեսնելով, մտածեց նույն տեխնոլոգիան կիրառել գիշերն իր խոզերին հետևելու համար: Մինչ այդ նա ամեն գիշեր վեր էր կենում անկողնուց և գնում անասնանոց՝ համոզվելու համար, որ կենդանիները լավ են: Երբ տարիներ շարունակ ամեն գիշեր արթնանում ես քո պարտականությունը կատարելու համար, դա կյանքի մեծ բեռ է դառնում՝ խաթարելով հանգիստդ կամ նվազեցնելով ընտանիքիդ հետ անցկացնելու ժամանակը: Այն պահանջում է օրվա պլանավորում, քանի որ պետք է նախապես իմանալ տանը լինելու ժամերը այդ գործն անելու համար: Անհարմարությունը շատ ավելի զգալի է դառնում ձմռանը, երբ եղանակն անբարեհաճ է, և այդ կարճ ճանապարհին Հովհաննեսը կարող է մրսել: Անձամբ ես այսպիսի իրավիճակին երկար չեմ համակերպվի, եթե

կա նույն արդյունքին հասնելու այլ հնարավոր եղանակ:

Այն բանից հետո, երբ ես օգնեցի Հովհաննեսին գնել մի ոչ թանկ տեսախցիկ և տեղադրել այն անասնագոմում, խնդիրը, որը նրան ուղեկցել էր տարիներ շարունակ, մի ակնթարթում և առմիշտ լուծվեց, ընդ որում՝ շատ ավելի քիչ ներդրումով, քան նա մինչ այդ էր կատարում: Ժամանակակից տեխնոլոգիաների տրամադրած լավագույն հնարավորությունների շնորհիվ այժմ Հովհաննեսը կարող էր տեսախցիկը կառավարել և խոզերի ապահովությունը ստուգել իր հեռախոսի հավելվածով՝ հարմարավետ բազմոցին նստած, օրվա ցանկացած ժամին: Նա խանդավառված էր իր կյանքում արձանագրված այս դրական փոփոխությամբ, որովհետև արդեն ծեր էր և թանկ էր գնահատում ընտանիքի կողքին լինելու ժամանակը՝ անելով այն, ինչն իրեն ավելի շատ էր դուր գալիս: Լարված աշխատանքով լեցուն իր կյանքի ընթացքում որքա՜ն այլ ամենօրյա գործողություններից նա կարող էր խուսափել, եթե հնարամտություն դրսևորելու ավելի մեծ փորձ ունենար և ավելի լավ տեղյակ լիներ ժամանակակից տեխնոլոգիաների ընձեռած հնարավորություններին, որոնք առավել հարմարավետ են դարձնում մեր կյանքը:

Նկատի ունեցեք, որ բյուրոկրատական մտածելակերպի խնդիրը կանոնների և օրենքների սահմանումը չէ, այլ ձևապաշտությունը: Օրենքները կարևոր են տնտեսական կյանքը կազմակերպելու և համակարգելու համար, սակայն բյուրոկրատիան օրենքները հանուն դրա չի գործադրում, այլ իր իսկ գոյությունը պահպանելու համար՝ այնքան ժամանակ, քանի դեռ կարող է՝ անկախ նրանից, թե ինչ ազդեցություն է թողնում գործողությունների հարկադրանքը: Մյուս կողմից՝ հաջողակ ձեռներեցները հետևում են այն կանոններին, որոնք լավագույնս նպաստում են իրենց նպատակների իրագործմանը: Նրանք ընդունում են սահմանված կանոնները, եթե դրանց իրական օգտաբերությունը տեսել են սեփական փորձով, և հակառակը՝ հրաժարվում են բոլոր պայմանականություններից, երբ դրանք այլևս չեն գործում ի շահ իրենց արտադրության: Երբ կանոնները կամայական են և մարդկանց չեն օգնում հասնել իրենց նպատակներին, դրանք քաղցկեղ են դառնում հասարակության համար:

ԳԼՈՒԽ 11

ՁԵՌՆԱՐԿԱՏԻՐՈՒԹՅԱՆ ԽԱԹԱՐՈՒՄԸ. ԱՐԴՅՈՒՆԱՎԵՏՈՒԹՅԱՆ ԵՎ ՁԳՏՈՒՄՆԵՐԻ ՍՈՑԻԱԼԱԿԱՆ ԽՈՉԸՆԴՈՏՆԵՐԸ

Ժամանակակից շատ հայեր իրենց ազգային մտածողությունը համարում են դեպրեսիվ, զոհի և ձախորդի հոգեբանություն: Իրականում ես երբեք չեմ եղել մի երկրում, որտեղ այդքան շատ խելացի և գործունյա մարդիկ կան, որոնք, սակայն, համառորեն հրաժարվում են հավակնություններ սահմանելուց և իրենց գիտելիքներն ու հմտությունները նորարարության մեջ կիրառելուց: Թե՛ նպատակներ սահմանելիս, թե՛ դրանց հասնելու ռազմավարությունը մշակելիս մարդն ունի ինչոր պաթոլոգիական վախ ավանդական մոտեցումներից հրաժարվելուց, որը կարող ենք կոչել հետխորհրդային ինքնապարտվողականության սինդրոմ: Հայաստանում ցանկացած նոր ձեռնարկատիրական գաղափար իրատեսական նշանակություն է ստանում միայն ինչոր պաշտոնյայի կամ հեղինակության լռելյայն թույլտվությունից հետո: Ավագ սերունդն անգամ կարոտախտով է հիշում անցյալը, երբ իրենց կարիքները բավարարում էր կենտրոնական իշխանությունը, իսկ իրենք ընդհանուր կոլեկտիվի մի մասն էին: Խորհրդային Միության սոցիալական կառուցվածքը, եթե ուրիշ ոչինչ էլ չտար, մարդկանց ներշնչում էր խմբային պատկանելության և ապահով կյանքի զգացում:

Սակայն ձեռնարկատիրական մտածելակերպը չի հենվում նման պատրանքների վրա, որովհետև դրանք խեղաթյուրում են իրականության ճշգրիտ ընկալումը: Ձեռնարկատիրոջ համար, եթե կյանքը չի ստացվում այնպես, ինչպես ինքն է ուզում, ապա ուղղակիորեն ինքն է պատասխանատու այն բարելավելու: Եթե նրանք չունեն սոցիալական այն դիրքը, որին ձգտում են, ուրեմն պետք է ձեռք բերեն դրա համար անհրաժեշտ գիտելիքները, հմտություններն ու գործիքակազմը: Ավելին՝ նրանք պետք է իրենց ներկայացնեն այնպես, ինչպես ուրիշների աչքում են ուզում երևալ, որպեսզի ընտրեն իրենց անհատականության տվյալ կողմը զարգացնելու ուղին: Չկա որևէ բյուրոկրատական

«մանդատ», որն ինքը կապահովվի այդ ամենը:

Գուցե սա է հիմնական պատճառը, թե ինչու այնպիսի մարդիկ, ինչպիսին իմ այստեղի հարևաններն են, չեն տեսնում խնդիրներ լուծելու այլընտրանքային ակնհայտ հնարավորությունները և չեն օգտվում դրանցից՝ շուկայում շահույթ ստանալու համար: Հեղինակություն ունեցող ոչ ոք նրանց չի ասել, թե իրենք ինչ մասնագիտություններ պետք է ունենան, ուստիև ոչինչ չեն անում այդ ուղղությամբ: Անգամ եթե արդեն ունեն անհրաժեշտ գիտելիքներ, նրանք չունեն սոցիալական դիրքի զգացողություն, առանց որի չեն կարողանում պրոակտիվ լինել: Փորձառությամբ կամ ինքնակրթությամբ ինչոր բանի սեփական ուժերով հասնելու գաղափարը մարդկանց թվում է չափազանց մեծ և ռիսկային ներդրումներ պահանջող: Իրենց մշակութային և տնտեսական միջավայրի պայմաններում՝ նրանց համար կարևոր պետք է մնային գոյության պահպանման առաջնային հարցերը միայն՝ գլխին տանիք ունենալ, սեղանին՝ հաց, և վերջ. երջանիկ ընտանեկան կյանքն ապահովված է:

Քչով բավարարվելը առաքինություն է, բայց հետզհետե ավելի բարդացող և գերլարված մեր կյանքում այն կարող է ունենալ նաև բացասական կողմեր: Հավանաբար դուք երբեք էլ չեք փորձի փնտրել նոր հնարավորություններ՝ ստեղծելու և ձեռք բերելու ավելին, քան գոյության պահպանման նվազագույն շեմն է: Նման հնարավորությունները կարող են ձեզ համար անտեսանելի մնալ, անգամ եթե ինչ-որ մեկը հուշում է, որ դրանք հենց ձեր աչքի առաջ են, և ցույց է տալիս, թե ինչպես օգտվեք դրանցից: Ձեր միտքը բնավ սովոր չէ ընդունելու այլընտրանքի գոյությունը, այնպես որ, եթե անգամ իմանաք, որ այն կա և ինչ-որ ձևով գործում է, միևնույն է, էմոցիոնալ մակարդակում ինքներդ ձեզ կարգելեք գործել անծանոթ մեթոդներով: Հայերից շատերն իրենք իրենց հռչակել են որպես ցածր սոցիալական խավի մարդիկ, կարծես թե ծնվել են ինչ-որ միջնադարյան ֆեոդալական համակարգում, որտեղ վեր բարձրանալու հնարավորություն չկա: Այս մարդիկ սովորում են գոհանալ այն չնչին հնարավորություններով, որքան, իրենց կարծիքով, կյանքը կարող է ընձեռել: Իհարկե, հայերի մեծ արժանիքն է՝ շնորհակալ լինել այն ամենի համար, ինչ ունեն, սակայն խոսքն այստեղ չափավորությունից հրաժարվելու մասին չէ, այլ անգործության մեջ չապրելու: Իրականությունը չի սահմանափակվում

միայն այն հնարավորություններով, որոնք մենք ենք տեսնում:

«Հզոր» կոմունիստ առաջնորդները միշտ քարոզել են իրենց ենթականերին, որ «արևմտյան ապրելակերպը» չարիք է, որովհետև այն զարգացնում է մարդկային վատագույն հատկանիշները, ինչպիսիք են եսասիրությունն ու ագահությունը: Սակայն իրականում ավելիին ձգտելը մարդկային բնության մասն է, այլ ոչ թե անպայման ագահության դրսևորում, ինչպես փորձել են ներկայացնել նրանք, ում համար հենց նման հասարակական կարծրատիպերն են իշխանություն ապահովել: Մեզ համակող ուժեղ ցանկությունները, մեր ամբիցիաները և անգամ անբավարարվածության զգացումը դրդում են դուրս գալ կեղծ հարմարավետ կյանքի սահմաններից և փորձել նոր բաներ՝ ավելի բարձր նպատակներ հետապնդելով: Գիտակցված դժգոհությունը նորարարության մայրն է:

Իհարկե, այս մոտեցման ծայրահեղությունն էլ տխուր պաթոլոգիա է, երբ մարդը ոչնչով չի գոհանում, չի բավարարվում իր ձեռքբերումներով: Ինչոր առումով՝ սա էլ ԱՄՆ հասարակության հիվանդություններից է, որը կարող ենք անվանել ամերիկյան գերինքնահավանության համախտանիշ: Սեփական կարողությունների գերագնահատումը խնդիր է, որովհետև աշխարհի առաջարկած բոլոր հնարավորություններից չէ, որ ի վիճակի ենք օգտվել մեր կարճատև կյանքի ընթացքում, իսկ այդ կյանքը պետք է արժանապատիվ և խաղաղ ապրել: Ժամանակակից աշխարհում հնարավորությունները նույնիսկ շատ ավելի արագ են ավելանում, քան դրանց մասին հասցնում ենք տեղեկանալ: Այսպիսով՝ իմաստալից ապրելու համար մեր ձգտումները պետք է չհասնեն միանգամից ամեն բան ունենալու աստիճանի, դրանց պետք է հնարավոր լինի հասնել համապատասխան դրական փոխհատուցման դեպքում:

Ինչպես կյանքի բոլոր ոլորտներում, որտեղ պահանջվում է հմտություն, ձգտում և ջանք, պետք է ունենալ նաև դիմակայելու կարողություն, որովհետև անպայման կհայտնվեն նաև մարդիկ կամ խմբեր, որոնց «սրտով չի լինի» ձեր ձեռնարկատիրական գործունեությունը: Սա նույնպես չգիտակցված բյուրոկրատական մտածելակերպի դրսևորում է: Ուրիշի գործերին միջամտող այս մարդկանց թվում է, թե քանի որ ժամանակին իրենց կաշկանդել են, իրենք էլ պետք է մյուսներին կաշկանդեն: Անգամ օբյեկտիվ ապացույցներն այն մասին, որ գոյություն ունեն այլընտրանքային մեթոդներ, որոնք կարող են ավելի լավը լինել, քան իրենց կիրառածը, սպառնալիք է իրենց ինքնության զգացողությանը: Եթե որևէ մեկը արել է որևէ բան ինչոր ձևով, ուրեմն դա պետք է լինի միակ «օրինական» տարբերակը մյուս բոլոր մարդկանց համար: Այն, ինչ գոյություն ունի ներկայում, պիտի շարունակի այդպիսին լինել միշտ: Սա բացարձակապես հակաձեռնարկատիրական աշխարհայացք է, քանի որ ձեռներեցը միշտ ձգտում է նորարարության և կատարելագործման՝ անկախ նրանից, թե ինչ կարող է կորցնել կամ փոխել այդ ճանապարհին:

Խորհրդային Միությունում շատ մարդիկ իրենք իրենց կախման մեջ էին դնում սև շուկայից, որպեսզի ունենային այն ապրանքները, որոնք չէին կարող ձեռք բերել պետական խանութներից: Այդուհանդերձ մարդկանց քարոզել էին ատել և վախենալ այն անհատներից, որոնք կարողանում էին սակարկել և գտնելով ապրանքափոխանակության ավելի շահավետ եղանակներ՝ շահույթ էին ստանում: Ժամանակակից Հայաստանում մտավորականները հաճախ կարծում են, որ ձեռնարկատիրությունը պատշաճ զբաղմունք չէ երիտասարդների համար: Անկախ նրանից, թե ինչ արժեք են ստեղծում կամ ինչ ֆինանսական հաջողություններ ունեն նրանք, բիզնեսը պատվաբեր զբաղմունք չէր: Ձեռներեցներին հաճախ ծաղրում են և նսեմացնում: Համարվում է, որ նրանք ապահովում են սեփական բարեկեցությունը՝ օգտագործելով իրենց խելքը կարիքավոր մարդկանց հաշվին՝ նենգ ճանապարհներով օգուտ քաղելու համար:

Դարեր շարունակ ապրելով որպես ազգային փոքրամասնություն տարբեր կայսրություններում՝ հայերը, միևնույն է, ամբողջ աշխարհում ունեցել են տաղանդավոր առևտրականների և ձեռներեցների համբավ: Սակայն սովետական կյանքի դառը փորձը կարծես թե ջնջել է նրանց հավաքական հիշողությունն այդ մասին, մոռացվել է նաև, որ Հայաստանը կարևոր առևտրային հանգույց էր Մետաքսի ճանապարհին:

Բացի դրանից՝ կան նաև բարի մտադրություններով մարդիկ աշխարհի տնտեսապես ավելի զարգացած երկրներից, որոնք բարեգործական ծրագրերով ակամա փակում են ձեռնարկատիրության դռները հենց այն մարդկանց առաջ, որոնք դրամի կարիք են զգում: Նրանք կասեցնում են մարդկանց՝ սեփական կյանքի կառավարողը դառնալու բնական գործընթացը փորձելու և սխալվելու ճանապարհով: Բարերարներն այնպես են խոսում սոցիալապես անապահով խավի մասին, կարծես նրանք անօգնական արարածներ են, որոնք կարող են իրենց գոյությունը պահպանել միայն խնամատարի թևի տակ, որն ընտրություն է կատարում նրա անունից, որովհետև նա չունի ինտելեկտուալ ունակություն՝ այդ ընտրությունն ինքնուրույն կատարելու: Այս մոտեցումը արդարացված է, երբ կիրառվում է փոքրիկ երեխայի նկատմամբ, սակայն մի փոքր նվաստացուցիչ է, երբ գործադրվում է չափահաս մարդու դեպքում, որն ուզում է ինքնուրույն կառավարել իր կյանքը:

Անգամ եթե պատկերացնենք, թե մարդկության մեծամասնությունը հանկարծ երեխաների նման չկարողանա ղեկավարել իր կյանքն առանց բարեսիրտ հոգաբարձուի, ակնհայտ է, որ վերջինիս նպատակը պիտի լինի սովորեցնել այդ «երեխաներին» դիմանալ կյանքի փորձություններին և հոգալ սեփական կարիքների մասին: Նպատակը պիտի լինի բացառել ապագայում նրանց խնամելու կարիքը և ոչ թե հավերժացնել այն:

Ինչ կարգավիճակում էլ լինի անհատը, նրան զրկել սեփական ընտրությունը կատարելու և դրա հետևանքները կրելու հնարավորությունից՝ նշանակում է կտրել նրա թևերը, երբ դրանք դեռ երբևէ չի օգտագործել: Երբ մարդկանց վերաբերվում ենք որպես նորածնի, որը չի կարող ողջ մնալ առանց կողմնակի խնամքի, ապա նրանք հենց այդ հոգեբանությամբ էլ ապրելու մշակույթ են ձևավորում և գործում են ըստ այդմ: Անհատի, ընտանիքի, գյուղի, քաղաքի, երկրի կամ մոլորակի համար զարգացման ուրիշ ավելի կայուն ճանապարհ չկա, քան ձեռնարկատիրական ինքնուրույնությունն է: Մյուս բոլոր փորձերը լավագույն դեպքում ժամանակավոր միջոցներ են ճգնաժամից խուսափելու համար: Վատագույն դեպքում՝ դրանք ընդլայնում և սրում են հենց նույն խնդիրները, որոնք պետք է լուծում ստանային:

Որքա՞ն է իրատեսական ակնկալել, թե մարդիկ հանկարծ կսկսեն գործել որպես ձեռներեցներ, եթե մի ամբողջ կյանք ապրել են՝ չիմանալով ինչպես համակարգել իրենց ջանքերը հարստություն ստեղծելու համար: Ի՞նչ կասեք նրանց մասին, ովքեր ամբողջ կյանքում խրված են եղել գրասենյակային աշխատանքում՝ կարիերայի զարգացման սպասումով: Եթե բոլորը կարողանային ձեռներեց լինել, արդյո՞ք արդեն իսկ չէին լինի՝ ընթանալով իրենց կամեցած ճանապարհով:

Խորհրդային իշխանության օրոք կարելի էր Գուլագում հայտնվել, եթե համարձակվեիք ինքնուրույն փորձել ձեր ուժերը սպառողական ապրանքների շուկայում: Իսկ ժամանակակից աշխարհում հնարավոր է՝ ձեր բիզնեսը գրանցելու համար վճարեք ավելի շատ գումար, քան հաջողվել էր խնայել, իսկ գործը սկսելուց հետո՝ շարունակ նաև բարձր տուրքեր վճարել գործունեության օրինականության ապահովման համար: Կամ էլ՝ երբ ձեզ հաջողվի չնչին եկամուտ ստանալ և ձևավորել մի սահմանափակ բյուջե, կառավարությունը օրըստօրե ավելի մեծ եկամտահարկ պահանջի՝ պնդելով, որ դա բխում է երկրի շահերից: Հնարավոր է՝ ստիպված լինեք համակերպվելու անհամար ստուգումներին ու լիցենզավորման գործընթացներին: Իսկ գուցե իշխանությունը, իբրև թե ձեզ իսկ պաշտպանելու և պետական բյուջեն համալրելու համար, պահանջի հազարավոր դոլարների հասնող ապահովագրություն՝ գումար, որ անհասանելի է ձեր նորաստեղծ ՍՊԸ-ին: Նույնիսկ եթե այս բոլոր ծախսերը չզրոյացնեն ձեր բանկային հաշիվը, միևնույն է, այն բացահայտ անհարմարությունը, որ զգալու եք այս բոլոր օղակներով անցնելիս, ամիսներով բյուրոկրատական քաշքշուկի մեջ լինելով, կարող է չեզոքացնել ձեռներեցությամբ զբաղվելու մոտիվացիան:

Այսպիսի քայքայիչ քաղաքականություն իրականացնողները կպնդեն, թե իրենք կարևոր դեր են կատարում՝ պաշտպանելով այն մարդկանց, որոնք բավականաչափ ուժեղ կամ հմուտ չեն ձեռներեցությամբ հաջողության հասնելու համար: «Չի կարելի խաղուպարով բիզնես հիմնել»,ասում են նրանք: Ե՞րբ են ծագել այս հակաառաջադիմական և հակամարդկային գաղափարները մեր մշակույթում: Արդյոք մեր նպատակը չպե՞տք է լինի հնարավորինս նպաստել մարդկանց ինքնուրույնությանը՝ շահագրգռելով նոր արժեքներ ներդնել տնտեսության մեջ իրենց ունակության սահմաններում: Զրկելով մարդկանց այդ հնարավորությունից՝ մենք դատապարտում ենք նրանց միշտ կախված լինելու նպաստներից կամ աշխատելու ուրիշ՝ ավելի ուժեղ մարդկանց ձեռքի տակ, միայն իրենց գոյությունը պահպանելու համար:

Այսպիսով՝ սովորական մարդիկ նախ պետք է ընդունեն, որ իսկական ձեռներեց դառնալու ոչ մի պետական ծրագիր չկա, և ձեռներեցության մասին ավանդական ընկալումները միայն հետ են պահում պատրաստված և որակավորված մարդկանց սեփական գործը նախաձեռնելուց: Արդյո՞ք ձեռներեց լինել միշտ նշանակում է մեծ բիզնես վարել բազմաթիվ աշխատակիցներով: Իսկ հատկապես ինչո՞ւ: Ինչ-պե՞ս կարող է բիզնեսի ծավալը կամ աշխատակիցների քանակը պայմանավորել արժեքների առանցքային փոփոխությունը ձեր և ուրիշների կյանքում: Ցանկացած մեկ հատիկ ապրանք կամ մեկ ծառայություն, որ մտնում է շուկա և ունի պահանջարկ, ստեղծում է հնարավորություններ ուրիշների համար նույնպես՝ կիրառելու իրենց գիտելիքները, հմտությունները և գործիքները որևէ արդյունավետ աշխատանքում:

Եթե ձեր բիզնեսը պահանջում է նյութական ապրանքներ առաքել հաճախորդներին, նշանակում է, որ դուք կա՛մ պետք է վարձեք մի մարդու, որն ուղղակիորեն կկատարի այդ գործառույթը, կա՛մ պիտի այդ գործը պատվիրակեք առաքման ծառայություններ մատուցող ուրիշ ընկերության: Դուք կընտրեք այն տարբերակը, որը առավել արդյունավետ կհամարեք տվյալ իրավիճակում: Բայց վաճառված ապրանքների առաքումը ոչ մի ազդեցություն չունի պահանջարկի վրա, իսկ մեկ ուրիշն էլ առաքում իրականացնելով է գումար աշխատում՝ չվնասելով ձեր բիզնեսին: Պարզապես վաճառելով առաքման ենթակա ապրանքներ՝ դուք արդեն աշխատատեղեր եք ստեղծում առաքիչների, տրանսպորտային ընկերությունների և նրանց աշխատակիցների, ավտոմեխանիկների, տուփեր արտադրողների, դրանք փաթեթավորողների և ուրիշ շատերի համար: Եվ էական չէ՝ նրանք ձե՞ր կազմակերպության աշխատակիցներն են, թե՞ մեկ այլ կազմակերպության ներկայացուցիչներ: Միևնույն է, հասարակության համար ապրանքը՝ որպես բարիք, ստեղծվում է և մնում անփոփոխ:

Հակաձեռնարկատիրական տրամադրությունները որպես կանոն գալիս են նաև այն մարդկանցից, որոնք ցանկանում են ստատուս քվո պահպանել, որովհետև այդ վիճակում են գտել իրենց հարստությունն ու հարմարավետությունը: Լիցենզավորված տաքսու վարորդները պայքարում են այն անհատների դեմ, որոնք մարդկանց փոխադրման ծառայություն են առաջարկում հեռախոսային հավելվածների միջոցով: Գրանցված վարորդները անարդար են համարում, որ իրենք ստիպված են եղել այդքան շատ գումար ծախսել, հարկեր վճարել պետությանը՝ օրինականացնելու իրենց գործունեությունը, իսկ այս մյուսները նույն աշխատանքը կատարում են առանց հարկերը վճարելու՝ խլելով իրենց պոտենցիալ հաճախորդներին: Մարդիկ, որոնք ամբողջ կյանքում գործել են ըստ ընդունված կարգի, հաճախ սպառնալիք են զգում նրանցից, ովքեր նույն բանն անելու ավելի շահավետ ճանապարհ են գտնում: Եվ իրոք, որոշ երկրներում անձամբ եմ ականատես եղել կատաղի վեճերի, երբ լիցենզավորված տաքսու վարորդներ խմբով հարձակվել են մասնավոր վարորդների վրա, որոնք «խլել» են իրենց վճարունակ հաճախորդներին: Ի՞նչ եք կարծում՝ ո՞վ է այստեղ իրական սպառնալիք հասարակության համար:

Երբ բոլոր մշակութային պայմանականություններից հրաժարվում ենք՝ ձեռնարկատիրական մտածողությունը դրսևորվում է որպես պարզ, բնական ընտրություն: Այսպես, օրինակ, երեխաները բնազդորեն ընտրում են ռիսկային խաղերը, որովհետև սխալվելու համար պատիժ չնախատեսող վարքը հաճախ նաև պարգև չի նախատեսում հաջողության համար, և մենք արագ ձանձրանում ենք առանց արկածների այդ վարքից: Երբ մանուկ հասակում կամովին ռիսկի ենք դիմում մի բան ձեռնարկելու համար և դրա հետևանքով ցավ ենք կրում, ապա հասուն տարիքում մենք այդ փորձառության շնորհիվ կարողանում ենք հաշվարկել և կառավարել մեր ռիսկերը, այլ ոչ թե խուսափում ենք համարձակ քայլերից:

Ի՞նչ կպատահի երեխաներին, եթե նրանց զրկեն սխալվելու և դրանցից դասեր քաղելու հնարավորությունից: Նրանք երբեք ձեռք չեն բերի այն հատկանիշները, որոնք թույլ են տալիս հասնել պատասխանատվության ավելի բարձր մակարդակի և ինքնավերահսկողության: Նրանք հազիվ թե դառնան ինքնուրույն երիտասարդներ:

Սակայն ձեռներեցությունը միայն երիտասարդների զբաղմունքը չէ: Հասուն տարիքում էլ ունենալով կուտակած որոշակի գիտելիքներ, հմտություններ, հետաքրքրություններ, ինչպես նաև նյութական կապիտալ՝ կարելի է ավելի շահավետ դիրքում լինել, քան երիտասարդները, որոնք դեռ պետք է երկար տարիներ կյանքի փորձառություն կուտակեն, մինչև լուծումներ գտնեն իրենց արժեքը արտադրելու համար: Ավելի փորձառու լինելով՝ հեշտ ենք որոշում, թե որն է այս կամ այն գործը սկսելու լավագույն տարբերակը, որովհետև մեզ հայտնի են բազմաթիվ ակտիվներ, որոնցով պետք է աշխատել, ինչպես նաև պարտավորություններ, որոնք պետք է շրջանցել: Ձեռնարկատիրությունը համընդգրկուն հայացք է կյանքին, որը ընդլայնվում է տարիքին զուգահեռ:

Որքան երկար եք ապրել, այնքան ավելի լավ պիտի իմանաք, թե ինչի եք ունակ և ինչն է ձեզ երջանկացնում: Ավելի լավ պիտի իմանաք՝ ինչպես է աշխարհը գործում, և ովքեր կարող են լինել ձեր պոտենցիալ գնորդները: Ավելի շատ կապիտալ, գործիքներ, ռեսուրսներ և կապեր պետք է ունենաք՝ ստեղծարարության ձեր ջանքերն արդյունավետ դարձնելու համար:

Մյուս կողմից՝ երիտասարդ ձեռներեցը դեռ իր կյանքի արագ բացահայտումների և ինքնաբացահայտման շրջանն է ապրում: Նրա առավելությունը պայքարելու համառությունն է և հնարավոր կորուստների արագ հաղթահարումը: Մինչդեռ ավելի հասուն մարդը կարող է ընտելանալ հարմարավետության և հարաբերական հաջողության որոշակի մակարդակին: Նրանց պարտությունն արդեն ցավալի կլինի, ուստի նպատակահարմար չէ պայքարը շարունակել՝ ենթարկվելով ամբողջ կյանքում կառուցածը կորցնելու վտանգին:

Այդ պատճառով է, որ մարդիկ այսքան կարևորում են տարեց հասակում ապահով թոշակի անցնելը: Սակայն ես կարծում եմ՝ ապրել նշանակում է հարստություն ստեղծել, իսկ հարստություն ստեղծել նշանակում է քաղել դրա պտուղները կյանքի ցանկացած փուլում: Քանի դեռ կարող եք մտածել և գործել կարողության ձեր սահմաններում, դուք կարող եք արդյունավետ գործել: Դուք կարող եք ինչոր արժեքավոր բան անել ձեզ և շրջապատի համար, որը հենց կյանքի ամենամեծ իմաստն է: Քանի դեռ կարողանում եք անել որևէ արժեքավոր բան, դուք միշտ տեղ կունենաք հասարակության մեջ՝ դրանով իսկ միշտ ունենալով նաև հնարավորություն՝ ձեռք բերելու այն, ինչ չեք կարող ստեղծել ինքներդ:

Հնարավոր չէ խուսափել նրանից, որ մեր մարմնական ու մտավոր ունակությունները տարիքի հետ չտկարանան: Բայց կարելի է նաև երկար տարիներ կատարելագործել դրանք որևէ հատուկ ուղղվածությամբ՝ հնարավորություն ստանալով ժամանակի ընթացքում ավելի ու ավելի հմտորեն կատարելու մեր գործը և կենտրոնացնելու մեր բոլոր գիտելիքներն ու փորձը նոր ու փոխլրացնող ուղիների մշակման մեջ:

Որքան ավելի եք մեծանում, այնքան ավելի արհեստավարժ եք դառնում ձեր գործում, և կարիք չունեք սպասելու հասարակության կամ գործատուի թույլտվությանը, որպեսզի շարունակեք սեփական գործունեությունը 65 տարեկանից հետո: Ի վերջո, ժամանակակից աշխարհի զարգացած տնտեսության հրաշալի կողմերից մեկն էլ այն է, որ կարող ենք այնքան խորությամբ զարգացնել մեր բնատուր ուժեղ կողմերը, որ դրանք ամբողջությամբ չեզոքացնեն թույլ կողմերի վնասը: Անգամ հենաշարժողական սահմանափակումներ ունեցող մարդիկ մեր ժամանակներում կարող են ստեղծել մեծ արժեքներ միայն իրենց մտավոր կարողության ներդրմամբ:

Նույնիսկ սա չընդունելով՝ դուք կարող եք այդուհանդերձ շարունակել գումար վաստակել մինչև կյանքի վերջ: Ընդամենը պիտի բավականաչափ ճկուն լինեք, որպեսզի տարիքին զուգահեռ համապատասխանեցնեք վաստակելու ձեր հնարավորությունները ձեր կարողություններին և կյանքի այլ գործոններին: Եթե ընկնեք այս գրքում շարունակ հիշատակվող կարծրատիպերի թակարդը (իբր գումար վաստակելու միակ ճանապարհը միևնույն գործողությունների անփոփոխ կրկնությունն է), դուք կարող եք ենթարկվել ամեն ինչ կորցնելու վտանգին, երբ ֆիզիկապես ի վիճակի չլինեք կատարելու այն միակ գործողությունը, որը սովորել եք ամբողջ կյանքի ընթացքում:

ՄԱՍ IV

ՁԵՌՆԱՐԿԱՏԻՐԱԿԱՆ ՓՈԽԳՈՐԾԱԿՑՈՒԹՅԱՆ ԲՆԱԿԱՆ ՕՐԵՆՔՆԵՐՆ ՈՒ ՀԱՏԿԱՆԻՇՆԵՐԸ

Դժվար չէ հասկանալ, թե ինչու է Հայաստանում ավագ սերունդը մինչև հիմա էլ կարոտախտ զգում խորհրդային ժամանակների նկատմամբ: Թեև խորհրդային տնտեսությունը պլանավորողները օբյեկտիվորեն թույլ կարողություններ ունեին քաղաքացիների կենսական կարիքները որակյալ և արդյունավետ կերպով բավարարելու համար, այնուամենայնիվ բնակչության զգալի մասն ուրախ էր, որ այդ ընտրությունը կատարվում էր իրենց փոխարեն՝ իշխող պետական մարմնի կողմից: Այն ազատում էր ընտրություն կատարելու սթրեսից, ներառյալ՝ նպատակներ սահմանելու և դրանց հասնելու համար օպտիմալ ռազմավարություններ մշակելու սթրեսը: Եվ երբ մարդիկ իրենց ողջ կյանքում խուսափում են ամենավճռորոշ պահերին իրենց ընտրությունը կատարելուց, նրանց ստեղծարար ունակությունները հետզհետե վերանում են:

1990-ականներին անցումը պլանայինից դեպի ազատ տնտեսություն նորանկախ երկրներում սահուն չի եղել: Երբ Խորհրդային Միությունը փլուզվեց, խաղի կանոններն արագ փոխվեցին: Նրանք, ովքեր դեռ ծանոթ չէին նոր կանոններին, դժվարությամբ էին հարմարվում այն աշխարհին, որտեղ արդեն իրենք պիտի պատասխանատվություն ստանձնեին հարստության ստեղծման ու կառավարման գործում: Սրընթաց փոփոխությունը միշտ սթրեսի է ենթարկում արմատացած համակարգերը:

Այսօր Երևանում ապրող երիտասարդներն ավելի լավ են հասկանում՝ ինչ է ձեռներեցությունը և ինչպես է այն աշխատում, քան իրենց ծնողներն ու պապերը: Արդյունքում նրանք ունեն իրենց շրջապատող աշխարհի հետ լավագույնս առնչվելու՝ շրջադարձորեն փոփոխված մոդել: Նրանք ապրում են սերունդների և մշակույթների անցումային փուլում: Մի կողմից՝ այս երիտասարդներին դաստիարակել է այն սերունդը, որն ապրել է ծայրահեղ փակ տնտեսական համակարգում, խիստ օրենքների և այլընտրանքի բացակայության պայմաններում: Բայց ներկայիս սերունդը նաև տեսել է ճիշտ հակառակը՝ ազատ տնտեսության մշակույթը, որը երկիր է ներթափանցել արտերկրից:

Հայաստանն այս շրջանում ձգտել է հայրենիք հրավիրել

սփյուռքի իր սերունդներին, որոնք լքել էին երկիրը վերջին 100 տարում՝ սկսած 1915-ին Օսմանյան կայսրության իրականացրած ցեղասպանությունից մինչև Խորհրդային Միության փլուզումը: Պետությունը ցանկանում էր, որ այս մարդիկ հայրենադարձվեն՝ իրենց հետ բերելով աշխարհի ազդեցությունն ու իդեալները: Ի դեպ, միայն Առաջին համաշխարհային պատերազմի ժամանակ Կալիֆոռնիայում ապաստանած իմ հայ տատիկի շնորհիվ է, որ ես ի սկզբանե որոշել էի ուսումնասիրել Հայաստանի պատմությունը, այցելել այստեղ, գերդաստանիս պատմական հայրենիքում քաղաքացիություն ստանալ և ի վերջո հաստատվել այստեղ աշխարհով մեկ կատարած ճամփորդություններից հետո:

Այստեղ ապրող յուրաքանչյուր մարդ, անկախ նրանից, թե որտեղից է սերում, պետք է սովորի տնտեսական կյանքի կանոնները, որ դառնա իր ճակատագրի տերը: Ոչ ոք չի կարող ցանկալի արդյունք ստանալ կյանքի որևէ ոլորտում և հատկապես ձեռներեցության մեջ, եթե նախապես իր քայլերը չհամապատասխանեցնի այդ ոլորտի բնական օրենքներին: Աշխարհում ոչինչ չի գործում բնական օրինաչափություններից և սկզբունքներից դուրս, անգամ եթե ոչ ոք չգիտի, թե որոնք են դրանք: Այդուհանդերձ կարծես թե շատերը մարդկային փոխհարաբերություններին ու փոխազդեցությանը նշանակություն չեն տալիս, թեպետ պետք է որ դա հասկանային այն նույն փորձառության շնորհիվ, որով բացահայտում են բնության մյուս օրենքները: Նրանք չեն կարողանում պարզ տեսնել, որ իրերի փոխներգործության օրինաչափությունները նույնն են ինչպես բնության մեջ, այնպես էլ մարդկային հասարակություններում: Միգուցե ինչոր ենթագիտակցական արգելք մեզ թույլ չի տալիս ընդունել, որ կան բացարձակ կանոններ, որոնցով հիանալիորեն օրինաչափ են դառնում քաղաքակրթական բոլոր պրոցեսները:

Մարդիկ հաճախ ակնկալում են, որ տնտեսագիտական օրինաչափությունները գործեն այնպես, ինչպես իրենց կարծիքով է ճիշտ, այլ ոչ թե այնպես, ինչպես որ դրանք փաստացի գործում են: Բայց չէ՞ որ եթե, օրինակ, ձեր համակարգիչը խափանվի, անմտություն կլինի նստել ու սպասել, որ այն նորից կաշխատի, միայն որովհետև անսարքությունը ձեզ համար տհաճ է և անհարմար։ Համակարգիչը, իհարկե, ինքնիրեն չի նորոգվի, սակայն թվային տեխնոլոգիաներից նույնիսկ տարրական գիտելիքներ ունենալու դեպքում հավանական է, որ դուք կարողանաք շտկել խափանումը։ Հենց նույն սկզբունքն էլ գործում է ձեռներեցության մեջ։

Քանի որ շատ քչերն են տիրապետում բազային տնտեսագիտական օրենքներին, ուստի դրանք սովորելը կարող է ձեզ իսկապես հզոր մրցակցային առավելություն տալ մյուսների նկատմամբ։ Դուք կարող եք զարմանալ՝ բացահայտելով, թե ինչերի կարող եք հասնել անգամ ամենապարզ հմտություններով և գործիքներով, եթե գիտելիքներ ձեռք բերեք շուկայական մեխանիզմների և փոխշահավետ առքուվաճառքի մասին։ Դժվար է ասել, թե որքան ավելի մեծ հաջողության կհասնեք ձեր սկսած գործում (կամ նախկինում անհնարին թվացող գործերում), երբ սկսեք վերլուծել դրանց անխախտ օրենքները։

Ձեռներեցության հիմնարար սկզբունքները միշտ անփոփոխ են գործում, երբ մարդիկ ընտրության հնարավորություն են ունենում։ Եվ ինչպես ֆիզիկայի օրենքների իմացությունն է բացառում, որ ֆիզիկոսը սխալ թույլ տա իր աշխատանքում, այնպես էլ տնտեսագիտության սկզբունքներն են օգնում ճիշտ կազմակերպել ձեռնարկատիրական գործունեությունը։ Չնայած երբեմն այդ սկզբունքները տեսական են հնչում, միևնույն է, վախենալու ոչ մի պատճառ չկա։ Դուք պետք է միայն սովորեք կիրառել դրանք ձեր անձնական կարողություններին համապատասխան։

Տնտեսագիտությունը միայն գիտնականների համար չէ. այն կարևորագույն գիտելիքների համակարգ է, որն ուսուցանում է, թե ինչպես մենք՝ որպես անհատներ, կարող ենք միաբանվել մեր անհատական նպատակներին հասնելու և յուրաքանչյուրիս կյանքն ավելի լավը դարձնելու համար՝ մի բան, ինչը հնարավոր չէ անել կատարելապես միայնակ։ Դա այն հնարավորությունների գնահատումն է, որոնք հետևանք են կազմակերպված մարդկային համագործակցության, և հարգանքն է մարդկային հոգեբանության, ֆիզիկական կարողությունների և անձնական սահմանների անխախտելիության նկատմամբ: Մարդկային հասարակության ողջ առաջընթացը կարելի է նկարագրել տնտեսագիտական իրողություններով, որոնք բացահայտում են այն բոլոր սոցիալական երևույթների թաքնված մեխանիզմը, որոնք շատ մարդիկ մինչև հիմա անբացատրելի են համարում: Այստեղ գործում է օբյեկտիվ սոցիոլոգիան, և պետք է ճանաչել այդ գիտության օրենքները՝ դրանք քեզ ծառայեցնելու համար:

Սկզբունքների իմացությունը միտքը դարձնում է պարզ: Հիմնարար սկզբունքների հետ աշխատելով՝ դուք կարողանում եք ինքնուրույն գտնել բարդ խնդիրների լուծումները, որովհետև յուրաքանչյուր բարդ երևույթ կազմված է պարզ օրենքներից, որոնք դուք արդեն գիտեք: Սրան հակառակ՝ շատերը բազմաշերտ մեկ խնդիրը դիտարկում են որպես առանձին պրոբլեմների շղթա և չեն տեսնում դրանց պատճառահետևանքային կապը: Հնարավոր է՝ դուք արդեն ունեք համապատասխան փորձ և գիտելիքներ՝ առաջացող նոր խնդիրները լուծելու համար: Բայց մտքում չունենալով բազային սկզբունքների համակարգ՝ ոչ ոք չի կարող տեսնել տարբեր իրավիճակների աներևույթ կապերը:

Մեկ բիզնեսը կամ ամբողջ երկրի տնտեսությունը ձեր ազդեցությունից և հասկացողությունից դուրս հսկայական համակարգ համարելու փոխարեն՝ հնարավորություններ փնտրեք, որպեսզի կարողանաք ինտեգրվել և գիտակցված մասնակցել ապրանքափոխանակության հոսքին՝ համաձայն այն օրենքների, որոնք գործում են օբյեկտիվորեն: Ամենօրյա ոչ դրամական փոխանակություններիդեպքումէլայդօրենքներըգործումենայնպես, ինչպես դրամական հսկայական շարժերի ժամանակ՝ «ներդրող-վաճառող-գնորդ» շղթայով: Հասկանալ տնտեսագիտության օրենքները նշանակում է հասկանալ հասարակության էությունը:

Արևմուտքի քաղաքացու համար ներկայիս Հայաստանում ապրելը շատ առումներով նման է իսկական ուղևորության դեպի անցյալ: Քանի որ անարդյունավետությունն այնքան շատ է, նաև շատ են այդ բացը լրացնելու հնարավորությունները: Այդ խնդիրներից շատերի լուծումներն արդեն գտնված են, և դուք կորցնելու բան չունեք, եթե փորձեք այլլուծումներ գտնել եղածները կրկնելու փոխարեն։ Բայց այն, ինչ պակասում է, հետաքրքրասիրությունն է ձեռներեցության նկատմամբ, որն անհրաժեշտ է հասկանալու համար՝ արդյոք կա՞ ինչոր բան անելու ավելի լավ տարբերակ, քան այն, որն անընդհատ կրկնվում է։ Ձեռնարկատիրական մտածելակերպի զարգացմանը զուգահեռ հեշտանում է հաշվարկելու հնարավորությունը, թե մարդկանց կյանքում որքան խնդիրներ կարելի է լուծել։ Որտեղ կա խնդիր, այնտեղ կա նաև հնարավորություն։

142

ԳԼՈՒԽ 12

ԱՌԱՋԱՐԿ ԵՎ ՊԱՀԱՆՋԱՐԿ. «ԿՈՆՖԼԻԿՏ» ԵՂԱԾԻ ԵՎ ՊԱՀԱՆՋՎԱԾԻ ՄԻՋԵՎ

Ցանկացած խնդիր լավ հասկանալու համար պետք է այն կարելվույն չափ պարզեցնել՝ հասնելով նրա հիմնարար բաղադրիչներին, որոնց ճանաչողությամբ հնարավոր է դասակարգել բոլոր մյուս տարրերը: Տնտեսագիտության բոլոր բաղադրիչները դիտվում են որպես երկու երևույթի և դրանց միջև եղած հարաբերությունների ածանցյալներ՝ շուկայական առաջարկ և շուկայական պահանջարկ: Բայց ինչո՞ւ է այդպես:

Սոցիալական վարքի հիմնական դրևսորումը արժեքների անհատական ընտրությունն է, որ վերաբերում է նաև ապրանքների և ծառայությունների առքուվաճառքին: Հասարակական համակարգն իրականում կառուցվում է մարդկանց՝ սեփական զգացումների և մտքերի հիման վրա կատարված ընտրություններով: Այս սկզբունքը չի կարելի անտեսել: Սա է պահանջարկի էությունը:

Առաջարկը մեր ընտրությունն իրագործելու հասանելի

ճանապարհների ներկայացումն է: Այսպիսով՝ զավեշտալի է, բայց «առաջարկ և պահանջարկ» տարածված բառակապակցությունն իրականում հակառակ շարադասությամբ պիտի լիներ՝ «պահանջարկ և առաջարկ», որովհետև միայն անհատի պահանջարկի առկայությունն է առաջարկը իմաստավոր դարձնում:

Նայեք տնտեսագիտական ժարգոնից և շուկայի միօրինակ վերլուծություններից անդին: Համաշխարհային քաղաքակրթությունը և մարդկության կայացրած բոլոր որոշումների պատկերը կարելի է համարել որպես արդյունք բոլոր դարերում ապրած միլիարդավոր անհատների վարքագծի, որոնք անում են ամեն ինչ, որ ստանան այն, ինչ ուզում են, նրանից, ինչ ունեն: Երբ հասկանում ենք, որ աշխարհում տեղի ունեցող ողջ առևտուրը պարզապես մի լայնամասշտաբ պրոցես է, որտեղ անթիվ մարդիկ որոշում են, թե ինչպես բավարարեն իրենց պահանջարկը եղած առաջարկի միջոցով, ապա կարող ենք ավելի ճիշտ որոշել՝ ինչպես ինտեգրվել այդ պրոցեսում որպես ձեռներեց:

Ինտեգրացիան անհրաժեշտ է մեր գիտելիքի միջոցով իրավիճակների կառավարման լծակներ ձեռք բերելու համար: Այդպես ոչ մի նոր իրադարձություն մեզ չի թվում անսպասելի ու խորթ մի բան, որի դեմ չունենք որևէ ռազմավարություն, հակառակը՝ նոր իրավիճակն ընկալվում է որպես վաղուց ծանոթ օրինաչափությունների սովորական վարիացիա: Սովորաբար մենք խելացի ենք համարում այն մարդուն, որը նոր իրավիճակների հիմքում կարողանում է օրինաչափություններ տեսնել, հետևաբար՝ գրեթե միշտ բովանդակալից և տեղին գնահատական է տալիս դրանց:

Մեկի պահանջարկը խաչվում է մյուսի առաջարկին, և այդ հատման կետում մենք կգտնենք կա՛մ հակամարտություն, կա՛մ համագործակցություն՝ ձգտելով ավելի շատ ունենալ այն, ինչ արժևորում ենք: Անկոտրում ձեռներեցը նա է, ով ցանկանում է գտնել այս պոտենցիալ կոնֆլիկտի խաղաղ լուծումը: Առևտրի նպատակն է համագործակցությունը դարձնել նախընտրելի ճանապարհ մեր պահանջմունքները բավարարելու համար: Սրա այլընտրանքը գողությունն է կամ բռնությամբ մի բանի տիրանալը, երբ մարդը ցանկանում է ավելին, քան աշխարհը պատրաստ է իրեն տալու:

Յուրաքանչյուր ոք, ով երբևէ գնել կամ վաճառել է որևէ բան, կարող է հեշտությամբ հասկանալ տնտեսագիտության հիմնարար սկզբունքները, ինչպիսիք են առաջարկն ու պահանջարկը: Իրականում՝ ոչ: Մոռացե՛ք դա: Դրանք հեշտությամբ կարող են հասկացվել անգամ այն դեպքում, երբ ոչ մի գումար չի փոխանցվում ձեռքից ձեռք՝ սովորական առօրյա շփումներում, որոնք տնտեսական բնույթի չեն, բայց հիմնվում են այդ նույն սկզբունքների վրա: Փաստորեն, դուք կարող եք վերլուծել գրեթե ամեն ինչ՝ ուսումնասիրելով ձեր գնելու սովորություններն ու նախընտրությունները և հարցնելով ինքներդ ձեզ, թե ինչու եք կատարում այս կամ այն ընտրությունը տարբեր հանգամանքներում:

Մեր գյուղում խոտի մեկ խուրձը արժե 1 ԱՄՆ դոլար, եթե գնում եք ամռան ամիսներին, և 3 ԱՄՆ դոլար, եթե գնում եք ձմռանը: Ո՞րն է տարբերությունը: Պատասխանը պարզ է, եթե դուք բազային գիտելիքներ ունեք կլիմայի սեզոնային փոփոխությունների և խոշոր եղջերավոր անասունների բուծման մասին: Տարվա տաք եղանակներին խոտն առատորեն աճում է վայրի բնության մեջ: Այս բնական ռեսուրսը ամռան վերջին կամ աշնան սկզբին ավելի հասանելի է, քան որևէ այլ ժամանակ: Ի դեպ, դրա նկատմամբ սպառողական պահանջարկն էլ ամենացածրն է այդ շրջանում, որովհետև անասունները տվյալ սեզոնին կարողանում են ազատորեն շրջել դաշտերում և արածել: Ոչ մի պատճառ չկա խոտը հնձելու և այն վաճառքի ենթակա ապրանքի վերածելու: Կովերն ինքնուրույն սնվում են՝ բնազդորեն հոգալով իրենց օրգանիզմի կարիքը:

Աճի այս սեզոնին խոտը կհամարվի «անվճար ապրանք»՝ չմշակված բնական ռեսուրս, որի առաջարկն այնքան է գերազանցում պահանջարկին, որ նույնիսկ դրա արժեքը հաշվարկելու կարիք չկա: Ոչ մի աշխատանք չի պահանջվում այն սպառմանը նախապատրաստելու համար: Անգամ հարևանները միմյանց հետ մրցելու պատճառ չունեն իրենց կենդանիների սնումն ապահովելու համար. դաշտերում ու լեռնալանջերին խոտն առատ է և անվճար:

ճիշտ նույն պատճառով է նաև, որ մենք ստիպված չենք օդի կամ արևի լույսի համար վճարել: Ոչ մի հակասություն չկա դրանք ցանկանալու և ձեռք բերելու միջև: Այլ կերպ ասած՝ իմաստ չկա, որ ձեռներեցը այն նորմավորի տեղական տնտեսությունում օպտիմալ սպառման համար, քանի որ ֆունկցիոնալ առումով դեֆիցիտ չկա:

Իսկ տնտեսական հաշվարկման և գնի սահմանման անհրաժեշտությունը դեֆիցիտի արդյունքն է, որն առաջանում է ցածր առաջարկի և բարձր պահանջարկի դեպքում:

Այդուհանդերձ, նույնիսկ այսպիսի անվճար և առատ ռեսուրսների դեպքում, ինչպիսիք են օդը և արևի լույսը, կան բացառություններ: Չէ՞ որ որոշակի բացառիկ տնտեսական իրավիճակներում շուկայում վաճառում են թթվածնային անոթներ և մատուցվում են արհեստական արևայրուքի ծառայություններ: Ավելին՝ ժամանակակից տեխնոլոգիան թույլ է տալիս այս «ապրանքների» որակական հատկանիշները մեկտեղել ավելի փոքր և ավելի հարմար սպառողական փաթեթների մեջ, համեմատելով, թե ինչպիսին են դրանք իրենց բնական ձևով: Ձեզ պետք չէ օդի անսահման քանակություն, եթե նպատակ ունեք որոշ ժամանակ անվճար աշխատելու: Նույն կերպ՝ գիտությունն ու տեխնիկան արդեն այնքան են զարգացել, որ մենք կարող ենք բարձր կալորիականությամբ սննդարար նյութերը խտացնել և շուկա հանել փոքրիկ սալիկների տեսքով, կարող ենք պահածոյացնել բանջարեղենը, միրգը, մսամթերքը՝ ձմռանն ուտելու, ուղևորության գնալիս տանելու կամ երկար պահպանելու համար:

Խելամիտ մարդիկ հաշվարկում են, թե երբ ավելի շատ կարիք կունենան այն ապրանքի, որն առատորեն հասանելի է այս պահին: Չէ՞ որ տարվա եղանակները կարելի է կանխատեսել: Երբ ձմեռ է գալիս, կենդանիների բուծման տնտեսական պատկերն արագ և կտրուկ փոխվում է: Մնում են միայն այն ռեսուրսները, որոնք հեռատես մարդիկ նախապես կուտակել էին ամռանը, որոնք ձեռք էին բերել դրանք այն ժամանակ, երբ պահանջարկ չկար: Յուրաքանչյուր ֆերմեր գիտի, որ պիտի ավելի շատ խոտ դիզի տարվա հենց այն շրջանում, երբ դրա կարիքը ամենաքիչն ունի, որ պատրաստ լինի այն շրջանին, երբ այդ կարիքն ամենաշատն է ունենալու: Կովերը, որ անհոգ և ինքնուրույն արածում են ամռանը, ո՛չ կարող են կանխատեսել ապագան, ո՛չ էլ հետաձգել իրենց բավարարվածությունը՝ աշխատելով ապագա հատուցման համար:

Տեսնո՞ւմ եք, որ այստեղ գործում են բանական մարդու ձեռնարկատիրական «բնազդները»: Թեև այսպես վարվող գյուղացիները պնդում են, թե ոչինչ չեն հասկանում տնտեսագիտությունից, սակայն նրանք հաշվարկում են խոտի առաջարկի և պահանջարկի փոփոխության ցիկլը՝ անվճար բնական ռեսուրսը վերածելով վաճառքի ենթակա ապրանքի՝ չոր խոտի տեսքով, որն արժևորվում է ձմռան մոտենալուն պես: Նրանք նաև գիտեն, որ դրա առաջարկի և պահանջարկի այդ փոփոխությունը կկրկնվի ամեն տարի: Դրա շնորհիվ էլ ճիշտ է որոշվում նաև ձմռանն անհրաժեշտ պաշարի ծավալը: Գյուղում գիտեն, որ պահուստային խոտն իրենց պետք կգա միայն ցուրտ ամիսներին՝ մինչև բնության վերազարթոնքը: Երբ գարունը գա, ձմեռվա խոտի պաշարի արժեքը կրկին կնվազի: Իրականում խոտի մնացորդը գարնանը կարող է այնքան արժեզրկվել, որ դրա պահպանությունը գյուղացու համար ավելի շատ բեռ լինի, քան կապիտալ: Խոտի խրձերը ծավալով մեծ են ու ծանր: Դրանք շատ տեղ են զբաղեցնում, և դժվար է ձեռքով տեղափոխել: Դեռ մի բան էլ խոտը պետք է պաշտպանել անձրևից և խոնավությունից, որ չփտի: Կարող են վնասատուներ մտնել դեզերի մեջ: Այս ամենը պարտավորություն է ենթադրում, ուստի իմաստ

չկա այդ պաշարը պահել նաև տարվա այլ եղանակներին: Գյուղացիներն իրենց կյանքը կառուցում են այն ռեսուրսների և

ապրանքների սուբյեկտիվ արժեքի կանխատեսելի փոփոխությունների հիման վրա, որոնք առավել կարևոր են իրենց համար: Դուք նույնպես այդպես եք անում: Ըստ էության՝ այդպես են անում բոլորը: Սա ձեռներեցի մեր բնական մտածողությունն է, որը դրսևորվում է՝ կազմակերպելու կյանքի համար արժեքավոր բաների ստեղծումն ու կառավարումը:

Ցանկացած սովորական իր և ապրանք կարող է պակասել և դառնալ եզակի արժեք, հենց որ միջավայրի գործոնները փոխվեն:

Դա տեղի է ունենում անընդհատ, որովհետև ոչինչ կայուն ու հարատև չէ: Միջին հմտություններով մարդիկ շուկայում կարող են արագորեն առաջատար մասնագետներ դառնալ, երբ մյուսները գիտեն ավելի քիչ, քան նրանք, և հանկարծ կախում են ունենում նրանցից, որովհետև այս կամ այն խնդիրը չեն կարող լուծել ինքնուրույն: Միջին որակի գործիքները կարող են դառնալ թանկարժեք ռեսուրս, եթե դրանք միակն են, որոնցով հնարավոր է կատարել տվյալ աշխատանքը: Անգամ փոքր գդալը մի օր կարող է թունել փորել բանտում:

Ամենակարևոր բնական ռեսուրսը, որի կարիքը մենք ունենք, ջուրն է: Մարդկությունը չի հայտնաբերել կամ ստեղծել դրան փոխարինող որևէ բան: Կան սննդի տարբեր տեսակներ:

Օդն էլ մեզ անհրաժեշտ է այնքան, որքան ջուրը, և նույնպես անփոխարինելի է, բայց օդի հասանելիությունն ամենուր է:

Մեզ ջուր է պետք ոչ միայն կենսաբանական գոյատևման, այլև մեր հարմարավետությունն ու ապրելակերպը պահպանելու համար: Սակայն ջրամատակարարման ժամանակակից մեխանիզմների շնորհիվ մենք սովորաբար մոռանում ենք մեր այս կախվածության մասին: Արևմուտքում ծորակի ջուրն այնքան էժան է, որ շատերը չեն էլ նկատում դա: Ըստ էության՝ այնտեղ ջուրը ձրի ապրանք է: Բայց, միևնույն է, լինում են այնպիսի իրավիճակներ, երբ ջրի գինը կտրուկ բարձրանում է, որովհետև առաջարկը հանկարծ նվազում է այն ժամանակ, երբ պահանջարկն աճում է:

Եթե դուք հնարավորություն չունեք ծորակից ջուր վերցնելու, ապա խանութից այն ձեռք կբերեք մի քանի հարյուր անգամ ավելի բարձր գնով, քան կվճարեիք տան ջրամատակարարման համար: Ու թեև կարելի է առարկել, թե գործարանային ջուրը ավելի բարձրորակ է, քան ծորակից հոսողը, սակայն դուք ոչ թե դրա համար եք բարձր վճարում, այլ հարմարավետության և ծարավի հագեցման կարևորագույն անհրաժեշտության, երբ հեշտությամբ չեք կարող հասնել ծորակին:

Իսկ որքա՞ն կվճարեք մի փոքրիկ շիշ ջրի համար, եթե հարյուրավոր կիլոմետրերի վրա այն գտնելու հնարավորություն չկա: Եթե դուք հայտնվեիք անապատում, սկսեիք ջրազրկվել՝

հասնելով մահվան շեմին, ենթադրում եմ՝ կտայիք ձեր ողջ ունեցածը: Այդ պահին դուք կհասկանայիք, որ ձեր ամբողջ դրամական հարստությունն ու աշխարհիկ ճոխությունները ոչ մի արժեք չունեն, եթե մեռնելու եք անապատում: Ոսկու ունցիա՞ն ձեզ պիտի փրկի, որը պահում էիք բանկում՝ սպասելով դրա արժեքի բարձրացմանը, որպեսզի գնեք հազարավոր դոլարներ արժեցող ճոխ իրեր: Դուք հաճույքով կփոխանակեիք այդ ոսկին մեկ շիշ սովորական ջրի հետ, որպեսզի ողջ մնայիք և վերադառնայիք քաղաքակրթություն: Կարևոր է հիշել, որ ինչպես խոտի դեզերը տարբեր եղանակներին, այնպես էլ ջրի շիշն անապատում ինքնին չի փոխվել ո՛չ քանակով, ո՛չ որակով. փոխվել են միայն շրջակա միջավայրի գործոնները, որոնք ազդում են դրանց սուբյեկտիվ արժեքի վրա: Ոչ ոք չի կարող երբևէ որոշել ակտիվի արժեքը մեկուսացման պայմաններում: Գոյություն չունի որևէ ապրանքի օբյեկտիվ գին բոլոր մարդկանց համար բոլոր պայմաններում: Միշտ պետք է հաշվի առնել, թե ով է օգտագործելու այն, ինչ արդյունք է մտադիր ստանալ դրանից և ինչ այլընտրանքային տարբերակներ ունի նույնը ստանալու:

Այս գնահատումները նույն չափով վերաբերում են ինչպես մեր ձեռք բերածին, այնպես էլ նրան, ինչը ցանկանում ենք վաճառել: Մարդիկ, ովքեր հասկանում են արժեքների փոփոխական բնույթը, որպես գնորդներ՝ ավելի լավ կկարողանան դիրքավորվել այնպիսի պայմաններում, որ գներն աշխատեն իրենց օգտին, որովհետև նրանք հուսահատ չեն և նախատեսել են նաև այլ տարբերակներ՝ ի հակադրություն վաճառողների ցանկության, որոնք ուզում են այնպիսի տնտեսական իրավիճակներ, երբ առաջարկի գինը այնքան բարձր է, որքան շուկան թույլ է տալիս, որովհետև մարդիկ ունեն տվյալ պահանջարկը և չունեն այն բավարարելու ուրիշ տարբերակ: Տնտեսության այս բնական տատանումների գնահատումը ստիպում է վաճառողներին և գնորդներին իրենց ջանքերը, ուշադրությունն ու կապիտալը ուղղել հակառակ կողմեր, ինչն էլ բերում է շուկայի հավասարակշռությանը: Ապահով ժամանակներում նախապես պլանավորելով ապագան՝ գնորդները «պարգևատրվում» են ընտրության բազմաթիվ տարբերակներով և էժան գներով: Իսկ վաճառողները պարգևատրվում են ավելի բարձր շահույթով և ավելի արագ վաճառքով, երբ առաջարկում են այնպիսի ապրանքներ ու ծառայություններ, որոնք քիչ են հանդիպում ճիշտ պահին և ճիշտ տեղում:

Տնտեսական մեխանիզմներին վերաբերող այս բազային գիտելիքներն անգամ պարզ են դարձնում, որ եթե փորձես բիզնեսի ոլորտ մտնել ազգային մտածողության կարծրացած հարացույցներով, ապա ձախողումդ երաշխավորված է: Պարտադիր չէ, որ ամեն ինչ այն արժեքն ունենա, որին դուք սովոր էիք: Պարտադիր չէ, որ ապրանքներն ու ծառայությունները ունենան ճիշտ այն ձևը կամ առաջարկվեն ճիշտ այն պայմաններում, որոնց սովոր եք: Եթե կան ավելի շահավետ տարբերակներ, ապա ցանկացած ձեռներեց ազատ է գտնելու և իրականացնելու դրանք՝ ի շահ անձնական հարստացման: Հենց այդպես է գործում նորարարությունը, և դա է պատճառը, որ առաջընթացն անխուսափելի է բոլոր նրանց համար, ովքեր ներգրավված են ձեռներեցներով հարուստ շուկայում:

ԳԼՈՒԽ 13

ՓՈԽԱՐԻՆԵԼԻՈՒԹՅՈՒՆ ԵՎ ՊԱԿԱՍՈՒՐԴ. ԵՐԲ ՄԻ ԲԱՆ ՆՄԱՆ Է ԿԱՄ ՆՄԱՆ ՉԷ ՄՅՈՒՍԻՆ

Ելնելով նրանից, թե ինչպես ենք գնահատում ապրանքի արժեքը, որը ստացվելու է մեր ջանքերի շնորհիվ, որոշվում է` ինչպես ենք կիրառելու այդ ջանքերը: Ելնելով նրանից, թե ինչպես ենք ընկալում որևէ ապրանքի օգտակարությունը, որոշվում է` ինչպես մենք կաշխատենք կամ որքան գումար կծախսենք այն ստեղծելու կամ ձեռք բերելու համար: Մենք բոլորս մեր ունեցած և օգտագործվող իրերն ընկալում ենք այն տեսանկյունից, թե դրանք ինչ են տալիս մեզ, և ինչ պետք է մենք անենք դրանք ունենալու համար: Եթե կարող ենք ձեռք բերել ֆունկցիոնալ առումով նույն արժեքը, որն առաջարկում է ավելի մեծ օգուտներ (ըստ նրա, թե մենք սուբյեկտիվորեն ինչ ենք ուզում) և պահանջում է ավելի քիչ ծախսեր (ըստ նրա, թե որքան ենք գնահատում այն, ինչից պետք է հրաժարվենք դա ստանալու համար), ապա մենք միշտ կընտրենք ավելի էժան (այսինքն՝ քիչ ծախսատար) տարբերակը:

Թեև գոյություն չունեն ամբողջությամբ իրար կրկնող երկու տարբեր առարկաներ: Ե՞րբ է մի բանը նման մյուսին: Ե՞րբ կարող է մի օբյեկտը կամ գործողությունը ֆունկցիոնալ առումով փոխարինվել մյուսով առանց զգալի տարբերության: Եվ ե՞րբ այլևս չի կարող: Իրերի և գործողությունների «տեսակավորումը» մեր մտքում միշտ փոխվում է, հաճախ կամայական պատճառներով: Այժմ հեշտ է գործնականում միանման հումքից զանգվածաբար արտադրել ժամանակակից կյանքի նույն պահանջմունքները բավարարող տարբեր առարկաներ: Ժամանակակից ավտոմատացված արտադրությունը դա անում է այն աստիճանի ճշտությամբ, որ մի գործարանում արտադրված պտուտակը կամ ալյումինի թիթեղը չի տարբերվում մեկ ուրիշ գործարանում արտադրվածից, այսինքն՝ այդ տարբերությունը հնարավոր չէ նկատել անզեն աչքով: Փոխարինելի դետալների ստեղծման հնարավորությունը մեծ դեր է խաղացել արդյունաբերական հեղափոխության մեջ, որովհետև այն ռացիոնալացրել և պարզեցրել է արտադրական գործընթացը՝ մեծացնելով դրա արդյունավետությունը: Երբ տվյալ սարքի դետալները փոխարինելի են, մենք պետք է ամեն անգամ միևնույն խնդիրը լուծենք, և ոչ թե յուրաքանչյուր անգամ՝ մի այլ խնդիր:

Առանց փոխարինելիության՝ պարզ խնդիրները կդառնային անլուծելի մղձավանջներ, որովհետև յուրաքանչյուր անգամ որոնումը պետք էր զրոյից սկսել: Պատկերացրեք՝ ստիպված եք ամեն անգամ նոր մեքենա գնել, երբ հնի մի դետալ խափանվում է: Կամ էլ այդ դետալը զրոյից պատրաստեք՝ այնպես, որ համապատասխանի ձեր շարժիչի ճշգրիտ չափին, ձևին և կառուցվածքին: Իսկ պատկերացրեք, եթե մարդիկ պայմանավորվածության չգային, թե ինչպիսին պետք է լինեն էլեկտրական վարդակները և քանի վոլտով պիտի աշխատեն տնային էլեկտրական սարքերը: Արտադրողների համար անհնար կլիներ առաջարկել այնպիսի ապրանքներ, որոնք լայն հասարակությունը կկարողանար օգտագործել համընդհանուր պայմաններում: Այժմ նման խնդիր առաջանում է միայն այն դեպքում, երբ մենք սարքավորումները տեղափոխում ենք մի այլ երկիր, որտեղ գուցե տարածված է վարդակի այլ ստանդարտ, կամ երբ ամերիկացիները մոռանում են իրենց հետ Եվրոպա բերել էլեկտրական լարման փոխարկիչը, որովհետև այստեղ, ի տարբերություն իրենց երկրի, ստանդարտը 220 վոլտն է, այլ ոչ թե 110-ը:

Մյուս կողմից՝ կան բաներ, որ արտադրվում են հատուկ անփոխարինելի լինելու համար, ինչը երևի համեմատաբար նոր տենդենց է մարդկության պատմության մեջ: Դա ժամանակակից շուկայի զարգացման հետևանք է: Դարեր առաջ արտադրությունը սահմանափակվում էր ցեղի կամ գյուղի մասշտաբով, և բոլոր ռեսուրսները ստացվում էին անմիջապես շրջակա միջավայրից: Բոլորը գիտեին, թե ինչ ռեսուրսներ կան, և ամեն մեկն ուներ մոտավորապես նույն հասանելիությունը դրանց:

Անփոխարինելիության առաջին դեպքերը, հավանաբար, առաջացել են այլ ցեղերի կամ գյուղերի հետ առևտրի միջոցով, որոնք ունեին ուրիշ ռեսուրսներ և արտադրության այլ տեխնիկա: Եթե մենք կորցնեինք այդ օտար տեխնիկայով ստեղծված մի իր կամ ինչոր պատճառով պետք գար ավելին, ապա չէինք կարողանա այն ստեղծել մեզ հասանելի տեղական ռեսուրսներով ու գիտելիքներով: Այդժամ ստիպված էինք հույսներս դնել դրսի մատակարարների վրա, իսկ դա նշանակում էր, որ կախված էինք մեր սահմանափակ հնարավորություններից՝ հանդիպելու նրանց և արդարացված փոխանակում իրականացնելու՝ ենթադրելով, որ նրանք ունեն ավելցուկային պաշար: Այդպիսի բարդ մատակարարման առաջին պահանջներն ամենայն հավանականությամբ առաջացել են այդպես, և դրանց զուգահեռ ի հայտ են եկել բարդ լոգիստիկ խնդիրները, որոնք պետք էր լուծել:

Այսօր մենք հասել ենք տնտեսական զարգացման մի կետի, երբ մի բանի եզակիությունը ինքնին ենթակա է վաճառքի: Իմանալը, որ ինչոր բան անցյալում ստեղծվել է սահմանափակ քանակությամբ կամ երբևէ կստեղծվի ապագայում, մեզ համար լրացուցիչ խթան է այն ձեռք բերելու համար, որը բորբոքում է մեր՝ «պահը բաց թողնելու» վախը: Եթե գիտենք, որ տվյալ ապրանքն արտադրվում է անսահմանափակ քանակությամբ և հասանելի կլինի ցանկացած ժամանակ, մենք չենք շտապի հենց այս պահին դա ձեռք բերել, քանի որ վստահ ենք, որ այն մատչելի կլինի անհրաժեշտ ցանկացած պահի: Բայց եթե երբևէ ինչոր բան ստեղծվի միայն սահմանափակ քանակությամբ, ապա տնտեսական հաշվարկը և մեր գնման սովորություններն ամբողջովին կփոխվեն: Տվյալ ապրանքի սահմանափակ քանակության դեպքում առաջարկը կարող է հետզհետե նվազել: Եվ քանի որ գինը, որը մենք պատրաստ ենք վճարելու ինչոր բանի համար, մասամբ որոշվում է այլ հասանելի տարբերակների առկայությամբ, ապա վերոնշյալ ապրանքի համար մենք պատրաստ ենք այս պահին վճարելու զգալիորեն ավելի շատ, անգամ եթե դրա օբյեկտիվ օգտաբերությունը չի փոխվելու:

Ինչո՞ւ ենք մենք այդքան բարձր գնահատում ոսկին և ադամանդը: Մասամբ դրանց բնական գեղեցկության և արդյունաբերական կիրառության համար: Բայց գնի վրա ազդող շատ ավելի մեծ գործոն է դրանց սակավությունը բնության մեջ: Երկրի ընդերքում ոսկու սահմանափակ քանակություն կա, իսկ տարեցտարի այն գտնելու և օգտակար ապրանքային տեսքի բերելու համար պահանջվում են ավելի ու ավելի կատարելագործված տեխնոլոգիաներ: Նույնը վերաբերում է ադամանդին, որը շուկայում առաջին հերթին գնահատվում է որպես հարստության խորհրդանիշ, որովհետև եզակի մաքրության քար է և հազվադեպ հանդիպող: Բայց ադամանդի դեպքում այդ սակավության տպավորությունն իրականում պատրանք է, որը ձևավորել են դրանց մշակմամբ զբաղվող բացառիկ ընկերությունները: Նրանք գիտեն, որ սպառողները այդ շքեղ քարերի համար բարձր գին կվճարեն այնքան ժամանակ, քանի դեռ դրանք պահպանում են իրենց պատմական արժեքը որպես շքեղություն:

Թանկարժեք իրերն ունեն այնպիսի առանձնահատկություններ, որոնք դրանց կրկնօրինակումը դարձնում են դժվարին կամ անհնար: Օրինակ՝ որևէ պատմական շրջանում սովորական կենցաղային իր համարված մի առարկա այսօր թանկ է գնահատվում հենց միայն պատմական նշանակության շնորհիվ: Այլապես ո՞ւմ է պետք սկավառակով ծանր հեռախոսը սմարթֆոնների դարում:

Իհարկե, այսօր էլ կան ընկերություններ, որոնք որպես մշակութային արժեք արտադրում են միանգամայն ֆունկցոնալ սկավառակով հեռախոսներ: Սակայն այդ արտադրության ծավալները զգալիորեն նվազել են. նման հեռախոսներն այլևս չունեն շուկայական մեծ պահանջարկ: Էլեկտրատեխնիկայի խոշոր ընկերությունների համար պարզապես անիմաստ է դրանք արտադրելը, երբ ժամանակակից սպառողների ճնշող մեծամասնությունը գերադասում է սմարթֆոնը՝ իր օբյեկտիվ գործառական առավելությունների և թրենդային դիզայնի համար:

Այսօր սմարթֆոնները որպես հեռախոսի տեսակ հասցվել են օբյեկտիվ օգտաբերության գագաթնակետին և ունեն համընդհանուր պահանջարկ: Այնուամենայնիվ դժվար չէ կանխատեսել, որ տասնամյակներ անց դրանք կմոռացվեն, որովհետև ի հայտ կգան նոր տեխնոլոգիաներ՝ ավելի կատարելագործված սարքեր արտադրելու համար:

Վերադառնալով սկավառակավոր հեռախոսների ժամանակակից արտադրությանը՝ պետք է նշել, որ այդպիսի մի նոր հեռախոսը երբեք չի կարող ունենալ այն արժեքը, ինչն ունի հարյուր տարի պահպանված հեռախոսը: Հին ապրանքների ներկայիս սակավությունը սովորաբար բխում է ոչ թե այն փաստից, որ մենք այլևս չունենք դրանք արտադրելու տեխնոլոգիա և կարողություն, այլ որովհետև ժամանակակից տեխնիկան չի կարող վերստեղծել պատմությունը: Սա սակավության մի ձև է, որի դեմ հնարավոր չէ պայքարել. մեզնից ոչ ոք չի կարող փոխել ժամանակի ընթացքը: Մի բան միայն կարող է պատահել. գուցե մի օր ինչ-որ մեկի ձեղնահարկում պատահմամբ հայտնաբերվեն եզակի հին իրեր, ինչը կավելացնի դրանց առաջարկը շուկայում և ժամանակավորապես կնվազեցնի գները: Սակայն երբեք հնարավոր չէ միևնույն պատմությունն ունեցող նոր իրեր ստեղծվել, հետևաբար առաջարկը վաղ թե ուշ կրկին կնվազի: Եվ առանց կոլեկցիոներների, որոնք սիրում, գնահատում և պահում-պահպանում են այս հազվագյուտ իրերը տարիներ շարունակ, հավանաբար անցյալի բոլոր նյութականացված hիշատակները կորած կլինեին այն պահից սկսած, երբ դադարեին կիրառվել իրենց գործառական նշանակությամբ:

Մտածեք, թե ինչ տարբերակներ կունենայիք, եթե ձեր կարողությունը վերածեիք ոսկեդրամների: Ոսկին ինքնին փոխարինելի է: Կոնկրետ գումար ներկայացնող ոսկեդրամը պետք է հենց այդ գումարի արժեքը ունենա նաև որպես ոսկի: Բայց իրականում ոսկին լինում է տարբեր ձևերով՝ մետաղադրամների, ձուլակտորների, ձուլածոների, զարդեղենի: Այս ձևերից յուրաքանչյուրը կունենա տարբեր շուկայական արժեք՝ հիմնված բազմաթիվ գործոնների վրա, ինչպիսին է, օրինակ, ձեռքի աշխատանքը, որը պահանջվում է, որը համարվում է հավելյալ արժեք:

Այժմ պատկերացրեք, որ դուք ոսկեդրամներ արտադրող եք: Ի՞նչ միջոցներ կձեռնարկեք որևէ մետաղադրամի շուկայական արժեքը առավելագույնի հասցնելու համար: Իմանալով այն մարդկանց մտածելակերպը, որոնք հավաքում են ոսկեդրամներ՝ որպես թանկարժեք և հազվագյուտ մի բան, դուք կհասկանաք, որ ձեր լավագույն շահից է բխում ոսկեդրամները թողարկել միայն նախապես որոշված սահմանափակ քանակությամբ և գովազդել դրանք ձեր գնորդների շրջանում: Իմանալով, որ թողարկել եք միայն հազար հատ ոսկեդրամ, շուկայի պոտենցիալ գնորդները ստիպված են լինելու մրցել միմյանց հետ, այնպես որ, միայն նրանք, ովքեր պատրաստ են ամենաբարձր գինը վճարելու, կկարողանան ձեռք բերել դրանք:

Այս մոտեցումն է գործում նաև մետաղադրամների կոլեկցիոներների համար, որոնք գնում են դրանք, որովհետև գիտեն, որ սահմանափակ քանակությամբ եզակի նմուշների վերավաճառքի արժեքը ժամանակի ընթացքում ավելի կաճի: Արհեստական պակասուրդը ապրանքը դարձնում է ավելի գրավիչ ներդրողների համար:

Յուրաքանչյուր ձեռներեց, որը գործ ունի նյութական ակտիվների հետ (նույնիսկ նրանք, ովքեր աշխատում են հիմնականում ոչ նյութական տեղեկատվության վրա հիմնված ակտիվների հետ), պետք է որոշի, թե ինչպես իր ապրանքի հիմնական արժեքին ավելացնի պակասուրդային և ոչ փոխարինելի արժեք: Գրողը թղթի և թանաքի միջոցով ստեղծում է ոչ նյութական արժեք այնպես, որ դա լիովին տարբերվում է նույն թղթի և թանաքի միջոցով մյուս գրողների ստեղծած արժեքներից: Պանրագործը սովորական և հիմնականում փոխարինելի կաթը վերածում է պանրի յուրահատուկ տեսակների, որոնք կբավարարեն սահմանափակ չափով սպառողների պահանջարկը և չեն կարող հեշտությամբ փոխարինվել: Հյուսնը փայտին տալիս է հատուկ ձև՝ վերածելով այն կահույքի կամ այլ իրերի: Նկարիչը եզակի արդյունք է ստանում՝ կիրառելով սովորական ներկեր սովորական կտավի վրա:

Պարզապես հասկանալով, թե ինչպես է պակասուրդն ազդում շուկայում ապրանքի գնի վրա, կարող եք որոշել, թե որքան գումար արժե ակնկալել ձեր ներկայացրած առաջարկից: Ենթադրենք՝ ունեք 10 հատ ապրանք և գիտեք, որ շուկայում դրանք ընդամենը մի քանի հարյուր հատ են: Դա կարող է լինել որևէ հայտնի գրքի առաջին հրատարակությունը՝ ստորագրված հեղինակի կողմից, որևէ դիզայների թողարկած պայուսակը սահմանափակ քանակով, Ստրադիվարիուսի ջութակ, վինտաժային տեսախաղի սարք, որը դեռ աշխատում է, կամ որևէ սիրելի հերոսի օրիգինալ արձանիկ: Որո՞նք են միանգամից բոլոր տասն էլ վաճառքի հանելու առավելությունները: Իսկ որո՞նք են առավելությունները՝ միաժամանակ միայն մեկը առաջարկելու՝ անհասանելի պահելով հաջորդները, քանի դեռ առաջինը չի վաճառվել:

Եթե գնորդը, որը շարունակ փնտրել է ձեր հազվագյուտ ապրանքը, բայց չի կարողացել գտնել, հանկարծ իմանա, որ դուք ունեք միայն մեկ հատ վաճառքի ենթակա նմուշ, նա կցանկանա գնել այն հնարավորինս արագ ցանկացած ողջամիտ բարձր գնով: Իսկ եթե նա իմանա, որ դուք վաճառում եք տասը հատ, հավանաբար չի ունենա հրատապ գնելու կարիք և հնարավոր է՝ մտածի, որ արժե տվյալ ապրանքը ձեռք բերել ավելի ցածր գնով, քան դուք ի սկզբանե սահմանել էիք: Այսպիսով՝ պակասուրդն ազդում է վաճառքի գնի և արագության վրա:

Իհարկե, բոլոր տասը նմուշները միանգամից առաջարկելը

ևս ունի առավելություններ: Եթե գնորդը ցանկանում է գնել մեկից ավելին, ապա ձեր առաջարկը տալիս է նրան այդ հնարավորությունը: Դա նույնիսկ կարող է լինել մի բան, որն արժե գնել միայն այն դեպքում, եթե կարող են ձեռք բերել որոշակի քանակությամբ: Միայն մեկն ունենալը կարող է անիմաստ լինել, քանի դեռ նրանք չեն կարող ստանալ ևս ինը: Այսպիսի օրինաչափությունը սովորաբար հատուկ է շինանյութերի պահանջարկին: Իմաստ չունի գնել միայն մեկ տարա ներկ, որը ծածկելու է ձեր սենյակի մի պատը միայն կամ թող լինի 90%-ը: Այդ դեպքում, որքան էլ տվյալ երանգը բացառիկ լինի, դուք այն չեք գնի, այլ կնախընտրեք ձեռք բերել այն ներկը, որից շուկայում առկա է ձեզ անհրաժեշտ քանակությամբ:

Իդեալական տնտեսական պայմաններում ձեռներեցներն ազատ են ստեղծելու ապրանքների և ծառայությունների նոր, անփոխարինելի վարիացիաներ երևակայության ներածի չափ, եթե կարող են կրել դրանք շուկա հանելու ռիսկը: Այս ճանապարհն է, որ տանում է անվերջ նորարարության, ինքնատիպության, մասնագիտական կատարելագործման և շուկայի բովանդակային հարստացման՝ համապատասխանեցնելով այն ցանկացած պահանջի և ճաշակի: Սա ուղիղ հակապատկերն է պլանային տնտեսության, քանի որ վերջինս իր գոյությունը պահպանում է հենց վարիացիաները հնարավոր նվազագույն մակարդակի հասցնելու միջոցով: Այդ դեպքում է, որ պլանը, թե ինչ արտադրել և ինչ ծավալով, ձևավորում է միակ առաջարկողը, այլ ոչ թե սպառողները՝ ըստ իրենց ցանկության և պահանջմունքների:

Եթե արտադրողը դրդապատճառներ չունի բարելավելու և հաճախորդների կարիքներին հարմարեցնելու իր ստեղծած արժեքը, ուրեմն այդ արտադրանքի նոր տարբերակներն ավելացնելը կնշանակի միայն հավելյալ անտեղի բարդություններ և ծախսեր արտադրության մեջ: Երբ ամեն ինչ վերահսկվում է կենտրոնական իշխանության կողմից, ապա նա շահագրգռված է, որ իր գործարաններն ապահովեն միատեսակ արդյունք: Հետևաբար, ինչ էլ որ Խորհրդային Միությունը արտադրում էր իր ժողովրդի համար, օրինակ՝ հագուստ կամ սնունդ, դա լինում էր անորակ և միատեսակ:

Այդ արտադրանքը սպառվում էր միայն այն պատճառով, որ այլընտրանք գրեթե չկար: Մեկ զույգ կոշիկը ոչնչով ավելի լավը կամ վատը չէր, քան մյուսները: Անկախ նրանից, թե որքան անշուք էին այդ կոշիկները, որքան արագ էին մաշվում, որքան քիչ էին ձեզ դուր գալիս, որքան անհարմար էին, միևնույն է, ուրիշ տարբերակ չկար, եթե ոչ հագնել դրանք՝ բոբիկ չմնալու համար:

Երբ արտասահմանյան արտադրության ապրանքները հայտնվում էին սովետական սև շուկայում, դրանց նկատմամբ պահանջարկը կտրուկ աճում էր: Հաճախ խորհրդային քաղաքացիներին նույնիսկ չէր հետաքրքրում, թե արդյոք անձնապես ունե՞ն դրա կարիքը: Նրանք պարզապես գիտեին, որ կոշիկ լիներ այդ ապրանքը, թե արտասահմանյան երաժշտության վինիլային սկավառակ, հաստատ ավելի բարձրորակ էր և տարբերվող այն ամենից, ինչ կարող էին գտնել սովետական դաժան վերահսկողության տակ գտնվող շուկայում: Այդ հանգամանքը գրեթե բոլոր արտասահմանյան ապրանքները դարձնում էր արժեքավոր բոլորի համար, որովհետև, ի լրումն իրենց սովորական գործառույթների, դրանք կարող էին նաև որպես հազվագյուտ ապրանքներ վերավաճառվել ուրիշներին կամ փոխանակվել մեկ այլ ապրանքով:

Ձեռներեցությունը խրախուսող ազատ երկրներից ներկրվող այս ապրանքների ընդհատակյա շուկան լավագույն միջոցն էր, որով տնտեսական խիստ վերահսկողության ներքո ապրող մարդիկ կարող էին ինչոր չափով հարստություն կուտակել և կառավարել այն:

Բնականաբար, մարդկանց այդ վարքագիծը չէր խրախուսվում և դատապարտելի էր պրոպագանդայի կողմից, որը պնդում էր, թե դա թշնամանք է խորհրդային հասարակության դեմ: Անձնական հարստություն ունենալու ձգտումն ու այն պաշտպանելու ցանկությունը համարվում էին հանդգնություն և եսասիրություն:

Հասկանալի է, որ կան իրավիճակներ, երբ ընդհանուր և փոխարինելի ակտիվի առկայությունը տնտեսական առավելություն է, և կան իրավիճակներ, երբ, ճիշտ հակառակը, առավելություն է ակտիվի եզակիությունը: Ակտիվներ ստեղծող և փոխանակող ձեռներեցի հաջողությունը կախված է նրանից, թե ինչն է իր սպառողների համար սուբյեկտիվ արժեք, իսկ դա պայմանավորված է այն օգտաբերությամբ, որ նրանք փորձում են ստանալ դրանից:

ԳԼՈՒԽ 14

ՍՊԵԿՈՒԼՅԱՑԻԱ. ՊԱՀԱՆՋԱՐԿ ԸՍՏ ԷՍԹԵՏԻԿԱՅԻ, ՍՆԱՊԱՐԾՈՒԹՅԱՆ ՈՒ ԱՊԱԳԱՅԻ ՀԱՃՎԱՐԿԻ

Ինչպե՞ս կարող ենք բացատրել՝ ինչո՞ւ որոշ ապրանքներ, ֆունկցիոնալ առումով և նյութապես նման լինելով շուկայում եղած մյուս տարբերակներին, ունենում են զգալիորեն ավելի բարձր գներ՝ հաճախ միայն չնչին տարբերությունների պատճառով, ինչպիսիք են գույնը կամ բրենդը: Դուր է գալիս դա ձեզ, թե ոչ, սնապարծությունը մեծ դեր է խաղում յուրաքանչյուր ապրանքի կամ ծառայության պահանջարկի հարցում: Մենք հազվադեպ ենք գնում բաներ բացառապես դրանց պրակտիկ գործառույթների համար, առանց առնվազն ենթագիտակցորեն հաշվի առնելու, թե դրա ձեռքբերումն ու ներկայացրած արժեքներն ինչպես կազդեն մեր սոցիալական դիրքի վրա:

Արհեստավորը, եթե սոցիումից կախում չունենար, շուկայից

մուրճ, գայլիկոն ու սղոց կընտրեր միայն այն սկզբունքով, որ դրանք լավագույնս կատարեն իրենց գործառույթները: Բայց իրականում նա ապրում է մի հասարակության մեջ, որտեղ կան դասակարգեր, խտրականություն, մրցակցող իդեալներ. նա վերլուծում է, թե այս կամ այն գործիքն ունենալը ինչպես կներկայացնի իրեն որպես մասնագետի, որպես անհատականության. համապատասխա՞ն է արդյոք այդ գործիքն արհեստավորի իր սուբյեկտիվ իդեալին: Պատահական չէ, որ այսինչ բնագավառի մասնագետները սիրում են հագնել այսինչ ոճի զգեստ, անգամ եթե այդ ոճը ոչ մի գործառութային նշանակություն չունի իրենց աշխատանքում, ասենք՝ չի ապահովում ավելի լավ տեսանելիություն շինհրապարակում կամ մարմնի լրացուցիչ պաշտպանություն հանքերում: Ի՞նչն է դրդել բանկի աշխատողներին փողկապ կրել, բժիշկներին՝ հագնել սպիտակ խալաթ: Միայն համընդհանուր ավանդույթը:

Ինչոր մեկին շալվարի գոտի է անհրաժեշտ, և նա նախընտրում է վճարել տասն անգամ ավելի՝ տվյալ բրենդի գոտին գնելով միայն արտաքին շքեղության կամ բարձր սոցիալական դիրքում երևալու համար: Նա գիտի, որ շալվարն ամրացնելու համար կարող է ավելի էժան գոտի ձեռք բերել, սակայն գնին չի նայում այդ տեսանկյունից: Եվ սա է պատճառը, որ որոշ բրենդներ մեծ պահանջարկ ունեն. նրանց գնորդներն ակնկալում են, որ այն մարդիկ, որոնց հետ սոցիալական հարաբերություն ունեն, նույնպես բարձր կգնահատեն տվյալ ապրանքը՝ էսթետիկ հատկանիշների և հեղինակավոր անվան համար:

Այսպիսի երկրորդական հարցերը առևտրում վերաբերում են ամեն ինչին: Եթե դուք ձեռք եք բերում մի ակտիվ, որ վերավաճառեք այն ավելի բարձր գնով և շահույթ ստանաք, ուրեմն շահարկում եք այն հանգամանքը, որ մարդիկ դա ավելի արժեքավոր կհամարեն իրենց անձնական սուբյեկտիվ դրդապատճառներով, անգամ եթե ձեզ համար այդ պատճառները ոչինչ չեն նշանակում: Այն անձն էլ, որին դուք իրացնում եք տվյալ ակտիվը, իր հերթին կարող է դա գնել միայն բավարարելու համար մեկ ուրիշին վաճառելու իր սեփական ձգտումները: Եվ հնարավոր է՝ արժեքի այս էսկալացիան շարունակվի մի քանի տարի, ինչպես ոսկու կամ արծաթի դեպքում է, որոնք հիմա էլ համարվում են արդարացված երկարաժամկետ կապիտալ:

Բայց միգուցե ի վերջո այս սպեկուլյատիվ արժևորման փուչիկը պայթի: Գուցե այն մարդիկ, որոնք պիտի որ բարձր գնահատեին ձեր գնումը, այս կամ այն պատճառով փոխեն իրենց կարծիքը և կորցնեն ողջ հետաքրքրությունը դրա նկատմամբ: Գուցե ի սկզբանե էլ այդքան շատ մարդիկ հետաքրքրված չէին դրանով, և միակ պատճառը, որ այն շարունակում էր անցնել ձեռքից ձեռք, կարծրատիպերն ու տեղեկացվածության պակասն էր:

Այս պրոցեսն անդադար տեղի է ունենում, օրինակ, նորաձևության աշխարհում: Դուք հարյուրավոր դոլարներ եք վճարում թրենդային պայուսակի համար, որովհետև տվյալ պահին այն համարվում է շատ ոճային և ձեզ ազդեցիկ դիրք է հաղորդում հասարակության մեջ: Արդյոք դա ձեր կողմից երկարաժամկետ, կայուն ներդրո՞ւմ է օգտաբերության մեջ: Ի՞նչ կպատահի հաջորդ ամիս, երբ նորաձևության միտումները փոխվեն, և մարդիկ, ովքեր նախկինում հիանում էին ձեր գնումներով, սահմանեն սնապարծության նոր չափանիշներ: Դուք ստիպված կլինեք շարունակել գնումներն արդեն նոր թրենդներին համապատասխան, որ «հետ չմնաք» կյանքից, եթե ձգտում եք հասարակության հավանությանն արժանանալ:

Կան բարդ սոցիոլոգիական և հոգեբանական բացատրություններ, թե ինչու է սա տեղի ունենում: Որոշ դեպքերում դա շուկայի բնական և անխուսափելի օրինաչափությունների հետևանք է, ուրիշ դեպքերում՝ դիզայներների և արտադրողների ուղղակի, միտումնավոր միջամտությունն է՝ աժիոտաժ ստեղծելով շահույթ կուտակելու համար: Եթե նրանք այդ կերպ չխթանեին իրենց նոր ապրանքների վաճառքը, սովորական պայմաններում դա տեղի չէր ունենա:

Խորհրդային Միության հանրապետություններում ովքեր զբաղվում էին այսօրինակ «սպեկուլյացիայով», ենթակա էին ազատազրկման, իսկ սև շուկայում գործող ամենահաջողակ բիզնեսմենները՝ անգամ մահապատժի: Դա համարվում էր ամենասարսափելի հանցագործություններից մեկը, որը կարող էր գործել խորհրդային երկրի քաղաքացին: Քրեական օրենսգիրքը սպեկուլյացիան ուղղակիորեն ձևակերպում էր որպես «ապրանքների կամ այլ իրերի գնում և վերավաճառք շահույթ ստանալու նպատակով»: Արևմուտքում դա ոչ թե հանցանք է համարվում, այլ երբևէ գոյություն ունեցած յուրաքանչյուր բիզնեսի և յուրաքանչյուր առևտրային հարաբերության հիմնական շարժիչ ուժ:

Մտածեք, թե ինչպես է այս միակողմանի վերահսկողությունը փոխում մարդու՝ մեծ, թե փոքր գնումներ կատարելու սովորությունները: Ձեզ արգելված է գնել ինչոր բան այն մտադրությամբ, որ հետագայում վաճառեք տվյալ ապրանքը, երբ նրա արժեքը կբարձրանա: Սակայն այսպես շուկայում ներդրումներ կատարելու ոչ մի մոտիվացիա չի մնա: Յուրաքանչյուր ակտիվ, որ դուք ձեռք եք բերում, պարտավոր եք ինքներդ օգտագործել իր ուղիղ գործառույթով: Դուք չեք կարող գնել որևէ տեսակի գույք մեծ քանակությամբ՝ առանց «միլիցիայի» ուշադրությունը գրավելու. ձեզ կմեղադրեն եսասիրաբար հարստություն կուտակելու մեջ՝ նրանց հաշվին, ովքեր դրա կարիքն ավելի շատ ունեն, քան դուք, ինչը ծանր հանցագործություն է: Այսպիսով՝ ցանկացած տեսակի նյութական հարստություն կուտակելը գործնականում անհնար է դառնում: Դուք և նույն տնտեսական պայմաններում ապրող բոլոր մյուսները գնում եք միայն այնքան, որքան դրա կարիքը ձեզնից յուրաքանչյուրը ունի և, այն պահին, երբ դա անհրաժեշտ է: Կարևոր չէ, որ հասարակությանը դա չի բավարարի, երբ շուկայական պայմանները փոխվեն՝ առաջարկը նվազի, իսկ պահանջարկը մեծանա:

Սա էր հիմնական պատճառը, որ Խորհրդային Միության շուկայում բազմաթիվ սպառողական ապրանքների պակասուրդ կար: Իսկ զավեշտալին այն է, որ դրան հակառակ՝ ավելցուկով էին առաջարկված այն ապրանքները, որոնք այդչափ սպառողական պահանջարկ չունեին: Դա հիմնականում արդյունք էր այն բանի, որ պետական գործարանները հետևում էին վերևից իջեցված հրամաններին՝ արտադրել ստանդարտ չափսի այսքան զույգ կոշիկ, և վերջ: Իսկ այդ կոշիկները, բնականաբար, մնում էին չսպառված՝ գրավելով տարածք և էնտրոպիայի հետևանքով կորցնելով իրենց առանց այն էլ վատ որակը:

Երբ դուք ձեռք եք բերում մի բան՝ ոչ դրա անմիջական սպառման համար, միշտ էլ և՛ սպեկուլյատիվ ռիսկի գործոն կա, և՛ շահույթ ստանալու հնարավորություն: Ձեր մուրճը կշարունակի հարվածել ճիշտ նույն ուժգնությամբ, երբ հասարակությունը դադարի բարձր գնահատել այն և չցանկանա գնել: Դուք կարող եք ուշադրություն չդարձնել նրանց մեկնաբանություններին և այնքան մեխ խփել, որքան ձեր սիրտը կցանկանա: Նմանապես՝ ցանկացած որակյալ գոտի, անգամ եթե չունի «Gucci» նշումը, միևնույն է, կշարունակի ամուր պահել ձեր տաբատը նաև այն ժամանակ, երբ նորաձևության թրենդները փոխվեն: Ամեն անգամ, երբ այլ մարդիկ են արժևորում այն, ինչ դուք գնել էիք, որպեսզի ինքներդ արժեք քաղեք, պատրաստ եղեք ցանկացած ժամանակ կորցնելու դա: Դուք չեք կարող վերահսկել այլ մարդկանց արձագանքն ու գնահատականը: Արդյո՞ք սա նշանակում է, որ էսթետիկական նախապատվություններն ավելորդ բաներ են, և թե խելացի սպառողները, ներդրողներն ու ձեռներեցները պետք է կենտրոնանան միայն իրենց ակտիվի բուն գործառույթի վրա՝ առանց հաշվի առնելու սուբյեկտիվ գործոնները: Ոչ: Դա անհեթեթ կլիներ: Էսթետիկան ևս օբյեկտիվ օգտաբերություն ունի. դա հուզական պարգևն է, որ ստանում է տվյալ գեղագիտական ճաշակն ունեցող մարդը:

Եթե ձեր ննջասենյակում կահույքի մեկ կտորի գույնը տարբերվում է մյուսներից, դա կարող է սթրես կամ անհանգստություն առաջացնել՝ անկախ նրանից, թե որքան ֆունկցիոնալ է այն մյուս առումներով: Տեսողական աններդաշնակությունը կարող է խաթարել ձեր հանգիստը: Ուրեմն՝ գուցե արժե վճարել ավելի շատ՝ գնելու նույն բազմոցից, միայն թե այն գույնի, որը համահունչ է ընդհանուր կահույքի երանգներին: Սա էլ էսթետիկայի սուբյեկտիվ արժևորումն է, որն արդեն կախված չէ այլ մարդկանց դատողություններից:

Նույնը վերաբերում է ավանդական կամ խորհրդապաշտական արվեստի նմուշներին, որոնք կարող են գերարժևորված թվալ: Միայն դուք գիտեք, թե ինչ էմոցիոնալ ապրում են ձեզ պարգևում այն մեկ նկարը, քանդակը կամ նմուշների ողջ հավաքածուն: Միայն դուք եք որոշում, թե որքան գումար արժե վճարել դրանց համար՝ ճիշտ այնպես, ինչպես որոշել եք մնացած այն ամենի արժեքը, ինչ երբևէ գնել եք: Միակ իրական վտանգը, որից պետք է խուսափել, այն է, որ ձեր ընտրությունը լինի ձեր իսկ ճաշակի թելադրանքը, այլ ոչ թե հիմնվի ուրիշների թելադրանքի վրա: Միայն այն, որ «բարձր» հասարակությունն ինչ-որ բան համարում է արվեստի գլուխգործոց, դեռ չի նշանակում, որ դուք դրանից կստանաք նույն գեղագիտական հաճույքը:

Պատկերացրեք մի իրավիճակ, երբ մի քանի հարյուր դոլարով գնել եք սիրողական նկարչությամբ զբաղվող ձեր ընկերոջ կտավները: Դուք դա անում եք, որովհետև ձեզ իսկապես դուր են գալիս նկարները: Ձեզ ուրախություն են պարգևում դրանք պատից կախելը և ամեն օր դրանց նայելու հնարավորություն ունենալը: Ձեզ համար միևնույն է՝ արդյոք ուրիշ մե՞կն էլ է դրանք գեղեցիկ համարում, թե՞ ոչ: Դուք ձեզ լավ եք զգում նաև նրանից, որ օգնում եք ձեր շնորհալի ընկերոջը, որը առաջին քայլերն է անում արվեստի աշխարհում: Նրա կտավները ձեզ այնքան են դուր գալիս, որ պահպանում և հոգ եք տանում դրանց համար այնքան ժամանակ, քանի դեռ ապրում եք այդ տանը:

Այժմ պատկերացրեք, որ 30 տարի անց ձեր ընկերը համաշխարհային ճանաչում է ձեռք բերում, և նրա ստեղծագործությունները ցուցադրվում են թանգարաններում, վաճառվում պատկերասրահներում միլիոնավոր դոլարներով: Այս դեպքում հավանական է, որ նրա ամենավաղ շրջանի աշխատանքները շատ ավելի արժեքավոր կհամարվեն, քան այն ցածր գինը, որ 30 տարի առաջ վճարել էիք դրանք ձեռք բերելու համար:

Գուցե միայն ձեր շնորհիվ է, որ դրանք պահպանվել են այդքան տարիներ, քանի որ այն միակ մարդն եք եղել, որը հավատացել է իր նկարիչ ընկերոջ տաղանդին: Գուցե դրանք վաղուց դեն նետված լինեին կամ վնասվեին անփույթ վերաբերմունքի պատճառով հուշանվերների ինչ-որ վաճառակետում:

Արդյո՞ք ձեր ընկերը պետք է վիրավորվի ձեզնից, որ իր աշխատանքն այն ժամանակ ձեռք եք բերել այդքան ցածր գնով:

Թե՞ նա պիտի երախտապարտ լինի, որ իրեն ֆինանսական և հոգեբանական աջակցություն եք ցուցաբերել, երբ դեռ սկսնակ էր, և ձեր խրախուսանքի շնորհիվ է նա այսօր միլիոնատեր:

Այսօր մենք կարող ենք միայն գուշակել, թե որքան գլուխգործոցների, հայտնագործությունների կամ գաղափարների մասին աշխարհին այդպես էլ չի իմացել, որովհետև դրանք չեն գտել իրենց ճիշտ գնահատողին ճիշտ ժամանակին և մոռացվել են մարդկության պատմության թոհուբոհում:

Սպեկուլյացիոն «փուչիկն» այն է, երբ մարդիկ ինչոր բան գնում են բացառապես այն սպասելիքով, որ դրա գինը ապագայում կբարձրանա, այլ ոչ թե որ դրա պահանջարկն իսկապես կա տվյալ պահին: Դա մարգարեության նման մի բան է շուկայում:

Եթե Լոս Անջելես տեղափոխվելու պահանջարկը կրկնապատկվի մեկ տարվա ընթացքում, անշարժ գույքի գներն այնտեղ նույնպես պետք է կրկնապատկվեն: Բայց դա փուչիկ չէ, որովհետև կառաջանա այդ քաղաքում տուն ունենալու իրական պահանջարկ: Փուչիկ կլիներ, եթե Լոս Անջելեսում տուն ձեռք բերող բոլոր մարդիկ դա անեին միայն հետագայում ավելի բարձր գնով վաճառելու և շահույթ ստանալու համար, սակայն տարիներն անցնեն, իսկ նրանց կանխատեսումը, թե աննկյլ պահանջարկը պիտի մեծանար, չիրականանա: Դա չհանձնվողների խաղն է, երբ յուրաքանչյուր սեփականատեր սպասում է, թե ով առաջինը հույսը կկտրի և կկանխիկացնի իր գումարը: Հենց այն ժամանակ, երբ բազում սպեկուլյատիվ գնորդներ հանկարծ որոշեն վաճառել իրենց սեփականությունը, փուչիկը կարող է պայթել: Շուկան հեղեղվում է առաջարկներով, և գնորդների համեմատաբար փոքր խումբն անսպասելիորեն ստանում է ընտրելու բազմաթիվ հնարավորություններ՝ գնի հարցում սակարկելու համար: Առաջարկի կտրուկ աճը, գումարվելով պահանջարկի կտրուկ նվազմանը, առաջացնում է գների անկում:

Ես տուն գնեցի գյուղում՝ ենթադրելով, որ պահանջարկն աստիճանաբար կավելանա՝ այստեղ և հարակից շրջաններում կատարվող բարեփոխումների շնորհիվ: Գյուղում սահմանափակ թվով տներ և հողատարածքներ կան, հետևաբար գները ժամանակի ընթացքում պետք է որ աճեն, երբ հետզհետե ավելի ու ավելի շատ մարդիկ ցանկանան ապրել այստեղ: Իհարկե, ես հաշվի էի առել նաև գյուղական տան պրակտիկ օգտաբերությունը: Իսկ եթե ես կարող եմ միևնույն ակտիվից ստանալ և՛ պրակտիկ օգուտ, և՛ ներդրումային եկամուտ, շատ ավելի լավ:

Հատկապես ինչո՞վ իմ տունը շատ ավելի արժեքավոր կլինի, եթե հետագայում վաճառեմ այն: Օբյեկտիվորեն այն ավելի բարեկարգված կլինի իմ ներդրած կապիտալի և վերանորոգման շնորհիվ: Դժվար չէ ենթադրել, որ մարդիկ կգնահատեն տան բարվոք վիճակը և պատրաստ կլինեն ավելի շատ գումար վճարելու դրա դիմաց:

Սակայն ամենամեծ շահույթը կլինի այն դեպքում, երբ ես նախապես ինչոր բան գնեմ դրա ցածր պահանջարկի շրջանում՝ վաճառելով պահանջարկի կտրուկ աճի ժամանակ: Գինը միշտ որոշվում է առաջարկի և պահանջարկի կոնֆլիկտի ժամանակ՝ որքա՞ն շատ են մարդիկ ինչոր բան ցանկանում (պահանջարկ), և որո՞նք են իրենց պատկերացմամբ դա ձեռք բերելու հնարավորությունները (առաջարկ): Եթե այդ «ինչոր բանը» պարզապես տունն է Հայաստանում՝ առանց լրացուցիչ հստակեցումների, ապա շուկայում տվյալ գնորդի համար մեծ է առաջարկը: Բոլոր տները ֆունկցիոնալ առումով համապատասխանում են սպառողի սուբյեկտիվ ցանկություններին, հետևաբար գինը պետք է լինի համեմատաբար ցածր:

Բայց եթե այդ «ինչոր բանը» տունն է հատկապես իմ գյուղում, ապա ընտրության տարբերակները շատ ավելի քիչ են: Հետևաբար ես կկարողանամ ավելի բարձր գին պահանջել իմ տան համար, քան դա կանեի Հայաստանի մեկ այլ վայրում կառուցված նմանատիպ ուրիշ տան համար: Տան օբյեկտիվ պայմանները չեն փոխվում, փոխվում է միայն շուկայական առաջարկի և պահանջարկի անտեսանելի դինամիկան: Այդ դինամիկան գործում է յուրաքանչյուր ապրանքի կամ ծառայության համար, որ երբևէ կարող եք գնել կամ վաճառել: Ապրանքի օբյեկտիվ և պրակտիկ օգտակարությունը շուկայական գնի վրա ազդեցություն ունի այնքան, որքան դա կարևոր է գնորդի սուբյեկտիվ ընկալմամբ:

Ձեռներեցի պես մտածելու և գործելու համար անհրաժեշտ է կարողանալ իրերին նայել այլ մարդկանց աչքերով, և սա ամենադժվար բանն է, երբ մարդը մշակութային այլ հարացույց ունի: Այստեղ իմ հարևանների մեծ մասը առևտրին՝ որպես հասարակական երևույթի նայում է միայն իր արժեհամակարգի տեսանկյունից: Նրանք պրոյեկտում են իրենց ընկալումները ողջ աշխարհի վրա, ուստի չեն կարող պատկերացնել, որ կան մարդիկ, որոնք պատրաստ են մեծ գումար ծախսելու այսինչ կամ այնինչ ապրանքի վրա, քանի որ իրենք գրեթե երբեք մեծ գումար չեն ծախսում: Սպառողական աշխարհին այսպես նեղ հայացքով նայելու մեջ ինձ ամենաշատը զարմացնում է այն, որ այս մարդիկ, այդուհանդերձ, չեն ապրում ծայրահեղ աղքատության պայմաններում, թեպետ խիստ թերագնահատում են աշխատելու իրենց հնարավորությունները: Մյուս կողմից՝ պատահել է, որ ցանկացել եմ գնել ինչ-որ մեկի հնացած կահույքը, և դրա համար անհամաչափ բարձր գին են պահանջել, չնայած որ այդ կահույքն իրենց արդեն հարկավոր չէր:

Ես վստահ եմ, որ նրանք չէին պահանջի այդքան անիրատեսական մեծ գումար, եթե ինձ համարեին իրենց սոցիալական դասից մեկը: Բայց, չգիտես ինչու, հարևաններս կարծում են, որ եթե մեկը ավելի շատ դրամ ունի, քանի իրենք, ապա հենց միայն դրա համար պետք է տվյալ ապրանքը նրան վաճառել ավելի բարձր գնով: Անգամ եթե ես ասեմ, որ ուրիշից կարող եմ նույնը ձեռք բերել շատ ավելի ցածր գնով, միևնույն է, նրանց մոտեցումը չի փոխվի:

Տարօրինակ է, բայց այս դեպքում նրանք նախընտրում են ինձ ընդհանրապես չվաճառել անպետք կահույքը, քան վաճառել խելամիտ գնով: Մինչդեռ իրենց դասին պատկանող մեկ ուրիշին այդքան բարձր գնով չէին առաջարկի: Այդ պատճառով էլ բոլորը կորցնում են հնարավորությունը՝ կատարելու փոխշահավետ առևտուր և ավելացնելու իրենց հարստությունը:

ԳԼՈՒԽ 15

ԱՇԽԱՏԱՆՔԻ ԲԱԺԱՆՈՒՄ. ՆԵՐԴԱՇՆԱԿ ՄԱՍՆԱԳԻՏԱԿԱՆ ԴԵՐԱԲԱՇԽՈՒՄԸ

Անկախ նրանից, թե որքան բանիմաց և հմուտ եք, անկախ նրանից, թե որքան աշխատանքային գործիքներ ունեք, տնտեսության մեջ արժեքի կոմպլեքս արտադրությունն ու փոխանակումը չեն կարող տեղի ունենալ սոցիալական մեկուսացման պայմաններում: Այն միշտ կախված է այլ մարդկանց ընտրություններից և գործողություններից, որոնք մասնակցում են հասարակական կյանքին: Սա վերաբերում է ինչպես արտադրական փուլին, այնպես էլ դրան հաջորդող՝ արժեքային ակտիվը գնորդներին հասանելի դարձնելու գործընթացին: Արտադրման և դրան միտված գործողությունների արդյունքն առավելագույնի հասցնելու համար յուրաքանչյուր ձեռներեց պետք է իր աշխարհայացքի և ռազմավարության անքակտելի մաս դարձնի հարաբերությունների հաստատումն ու պահպանումը: Ոչ ոք չի կարող գործել մեկուսի:

Հարաբերությունների սիներգիայի սկզբունքը պատկերավոր ձևակերպմամբ հետևյալն է. «Այն, ինչ ես անում եմ, ավելի արժեքավոր է դառնում նրանով, ինչ դուք եք անում, և հակառակը»: Սիներգիայի գործոնը այնքան կարևոր է, որ ձեր ստեղծագործական ջանքերը կարող են որևէ արժեք չունենալ առանց դրանց իրացմանն ուղղված այլ մարդկանց ջանքերի: Այսպիսով, թեպետ ես շեշտում եմ ձեր կյանքը սեփական վերահսկողության տակ առնելու և ձեռներեցության միջոցով առավել ինքնավստահ դառնալու կարևորությունը, սակայն դա նաև նշանակում է սոցիալական հմտությունների զարգացում, որոնք անհրաժեշտ են շահավետ հարաբերություններ ձևավորելու և պահպանելու համար:

Կարիերայում հաջողության ձգտող մարդիկ սովոր են, որ պետք է ունենան մենեջեր կամ որևէ այլ վերադաս: Նրանք հիմնականում սպասում են հրահանգների՝ կատարելու դրանք այնպես, ինչպես իրենց սովորեցրել են: Այդպիսով՝ կորպորատիվ ընկերության աշխատակիցները գրեթե երբեք հնարավորություն չեն ունենում վերևից տեսնելու բազմաշերտ ու բազմաճյուղ աշխատանքների ողջ համակարգը, որը բերում է վերջնական և արժեքավոր արդյունքի:

Աշխատանքի բաժանման շնորհիվ ցանկացած ձեռնարկություն արդյունավետ է գործում, որովհետև նրա յուրաքանչյուր աշխատակից հնարավորինս ներգրավված է այն ոլորտում, որտեղ իրեն լավագույնս է դրսևորում, և հակառակը՝ հնարավորինս քիչ է մասնակցում այն աշխատանքներին, որոնք իրեն լավ չեն տրվում: Բոլոր մարդկանց ուժեղ և թույլ կողմերը տարբեր են, որովհետև մարդիկ իրենք են տարբեր: Ուրեմն՝ ուրիշների հետ արդյունավետ համագործակցելու համար դուք պետք է լավ իմանաք, թե ինչն է ձեզ ամենալավը տրվում: Եվ այն մարդիկ, որոնց հետ աշխատում եք, դա նույնպես պետք է իմանան: Համապատասխանաբար՝ հարկ է գիտենալ նաև, թե ձեր յուրաքանչյուր գործընկեր ինչն է ավելի լավ կատարում, քան դուք և մյուսները: Եվ բոլորդ պիտի համաձայնության գաք անելիքների բաշխման շուրջ, այլապես չեք ունենա ռացիոնալ գործիքներ՝ որոշելու, թե որտեղ է յուրաքանչյուրի ներդրման կարևորությունը, և ինչ արժեք ունի այն:

Անգամ եթե դուք բազմակողմանի զարգացած և փորձառու մարդ եք, որ կարող եք որակով կատարել բոլոր աշխատանքները, որ պահանջվում են վերջնական արդյունք ստանալու համար, միևնույն է, այդ արդյունքը չի լինի այնքան լավը, որքան կլիներ, եթե ձեր ջանքերը կենտրոնացնեիք բացառապես այն գործի վրա, ինչն ամենալավն եք կարողանում կատարել:

Պատկերացրեք պարզագույն ցեղային միություն, որն աստիճանաբար հասկանում է մասնագիտացման և աշխատանքի բաժանման առավելությունները, երբ ամեն մեկը զբաղվում է այն գործով, որը նրան ավելի լավ է տրվում: Քաղցած մարդը դժբախտ է և սնունդ է որոնում իր կարիքը հոգալու համար, բայց շուտով սկսում է գործել նվազող մոտիվացիայի օրենքը: Այն պահին, երբ նրա քաղցը բավարարվում է, սնունդ որոնելն ավելի ու ավելի քիչ է հաճույք պատճառում:

Նմանապես՝ ցրտին մերկ մարդն անչափ կարիք ունի հագուստի: Այն պահին, երբ նրա մարմինը տաքանում է, յուրաքանչյուր նոր հագուստի օգտակարությունն ու արժեքը ավելի են նվազում: Ոչ մի այլ տաբատ նրա համար այնքան արժեքավոր չի լինի, որքան առաջինը: Այժմ նա պետք է մտածի իր այլ կարիքները բավարարելու մասին, որոնցից է քաղցը, որ համակում է նրան օրական մի քանի անգամ:

Այս երկու մարդկանցից յուրաքանչյուրը կարող էր իր ժամանակի մի մասը ծախսել ուտելիք գտնելու, իսկ մյուս կեսը՝ հագուստ պատրաստելու համար: Բայց եթե նրանք գիտակցեն, որ իրենք երկուսն էլ ունեն նույն կարիքները (և դրանք բավարարելու կարողությունը), ապա կարող են համաձայնության գալ, որ մեկը զբաղվի բացառապես սննդի խնդրով, իսկ մյուսը՝ հագուստի: Այնուհետև նրանք կարող են միմյանց հետ փոխանակել ձեռք բերված արդյունքները, և յուրաքանչյուրի կարիքը կբավարարվի ավելի արդյունավետ եղանակով, քան եթե ամեն մեկն իր համար աշխատեր:

Այս սիներգիան լավ է գործում, քանի որ մեկը որսալու

հմտություններ ունի, իսկ մյուսը՝ կարունակի: Բացի դրանից՝ ամեն մեկն իր աշխատանքն ավելի սիրով է կատարում: Այսպիսով՝ նրանք կսկսեն օպտիմալացնել իրենց ջանքերը, կստեղծեն հնարավոր առավելագույն արժեք՝ հնարավոր նվազագույն ներդրումներով, ինչպես պահանջում են բնության օրենքները: Այդ օրենքներն աշխատում են նաև այն դեպքում, երբ մարդն իր ստեղծարար եռանդը ներդնում է մի բանի արտադրության մեջ, որի կարիքն ինքն անձնապես չունի, սակայն գիտի, որ դա մեկ ուրիշին պետք կգա այնքան ժամանակ, քանի դեռ ինքն ավելի հմուտ է տվյալ ոլորտում: Այսպես՝ հանկարծ ամեն ոք անձնական դրդապատճառ է ունենում օգնելու ուրիշներին ստանալ այն, ինչ նրանք ցանկանում են կամ ինչի կարիքն ունեն: Եվ մարդն այլևս չի կենտրոնանում բացառապես սեփական խնդիրների լուծման վրա:

Ակնհայտ է, որ ժամանակակից տնտեսությունները շատ ավելի բարդ պրոցեսների համակարգ են ներկայացնում, քան պարզապես երկու արտադրողի հարաբերությունը, որոնք փոխադարձաբար բավարարում են միմյանց երկու կարիքները: Բայց ցանկացած մասշտաբի դեպքում էլ գործում է նույն սկզբունքը: Եվ այն կշարունակի գործել, քանի դեռ որոշ մարդիկ միշտ ավելի լավ կլուծեն որոշակի խնդիրներ՝ շնորհիվ իրենց բնատուր խառնվածքի, ձեռք բերած գիտելիքների, հմտությունների և գործիքների: Բացի դրանից՝ ամեն միջավայրում միշտ լինելու են որոշակի բացառիկ ռեսուրսներ, որոնց ամեն մեկս կարող է հասանելիություն ունենալ՝ դրանցից արժեքներ ստեղծելով և օգուտներ քաղելով: Որսորդի փնտրտուքն անիմաստ է այնտեղ, որտեղ բամբակի առատ դաշտեր են, իսկ դերձակը մանրաթելի հումք չի գտնի վայրի անտառում:

Բացի դրանից՝ որքան զարգանում են մեր տեխնիկան և տեխնոլոգիան, այնքան ավելի բարձր մակարդակով կարող ենք կիրառել մեր մասնագիտությունը արտադրական խնդիրների լուծման համար: Այն, ինչ նախկինում ճանաչվում էր որպես մեկ խնդիր, այժմ կարելի է բաժանել բազմաթիվ ենթախնդիրների, եթե ավելի հաճելի և արդյունավետ է այդ կերպ ապահովել նախատեսված արդյունքը: Հագուստ արտադրելու խնդիրը կարող է ստորաբաժանվել բամբակի աճեցման, հավաքման, զտման, մանելու, հյուսելու, ներկելու և շատ այլ նեղ մասնագիտական խնդիրների: Դրանք կարող են կատարել հենց այն մասնագետները, որոնք ավելի լավ կամ ավելի հաճույքով են կատարում տվյալ առաջադրանքը: Կամ էլ դրանք բոլորը կարող է կատարել մեկ մարդ, սակայն աշխատանքը փուլերի բաժանելով: Նա կարող է կատարել նաև դրանցից մի քանիսը՝ գտնել մեկին՝ մնացածն անելու համար: Այդ նրանք պետք է մշակեն օպտիմալ տարբերակներ, թե ով կա հասանելի և ինչ է ցանկանում ու ինչ կարող է անել: Որքան ավելի բարդ և բազմակողմանի աշխատանքներ կարողանաք կազմակերպել և միասին իրագործել ընդհանուր նպատակի համար, այնքան ավելի բազմաշերտ և պոտենցիալ արժեքավոր արդյունքներ կստեղծեք:

Ձեր ձեռնարկած գրեթե ցանկացած բարդ գործի մեջ կլինեն խնդիրներ, որոնք դուք ավելի մեծ հաճույքով և ավելի հմտորեն կլուծեք, քան մյուսները: Կլինեն նաև որոշ ասպեկտներ, որոնք ձեզ բոլորովին դուր չեն գա: Շատերս ենք հարմարվել նրան, որ պիտի կատարենք մի աշխատանք, որը չենք սիրում, բայց դրանով զբաղվելը համարում ենք անխուսափելի: Աշխատանքը տառապանք է: Կյանքը տառապանք է: Կամ էլ միայն ընդունված է այդպես ասել:

Բայց ինչո՞ւ ենք մենք համակերպվել մեր կյանքն այսպես կառուցելուն: Որովհետև մեզնից շատերն այլընտրանք չեն տեսնում: Նայում ենք մեր շուրջը և այն ամենը, ինչ տեսնում ենք, հարկադիր զրկանքներն են ու պայքարը: Բայց չէ՞ որ սա էլ մարդկանց ուժեղ կողմերի և նախասիրությունների բազմազանության հարց է: Միշտ կա մեկը, որ սիրով և գերազանցությամբ կանի մի բան, ինչը մեզ համար զրկանք է, ինչում ի ծնե թերանում ենք: Միշտ կա մեկը, որին դուր է գալիս այն աշխատանքը, որն անտանելի է մեզ համար: Երբ դուք զարգացնում եք ձեր գիտելիքներն ու հմտությունները մինչև կոմպետենտության որոշակի մակարդակի, ապա կարող եք ինքնուրույն կիրառել դրանք շահութաբեր ապրանքների արտադրության և ծառայությունների մատուցման համար, որոնց դիմաց մարդիկ հաճույքով կվճարեն ձեզ: Քանի դեռ չեք հասել այս կետին, տրամաբանական է, որ առաջնային ուշադրությունը պետք է լինի կրթվելու և ուսանելու վրա՝ ավելացնելով օգտակար գիտելիքներն ու հմտությունները՝ դրանք շուկայում կիրառելու համար:

Բայց դեպի ո՞ւր պիտի շարժվի սկսնակ ձեռներեցն այս կետից հետո: Արդյո՞ք նա պետք է շարունակի խորացնել իր գիտելիքները, որպեսզի լավագույնը դառնա իր բնագավառում: Միգուցե՝ այո, եթե դա համապատասխանում է իր հնարավորություններին ու հավակնություններին և բխում է շուկայի պայմաններից: Հավանաբար աշխարհում երբեք ոչ մի ինժեներ կամ նյարդավիրաբույժ չի մնա առանց պահանջարկի, քանի դեռ կա հրթիռներ պատրաստելու և նյարդեր բուժելու կարիք:

Իսկ գուցե ավելի խելամիտ կլինի ընդլայնել այն, ինչ սկսե՞լ են՝ ձեռք բերելով նոր գիտելիքներ ու հմտություններ, որպեսզի սիներգիա ապահովեն տարբեր դիսցիպլինների միջև: Բայց արդյո՞ք ունեն անհրաժեշտ ժամանակ և այլ ռեսուրսներ՝ մի քանի ոլորտների նվիրվելու համար: Արդյո՞ք բավականաչափ բնատուր տաղանդ կա, որ բազմակողմանի գործունեությունն արդյունավետ լինի: Հնարավոր է՝ կա: Բայց շատ դեպքերում ավելի արդարացված կլինի, եթե մեր ժամանակը ծախսենք այն մարդկանց հետ հարաբերություններ հաստատելու վրա, որոնք կարող են անել այն, ինչ մենք չենք կարող, և ում արժեքներն ու նպատակները համահունչ են մեր արժեքներին:

Եվ հենց որ հաստատենք այդ ամուր և փոխշահավետ հարաբերությունները, կհասկանանք դրանք զարգացնելու և պահպանելու կարևորությունը: Այն, թե ինչպես ենք մենք վերաբերվում մարդկանց, ում հետ և ում համար աշխատում ենք, անչափ էական է հաջողության հասնելու համար: Եթե մենք կորցնենք հարգանքը այդ մարդկանց հանդեպ, ապա չենք կարողանա ապավինել նրանց գիտելիքներին, հմտություններին և նյութական ակտիվներին, երբ դրանց կարիքը լինի: Ավելին՝ եթե չափազանց վատ վերաբերվենք որևէ մեկին, դա ի վերջո բացասաբար կազդի մեր հեղինակության վրա (որը մեր անձնական կամ աշխատանքային բրենդի մի մասն է): Արդյունքում ավելի դժվար կլինի հասնել պոտենցիալ հաճախորդների և գործընկերների վստահությանը՝ հաստատելու փոխշահավետ հարաբերություններ:

ԳԼՈՒԽ 16

ԱՐԲԻՏՐԱԺ. ԱՄԵՆ ՈՔ ՄԻՋՆՈՐԴ Է

Ամեն ապրանք արժե այնքան, որքան մարդիկ պատրաստ են վճարելու դրա դիմաց: Կարևոր չէ, թե ինչու են մարդիկ այսինչ ակտիվն ավելի արժևորում, քան այնինչը, և թե ինչու են վաճառողներն այսինչի համար ավելի մեծ գումար պահանջում, քան այնինչի: Դուք, միևնույն է, կարող եք շահույթ ստանալ՝ ընդունելով այս փաստերը, անգամ եթե համաձայն չեք տվյալ ակտիվի սուբյեկտիվ գնահատման հետ:

Օրինակ՝ եթե տեսնում եք՝ մանկական խաղալիքը վաճառվում է ավելի ցածր գնով, քան, ձեր կարծիքով, գնորդը պատրաստ է վճարելու, ապա կարող եք օգտվել այդ փաստից: Հնարավոր է, որ տվյալ ապրանքը այնքան էլ լավ չի գովազդվում, և դուք դա հասկացել եք որոշակի խորքային մասնագիտական գիտելիքների շնորհիվ: Եթե պատրաստ եք կրել սխալվելու ռիսկը, ապա ձեզ ոչինչ չի կանգնեցնի (բացառությամբ հնարավոր արգելող օրենքների), որպեսզի գնեք թերարժևորված ակտիվի զգալի պաշար և փորձեք վերավաճառել այն ավելի բարձր գնով:

Արբիտրաժից շահույթ կարող է ստացվել անմիջապես, եթե այն գինը, որով առևտրականները պատրաստ են վաճառելու տվյալ ապրանքը, մեծապես տարբերվում է այն գնից, որով գնորդները պատրաստ են այն ձեռք բերելու: Շահույթ կարող է լինել նաև ժամանակի ընթացքում, երբ որևէ բան սկսում է արժևորվել երկարաժամկետ շուկայական գործոնների պատճառով: Այս իրավիճակում դուք պարգևատրվում եք այն բանի շնորհիվ, որ ավելի լավ եք կարողանում գնահատել շուկայում ինչ-որ բանի հարաբերական արժեքը մոտ ապագայում: Եթե բոլորը կարողանային կանխատեսել ապրանքների ապագա գներն այնպես, ինչպես դուք (և ունենային կապիտալ իրենց կանխատեսումներից օգտվելու համար), նրանք հիմա ձեզ հետ մանկական խաղալիք գնելիս կլինեին հնարավոր ամենացածր գնով: Այն փաստը, որ դուք բավականաչափ տեղյակ եք, որ գործեք նրանցից շուտ և գնեք ավելին, քան անձնապես սպառում եք, իրականում երաշխավորում է նաև, որ տվյալ ապրանքը ապագայում շուկայում հասանելի կլինի հենց ձեր շնորհիվ, ինչն էլ կօգնի այն բարձր գնով վաճառել:

Եթե բոլորը գնեն այնքան, որքան անմիջապես օգտագործելու են (ինչպես սովորաբար տեղի էր ունենում Խորհրդային Միությունում), ապա առաջարկը չի կարող լինել հուսալի, երբ շուկայական գործոնները փոփոխվեն, իսկ դրանք միշտ փոփոխվում են: Այն մարդիկ, որոնք տվյալ ակտիվից ունեն ավելի շատ, քան իրենց պետք է, կապահովեն դրանց առաջարկը, երբ արտադրության նվազման կամ պահանջարկի աճի պատճառով առաջանա բնական պակասուրդ: Ակտիվի սեփականատերերը խթան են ստանում շուկա հանելու նախապես կուտակած պաշարները և այդպիսով դրամական շահույթ ստանալու: Այդ մարդիկ չեն մնա տեղում նստած, մինչև երկար տարիների ընթացքում իրենք անձնապես սպառեն իրենց բոլոր ապրանքները:

Հնարավոր է՝ արբիտրաժի միջոցով գումար վաստակելը ձեզ թվում է անաշխատ եկամուտ, անարդար և անվայել մի բան: Գուցե իրականում արբիտրաժի դերը շատ կարևոր է համընդհանուր շուկայում: Արբիտրաժն օգնում է, որ ցածր սուբյեկտիվ արժեքով ակտիվները տեղափոխվեն այնտեղ, որտեղ ավելի բարձր կգնահատվեն, իսկ դրանից ոչ ոք չի տուժում: Այն գումարը, որը ստանում եք այս իրավիճակում, կարող եք համարել վճար ձեր աշխատանքի դիմաց, քանի որ, կարելի է ասել, որոնել գտել եք մի բան, ինչի պակասը մարդիկ կզգային առանց ձեր այդ ծառայության: Գնորդը, որին դուք վաճառում եք տվյալ ապրանքը, ի վերջո ձեզ վճարում է այն բանի համար, որ դուք պատրաստ էիք անցնելու իր ընտրած ապրանքը գտնելու և իրեն հասցնելու դժվարությունների միջով:

Սա մեկն է այն բազմաթիվ պատճառներից, թե ինչու եմ ես կողմ, որ նոր ձեռներեցները ներգրավվեն հենց այն բիզնեսներում, որտեղ նրանք գիտակ են և՛ արտադրությանը, և՛ սպառմանը: Օրինակ՝ ինչպե՞ս կարող եք իմանալ, թե ի՞նչ գնով արժե վաճառքի հանել ձեր այսինչ ակտիվը, եթե մինչ այդ ինքներդ շուկայում չեք եղել դրա սպառողը: Ինչպե՞ս կարող եք իմանալ, թե ինչն են գնորդները համարում հազվագյուտ և արժեքավոր և ինչը՝ հասարակ: Գուշակությունն այստեղ չի օգնի, եթե, իհարկե, չեք ուզում տարվել մոլախաղերով: Կառավարելի ռիսկի համար ձեզ անհրաժեշտ են փորձ և ապացույց:

Մի անգամ ես անսպասելիորեն հնարավորություն ունեցա զգալի շահույթ ստանալու մի հուշանվեր-արծաթադրամի հաջող վերավաճառքից, քանի որ պարզապես գիտեի, որ այդպիսի մետաղադրամները սահմանափակ քանակությամբ են, և կան հավաքորդներ, ովքեր պատրաստ են բարձր գումար վճարելու դրանց դիմաց:

Հուշանվեր-մետաղադրամների մի խանութում ցուցադրված էր հայկական զարդանախշով մի եզակի արծաթյա նմուշ, որ գնորդներին առաջարկվում էր 50 ԱՄՆ դոլարին համարժեք դրամով: Սակայն շուկայի իմ նախկին ուսումնասիրությունների ժամանակ համացանցից տեղեկացել էի, որ կան մարդիկ, ովքեր պատրաստ են այդօրինակ մետաղադրամների համար վճարել երեք անգամ ավելի: Այնուհանդերձ, այն ամիսներ շարունակ մնացել էր փոքրիկ խանութի ցուցափեղկում, որովհետև մենեջերը չէր կարողացել գտնել այդ մարդկանց: Սրանից ոչ ոք չէր շահում. վաճառողը չէր ստանում այն գումարը, որն ակնկալում էր, իսկ պոտենցիալ հաճախորդը չէր ստանում այն մետաղադրամը, որը փնտրում էր:

Հասկանալով ընձեռված հնարավորությունը՝ ես անմիջապես գնեցի այդ հայկական մետաղադրամը և օնլայն մարքեթինգային աշխատանք ձեռնարկեցի բոլորովին այլ պոտենցիալ գնորդների շրջանում: Պարզապես մի քանի գեղեցիկ լուսանկարներ տեղադրեցի համացանցային հարթակում, համապատասխան բանալի բառերով ներկայացրի տեսանելի անկյունում, և մի քանի օր անց գնորդը հայտնվեց՝ վճարելով 150 ԱՄՆ դոլար: Ես շահեցի 100 դոլար՝ ծախսածս ժամանակի և 50 դոլար գումար ռիսկի ենթարկելու դիմաց: Այդ 100 դոլարը կարող էր ստանալ խանութպանը, եթե իմանար՝ ինչպես մի քանի պարզ փոփոխություն կատարեր վաճառքի իր մոտեցման մեջ:

Այս հնարամտությանս մասին գյուղում ես պատմեցի իմ ընկերներից մեկին՝ Արփինեին: Սակայն նա տպավորված չէր դրանով, այլ պնդում էր, որ իմ քայլն անազնիվ է եղել: «Եթե մետաղադրամի իրական արժեքը 150 դոլար էր, ապա քո կողմից սխալ էր միայն 50 դոլար վճարել սեփականատիրոջը և այդքան գումար աշխատել նրա հաշվին»,նախատեց նա:

Ես հասկանում էի նրա դատողությունների հիմքը: Առաջին հայացքից կարող է թվալ, թե ես օգտվում եմ այս մարդու անտեղյակությունից կամ վաճառքը ճիշտ կազմակերպելու հմտության պակասից: Բայց ես ուզում էի շարունակել քննարկումս Արփինեի հետ, քանի որ գիտեի, որ հարցը փիլիսոփայական է, աշխարհայացքային:

- Կոնկրետ ի՞նչն է եղել ոչ էթիկական,հարցրի ես:Կայացել է երկու գործարք՝ փոխադարձ համաձայնությամբ և փոխշահավետ: Նախ՝ ես մետաղադրամի դիմաց խանութպանին վճարել եմ իր պահանջած 50 դոլարը: Արդյո՞ք դա հակաէթիկական էր:

Արփինեն ոչինչ չպատասխանեց:

- Հետո ես փոխանակել եմ մետաղադրամը մեկ ուրիշի հետ 150 դոլարով: Արդյո՞ք դա է հակաէթիկական:

- Կարծում եմ՝ ազնիվ չէ, որ դու խանութպանին չես տեղեկացրել

մետաղադրամի իրական արժեքը թիրախային շուկայում, և նրան հնարավորություն չես տվել, ամբողջական տեղեկացվածության պայմաններում, ինքնուրույն որոշելու, թե ինչպես է ցանկանում շարունակել գործարքը,պատասխանեց նա:

- Մետաղադրամի իրական արժե՞քը. ի՞նչն է որոշում այդ «իրական արժեքը»։ Ես գիտեմ, որ դրա իրական քաշը մեկ ունցիա էր: Գիտեմ, որ դրա իրական տրամագիծը 39 միլիմետր էր, մոլեկուլային կազմը՝ 99,9% մաքուր արծաթ: Ես գիտեմ այս բաները, որովհետև դրանք հնարավոր է օբյեկտիվորեն չափել: Բայց ինչպե՞ս կարող եմ նույն կերպ չափել դրա իրական շուկայական արժեքը: Արդյո՞ք ես գիտեի, որ դրա արժեքը կլինի 150 դոլար, երբ այն գնեցի 50 դոլարով: Ոչ մի երաշխիք չունեի, որ կկարողանամ վաճառել այդ գնով: Ես գինը սահմանեցի 150 դոլար, որովհետև ենթադրում էի, որ այդ գնով կկարողանամ գնորդ գտնել՝ ստիպված չլինելով սպասել ավելին, քան դրա համար արժեր: Այդքան էր դրա արժեքն ինձ համար: Այն տղան, որից գնել էի, սահմանել էր 50 դոլար, որովհետև, ըստ երևույթին, հաշվարկել էր, որ ինքն այդ գնով կարող է վաճառել: Մենք գիտենք, որ հենց այդքան էր դրա արժեքը նրա համար, որովհետև այդքանով էր պատրաստ փոխանակելու: Բայց ի՞նչ կլիներ, եթե ես այն սահմանեի 250 դոլար և վաճառեի այդ գնով: Արդյո՞ք այդ 250 դոլարը կդառնար մետաղադրամի իրական գինը: Ի՞նչ կլիներ, եթե այն մարդը, որին վաճառել էի 150 դոլարով, վերավաճառեր այն 250-ով՝ ինձնից գնելուց հետո: Արդյո՞ք դա կլիներ ոչ էթիկական: Արդյո՞ք նա ինձ խաբած կլիներ՝ չտեղեկացնելով, որ «իրական» գինը 250 դոլար է, երբ գնում էր ինձնից 150-ով:

- Միգուցե...

- Իսկ նորմալ կհամարեի՞ր, եթե ես այն վաճառեի ընդամենը 51 դոլարով՝ 50 դոլարով գնելուց հետո: Արդյո՞ք 1 դոլար շահույթը փոխանակումը կդարձներ արդար և ազնիվ բոլորի համար:

- Դե՛, դա ավելի խելամիտ կլիներ: Քանի որ տարբերությունը կլիներ ընդամենը 1 դոլար. գնորդը դրա դեմ առարկելու հիմքեր չէր ունենա,պատասխանեց Արփինեն:

- Բայց եթե իմ շահույթը կազմեր միայն 1 դոլար, ուրեմն չարժեր

181

ժամեր ծախսել այդ ողջ գործընթացի վրա: Կարծում ես՝ ես իմ ազատ ժամանակը կծախսեի՞ խանութներում արծաթե մետաղադրամներ փնտրելու վրա, եթե ընդամենը 1 դոլար աշխատելու ակնկալիք ունենայի: Ես ուզում էի գտնել և գնել այդ մետաղադրամը միայն բավարար շահույթ ստանալու հնարավորության համար, շահույթ իմ աշխատանքի և տարիների ընթացքում սովորածի դիմաց:

- Լավ, դա քո տեսանկյունից ճիշտ է: Բայց, միևնույն է, թվում է, թե դու խաբել ես այդ մարդուն:

- Ի՞նչ ես կարծում, արդյոք խանութպանի համար ավելի լա՞վ կլիներ, եթե ես չգնեի այդ մետաղադրամն այն գնով, որն ինքը պահանջում էր, և նա ընդհանրապես գումար չաշխատեր: Ի վերջո, այդ մետաղադրամը գնելու միակ պատճառն այն էր, որ ես կարող էի վերավաճառել այն ավելի բարձր գնով և շահույթ ստանալ: Ես երբեք էլ մտադրված չէի մետաղադրամը պահել ինձ: Եթե «չխաբել» նրան, ինչպես դու ես ձևակերպում, ապա այն չէի գնի ընդհանրապես:

- Դե ո՛չ: Իհարկե, նա ցանկանում էր, որ դու այն գնես: Բայց, միևնույն է, կարծում եմ՝ պետք է ազնիվ լինեիր նրա հանդեպ:

- Ի՞նչ առումով էի անազնիվ: Սկզբնական վաճառողը հայտնել էր, որ ուներ կոնկրետ մետաղադրամ և այն կփոխանակի ինձ հետ 50 դոլարով:

- Պարզապես արդար չէ, երբ ապրանքը ձեռք ես բերում որոշակի գնով և առանց այն ավելի կատարելագործելու՝ վերավաճառում ես եռակի բարձր գնով:

- Այո, օբյեկտիվորեն ես ոչինչ չեմ արել մետաղադրամի ֆունկցիոնալությունը փոխելու առումով: Ըստ էության՝ այն նույն վիճա-

կում էր, որով ձեռք էի բերել: Դա հին մեքենա չէր, որը գնել էի շատ էժան, ժամանակ ծախսել այն վերանորոգելու վրա, իսկ հետո վաճառել՝ ստանալով շահույթ՝ օբյեկտիվորեն ավելի լավ վիճակի հասցնելու շնորհիվ: Ի՞նչ եմ ես արել. տեղափոխել եմ այս մետաղադրամը, որն ուներ ապրանքային մետաղի, արվեստի գործի և երկարաժամկետ ներդրման գործառույթ, դեպի շուկա, որտեղ այն սուբյեկտիվորեն ավելի բարձր կգնահատվեր, քան իր նախկին տեղում:

Ես տեսնում էի, որ նա, միևնույն է, չէր ընդունում իմ ասածը:

- Մտածիր այսպես,շարունակեցի ես:Տարբերություն կլինե՞ր, եթե հայկական հազվագյուտ արծաթե մետաղադրամների կոլեկցիոները վարձեր ինձ և վճարեր ամեն ժամի համար, եթե փնտրեի և գտնեի իր հավաքածուն լրացնելու ճանապարհներ: Ենթադրենք, իմ ծառայությունների դիմաց նա համաձայներ վճարել ժամում 20 դոլար, և ես հինգ ժամում կարողանայի գտնել այս մետաղադրամը: Այդ դեպքում նա ինձ կվճարեր 100 դոլար: Արդյո՞ք այս տնտեսական հիմնավորը որևէ բան փոխում է իմ արածի արդարության, էթիկայի կամ արժեքի վերաբերյալ: Վերջնական արդյունքը նույնն է: Ես ստացել էի 100 դոլար՝ գտնելով մետաղադրամ 50 դոլարով, որի համար ինչ-որ մեկը ինչ-որ տեղում պատրաստ էր վճարելու

150 դոլար, իսկ այլ հանգամանքներում նա չէր կարողանա դա գտնել և որոնելիս գուցե ծախսեր 150 դոլարից էլ ավելի: Ի վերջո, բոլոր երեք մարդիկ, որ ներգրավված էին այս տնտեսական փոխգործակցության մեջ, ստացան այն, ինչ ուզում էին: Սկզբնական վաճառողը ստացավ իր 50 դոլարը, վերջնական գնորդը ստացավ մետաղադրամն այն գնով, որն արդարացի էր համարում, իսկ ես վարձատրվեցի գործարքը հեշտացնելու համար: Ցուցաբերելով ձեռնարկատիրական նախաձեռնություն՝ գտնելու այս հնարավորությունը ինքնուրույն՝ չսպասելով, որ մեկն ինձ այդ աշխատանքի համար կօգնի, ես իմ ուսերին էի վերցրել նաև ձախողելու ռիսկը:

Իմ դրամական պարգևը հենց այդ ռիսկի արդյունքն էր: Բայց շատ դեպքեր են եղել, երբ ես սխալվել եմ և վնաս կրել: Անարդար կլիներ, եթե այդ վնասներից հետո օգուտ քաղելու հնարավորություն չունենայի: Այնպես չէ՞:

Արփինեի խոսքերից հասկացա, որ նա կենտրոնացել էր միայն վերջնական արդյունքի վրա, այլ ոչ թե իմ ներկայացրած այս գործընթացների, որոնք պիտի տեղի ունենային՝ հնարավոր դարձնելով վերջնական արդյունքը:

- Գուցե միամիտ է թվում, բայց վարձատրվել կարող էիր նաև, եթե խանութպանին հայտնեիր, որ նա չի իրացնում իր մետաղադրամը հնարավոր լավագույն եղանակով և որ կարող էր ավելի շատ գումար ստանալ դրա դիմաց, այնպես չէ՞:

- Այո, ես, իհարկե, կարող էի դա անել: Բայց ի սկզբանե ո՞րն էր իմ դրդապատճառը որոնելու այդ մետաղադրամը: Ո՞րը կլիներ իմ փոխհատուցումը այն բանի դիմաց, որ այս մարդուն տեղեկացնեի, թե ինչ պետք է անի ավելի շատ փող աշխատելու համար: Քո կարծիքով հենց հիմա աշխարհում քանի՞ թերարժևորված ապրանք են մարդիկ փորձում վաճառել: Քանի՞ ապրանք է դժվարությամբ վաճառվում, և քանի՞սը չի վաճառվում այն գնով, որով կարող էին իդեալական պայմաններում: Ինչո՞ւ ինձ չես ասում, որ գտնեմ այս բոլոր վաճառողներին և օգնեմ, որ բարելավեն իրենց բիզնես մոդելը:

- Դե, դու ժամանակ չունես, որ բացահայտես բոլոր խնդիրները և օգնես բոլորին: Ես հասկանում եմ քո տեսակետը:

- Ճիշտ է: Պատկերացրու՝ կա վաճառքների խորհրդատվական ընկերություն, որն ամենուր խորհուրդներ է տալիս բոլորին և երբեք գումար չի վերցնում այդ արժեքավոր ծառայության դիմաց: Նման ընկերությունը շուտով կդադարեցներ գործունեությունը, և նրա աշխատակիցներն էլ ստիպված կլինեին դրամ վաստակելու այլ տարբերակ գտնել: Պատկերացրու՝ ես մոտեցել եմ այս խանութպանին որպես անծանոթ և ասում եմ, որ կարող եմ սովորեցնել ինչպես վաճառել իր մետաղադրամն ավելի արագ և ավելի բարձր գնով, եթե նա ինձ վճարի 100 դոլար: Կարծում ես՝ նա կհամաձայնե՞ր: Նրա համար դա չափազանց մեծ ռիսկ կլիներ:

Նա չգիտի, թե ով եմ ես: Նա ոչինչ չգիտի իմ տված խորհուրդների արժեքավորության մասին: Ինչո՞ւ պիտի ինձ հավատա: Ամենայն հավանականությամբ, նա կիրաժարվեր իմ առաջարկից և կշարունակեր առուծախը նույն անարդյունավետ մեթոդներով, որոնց սովոր էր: Ու հավանաբար ստիպված կլիներ շատ երկար սպասել, մինչև որ իր մետաղադրամը կվաճառվեր 50 դոլարով: Գնելով մետաղադրամն այդ գնով՝ այն դեպքում, երբ ուրիշ ոչ ոք դա չէր անում, ես վերցրի ռիսկի բեռը նրա ուսերից, ինքս այն ստանձնեցի: Ես վստահ էի, որ իմ գիտելիքները կաշխատեն, հետևաբար գործեցի դրանց համապատասխան: Ես ստուգեցի իմ հիպոթեզը:

Պատկերավոր ասած՝ ես իմ գումարը ներդրեցի այնտեղ, որտեղ իմ միտքն է: Ստեղծեցի հնարավորություն, որը գոյություն չուներ նախկինում, որովհետև պատրաստ էի ռիսկի դիմելու և սխալվելու, որպեսզի շահույթ ստանամ իմ գիտելիքների և հմտությունների շնորհիվ:

Ո՞րն էր այն կարևոր նախադրյալը, որ բացակայում էր Արփինեի պատկերացրած տնտեսական մոդելում: Որպեսզի շուկան գործի, նրա բոլոր մասնակիցները պետք է կատարեն իրենց համար շահութաբեր գործողություններ. սա է օրենքը: Այլ կերպ ասած՝ նրանք պետք է ստանան այն, ինչ ուզում են, իրենց կատարած հաջող ընտրության միջոցով: Արբիտրաժն այն է, երբ ձեռներեցները պարգևատրվում են շուկայի անարդյունավետությունները ուղղելու և փոխանակման ավելի հաջող պայմաններ ստեղծելու համար: Իդեալական տարբերակ է, երբ երկու կողմերը՝ վաճառողն ու գնորդը, հնարավորինս մոտենում են այն արդյունքին, որն ուզում են ստանալ: Հենց այս կետում է շուկան հավասարակշռվում: Գնորդը ստանում է իր ուզած ապրանքը այն գնով, որը համարում է ցածր և խելամիտ, իսկ վաճառողն ազատվում է այդ ապրանքից այն գնով, որը համարում է բարձր և խելամիտ: Սակայն տարբեր գործոնների պատճառով՝ փորձառության պակաս, արգելող օրենքներ, շուկան միշտ գտնվում է ոչ օպտիմալ վիճակում: Միշտ էլ գոյություն ունեն մարդիկ, որոնք ձգտում են ապրանքները գնել ավելի ցածր գնով, քան դրանք առկա են շուկայում (եթե, իհարկե, ընդհանրապես առկա են): Եվ կան մարդիկ, որոնք ձգտում են վաճառել ապրանքներն ավելի բարձր գնով, քան այն, ինչ գնորդները պատրաստ են վճարելու (եթե ընդհանրապես գնորդներ կան): Այս հանգամանքները հասկանալը և դրանք ներդաշնակելու համար ռիսկի դիմելը մեծացնում են բոլոր ներգրավված կողմերի բավարարվածությունը, նրանց կատարած աշխատանքի արդյունավետությունը և պարգևատրում ձեռներեցին համարձակ լինելու համար, քանի որ նախաձեռնել է այն, ինչ ոչ ոք չէր անի:

ՄԱՍ V

ՁԵՌՆԵՐԵՑՈՒԹՅՈՒՆԸ ԿՅԱՆՔՈՒՄ

Իմ հայ ծանոթները հաճախ են ինձ մեղադրում, որ ձեռնարկատիրությունը ներկայացնում եմ չափազանց պարզ, գուցե անգամ չափազանց դրական լույսի ներքո՝ նրա օրենքներով ապրելու համար: Ամեն ինչ չէր կարող այդքան հեշտ լինել, այնպես չէ՞: Արդյո՞ք աշխարհի ամենաաղքատ և ամենակարիքավոր մարդկանց դեպքում այս սկզբունքները գործում են ճիշտ այնպես, ինչպես ամենահարուստների և ամենաhզորների դեպքում: Դրանք հավասարապես նո՞ւյնն են արդյոք Արևմուտքի և Արևելքի հասարակությունների համար: Նո՞ւյնն են արդյոք զարգացած աշխարհի և երրորդ երկրների համար: Մեր քարանձավաբնակ նախնիների և մեր ապագա՝ տիեզերքը նվաճող սերունդների համար:

Եթե այս սկզբունքները բնական են և համընդհանուր, ինչո՞ւ իրական աշխարհում մարդիկ սովորաբար գործում են բոլորովին էլ ոչ դրանց համապատասխան: Ինչո՞ւ երկրի վրա ինքնուրույն աշխատող, ֆինանսապես ազատ ու անկախ մարդիկ ավելի մեծ թիվ չեն կազմում: Չէ՞ որ իմ նկարագրած պայմանների ճշմարտացիության դեպքում նրանց թիվն իրականում շատ ավելի մեծ պիտի լիներ:

Ահա ինչ զրույցներ եմ ունենում իմ թերահավատ ունկնդիրների հետ:

- Լավ, Գրեգո՛րի, եթե դա իսկապես այնքան հեշտ է, որքան դու շարունակ ներկայացնում ես, ինչպե՞ս կարող եմ ես գումար աշխատել:

- Ես քեզ միշտ նույնն եմ ասում. պարզապես առաջարկի՛ր ինչոր մեկին ինչոր բան, որը նա ցանկանում է:

- Իսկ եթե նա բավարար գումար չունի՞ ինձ վճարելու համար:

- Պատասխանը պարզ է. առաջարկիր մեկին, որն ունի այդ գումարը:

- Շատ լավ: Բայց դրամ ունեցող մեկին մեկ բան վաճառելը բավարար չէ ինձ ֆինանսապես ապահովելու համար:

- Իհարկե: Ուրեմն՝ դրամ ունեցող բազմաթիվ մարդկանց բազմաթիվ բաներ վաճառիր:

- Է՜հ, լավ: Բայց ես ամեն ինչ անել չեմ կարող, շատ բաների չեմ տիրապետում: Կամ չունեմ անհրաժեշտ կապիտալ և այլ ռեսուրսներ ինչոր գործ նախաձեռնելու համար:

- Օ՛հ, դրանից էլ հեշտ լուծո՞ւմ: Առաջարկիր մարդկանց այն, ինչ կարող ես առաջարկել: Կամ գիրք կարդա այն մասին, ինչ ուզում ես սովորել: Այնուհետև դա արա: Գուցե այդպես դու որոշակի կապիտալ կուտակես, իսկ հետո կկարողանաս անել բաներ, որոնք ավելի մեծ կապիտալ են բերում:

- Իսկ եթե ինձ դա դուր չգա՞:

- Ուրեմն արա այն, ինչ դուր է գալիս:

- Բայց ես նույնիսկ չգիտեմ, թե ինչ աշխատանք է ինձ դուր գալիս:

- Դե, ենթադրում եմ՝ ժամանակն է, որ սկսես ուսումնասիրել այլ բաներ, որոնցից կարող ես ավելի շատ հաճույք ստանալ, քան այն, ինչի համար քեզ վճարում են աշխատավայրում, և որը չես սիրում:

- Իսկ ինչպե՞ս կարող եմ մրցել այն մարդկանց հետ, որոնք արդեն իսկ անում են այն, ինչ ես կուզենայի անել:

- Արա մի բան, որն այլ մարդիկ դեռ չեն անում: Կամ ինչոր բան, որը, քո կարծիքով, քեզ ավելի լավ կհաջողվի: Բացի դրանից՝ չե՞ս կարծում, որ որևէ բնագավառում ամենալավը դառնալու լավագույն ճանապարհին առաջին քայլն անելն է և սովորելը քո սխալներից:

- Իսկ հետո՞: Ես պարզապես կշարունակեմ դա անել մինչև կյանքիս վե՞րջ:

- Եթե այդպես ցանկանաս, այո, բայց հավանաբար ավելի լավ կլինի, որ պարզես՝ ինչպես կարելի է ընդլայնել գործունեությունդ և դրան հարակից ոլորտներն այնպես, որ ժամանակի ընթացքում ավելի ու ավելի շատ բան ստեղծես ավելի ու ավելի քիչ ջանքերով: Ով իմանա, թե ինչպիսին կլինի քո մասնագիտական գործունեությունը երկարաժամկետ հեռանկարում: Բայց պետք է ինչոր բանից սկսել: Պարզապես ամեն օր միևնույն աշխատանքին ներկայանալը, որը, ինքդ էլ գիտես, չես սիրում, չի բարձրացնի կյանքից քո բավարարվածության մակարդակը, չի օգնի քեզ ավելի շատ գումար վաստակել: Սակայն եթե դու համառես և ստեղծես այն, ինչ քեզ լավ է հաջողվում, ապա պարզ է, որ ժամանակի ընթացքում կունենաս գումար աշխատելու ավելի շատ տարբերակներ, որոնք քեզնից կպահանջեն ավելի քիչ բան: Իսկ քո ձեռնարկատիրական մտածելակերպն ու գործելակերպը բնականաբար կբարելավվեն փորձի շնորհիվ: Թե՞ ամեն դեպքում կնախընտրես ոչինչ չանել և մնալ քո ոչ նախաձեռնողական դիրքում: Մի բան ինձ հուշում է, որ դու այս թեմայով չէիր խոսի ինձ հետ, եթե երջանիկ լինեիր քո աշխատանքով:

Այս քննարկումից զրուցակիցս արդեն ակամա գաղափար է կազմում տնտեսագիտության տեսության հիմնարար սկզբունքների մասին, որոնց միջոցով պետք է հասկանա՝ ինչպես և ինչու են ձեռնարկատիրական մեխանիզմները գործում: Նա կարող է հստակ վերլուծել այլ ձեռներեցների գործունեությունը և պարզել, թե ինչու են նրանք հաջողել կամ ձախողել:

Այնուամենայնիվ, այս զրուցակիցներս հաճախ վարանում են համապատասխանեցնել իրենց ընտրություններն այն ամենի հետ, ինչ ճիշտ են համարում, և որքան կառչում են բյուրոկրատական մտածելակերպին ու կանոններին, այնքան դա անելն ավելի դժվարանում է: Ահա թե ինչու անչափ կարևոր է մարդկանց ամենուր ծանոթացնել ձեռնարկատիրական մտածելակերպի առավելություններին հնարավորինս վաղ հասակում, նախքան կդառնան ոչ հակաձեռնարկատիրական մշակույթի ազդեցության գերին, մշակույթ, որը խաթարում է կարող և ունակ մարդկանց ողջ կյանքը:

Թեև պատշաճ ձեռնարկատիրական կրթությունը կարևոր է, սակայն բավարար չէ: Հնարավոր չէ ինչոր ճիշտ խոսքերով մեկին ինքնավստահություն ուսուցանել, քանի որ այն հուզական հասկացություն է: Ինքնավստահությունը զարգանում է հաջողված գործողությունների կրկնության արդյունքում միայն, ինչպես մկանային ռեֆլեքսը: Այդ առումով վստահությունը կարող ենք համարել հմտություն:

Եվ ինչպես ցանկացած հմտություն, վստահությունը զարգանում և կիրառվում է նպատակաուղղված գործողությունների միջոցով, ներառյալ նյարդաքիմիական հավասարակշռության պահպանումն օրգանիզմում, որով պայմանավորված է ինքնազգացողությունը: Երեխաները, դեռահասները և երիտասարդները, որոնք դժբախտություն չեն ունեցել երկար տարիներ ապրելու ակամա անինքնավստահության մեջ, շատ ավելի հեշտ կկարողանան համարձակություն ձեռք բերել: Նրանք, այսպես ասած, ավելի քիչ «ռեֆլեքսներ» կունենան, որոնք պետք է մոռացվեն: Եվ ինչպես ցանկացած հմտություն, ինքնավստահությունն էլ պետք է կյանքի կոչվի այն պահից միայն, երբ մարդն իսկապես արդեն բավականաչափ պատրաստ է:

Ահա թե ինչու եմ ես կրկնում, որ ձեռներեցությունը պետք է սկսել փոքր քայլերից, երբ ռիսկերը նվազագույնն են, և հեշտ է հարմարվել նոր իրավիճակներին, որոնց դեռ պետք է վարժվել: Դա լավագույն միջոցն է տեսնելու մեր շուրջը եղող անսահման հնարավորությունները: Երաժիշտը, որը տիրապետում է իր գործիքին և ունի ստեղծագործելու բազմազան հնարավորություններ, ամենուր երաժշտություն է լսում: Ձեռներեցը, որն ընդունում է տնտեսության խաղի կանոնները, ճանաչում է իր գիտելիքների ու հմտությունների իրական ներուժը, արագ հասկանում է, որ հարստություն ստեղծելու հնարավորությունները երբեք չեն սպառվում:

Ճի՞շտ է արդյոք որևէ բարդ նախաձեռնություն սկսել՝ մտածելով միայն իդեալական վերջնարդյունքի մասին և անտեսելով այն հմտությունների զարգացումը, որոնք առաջին հայացքից անմիջապես դրան չեն հանգեցնում: Միշտ էլ գոյություն ունեն սկզբնակետից վերջնարդյունքին մոտեցնող միջանկյալ քայլեր, որոնք հեշտացնում և ապահով են դարձնում այդ ընթացքը: Սակայն մշակութային արգելքները հաճախ խանգարում են մեզ նկատել և հաշվի առնել դրանք, երբ փոխարենը կենտրոնանում ենք միայն տեսանելի հաջող արդյունքի վրա, որին, սակայն, ուրիշները հասել են բազմաթիվ փորձություններ հաղթահարելով:

Օրինակ՝ ինչպե՞ս է սկսնակ դաշնակահարն ընտրում, թե ամենասկզբում ո՞ր մեղեդին սովորի նվագել երաժշտական ստեղծագործությունների անհամար ցանկից: Արդյո՞ք նա սկսում է ամենահայտնի և տաղանդավոր կոմպոզիտորի ամենաբարդ և հայտնի գործից՝ այն հանճարեղ ստեղծագործությունից, որով ուրիշներին տպավորելն իր երազանքն է: Թե՞ ավելի լավ կլինի սկսել պարզ, բայց ուսուցման համար արդյունավետ մի պիեսից, որն իրեն հնարավորություն կտանախ զարգացնելու բազային հմտությունները և պարզելու, թե ինչի է ընդունակ, անգամ եթե առաջին կատարումն այնքան էլ հրաշալի չլինի և չհամապատասխանի իր ցանկացած որակին:

Որքան քեզ թվում է, թե շատ բան գիտես, այնքան ավելանում են «կույր բծերն» ու սուբյեկտիվ ընկալումը: Հիշենք այն հյուրատան տիրոջը, որը չէր հասկանում, որ մի փոքր բարեկարգելով իր բնակարանը՝ կարող էր այն վերածել հարստություն բերող մեծ ակտիվի: Մարդիկ չունեն ձեռնարկատիրական մտածելակերպ, որովհետև սովոր են, որ իրենց թելադրեն՝ ինչպես կիրառել իրենց գիտելիքներն ու հմտությունները: Սակայն նրանք պետք է ինչոր ամբիցիաներ սահմանեն՝ դուրս գալու կրկնվող դեպքերի շրջապտույտից: Այն, ինչ նրանք գիտեն և կարողանում են անել, որոշ ժամանակ հետո այնքան սովորական է դառնում, որ մոռանում են, որ ոչ բոլորն ունեն նույն կարողություններն ու հայացքները: Նրանք անգամ հաշվի չեն առնում, որ կան մարդիկ, ովքեր ցանկանում են օգտվել այն ծառայություններից, ինչ իրենք կարող են մատուցել: Նրանք չեն կարողանում տեսնել իրենց գիտելիքների և հմտությունների շուկայական արժեքը իրենց նեղ աշխատանքային միջավայրից կամ կենսակերպից դուրս, որտեղ սովորել են դրանք կիրառել: Զավեշտալի է, որ և՛ իրենց աշխատավայրում առավելագույնն անող, և՛ աշխատանք չունեցող մարդիկ կարող են տառապել անբնական հակաձեռնարկատիրական մտածելակերպի պատճառով: Նրանք, ովքեր երբեք չեն ունեցել լավ աշխատանքի հնարավորություններ, փողը կհամարեն բացառիկ և անհասանելի մի բան, որն իրենց ի վերուստ տրված չէ: Հետևաբար՝ չեն փնտրի հնարավորություններ այն ստեղծելու համար: Նրանք հավանաբար չեն էլ տեսնի, որ ունեն հմտություններ, որոնք կարելի է դրամի վերածել:

Մյուս ծայրահեղությունն այն է, երբ մարդիկ հետևողականորեն գումար են վաստակել միևնույն աշխատավայրում՝ ուրիշ ձեռնարկատիրոջ բիզնեսի սահմանում: Այս մարդիկ գիտեն, որ իրենք ունեն արժեքավոր հմտություններ, սակայն հույս են դրել խճճված սոցիալական հիերարխիայի վրա, որպեսզի ուրիշները հնարավորություն տան իրենց աշխատելու: Ահա թե ինչու են նրանք խուճապի մատնվում, երբ կորցնում են իրենց աշխատանքը: Այդ մասնագետներն իրենց հմտությունները հարստության վերածելու հնարավորությունը տեսնում են միայն կորպորատիվ միջավայրում, որտեղ պետք է հրամաններ ընդունեն և լուծեն հենց իրենց առաջադրված խնդիրները:

ԳԼՈՒԽ 17

ԿԵՆՍՈՒՆԱԿՈՒԹՅՈՒՆ ՇՈՒԿԱՅՈՒՄ. ՀԱՍԿԱՆԱԼ, ԹԵ ԻՆՉԸ ՊԱՀԱՆՋԱՐԿ ՈՒՆԻ, ԵՎ ԻՆՉ ԱՆԵԼՆ Է ԱՐԴԱՐԱՑՎԱԾ

Ապագա ձեռնարկատերերի առջև ծառացած հիմնական խոչընդոտն այն չէ, որ չկան բավարար կենսունակ տարբերակներ բիզնես սկսելու համար: Խնդիր առաջանում է աներևակայելի մեծ ընտրության հետևանքով: Տնտեսական բոլոր պայմաններում, բացառությամբ ամենաաղքատ և վերահսկվող շուկաների, շատ բիզնեսներ կան, որոնք կարող են շահույթ ապահովել, քան մարդը ունակ է երևակայելու: Ուստի հարց է ծագում՝ ինչպե՞ս է ապագա ձեռներեցն իր առջև եղած անհամար ուղիներից ընտրում այն մեկը, որով պետք է ընթանա առաջինը: Խնդիրը խելամիտ մեթոդոլոգիայի բացակայությունն է՝ որոշելու, թե հնարավոր անթիվ տարբերակներից որն է ամենակենսունակը:

Այնուամենայնիվ, ճիշտ ընտրություն կատարելու

հմտությունը, ինչպես ցանկացած այլ հմտություն, մոռացվում է պարբերաբար չօգտագործելու դեպքում: Քանի որ խորհրդային շրջանում աշխատողներին երբեք առանձնապես թույլատրված չի եղել ընտրություն կատարել տարբեր արժեքների կամ դրանց արտադրության ռազմավարությունների միջև, դա չափազանց մեծ բեռ է մնացել նրանց ժառանգների ուսերին: Սերունդներ շարունակ իշխանությունը բոլոր աշխատավորների փոխարեն որոշել է, թե պետությունն ինչ տնտեսական կարիքներ ունի, և ով կարող է լավագույնս հոգալ դրանք, և այս ամենը՝ միակողմանի, անհեթեթ և կամայական չափանիշներով: Խորհրդային պետությունների քաղաքացիները ստիպված չէին ընտրություն կատարել, թե իրենցից յուրաքանչյուրն ինչ կարող է տալ հասարակությանը՝ զբաղվելով իր ընտրած բիզնեսով:

Խորհրդային կարգերի ջատագովները պարծենում էին «100%անոց զբաղվածության մակարդակով»: «Եղբայրական ազգերի» հպարտությունն էր, որ յուրաքանչյուր մարդ իր դերն ունի կոմունիստական հասարակարգի կերտման գործում: Ով էլ որ լինեիք կամ ինչ հմտություններ էլ ունենայիք, ինչոր մեկը, որ ուներ իշխանություն, անպայման ձեզ համար մի զբաղմունք կգտներ: Բայց քանի որ հիմնական ուշադրությունը կենտրոնացվում էր պարզապես ինչոր բան անելու վրա, նրանք անտեսում էին ընտրության ազատության կարևորությունը, երբ մարդիկ անում են հենց այն, ինչ ճիշտ են համարում: Ճիշտ ընտրություն կատարելու և դրա ռիսկերը կրելու բեռը մնում էր ձեռներեցի ուսերին:

Ինչպիսին էր տնտեսությունը, որի նպատակն էր բոլորին զբաղվածությամբ ապահովելը: Նկատեք, որ թեև բոլորն աշխատանք ունեին, միևնույն է, խորհրդային տնտեսությունը չէր կարողանում սնունդ և կենսական անհրաժեշտության որակյալ ապրանքներ արտադրել բոլորի համար: Ինչպե՞ս էր դա հնարավոր: Մի՞թե աշխատողների մեծ քանակը չի նշանակում, որ ավելի շատ հարստություն պիտի ստեղծվի: Այո, եթե միայն դուք չեք շփոթում ներդրումը արդյունքի հետ: Հիշեք, որ արդյունավետության նպատակը հնարավոր առավելագույն արդյունքն է՝ հնարավոր նվազագույն ներդրման դիմաց: Զբաղվածությունը միայն ներդրման չափանիշ է: Պարծենալ առավելագույն զբաղվածությամբ՝ նշանակում է պարծենալ առավելագույն ներդրմամբ, ինչը, ըստ էության, դեռ բոլորովին չի ենթադրում տնտեսության արդյունավետություն: Տպավորիչ կլիներ, եթե դուք արտադրեիք հնարավոր առավելագույն քանակությամբ հաց՝ նվազագույն աշխատուժով (այսինքն՝ զբաղվածությամբ) և ծախսերով: Եթե մարդկանց վարձեք փոս փորելու համար, այնուհետև վարձեք այդ նույն փոսը լցնելու համար, ապա բոլորը զբաղված լինեն, բայց չի ստեղծվի որևէ հարստություն՝ ծախսված եռանդի և գումարի դիմաց:

ԽՍՀՄ-ում էլ որոշ դեպքերում փորձ էր արվում չափելու արդյունքը, սակայն դրա համար սահմանվում էին կամայական և սխալ չափանիշներ: Արդյունքը այն հարստությունն է, որն ունի օգտակարություն, որը սպառողները համարում են արժեքավոր: Հաճախ հարստությունը չափվում էր առանձին՝ առանց հաշվի առնելու՝ դա ա՞յն է, ինչ մարդիկ ցանկանում են կամ ինչի կարիքն ունեն: Կոշիկի գործարանը խորհրդային չափանիշներով հզոր կհամարվեր, եթե ունենար հնարավոր առավելագույն ծավալի արտադրություն, հատկապես մյուս գործարանների համեմատությամբ: Բայց չափման այս գործիքն անօգուտ էր, որովհետև անտեսում էր այլ կարևոր գործոններ՝ պատրաստի կոշիկի որակն ու ամրությունը, համապատասխան չափսերի առկայությունը բոլոր սպառողների համար, նրանց անհատական ոճային նախապատվությունները: Դուք կարող եք պահանջվածից կրկնակի ավելի շատ մանկական կոշիկ արտադրել, բայց դա հավասար չէ կրկնակի արժեք ստեղծելուն, որովհետև, օրինակ, այդ ավելացած արտադրանքը չեն կարող սպառել մեծահասակները:

Սակայն կոշիկի արտադրության և բաշխման այս ամբողջ պրոցեսում ուղղակիորեն ներգրավված մարդկանցից և ոչ ոք չէր կրում որոշումների կայացման պատասխանատվությունը, դրական լինեին դրանց արդյունքները, թե բացասական: Բայց ընտրելու հնարավորությունը մարդու բնական և անհրաժեշտ իրավունքներից է, իսկ այդ ընտրության հետևանքների համար պատասխանատվություն ստանձնելը կարևոր է հասարակության համար: Երբ սերունդներ շարունակ մարդիկ զրկված են եղել իրենց կյանքին վերաբերող ամենակարևոր որոշումները կայացնելու ազատությունից, բնականաբար ձևավորվելու էր մի մշակույթ, որը հասարակության վրա իր ազդեցությունը գործելու էր հետագա տարիներին նույնպես:

Խորհրդային քաղաքացիների մեծ մասը նույնիսկ պատկերացում չուներ, որ անձնական ընտրության իրավունքի բացակայությունը զարգացած աշխարհում համարվում է կործանարար: Բացի նրանից, որ արտասահմանյան լրատվությունը գրաքննվում էր, խստորեն վերահսկվում էին նաև ճամփորդությունները երկրի ներսում և դրանից դուրս: Արգելվում էր այցելել այլ երկրներ և ծանոթանալ այլ հասարակարգերի, եթե տրված չէր հատուկ թույլտվություն՝ խստորեն գծված առաքելությամբ և սահմանված տևողությամբ: Այսպիսով՝ ԽՍՀՄ-ում միջին վիճակագրական աշխատավորը պատկերացում անգամ չուներ, թե ինչպես է ապրում մնացյալ աշխարհը՝ խորհրդային օրենքներից զերծ, օրենքներ, որոնց ինքը հետևում էր որպես անհրաժեշտ և բնական պայմանների:

Փորձեք վարժության նման մի բան կատարել՝ մտածեք, թե ինչ նոր ու եզակի բան կարելի է հայտնագործել, որ մարդկությունը հազարամյակների պատմության ընթացքում չի ստեղծել: Դուք կարող եք հուսալքվել այս մարտահրավերից, քանի որ ստիպված եք արարել մի բան, ինչն արարելու միտքը չի անցել ձեզնից առաջ ապրած միլիոնավոր մարդկանց գլխով, չնայած որ այն ամենը, ինչ հնարավոր է հայտնագործել, միշտ ավելի շատ է, քան այն, ինչ արդեն հայտնագործվել է: Բացի դրանից՝ ամեն մի նոր գյուտի հետ երկրաչափական պրոգրեսիայով ընդլայնվում է նաև նոր հայտնագործություններ անելու տարածությունը: Մենք սկսում ենք տեսնել՝ ինչպես կարող ենք բարելավել արդեն եղած արդյունքը կամ կիրառել այն որպես գործիք՝ նոր արդյունքներ ստեղծելու համար:

Երբ մարդիկ ոտքով էին բեռներ փոխադրում, մտածում էին՝ ինչպես կարելի է դա կազմակերպել ձիերի օգնությամբ, և հայտնագործեցին սայլը: Միայն դրանից հետո նրանց մտքով անցավ հայտնագործել սայլն առանց ձիու տեղաշարժելու եղանակը: Թվում է, թե գիտաֆանտաստիկ գրքերի հեղինակներն ունեն հեռավոր ապագան տեսնելու ընդունակություն, բայց նրանց կանխատեսումներն ավելի հաճախ այդպես էլ մնում են երևակայության ոլորտում՝ չվերածվելով իրական տեխնոլոգիաների: Սակայն միշտ կարելի է մոտավորապես կռահել, թե իրապես ո՞ր հաջորդ քայլն է հնարավոր կատարել՝ հիմնվելով արդեն հայտնի բացահայտումների վրա:

Այս օրինաչափությունը վերաբերում է նաև շուկային և ձեռներեցությանը: Յուրաքանչյուր մեկի կատարած նոր արտադրական բարելավման հետ բազմաթիվ այլ բարելավումներ դառնում են կանխատեսելի: Նախաձեռնող մարդը գործում է շուկայական նորմերի առկա վիճակի եզրագծում և տեսնում է դրանք գոնե մեկ քայլ առաջ տանելու հնարավորությունը՝ այդ ընթացքում ստանալով շահույթ՝ միաժամանակ օգուտ բերելով նաև առևտրի մյուս մասնակիցներին: Բայց ա ն ս ա հ մ ա ն հնարավորությունների առկայությունը չի երաշխավորում, որ ցանկացած մեկն ունի այն ամենը, ինչ անհրաժեշտ է բոլոր այդ հնարավորություններից կամ գոնե մի քանիսից արդյունավետ օգտվելու համար: Ամեն ինչ, որ մենք անում ենք, մեզնից պահանջում է ռեսուրսներ՝ ժամանակ, ջանքեր, առողջություն: Աշխատանքը հյուծում է մեր մարմինը, մաշում ֆիզիկական ակտիվները: Բիզնեսում հաճախ նաև անհրաժեշտ է լինում գումար ծախսել կամ ներդնել, որը, ինչպես նշել ենք, ապրանքների և ծառայությունների փոխանակման ամենաարդյունավետ միջոցն է համարվում: Եթե հաջողությունը մեզ ժպտա, մեր նորածին «բիզնես-երեխան» կհաղթահարի իր կյանքի առաջին դժվար տարիները և աստիճանաբար կսկսի շահույթ բերել՝ փոխհատուցելով այն ամբողջ ժամանակն ու գումարները, որ ներդրել էինք տվյալ գործում: Սակայն գուցե այդ ամբողջ ժամանակն ու դրամը կարելի էր ներդնել մեկ այլ նախագծի մեջ, որը ավելի մեծ շահույթ կբերեր ավելի կարճ ժամանակում: Սակայն մենք չենք կարող ամեն ինչ անել: Անգամ հաջողության դեպքում ունենում ենք այլընտրանքային ծախսեր:

Մարդը, որը դեռ չի կուտակել մեծ գումար կամ չի կարող

ցածր տոկոսադրույքով վարկ վերցնել, առանձնապես պատճառ չունի սկսելու մի բիզնես, որը նախ այդպիսի խոշոր ներդրումներ է պահանջում: Ավելի խելամիտ է բիզնեսի ոլորտն ընտրել ըստ պահանջվող նվազագույն ռիսկի, մինչև որ այն նշանակալի շուկայական արդյունք կբերի: Այնուհետև սկսնակ ձեռներեցը կարող է ուշադրությունը կենտրոնացնել արդեն նոր կենսունակ գաղափարների վրա, որոնց իրագործման համար կներդնի ավելի շատ ռեսուրսներ՝ չեղարկելով նախորդ փոքր բիզնեսը:

Ինչպե՞ս կարելի է որոշել ռիսկի և ամբողջական նվիրումի խելամիտ չափը որևէ ձեռնարկատիրական նախագծի դեպքում: Ունիվերսալ ու հեշտ պատասխան չկա: Յուրաքանչյուրի փորձը եզակի է: Յուրաքանչյուրի նյութական և ոչ նյութական ակտիվները տարբեր են: Յուրաքանչյուրի պարտավորություններն առանձնահատուկ են, նպատակները՝ նույնպես:

Ամենակարևորը ներդրումների և ռիսկի հետզհետե ավելացումն է՝ համահունչ արդյունավետության՝ իրական փորձով ձեռք բերված փաստացի ապացույցների: Ովքեր գնում են իրենց առաջին ժամադրությանը՝ արդեն պատկերացնելով հարսանեկան պատրաստություններն ու դրանց համար անհրաժեշտ ծախսերը, նրանց գրեթե միշտ հիասթափություն և կորուստ են սպասում: Նրանք չեն փնտրում իրական սեր և այդ հարաբերության մեջ: Նրանք անգամ հաշվի չեն առնում մյուս կողմի ցանկություններն ու կարծիքը, ում որոշումը նույնպես կարևոր է լավ արդյունքի համար: Դա նույնն է, որ ձեռներեցը հենց սկզբից պնդի, թե իր հետաքրքիր բիզնես գաղափարը անպայման վերածվելու է լայնածավալ բազմամյա գործունեության և բազմապատիկ փոխհատուցում է բերելու իր բոլոր ներդրումների դիմաց: Հիմարություն է ենթադրել, թե յուրաքանչյուր նոր բիզնես գործում է «ամեն ինչ կամ ոչինչ» սկզբունքով՝ առանց նույնիսկ հաշվի առնելու ձեր դերը դրանում կամ շուկայի ակնկալիքը ձեզնից:

Դիտարկենք հույսերով լի սկսնակ ձեռներեցի օրինակը, որը խոշոր պարտք է վերցնում իր ձեռնարկատիրական մեծ երազանքը իրականացնելու համար: Հենց այսպիսի իրավիճակում էր հայտնվել տաղանդավոր, մեծ հավակնություններ ունեցող իմ ընկերը՝ Աշոտը՝

ձգտելով ավելիին, քան կարող էր սկզբնապես հասնել շուկայում: Նա վարկ էր վերցրել մի տպավորիչ եռահարկ շինություն կառուցելու համար, որը պիտի լիներ և՛ հյուրատուն, և՛ գրասենյակ, և՛ ռեստորան, և՛ արվեստի դպրոց: Նա հանձն էր առել այս նախագծի իրականացումը, որովհետև մեծ տեսլական ուներ, հանուն որի պատրաստ էր ռիսկի ենթարկելու ամեն բան:

Բայց նախնական խոշոր ներդրումներ պահանջող լայնամասշտաբ այս գործի կողմնակի ազդեցությունն այն էր, որ Աշոտը մշտապես ապրում էր անհանգստության մեջ՝ հիշելով իր պարտքի չափը: Նույնիսկ երբ կառուցապատումը մոտենում էր ավարտին, և գեղեցիկ շենքը պատրաստ էր իր դռները բացելու ամենատարբեր հաճախորդների առջև, Աշոտը սթրեսի մեջ էր: Այժմ նա պետք է մի մեծ խնդիր լուծեր: Նա դեռ շատ երկար պիտի սպասեր եկամուտներին, իսկ մեծ պարտքը տոկոսներով հանդերձ վերադարձնել էր հարկավոր:

Մտատանջությունն ավելի էր ահագնանում, քանի որ Աշոտը չուներ նմանատիպ բիզնես վարելու փորձ: Նա որոշել էր ամեն բան ընթացքում սովորել՝ բրենդավորում, կառավարում և այլն:

Այս ռազմավարությունը հիանալի կլիներ, եթե Աշոտը շտապելու պատճառ չունենար, եթե նրա ուսերին չլիներ որևէ պարտավորություն՝ խիստ որոշակի ժամկետում մարելու վարկը: Բայց քանի որ շինության կառուցումից հետո նա պետք է սկսեր շահույթ ստանալ հնարավորինս արագ, ուստի չկար հանդարտ փորձարկումներ անելու ազատությունը: Նրան հիմա էր գումար անհրաժեշտ, ինչ եղանակով էլ դա հաջողվեր:

Նոր բիզնես հիմնելիս խելամիտ կլինի սկզբնական շրջանում խուսափել մեծ պատասխանատվություն ստանձնելուց և ռիսկի դիմելուց, եթե դուք բավականաչափ փորձառու չեք այդ հարցում: Այլապես տվյալ նախագիծը կդառնա էմոցիոնալ և ֆինանսական բեռ, որը բացասաբար կազդի և՛ ձեր կյանքի որակի, և՛ տվյալ բիզնեսից ակնկալվող արդյունքների վրա: Ենթադրյալ ռիսկը պետք է համապատասխանի ունեցած փորձին այնպես, որ ձեռնարկատերը կարողանա ճշգրիտ կանխատեսել ապագան, ոչ թե իր մեծ երազանքների իրականացումը թողնի բախտի քմահաճույքին: Ես սիրում եմ վստահել ինտուիցիայիս և փորձել քայլ առ քայլ լուծել խնդիրները՝ դրանց առաջացմանը զուգընթաց: Բայց այս մոտեցումը արդյունավետ է միայն այն դեպքում, երբ ունես որոշակի ազատություն և դեռ չես հասել եզրագծին: Սկսնակ ձեռներեցը պետք է սովորի անտեսել այն մշակութային հարացույցը, ըստ որի՝ բիզնեսը հենց սկզբից մեծ ռիսկեր է պահանջում, կամ թե՝ «փող աշխատելու համար պետք է փող ծախսես»: Եթե հնարավոր է, սկսեք ավելի փոքր բիզնեսից, որ կարող է շահույթ բերել անմիջապես կամ մոտ ապագայում: Փոքր ռիսկերի դեպքում ձեռներեցը կարող է քիչ-քիչ ընդլայնել իր հնարավորությունները և կրկնապատկել ներդրումներն այնտեղ, որտեղից առավել արագ է շահույթ ստանում:

Հիշո՞ւմ եք իմ ընկեր Արթուրին, որը չէր ցանկանում իր ուժերը փորձել կահույքագործության բնագավառում, թեև ուներ անհրաժեշտ բոլոր հմտությունները: Ամենադժվարը նրան համոզելն էր որևէ բան պատրաստել բացառապես իրացնելու նպատակով: Ես առաջարկեցի նրան զննել սենյակը և ընտրել ցանկացած հասարակ կահույք, որից ինքն էլ կարող է պատրաստել: Մեր ընտրությունը կանգ առավ սեղանի վրա, որովհետև այն քիչ ռեսուրս կպահանջեր (և հետևաբար ընկերս շատ գումար ռիսկի չէր ենթարկի), և դրա նկատմամբ պահանջարկը մեծ էր, այնպես որ դժվար չէր լինի գնորդ գտնելը:

Այնուամենայնիվ, թեև Արթուրը մինչ այդ շատ էր պատրաստել սեղաններ և նմանատիպ այլ տնային կահույք անձնական օգտագործման համար, սակայն ինձ համար անասելի դժվար էր նրան համոզելը, որ կարող է նաև վաճառել իր ձեռքի աշխատանքը: Արթուրն ամեն ինչ պատրաստ էր անելու՝ բացի վերջին փուլից, երբ պետք է գնորդ գտներ՝ ցանկացած մեկին, որ պատրաստ էր վճարելու իր աշխատանքի դիմաց և շահույթ ապահովելու նրա համար: Խորհրդային ժամանակներում մեծացած այս խեղճ տաղանդավոր մարդը տասնամյակներ շարունակ մնացել էր իր մշակույթի ազդեցության ներքո՝ համոզված լինելով, որ ինքը տեղ չունի ձեռներեցության ոլորտում: Եվ ինձնից ժամեր պահանջվեցին քաջալերելու նրան, որ գոնե փորձի: Նա այնքան քիչ էր հավատում, որ որևէ մեկը երբևէ իր դրամ կվճարի իր պատրաստած կահույքի համար, թեև հիանալի գիտեր, որ շատերը սեղանի կարիք ունեն և հաճախ այն գնելու համար այցելում են տարբեր խանութներ:

Մի՞թե Արթուրը ինձ հետ այդքան վիճելու փոխարեն ավելի լավ չէր անի, եթե նույն ժամանակը ծախսած լիներ սեղան պատրաստելու և վաճառքի ներկայացնելու համար:

Իհարկե, արժե գործը սկսելուց առաջ երկար մտածել ապագա արդյունքի մասին: Բայց դա տեղին է այն ժամանակ, երբ պահանջում է ավելի մեծ ռիսկ: Եթե ձեր ուզած վայրը հասնելու համար քարտեզ զննելն առավել երկար է տևում, քան պարզապես մեքենան մի քանի րոպե ավելի վարելը, ապա իմաստ չկա ժամանակը քարտեզի վրա ծախսելու:

Ձեռներեցության դեպքում էլ պարտադիր չէ, որ առաջին քայլերը լինեն բարդ ու ռիսկային: Ի հեճուկս մշակութային կարծրատիպերի՝ ձեռներեցությունն այնքան պարզ է, որքան մենք ունակ ենք կազմակերպելու այն:

Եթե դուք առաջին անգամ հաջողությամբ վաճառեք մեկ ապրանք, ապա կարող եք մեծացնել մասշտաբները՝ հիմնվելով օրինաչափությունների վրա, որոնք, ինչպես ցույց կտան ավելացող ապացույցները, կանխատեսելիորեն արդար են: Դա նշանակում է, որ մեկ սեղան վաճառելուց հետո դուք կարող եք ավելի մեծ ռիսկի դիմել՝ արտադրելով նույն ոճի տարբեր տեսակներ և փորձելով վաճառել արդեն դրանք: Հետո՝ ավելի շատ: Այնուհետև դուք կարող եք փորձարկումներ անել՝ արդեն տարբեր ոճերի մեկական սեղան արտադրելով: Այսպիսով՝ դուք միանգամից չեք սկսում մի բիզնես, որը հենց սկզբից պահանջում է խոշոր ներդրումներ ու երկարաժամկետ ռիսկեր: Ներդրումները կավելացնեք շահույթի ավելացմանն ու ամրապնդմանը զուգընթաց:

Տարբերակներն ամենուր են, երբ ձեր միտքը սովորում է նկատել դրանք: Անգամ եթե ձեր ընտրած զբաղմունքը հեռու է իդեալական բիզնեսից, միևնույն է, դուք հաստատ ինչ-որ նոր բան կսովորեք դրանից: Ձեռներեցությունը կոչում չէ. այն աշխարհայացք է:

ԳԼՈՒԽ 18

ԱԿՏԻՎԻ ԵԶԱԿԻՈՒԹՅՈՒՆԸ. ՈՒՇԱԴՐՈՒԹՅԱՆ ԱՐԺԱՆԻ ՈՐԵՎԷ ԲԱՆԻ ՍՏԵՂԾՈՒՄԸ

Ցանկացածմարդ,որնպաստումէարժեքներիփոխանակությանը, մեծ դեր է խաղում հասարակության առաջընթացում: Ձեռներեցը կա՛մ բարելավում է արժեքի հասանելիությունը, կա՛մ բացահայտում է մատուցման նոր կերպ: Ցանկացած ձեռներեց, որը կձախողի այս երկու առաքելությունն էլ, միանգամից կհասկանա, որ տեղ չունի տնտեսական ոլորտում (եթե միայն նրան չհաջողվի կեղծարարությամբ վաճառել իր արտադրանքը, բայց դա կլինի հանցագործություն, այլ ոչ թե ձեռներեցություն): Ինչ նոր բան էլ որ արտադրվի, պետք է տարբերվի շուկայում արդեն եղածներից: Նոր ձեռներեցը չի կարող զբաղեցնել այն տեղը, որն իրենից առաջ բացել են ուրիշ ձեռներեցներ:

Սակայն ինչո՞ւ է այդպես:

Պատասխանը մեկն է. մարդկանց պահանջմունքները փոփոխական են: Նրանք շարունակ նոր ճանապարհներ են փնտրում՝ առավել շահավետ և հեշտ բավարարելու իրենց ցանկությունները:

ԱՄԵՆ ՈՔ ՁԵՌՆԵՐԵՑ Է

Յուրաքանչյուր ընտրություն ենթադրում է ձգտում դեպի սուբյեկտիվ դրականը կամ խուսափում սուբյեկտիվ բացասականից: Եթե երբևէ հնարավոր լիներ դրականն ու բացասականը դարձնել մշտապես կանխատեսելի, ստատիկ ու անփոփոխ, ապա համաշխարհային տնտեսությունը հեշտությամբ կարելի էր կազմակերպել այնպես, որ այն երբեք չտատանվի, ու բոլոր պահանջները բավարարվեն օպտիմալ եղանակներով: Փոփոխություններ կլինեին միայն տեխնոլոգիական առաջընթացի դեպքում, որը մեզ թույլ կտար արտադրել և սպառել միևնույն ապրանքները նորից ու նորից, միայն թե ավելի արագ և ավելի լավ՝ անդադար ապահովելով դոպամինի նույն բարձր մակարդակը: Սա պլանային տնտեսության ուտոպիստական մոդելն է՝ իսկական երազանք կենտրոնացված կառավարման ջատագովների համար:

Այսօր էլ շատ երկրների իշխանություններ մարդկային հասարակությունն այս հեքիաթային ձևով են տեսնում: Նրանք համոզված են, որ խնդիրների մեղավորներն այն մարդիկ են, որոնք չեն ենթարկվում իրենց հրահանգներին, այն մարդիկ, որոնք ամենաշատն են շեղվում համընդհանուր կարգից՝ մյուսների մեջ «աղավաղելով» իդեալական հասարակարգի մասին պատկերացումն ու ձգտումները:

Իսկական ձեռներեցը պետք է լինի բյուրոկրատի ստույգ հակապատկերը, որպեսզի գոյատևի շուկայում և ձեռք բերի տնտեսական առավելություն: Նա պետք է նայի ավելի հեռու, այլ ոչ թե միայն հետևի, թե մարդիկ ինչ ընտրություն են կատարում տվյալ պահին՝ իրենց հասանելի հնարավորությունների, իրենց ուսերին դրված պարտավորությունների և արմատացած սովորությունների սահմաններում միայն: Ձեռներեցները պետք է կրկին ու կրկին փորձեն, նորամուծություններ անեն, բարելավեն իրենց գործողությունների սուբյեկտիվ արժեքը՝ այն ներկայացնելով մարդկանց, ում ցանկանում են օգնել: Եվ դա անելու համար նրանք պետք է հասկանան ապրանքների կամ ծառայությունների դինամիկան, ըմբռնեն դրանք գնելու մարդկանց ցանկության ակունքները:

Մարդիկ սեղան են գնում հարմար սնվելու, ինչպես նաև խոհանոցային կամ գրասենյակային աշխատանքը հարմար կատարելու նպատակով: Ըստ այդ առաջնային գործառույթների՝

այն պետք է լինի հարմար բարձրությամբ, հարմար հարթությամբ ու մակերեսով: Այնուհետև մարդիկ կկարևորեն սեղանի դիզայնը, նրա գույնը, փայտի տեսակը՝ ըստ իրենց գեղագիտական նախընտրությունների և ըստ սենյակի մնացյալ կահույքի հետ ներդաշնակության: Այսպիսով՝ գործոնները, որոնք ազդում են այս կամ այն սեղանը գնելու որոշման վրա, անհամար են: Իսկ տան ո՞ր սենյակում է լինելու սեղանը: Համակարգչային սեղանը կունենա բոլորովին այլ տեսք, քան ճաշասեղանը, բակում դրվող սեղանը կամ սուրճի սեղանը: Դուք կարող եք ժամեր անցկացնել կահույքի սրահներում առկա բազմազանության մեջ ընտրելու համար ամենահարմար տարբերակը: Դեռ անհամար առաջարկներ էլ կլինեն համացանցում և անհատ արհեստավորների փոքրիկ խանութներում: Եվ մի գործոն էլ կա. դուք պետք է ընտրեք այն սեղանը, որի գինը ձեզ հասանելի կլինի, և այն արդարացված կհամարեք:

Այս պարզունակ օրինակի նպատակն էր ցույց տալ հետևյալը. այն, ինչ առաջին հայացքից թվում է պարզ սպառողական ընտրություն, իրականում բարդ պրոցես է, ինչն էլ հենց ձեռներեցին անսահման հնարավորություններ է տալիս:

Այնպես որ, եթե որևէ մեկը որոշի զբաղվել սեղանների արտադրության բիզնեսով, նրա ապրանքը չի մրցելու բոլոր տեսակի սեղանների հետ: Այն մրցելու է միայն սեղանների իր ենթատեսակի հետ: Պոկերի սեղան արտադրողները հազիվ թե մրցեն ճաշասեղան արտադրողների հետ, որովհետև մարդիկ դրանք գնում են բոլորովին տարբեր պահանջմունքներ բավարարելու համար: Յուրաքանչյուր ապրանք մրցում է միայն նույն պահանջմունքը բավարարող այլ ապրանքի հետ, այդ պատճառով էլ յուրաքանչյուր ձեռներեց պետք է ձգտի, որ իր ապրանքներն ու ծառայությունները լինեն հնարավորինս եզակի, քանի դեռ դրանք գրավում են սպառողների որոշակի խմբի: Իմաստ չունի լինել յուրահատուկ, եթե ոչ մեկին պետք չէ ձեր յուրահատկությունը: Եվ սա վերաբերում է ոչ միայն այն ապրանքներին, ինչ կարող եք վաճառել, այլև ցանկացած տեսակի ծառայության, որ կարող եք մատուցել ձեր գիտելիքների և կարողությունների շնորհիվ: Տնտեսագիտության տեսանկյունից՝ ծառայությունը նույնպես արժեք է, որը, սակայն, տրամադրվում է ոչ թե օբյեկտի, այլ գործողության տեսքով: Ծառայության սպառողներն ընտրություն են կատարում նույն մոտեցմամբ, ինչ ապրանքներ գնողները:

Ի վերջո, խոսքն ընդամենը նույն արժեքը ստանալու տարբեր եղանակների մասին է: Օրինակ՝ դուք կարող եք ժամավճարով ծառայող վարձել, որպեսզի նա կարգի բերի ձեր սենյակը, սակայն վերջինս կարող է նաև ժամավճար չպահանջել, այլ միանվագ գնով ձեզ «վաճառել» մաքուր սենյակը: Սա հենց «ապրանքայնացված ծառայություններ» ասվածն է: Մի դեպքում մաքրուհու համար կարող է հարմար լինել մեկանգամյա ամբողջական վճարը, մյուս դեպքում՝ աշխատանքի յուրաքանչյուր օրվա համար առանձին վարձատրվելը:

Ձեռներեցն իր ապրանքների կամ ծառայությունների առաջարկը պետք է ձևակերպի՝ հիմնվելով գնորդների նախընտրությունների վրա, որոնք համեմատում են դրանք նույնօրինակ այլ առաջարկների հետ և որոշում, թե որ գնումն է արդարացված:

Մարդկանց որևէ բան առաջարկելիս ստրատեգիական առումով կարևոր է հասկանալ, թե ինչն է ձեր առաջարկը դարձնում անփոխարինելի մյուսների համեմատ: Ավելին՝ եթե հաճախորդի համար վաճառողի բոլոր առաջարկներն իրար նման են, ապա վաճառողը, ըստ էության, մրցում է ինքն իր հետ: Որևէ օբյեկտիվ պատճառ չկա գնելու երկու ապրանք, եթե երկուսն էլ կատարելապես նույն օգտակարությունն ունեն: Երբ բոլոր վաճառողները նույնն են առաջարկում, գնորդները նախընտրում են էժան տարբերակը կամ այն մեկը, որը ձեռք բերելը ֆիզիկապես ավելի հարմար է տվյալ պահին:

Սակայն անգամ մակերեսային դիտարկմամբ հեշտորեն կարելի է հասկանալ, թե ինչու են սկսնակ ձեռներեցները ենթագիտակցաբար անտեսում շուկայում եզակիության կարևորությունը: Պատկերացրեք՝ երկար տարիների տքնաջան աշխատանքի շնորհիվ դուք որոշակի գումար եք խնայել և ցանկանում եք բիզնես հիմնել: Ռիսկը մեծ է, ուստի ամենայն հավանականությամբ դուք կնախընտրեք արդեն փորձված արտադրության հիմնումը, քան թե շուկայում մինչ այդ չվաճառված ապրանք ստեղծելը: Որպեսզի նվազագույնի հասցնեք ռիսկը, հնարավորինս նույնությամբ կկրկնեք արդեն գործող այն ձեռներեցների քայլերը, որոնք քիչ թե շատ հաջողել են: Դուք կվախենաք՝ չլինի՞ թե ինչոր բան սխալ անեք և ձախողեք, չէ՞ որ սկզբնական փուլում ձեր առաջնային խնդիրն է չկորցնել այն փոքր կապիտալը, որ ներդրել եք գործում: Ահա այսպես է ձեր մտածողությունն ազդում ձեր կյանքի վրա և ոչ միայն բիզնեսի ոլորտում:

Աշխարհի տարբեր քաղաքներում հաճախ կարելի է տեսնել միանման խանութների անվերջ շարքեր, որտեղ իրացվում են գրեթե նույն ապրանքները գրեթե նույն եղանակով: Ոչ ոք չի սովորեցրել այս բիզնեսմեններին լինել ինքնուրույն, տեսնել մրցակիցներից տարբերվելու առավելությունները: Նրանք հավանաբար ոչ էլ իրենց մրցակից են համարում փողոցի մյուս խանութների տերերին, որովհետև անտեսում են, որ հաճախորդներն ունեն սահմանափակ գումար և ծախսելու սահմանափակ հնարավորություններ: Գուցե այս խանութպանները կարողանան վաստակել այնքան գումար, որ իրենց բիզնեսը չմարի, բայց ավելի մեծ հաջողության հասնելու պոտենցիալ շատ քիչ ունեն:

Իհարկե, կա նաև հակառակ վտանգը: Երբ ապրանքն արտառոց տարբեր է շուկայում առաջարկվող այն բոլոր այլընտրանքներից, որոնց մարդը սովոր է, որոնք նորմալ է համարում: Այո, նորամուծությունները շարժում են մեր հետաքրքրասիրությունը և գրավում ուշադրությունը: Բայց մեզ հրապուրում են այն ապրանքները, որոնք մի փոքր են տարբերվում եղածներից կամ նկատելիորեն ավելի որակյալ են, բայց անսովոր չեն:

Բոլորովին անծանոթ ապրանքն անվստահություն է ներշնչում, շփոթություն և անգամ վախ առաջացնում. արդյոք դա ա՞յն է, ինչ փնտրում ենք: Մարդիկ որոշում են գնել ինչոր բան, երբ կարծում են, որ ձեռք են բերելու ավելին, քան այն, ինչ զոհաբերում են, իսկ դրա համար պահանջվում են հստակություն և տեղեկացվածություն: Եթե ապրանքը կամ ծառայությունը չափազանց նոր է, հնարավոր է՝ մարդիկ չգիտակցեն դրա արժեքն այնքան, որ ցանկանան գնել:

Հիշեք՝ երբեք պետք չէ մտածել, թե մյուս ձեռներեցների գործունեությունը միակ կամ ամենալավ ճանապարհն է, որով կարելի էր ընթանալ: Հնարավոր է, որ հոյակապ ապրանք արտադրող ընկերությունը ինչ-ինչ պատճառներով շատ վատ իրականացնի հաճախորդների սպասարկումը, հաղորդակցությունը կամ բիզնեսի կառավարման այլևայլ քայլերը: Մի՞թե մարդկանց մեծամասնությունը չի նախընտրում գնումներ կատարել այն մատակարարից, որը գործարքն արագ ու հարմար է իրականացնում, որն ընդունում է մեր դիտողությունները, շտկում թերությունները, եթե այդպիսիք կան: Այսպիսով՝ եթե անգամ այդ ամենն ուղղակիորեն կապված չէ ապրանքի կամ ծառայության օգտակարության հետ, միևնույն է, դրանք կարևոր կետեր են մրցակցության ժամանակ: Ուստիև սկսնակ ձեռներեցը կարող է իր նպատակը դարձնել հենց այդ կետերի բարելավումը:

Այո, սկսնակները պետք է սովորեն այլ ձեռներեցներից, որոշ չափով ընդօրինակեն նրանց, բայց միայն այն դեպքում, երբ դա շահավետ է: Աշխարհում մարդկանց անհամար ապրանքներ են առաջարկվում, որոնք լավ են կատարում իրենց հիմնական գործառույթը, սակայն չեն կարողանում բավարարել մարդկանց որոշակի խմբի առանձնահատուկ կարիքները: Անսահման շատ են այն ապրանքները, որոնք դեռ առկա չեն շուկայում, քան նրանք, որոնք արդեն այնտեղ են, չէ՞ որ մարդկանց պահանջմունքներն անվերջ փոխվում են և ընդլայնվում: Սպառողներն ընտրում են այն լուծումները, որոնք համապատասխանում են իրենց կարիքներին: Ազատ և արդար տնտեսական պայմաններում ոչինչ չի խանգարում, որ առաջադեմ ձեռներեցը որևէ հայտնի և տարածված արտադրությունը վերածի ինչոր նոր բանի՝ շատ ավելի սպեցիֆիկ արդյունքով, հետևաբար՝ շատ ավելի գրավիչ:

Որպեսզի հասկանաք, թե ինչ նոր «վարիացիաներ» կարող եք կատարել, ձեզնից կպահանջվի որոշակի ժամանակ: Իսկ ի՞նչ անել, եթե դուք ողջ կյանքում պարով եք զբաղվել և չեք աշխատել որևէ այլ ոլորտում: Ի՞նչ անել, եթե դա ձեր միակ կիրքն է ու եկամտի միակ աղբյուրը: Ի՞նչ «վարիացիաներ» կարող է ունենալ պարարվեստը: Իսկ եթե պատահի վատագո՞ւյնը, եթե դուք կոտրեք ձեր ոտքն ու այլևս երբեք չկարողանա՞ք պարել:

Բայց սկսենք կարևորից: Նույնիսկ եթե մանկուց գիտեիք, որ պարը ձեր ամենամեծ տարերքն է, միևնույն է, դուք ձեզ դրել եք ծայրահեղ ռիսկային և սահմանափակ վիճակում՝ ձեռք չբերելով եկամուտ վաստակելու այլ կարողություններ ևս: Նույն տխուր պատմությունն է, երբ մեկն իր բիզնեսը կառուցում է մի նեղ ոլորտում՝ անկայուն հիմքի վրա, փոփոխական պայմաններում:

Նման իրավիճակների պատճառով է, որ շուկայում ի հայտ են եկել նաև ապահովագրական ընկերությունները՝ օգնելու մարդկանց նվազագույնի հասցնել իրենց դրամական կորուստները փխրուն բիզնեսի անսպասելի կասեցման կամ բիզնեսի կործանման դեպքում:

Ինչպես յուրաքանչյուր այլ հմտություն, պարելու միջոցով ապրուստ ստեղծելու կարողությունը ևս կախված է այն բանից, թե որքան են այդ արվեստը սուբյեկտիվորեն գնահատում «սպառողները»: Եթե ոչ ոք չի արժևորում պարը, ոչ ոք էլ չի վճարի ձեզ դրա դիմաց:

Ցանկացած մասնագիտություն ընտրելիս գայթակղիչ է թվում ամենահմուտ, ամենահայտնի և ամենահաջողակ մարդկանց օրինակին հետևելը՝ ձգտելով ունենալ նման կարիերա: Ցանկացած ոլորտում էլ կան հաջողակներ, բայց նրանց օրինակը երբեք չի կարող համարվել տվյալ բնագավառի բացառիկության համընդհանուր ցուցանիշ: Հավանական է, որ աշխարհի լավագույն պարուհիները միշտ էլ հնարավորություն կունենան դրամ վաստակելու իրենց պրոֆեսիոնալության ու համբավի շնորհիվ, սակայն դա բնավ չի նշանակում, որ անխտիր բոլորը, ովքեր պարելու որոշակի տաղանդ ու ձգտում ունեն, նույնպես կկարողանան ապրուստ վաստակել այդ բնագավառում:

Հարստություն ստեղծող ոչ մի գիտելիք կամ հմտություն լիովին չի ապահովագրում ձեզ աշխատանքի ու եկամտի կորստից: Ունակությունները կամ հմտությունները չեզոքացնող պատահարներ կարող են լինել ցանկացած մասնագետի կյանքում: Ֆուտբոլիստը կարող է կոտրել ոտքը: Վիրտուոզ դաշնակահարը կարող է դաստակի ոսկրախտ ունենալ՝ այլևս երբեք չկարողանալով նվագել: Այս օրինակները ողբերգական են ոչ միայն տաղանդավոր մարդկանց՝ աշխատանքից զրկվելու առումով, այլև նրանց սոցիալական դիրքի, ինքնադրսևորման հնարավորության կորստի պատճառով:

Սակայն ֆիզիկական հմտությունից զրկվելը դեռ չի նշանակում

ամեն բան կորցնել: Պահպանվում են գիտելիքները, ուստի կա դասավանդման հնարավորություն: Պահպանվում են տարիների ընթացքում ձեռք բերված կապերը մարդկանց հետ, որոնք կարող են օգնության ձեռք մեկնել: Նման անհաջողություն կրած մարդը պարզապես պետք է սովորի դրսևորել ավելի ստեղծագործ ձեռնարկատիրական մոտեցումներ, հասկանա, թե ուրիշ ինչպե՛ս կարող է կիրառել իր գիտելիքները, որպեսզի դրանք հոգեկան բավարարում և սոցիալ-ֆինանսական կայունություն բերեն:

Հաճախ մասնագիտությունն ինքնին այն սոցիալական կարծրատիպերի արդյունքն է, թե ինչպիսին պետք է մենք լինենք կամ ինչպես է թույլատրված արտահայտել մեր ինքնությունը որպես հասարակության անդամ: Վարսավիր Ջոնը: Ատաղձագործ Սամվելը: Պարուհի Շեյլան: Հյուրանոցի մենեջեր Անդրեան: Այս որոշիչներն օգնում են այլ մարդկանց հասկանալ՝ ինչպես ընկալել յուրաքանչյուրիս, ինչպես շփվել մեզ հետ: Բայց այդպիսի ընկալումը նաև դրդում է ապավինելու հարստության ստեղծման բացառապես մեկ աղբյուրի՝ մեկ մասնագիտության, իսկ դա մեծ ռիսկ է պարունակում: Սոցիալական նման կոմֆորտի հետևանքով ավելի դժվար է դառնում ստեղծագործաբար մտածելը, որպեսզի մեր ունեցած ակտիվներն ավելի լավ կիրառենք հարստություն ստեղծելու համար:

Շուկայում «ավելի լավը» կարող է տարբեր բաներ նշանակել: Ավելի լավ կարող է լինել, երբ ավելի էժան է: Ավելի լավ կարող է լինել գրավիչ փաթեթավորումը, ապրանքի ստեղծման հետաքրքիր պատմությունը: Ավելի լավ կարող է համարվել ավելի հայտնի բրենդ ունենալը: Ինչն էլ որ լինի «ավելի լավը», այն պետք է նախընտրի տվյալ շուկայի գնորդների մի մեծ հատված, նախընտրի ավելի, քան մյուս տարբերակները, որոնց մասին նույնպես տեղյակ են: Այն, ինչ ձեր ապրանքին կամ ծառայությանը հաղորդում է նման հատկանիշ, մասնագետները կոչում են ունիկալ վաճառքի առաջարկ (հայտնի անգլերեն հապավմամբ՝ USP). այն ձևավորում է ձեր ապրանքի ինքնությունը, որն էլ հանգեցնում է ձեր ընկերության բրենդի ինքնությանը:

Որևէ բան կատարելագործելու փոխարեն, որի համար մարդիկ

արդեն իսկ վճարում են, կարող եք առաջարկել մի բան, որի մասին նրանք տեղյակ չէին և չէին կանխատեսել, որ կարող են այդպիսի բան ցանկանալ: Չկա մարդու այս կամ այն պահանջմունքը բավարարելու միայն մեկ տարբերակ՝ անկախ նրանից, թե որքան է նա վարժվել հենց այդ տարբերակին: Բացի դրանից՝ միշտ էլ կան պահանջմունքներ, որոնք բացահայտվում են, երբ սպառողները ստանում են իրենց կյանքը հարստացնելու նոր առաջարկներ:

Հարյուր տարի առաջ հնարավոր չէր երևակայել ժամանակակից տեխնոլոգիական արտադրանքների մասին: Եվ ոչ միայն այն պատճառով, որ անցյալում մարդիկ չգիտեին, թե ինչպես ստեղծեն սարքեր, որոնք ինտերնետ կապահովեն կամ թույլ կտան թռչել աշխարհի շուրջը, այլև այն պատճառով, որ ոչ ոք, բացի առաջադեմ գիտնականներից և փիլիսոփաներից, չէր կարող նույնիսկ երևակայել նման բաների մասին: Միջնադարյան գեղջուկը չէր կարող պատկերացնել տեխնիկայի այնպիսի զարգացում, որը հնարավորություն կտար բազմակի անգամ արագացնելու գյուղատնտեսական այս կամ այն աշխատանքը: Նմանապես՝ ի՞նչ օգուտ պիտի տար ինտերնետը նրան: Անկախ այն բանից, թե այսօր որքան օբյեկտիվ օգտակարություն ենք տեսնում դրա մեջ, հին ժամանակներում ինտերնետն առանձին ոչ մեկի կյանքը չէր բարելավի:

Նույնը վերաբերում է բոլոր մյուս նորագույն տեխնոլոգիաներին, որոնք այսօր անփոխարինելի են թվում: Մենք չգիտենք, թե ինչպիսին կլինի տեխնիկական առաջընթացը հետագա դարերում, բայց կարող ենք վստահ լինել, որ հենց ձեռներեցներն են սպառողներին տալու քաղաքակրթությունը փոխող նոր բարիքներ: Եվ յուրաքանչյուր ձեռներեց, որ ստանձնում է նման առաքելություն, պետք է ունենա համապատասխան նյութական և ոչ նյութական կապիտալ՝ ստեղծելու և արդյունավետ կառավարելու տվյալ արժեքը:

Անշուշտ, նոր բան ստեղծելն ավելի դժվար է, քան հինը բարելավելը, որովհետև առաջին դեպքում պահանջվում է ներգիոն վարքագիծը և սովորությունները փոխելու ավելի մեծ ունակություն: Մարդու համար համեմատաբար ավելի հեշտ է իր արդեն իսկ ունեցած կապիտալն ուղղել մի փոքր այլ՝ ավելի ցանկալի ուղղությամբ:

Անհրաժեշտ է պարզապես դույզն-ինչ ուսանել: Գուցե բավական լինի միայն մեկ օրինակ դիտելը: Բայց մեկի մեջ բոլորովին նոր մի ձգտում առաջացնելը, որի մասին նա երբեք չի մտածել, պահանջում է շատ ավելի ստեղծագործ լինել և փոփոխությունների պատրաստ: Ամեն դեպքում՝ միայն վաճառքի և մարքեթինգի գործընթացներն են, որ ապահովում են անհրաժեշտ փոփոխությունները և հնարավոր են դարձնում նոր ապրանքների ու ծառայությունների առաջարկն ու պահանջարկը:

ԳԼՈՒԽ 19

ՄԱՐՔԵԹԻՆԳ ԵՎ ՎԱՃԱՌՔ. ԻՐԱԶԵԿՈՒՄ ԵՎ ՄՈՏԻՎԱՑԻԱ ՆՈՐ ՎԱՐՔԻ ՀԱՄԱՐ

Շուկան կարող է հավասարակշռվել միայն այն դեպքում, երբ գնորդներն ու վաճառողները ճշգրիտ տեղեկություն ունեն իրենց նպատակներին հասնելու տարբերակների մասին: Իրականում նրանք չեն կարող նույնիսկ օպտիմալ նպատակներ սահմանել, ուր մնաց թե ռազմավարություն մշակեն դրանց հասնելու համար, քանի դեռ չգիտեն՝ ինչ կա տնտեսության մեջ: Այլ կերպ ասած՝ մարդիկ պետք է իմանան, որ գոյություն ունի ինչ-որ արժեքավոր բան նախքան դրա հանդեպ պահանջարկ ձևավորելը: Դա կարևոր ասպեկտ է «առաջարկ-պահանջարկ» կապի մեջ: Հարցը միայն այն չէ, թե ինչ է հնարավոր գնել, այլ նաև այն, որ դա գնելու և օգտագործելու ռազմավարություն ունենանք: Նույնիսկ երբ ինչ-որ մեկն իմանա տվյալ ակտիվի գոյության մասին, նա պետք է համոզվի դրա արժեքավորության մեջ՝ ըստ իր փոփոխվող և սուբյեկտիվ չափանիշների: Այս գործընթացները սովորաբար կոչվում են մարքեթինգ և վաճառք, և դրանք ավելի կարևոր դեր են խաղում մեր նպատակներին հասնելու հարցում, քան շատերը կարող են պատկերացնել:

Մարքեթինգը չի սահմանափակվում միայն էժանագին կայքերում տեղադրված հայտարարություններով կամ օգտագործված մեքենաներ վերավաճառողների գովքով: Մարքեթինգը գոյություն ունի ամենուր: Բոլորը ոգևորությամբ մարքեթինգ են իրականացնում ամեն անգամ, երբ խոսում են որևէ արժեքավոր բանի մասին մեկի հետ, ում, իրենց կարծիքով, կհետաքրքրի այն: Սոցիալական մեդիաներում յուրաքանչյուր հայտարարության վերահրապարակումը կամ հավանումը ակտիվ ինքնակամ մասնակցություն է մարքեթինգային գործընթացին: Մարքեթինգը վերաբերում է նաև գնորդներին: Երբ որևէ մեկը հրապարակայնորեն հայտնում է, որ փնտրում է որոշակի տեսակի տուն որոշակի տարածքում որոշակի գնային սահմանում, նա այդպիսի տներ վաճառողների համար գովազդում է հնարավորություն՝ կապվելու իր հետ:

Բոլոր տնտեսական հարաբերությունների կենսական ուժը թաքնված է պարզ և ճշգրիտ հաղորդակցության մեջ, որի շնորհիվ հնարավոր է սահմանել և բավարարել միմյանց սպասումները: Առանց դրա անհնար է սիներգիա ապահովել և դրանից օգուտներ քաղել: Չես կարող օգտվել նոր հնարավորություններից, եթե տեղյակ չես դրանց մասին: Չես կարող նաև հասնել քո պահանջմունքների բավարարմանը, քանի դեռ դրանք արդյունավետ կերպով չես ներկայացրել համապատասխան մասնագետներին: Շատ հաճախ ունակության կամ կարողությունների պակասը չէ, որ պահանջարկը թողնում է չբավարարված, այլ միայն ոչ պատշաճ իրազեկումն ու սխալ ռազմավարությունը՝ պայմանավորված վատ մարքեթինգով:

Սակայն թե՛ վաճառքը և թե՛ մարքեթինգը անտեսվում են անբարեխիղճ վաճառողների կողմից, որոնք միտումնավոր շփոթություն են տարածում շուկայում՝ կա՛մ այն խնդիրների հետ կապված, որ մարդիկ ունեն, կա՛մ այն լուծումների, որոնք առաջարկվում են: Որքան անհայտ է ոլորտը, որում վաճառողը գործում է, այնքան գնորդներն ավելի քիչ կիմանան, թե իրականում ինչ արժեք են ուզում ստանալ այդտեղից: Արևմուտքում որոշ մասնագետների, օրինակ՝ ավտոմեխանիկների խոսքը կարող է կասկածելի համարվել այն հաճախորդների համար, որոնք բավարար գիտելիք չունեն մեքենաների մասին, որ կարողանան գնահատել՝ արդյոք այսինչ աշխատանքի համար պահանջված վճարը արդարացվա՞ծ է, արդյոք գործը պատշաճ կատարվե՞լ է, կամ ընդհանրապես՝ որևէ գործ արվե՞լ է, թե՞ ոչ: Գնորդի և վաճառողի այս անհամաչափ գիտելիքների պատճառով վաճառողը հեշտությամբ կարող է կեղծ պահանջարկ առաջացնել և դրամական շահույթ ստանալ՝ առանց պատշաճ արժեք ստեղծելու: Հենց այդ պատճառով որոշ մարդիկ մարքեթինգին կասկածամտորեն են վերաբերվում՝ ենթադրելով, որ ապրանքի վաճառքը խթանող յուրաքանչյուր քայլ գնորդներին մոլորեցնելու փորձ է, որոնք իրականում այդ ապրանքի կարիքը չունեն: Այնուամենայնիվ, եթե պատահում են ապակողմնորոշող գովազդեր, որոնց հետևանքով մարդիկ գնում են այն, ինչն իրենց անհրաժեշտ չէ, ապա կան և հազարավոր այլ գովազդեր, որ մեզ տեղեկացնում են հարստության կուտակման՝ մինչ այդ անծանոթ տարբերակների մասին, կամ մեր նպատակներին հասցնելու ավելի լավ ուղիներ են առաջարկում: Մարքեթինգը, ինչ դրսևորում էլ որ ունենա, կարևոր է արդյունավետ տնտեսության համար, որովհետև դա տեղեկատվությունը լայն զանգվածներին հասցնելու լավագույն միջոցն է: Ժամանակը չի բավականացնի յուրաքանչյուր պոտենցիալ գնորդի հետ անձնական զրույց ունենալու: Գուցե պարզ պաստառներն ու հաղորդագրություններն այն ամենն են, ինչ անհրաժեշտ է հնարավորությունների հանդեպ հետաքրքրություն առաջացնելու համար՝ խթանելով անհրաժեշտ առաջին քայլերը: Եթե չկարողանաք որևէ մեծ արժեք ճիշտ ներկայացնել, ապա համարեք, որ այդ արժեքի իրացումն էլ շուկայում կձախողեք՝ անկախ նրանից, թե օբյեկտիվորեն որքան օգտակար է այն:

Մինչև Հայաստան տեղափոխվելը ես գյուղական կյանքի մասին չափազանցված պատկերացումներ ունեի և կարծում էի, որ շատ բաներ պարզապես պետք է հասանելի լինեն այստեղ, սակայն դրանք բացակայում էին: Իմ գնած տունը բավականին հին էր և ի սկզբանե՝ անմխիթար վիճակում, ուստի պետք է փորձառու արհեստավորների և շինարարների վարձեի, որ նորոգեին այն: Քաղաքի մթերային խանութները հեռու էին և անհարմար՝ գնումների համար, ուստի պետք է հիմնական սննդամթերքը գնեի այն մարդկանցից, որոնք դրանք աճեցնում և մշակում էին գյուղում։ Ես դեռ ավտոմեքենա չունեի, ուստի մի քանի հուսալի վարորդների ծառայության կարիքն ունեի։ Եվ ամենակարևորը՝ ինձ լեզվի ուսուցիչ էր անհրաժեշտ, որպեսզի սովորեի հայերենն ու կարողանայի այստեղ լիարժեքորեն շփվել մարդկանց հետ։ Այսպիսով՝ ես սկսեցի հայտարարություններ տարածել, որ վերոնշյալ ծառայությունների կարիքն ունեմ։ Ակնկալում էի կարճ ժամանակում գտնել համապատասխան բոլոր մասնագետներին։ Սակայն ի զարմանս ինձ՝ ամիսներ շարունակ ո՛չ գյուղից, ո՛չ հարակից շրջաններից ոչ ոք որևէ հետաքրքրություն չցուցաբերեց իմ առաջարկած աշխատանքների հանդեպ։ Ապշած էի։ Ես գիտեի, որ կան շատ մարդիկ, որոնք աշխատանք են փնտրում։ Իրականում հաճախ շփվում էի նրանց հետ։ Գիտեի, որ շատերն ունեին հմտություններ և փորձ՝ կատարելու այն աշխատանքը, որն ինձ անհրաժեշտ էր, որովհետև միշտ տեսնում էի, թե ինչպես են նրանք նույն գործն անում իրենց տան համար։ Բացակայում էր միայն մոտիվացիան և գիտակցումը, որ այն, ինչ ես ուզում եմ (պահանջարկ), ակնհայտորեն այն էր, ինչ նրանք կարող էին տալ (առաջարկ)։ Մյուս կողմից՝ ես կարող էի դրամ տալ նրանց, իսկ դրա կարիքն այստեղ բոլորն ունեին։ Ուրեմն ինչո՞ւ ոչ ոք չէր շտապում օգտվել ընձեռված նոր հնարավորություններից։ Ինչո՞ւ մենք չէինք կարողանում հեշտ և արագ փոխշահավետ տնտեսական հարաբերություններ հաստատել։

Պատասխանը, որն ի վերջո հասկացա, բազմաշերտ էր, բայց բոլոր առումներով կապված էր հնացած պատկերացումների և վատ հաղորդակցության հետ։ Նախ՝ չկար հիմնական եղանակ, որով արդյունավետ կլիներ ինֆորմացիայի տարածումը տվյալ թիրախային խմբում։ Իսկ այն մարդիկ, որոնք լսել էին պահանջվող աշխատանքի մասին, ոչ մի հարմար միջոց չունեին անհրաժեշտ մանրամասները պարզելու համար։ Նրանք ընդամենը լսել էին, որ այժմ մի ամերիկացի է ապրում այս տարածքում, որն ուզում է ինչոր շինարարական աշխատանքներ կատարել իր տան վրա։ Ոչ ոք չգիտեր՝ ո՞վ եմ ես, կոնկրետ որտե՞ղ է գտնվում իմ տունը, հատկապես ի՞նչ աշխատանքի կարիք ունեմ, որքա՞ն գումար եմ պատրաստ վճարելու, որքա՞ն կտևի աշխատանքը, արդյոք արդեն իսկ չկա՞ն հետաքրքրված մարդիկ, արդյոք ես ապահովել՞ու եմ շինարարներին անհրաժեշտ գործիքներով ու նյութերով, կամ ընդհանրապես՝ որքա՞ն եմ լուրջ ընդունում այդ ողջ աշխատանքը: Իհարկե, ես ունեի պարզ և հստակ պատասխաններ այս բոլոր հարցերին, բայց չունեի արդյունավետ և գործող մեթոդ, որով դրանք կհասցնեի բոլոր հետաքրքրվողներին:

Արդյունքում ես մասնագետներ էի փնտրում վեց ամիս շարունակ, մինչև որ իմ հետաքրքրասեր հարևանը, ում հետ իմ զրույցները բոլորովին այլ հարցերի շուրջ էին, հանկարծ հետաքրքրվեց՝ արդյոք ես դեռ աշխատողների կարիք ունե՞մ: Եվ երբ իմացավ բոլոր մանրամասները, արդեն ինքը քար կտրեց, որ ոչ ոք չէր շտապում օգտվել ընձեռված հնարավորություններից: Հաջորդ օրը մենք արագ քննարկեցինք աշխատանքի պայմանները, և նա անմիջապես գործի անցավ շատ ավելի բարձր վարձատրության դիմաց, քան վաստակում էր նախկինում: Այդ դեպքից հետո նա ուրախությամբ ինձ իր ծառայություններն էր մատուցում ավելի քան երկու տարի՝ պարբերաբար շնորհակալություն հայտնելով այդ հնարավորության համար՝ երբեմն անգամ անկեղծորեն խոստովանելով, որ իր կյանքում առաջին անգամ էր կարողանում լիարժեքորեն հոգալ ընտանիքի ֆինանսական կարիքները այնպես, ինչպես կկամենար: Պատկերացրեք այն իսկայական և կարևոր տնտեսական փոփոխությունը, որ տեղի ունեցավ երկու կողմերի լիարժեք հաղորդակցումից հետո: Վեց ամիս շարունակ ես մարդկանց էի փնտրում՝ տունս նորոգելու համար: Այդ նույն ընթացքում հարևանս (և նրա նման բազմաթիվ մարդիկ շրջակա գյուղերում) գործազուրկ էր և չուներ ընտանիքին պատշաճ կերակրելու հնարավորություն, թեև համապատասխան հմտությունների և փորձի պակաս չկար: Շուկայի անհավասարակշռությունը և անարդյունավետությունը չափազանց հեշտ է վերացնել մարքեթինգի շնորհիվ:

Նմանատիպ իրավիճակները կարող են ունենալ ավելի մեծ մասշտաբներ՝ հանգեցնելով իսկական աղետների ամբողջ աշխարհում: Մի՞թե աշխարհի բոլոր գործազուրկ մարդիկ աշխատանք չեն գտնում, որովհետև չկա նրանց ինտելեկտի, գործիքների և կարողությունների պահանջարկը: Թե՞ շուկայում ինչոր բան խախտել է հաղորդակցումը մարդկանց միջև: Շատ դեպքերում իսկապես կան բնական խոչընդոտներ, որոնք թույլ չեն տալիս, որ մատակարարները բավարարեն նրանց պահանջմունքները, ովքեր դրա կարիքն ունեն: Այդպիսի խոչընդոտ է, օրինակ՝ աշխատուժի և ապրանքների տեղափոխման ծախսը, երբ դրանք մի հեռավոր վայրում են պահանջված: Այնուամենայնիվ, եթե շուկան ավելի լավ կազմակերպվի, եթե ավելի արդյունավետ տեխնոլոգիաներ գործադրվեն, այդ արգելքներն անխուսափելիորեն կնվազեցվեն կամ կմեղմացվեն: Որոշ դեպքերում շուկայի խոչընդոտները արհեստական են: Կա-

ռավարող ինստիտուտները սոցիալական և իրավական սահմանափակումներ են հաստատում, որոնք թույլ չեն տալիս մարդկանց կիրառել իրենց գիտելիքներն ու կարողությունները և իրացնել իրենց արտադրանքն այնտեղ, որտեղ դրանք առավել պահանջված են: Այդ կամայական սահմանափակումներն անհնար կամ դժվար են դարձնում գործուղումները, ապրանքների փոխադրումն ու առևտուրը: Նման արգելքներից մի քանիսն այնքան սովորական են դարձել մեզ համար, որ այլևս չենք նկատում դրանք, օրինակ՝ պետական և միջազգային սահմանների հատման ավելորդ բարդությունները, չարդարացված մաքսատուրքերը, արգելքը որոշակի տիպի աշխատանքների և ապրանքների վրա, աշխատանքի ընդունման պարտադիր պայմանները, իշխանությունների քմահաճույքով սահմանված եկամտահարկերի չափը, որոնք անիմաստ են դարձնում որոշ արժեքների ստեղծումը: Եվ ճիշտ ինչպես խորհրդային իշխանությունները, այնպես էլ ներկայիս այն իշխանությունները, որոնք ուժով սահմանափակում են մեր՝ միմյանց արժեքներ փոխանցելու գործընթացը, պնդում են, թե դա անում են «մեր իսկ շահի համար»: Փորձեք պատկերացնել, թե որքան բան ուրիշ կլիներ իմ գյուղի բնակիչների համար, եթե նրանց հասանելի լինեին գոնե տարրական տնտեսական հաղորդակցման ուղիները: Ինչպիսի՛ արդյունքներ կլինեին, եթե շուկայական համակարգում համաձայնեցվեին պահանջարկն ու առաջարկը, թեկուզ անգամ այնպիսի փոքր տարածքում, ինչպիսին գյուղն է կամ տվյալ մարզը: Այստեղ բոլորն ունեն բջջային հեռախոսներ, մեծ մասամբ ունեն համակարգիչներ, հրապարակներում և մարդաշատ վայրերում կան հայտարարությունների ցուցանակներ: Ունենալով հասանելի և շարունակ թարմացվող տեղեկություններ՝ որքա՜ն ավելի հեշտ կկարողանար յուրաքանչյուր անհատ ձեռք բերել կյանքի այն բարիքները, որոնք ինքնուրույն չի կարող ստեղծել: Որքա՜ն ավելի հեշտ կլիներ կիրառել սեփական գիտելիքներն ու հմտությունները և եկամուտ ստանալ՝ ստեղծելով որևէ արժեք ուրիշների համար: Այստեղ և նման այլ վայրերում տնտեսության մեջ պատճառահետևանքային կապերի անտեսումն է առաջին գործոնը, որ թույլ չի տալիս մարդկանց կյանքի կոչել ակնհայտորեն շահավետ այս համակարգերն ու գործարկել արդյունավետ ուղիները: Մասամբ էլ գուցե մարդիկ են այնքան վարժվել, որ հնարավորությունները լինում են հազվադեպ և անհուսալի, որ դադարել են դրանք փնտրել: Ի՞նչ իմաստ ունի ստեղծել բարդ հաղորդակցման ցանց, եթե գիտես, որ դրանից ոչ մի արժեքավոր բան դուրս չի գա: Մարդիկ հակված են ժխտելու անգամ այն, ինչ կատարվում է իրենց աչքերի առաջ, որովհետև նախատրամադրված են չնկատելու դա կամ համարել ինչոր այլ բան, քան իրականում կա:

Երբ մարքեթինգը դիտարկում ենք հասարակ բիզնեսի տեսանկյունից, սովորաբար այն սահմանափակում ենք հնարավորինս շատ գովազդով: Սակայն մարքեթինգը նաև արժեքավոր ապրանքներն ու ծառայություններն ավելի հասանելի դարձնելն է:

Կոմունիստական հասարակարգում պատճառ չկար մարդկանց տնտեսական ավելի լավ հնարավորությունների մասին տեղեկացնելու, որովհետև նրանք այսպես, թե այնպես շատ սահմանափակ անձնական ազատություններ ունեին: Սակայն բոլորովին այլ հարց է, երբ գործ ունենք սեփական ճակատագիրը տնօրինող անհատների հետ: Մարքեթինգը և կարևոր գաղափարների տարածումն այն մասին, թե ինչ կարող ենք անել մեր ուզած արժեքները ձեռք բերելու համար, կենսական նշանակություն ունեն ազատ և զարգացող հասարակության կյանքում:

ԱՄԵՆ ՈՔ ՁԵՌՆԵՐԵՑ Է

Այնուամենայնիվ, նույնիսկ այն ժամանակ, երբ նոր հաճախորդները տեղեկացված են նոր ապրանքի կամ ծառայության մասին, ձեռներեցները չեն կարող վստահ լինել, որ նրանք միանգամից կհավատան իրենց: Շուկայում ավելի լավ գաղափարով հաջողության հասնել նշանակում է տնտեսական հարաբերություններ հաստատել այն մարդկանց հետ, որոնք վստահաբար ամենաշատն են շահելու այդ գաղափարի իրականացումից: Դա նշանակում է նրանց բացատրել շահավետությունը այն նոր առաջարկի, որի գոյությունը նախկինում չէին պատկերացրել: Դա ուղղակիորեն հակասում էր սովետական ավտորիտար կառավարմանը, որը ստիպում էր մարդկանց իրենց վարքը մշակել բռնության սպառնալիքի ներքո, նույնիսկ եթե իշխանություններն իսկապես հավատում էին, թե տվյալ քաղաքականությունը բխում է ժողովրդական զանգվածների շահերից, զանգվածներ, որոնք, ըստ իրենց, չափազանց հիմար են սեփական օգուտը տեսնելու համար:

Ձեռներեցները չեն ստիպում մարդկանց գնել առաջարկվող արտադրանքը կամ հետաքրքրվել առաջարկվող գաղափարներով

«իրենց իսկ շահի համար»: Նրանք տրամադրում են տեղեկատվություն և ոգեշնչում են գնորդին այդ ընտրությունը ինքնուրույն կատարելու համար: Այն, ինչ ձեռներեցներն անվանում են «թիրախային շուկա» իրենց ապրանքի կամ ծառայության համար, որոշվում է ոչ միայն ըստ մարդկանց առկա պահանջմունքների, այլև քարոզչությամբ, որ տվյալ փոխանակումն արդարացված կլինի: Ասել է թե՝ եթե պոտենցիալ գնորդները ինքնուրույն չեն հանգում այդ մտքին, ապա նրանց պետք է կրթել, որ դա գիտակցեն: Այս գործընթացը պահանջում է շատ ավելի մեծ ռեսուրսների ներդրում, քան պարզապես օգտակար ապրանքն այն սպառողների առջև դնելն է, որոնք արդեն գիտեն, թե ինչ է իրենց պետք և ինչից են պատրաստ հրաժարվելու, որպեսզի դա ձեռք բերեն: Այս գործընթացը պահանջում է նաև ուրիշ գնորդներ գտնել:

Վաճառքը՝ որպես մարդկանց համոզելու գործընթաց, այս կամ այն եղանակով իրականացվում է բոլոր բիզնեսներում: Ոչ մեկի ցանկությունները անփոփոխ չեն, և ոչ էլ այն, ինչ շուկան կարող է ապահովել ցանկացած պահի: Ե՛վ առաջարկը, և՛ պահանջարկը մշտապես փոփոխվում են: Այսպիսով՝ ցանկացած արտադրանք գնորդներին պետք է ներկայացվի այնպես, որ նրանք ինքնուրույն հանգեն այն ձեռք բերելու որոշմանը, համոզվեն, որ դա այն է, ինչ իրենք ցանկանում են գնել: Հնարավոր է՝ դրա համար ձեռներեցից պահանջվի նախ և առաջ պոտենցիալ հաճախորդների մեջ ձևավորել դեռ գոյություն չունեցող ցանկությունը՝ գնելու տվյալ ապրանքը, որի մասին մինչ այդ չէին մտածում բավարար միջոցներ կամ հնարավորություններ չունենալու պատճառով:

Կարողանալ վաճառել նշանակում է ունակ լինել ձեր ստեղծածին նայելու ուրիշի աչքերով, ավելի ճիշտ՝ այն մարդկանց աչքերով, որոնք պետք է գնեն առաջարկվող ապրանքը՝ այն համարելով արժեքավոր: Համոզելն ինչ-որ մեկին, որ ինչ-որ բան գնելը լավ գաղափար է, և՛ ինտելեկտուալ, և՛ էմոցիոնալ գործընթաց է: Մարդիկ պետք է իմանան, որ այն, ինչ պատրաստվում են ձեռք բերել գումարի դիմաց, կկատարի իրենց ցանկացած գործառույթը: Սուտ կամ չափազանցված խոստումներն անվստահություն են սպառողների մեջ տվյալ ապրանքանիշի նկատմամբ: Դրան հակառակ՝ բարի համբավը ապահովում է վստահություն, որ այն ամենը, ինչ դուք եք առաջարկում, կունենա սպասվող արժեքավորությունը: Յուրաքանչյուր գնում ենթադրում է որոշակի ռիսկ: Եթե վաճառողը չի կարող ուղղակիորեն ցույց տալ, որ այն, ինչ նա փորձում է վաճառել, որակյալ է, ուրեմն նա պետք է ուղղակիորեն երաշխավորի վնասի փոխհատուցումը ռիսկերի դեպքում:

Պատկերացրեք՝ դուք հայտնի եք որպես այսինչ ոլորտի հրաշալի մասնագետ: Մարդիկ պարբերաբար դիմում են ձեր օգնությանը՝ համոզված, որ հենց դուք կարող եք մեղմել բարդ իրավիճակը: Սակայն, բնականաբար, նրանք, ովքեր ձեր մասին լսել են միայն հասարակական համբավի շնորհիվ, կցանկանան որոշակի երաշխիքներ ստանալ, որ իրենց վճարած գումարը իզուր չի կորչի: Գուցե նրանք համարում են, որ իրենց խնդիրը եզակի է, ուստի վստահ չեն կարող լինել, որ դուք գործը գլուխ կբերեք՝ անկախ ձեր ունեցած մեծ փորձից: Գուցե նրանք արդեն մի քանի անգամ հիասթափվել են այլ մասնագետների դիմելով և դրամական վնասներ կրելով: Այսպիսի իրավիճակում հավանաբար անհրաժեշտ կլինի երկար զրուցել հաճախորդի հետ, որպեսզի նրան վստահություն ներշնչեք:

Սակայն կոնկրետ ի՞նչ պետք է խոսել արդեն իսկ վրդովված այս հաճախորդի հետ: Դուք կարող եք մտածել, թե լավագույն տարբերակը գործարքի հրապուրիչ կողմերը ներկայացնելն է: Բայց դա բովանդակային խոսակցություն չի լինի, որովհետև այն միակողմանի է: Իսկ եթե չափից շա՞տ ոգևորվեք՝ ասելով ավելին, քան պետք է: Իսկ ձեր ենթադրությունները, թե ինչն է նրան մտահոգում, սխա՞լ լինեն: Ամենայն հավանականությամբ, այդ հաճախորդն արդեն այնքան համոզված կլինի, թե ինքն ինչ է ցանկանում, որ կանտեսի այն ամենը, ինչ դուք եք ասում:

Ճիշտ ինչպես ձե՛ր յուրաքանչյուր գնումն է ռիսկ պարունակում, այնպես էլ նրանցը, ովքեր ձեզնից են գնում կատարելու: Հստակեցումը, թե ինչ է գնորդը ակնկալում ստանալ և որքան է դա կարևորում, օգնում է նվազեցնել նրա փոշմանելու ռիսկը: Բոլորն էլ գոհ են լինում, երբ ակնկալիքներն ու իրականությունը համընկնում են: Ռիսկը զսպելու մեկ այլ միջոց է հնարավոր վնասի փոխհատուցումը երաշխավորելը կամ անվճար սպասարկումը:

Հիշե՛ք. բարոյական է այն վաճառքը, որի շահավետությունն ապացուցում եք խելամիտ փաստարկներով և օրինակներով: Այն ամենը, ինչ դուրս է այս սահմաններից, հարկադրանք է, ճնշում կամ խաբեբայություն: Ձեռներեցները, որոնք ապավինում են գումար աշխատելու այս նենգ մեթոդներին, իրենք իսկ վստահ չեն, որ արժեքավոր բան են առաջարկում հասարակությանը:

ԳԼՈՒԽ 20

ԳՆԱԳՈՅԱՑՈՒՄ. ՎԱՃԱՌՈՂՆԵՐԻ ԵՎ ԳՆՈՐԴՆԵՐԻ ՄԻՋԵՎ ՀԱՄԱՁԱՅՆՈՒԹՅԱՆ ՁԵՌՔԲԵՐՈՒՄԸ

Բոլորս էլ հաճախ դժգոհում ենք, որ ինչոր բանի գինը չափազանց բարձր է: Նմանապես՝ հաճախ համարում ենք, որ այն գինը, որով մարդիկ ցանկանում են գնել մեր արտադրանքը, չափազանց ցածր է: Իսկ ինչպե՞ս ենք հասկանում, թե որ գինն է արդար տվյալ իրավիճակում: Ինչպե՞ս են ձևավորվում մեր պատկերացումներն ապրանքների և ծառայությունների դրամական արժեքի մասին: Ինչպես տնտեսագիտության բոլոր հիմնարար հարցերի դեպքում, այստեղ էլ պատասխանները կարող ենք գտնել առաջարկի և պահանջարկի փոխազդեցության բացահայտմամբ:

Առանց օրինաչափությունների վերլուծության՝ շուկայում ցանկացած ապրանքի ցանկացած գին կարող է համարվել համարժեք կամ անհամարժեք, արդար կամ անարդար: Գուցե անփորձ ձեռներեցը պատահականության սկզբունքով ընտրի որևէ չափավոր թիվ և հույս ունենա, որ գործերը հաջող կընթանան: Գուցե նա պետք է ապրանքը վաճառի մեկ պեննիով պակաս գնով, քան իր մրցակցի սահմանածն է: Արդյոք գնի որոշման այս մեթոդն ավելի լա՞վն է մյուսներից: Թե՞ գոյություն չունի գնագոյացման ավելի օպտիմալ տարբերակ՝ հիմնված բնական օրենքների վրա, որոնցով կարգավորվում է տնտեսությունը:

Խորհրդային Միությունը սպառման ապրանքների գներն ամեն տարի հստակ ամրագրում էր՝ հիմնվելով Պետական պլանավորման կոմիտեի կամայական գնահատականների վրա: Ինչպես կարելի է կռահել, արդյունքում ավելի ցածր գներով ապրանքները արագ վաճառվում էին՝ առաջացնելով մշտական պակասուրդ: Մարդիկ դրանք գնում էին մեծ քանակությամբ, որովհետև հասկանում էին, որ առաջարկը հաջող է, և հոգալ նաև ապագայի համար: Բացի դրանից՝ արագ ինֆլյացիայի ենթարկվող ռուբլու պայմաններում նրանք գիտեին՝ որքան երկար պահեն իրենց գումարը, այնքան ավելի այն կարժեզրկվի, հետևաբար շահագրգռված էին հնարավորինս արագ ծախսելու: Միևնույն ժամանակ՝ բարձր գներով ապրանքները ողջ տարի մնում էին չվաճառված, որքան էլ դրանց կարիքն օբյեկտիվ լիներ: Մարդիկ չէին ցանկանում վճարել արհեստական բարձր գին: Այսպիսով՝ չօգտագործված ապրանքները դադարում էին որևէ մեկին հետաքրքրել և դառնում էին թափոն:

Բայց ամենավատն այն էր, որ արտադրության մոդելների և քվոտաների՝ տարեկան կտրվածքով նախապես ամրագրվելու պատճառով գործարանները ոչինչ չէին կարող անել մշտական պակասուրդի կամ ավելցուկի խնդիրը լուծելու համար: Ակնհայտ է, որ շուկան կշահեր, եթե պակասուրդային էժան ապրանքների արտադրությունն ավելանար, իսկ թանկարժեք ավելցուկային ապրանքներինը՝ նվազեր, սակայն կարծես գոյություն ունեին իրար հետ ոչ մի կապ չունեցող երկու շուկաներ՝ գնորդների շուկան և արտադրողի շուկան: Քանի դեռ կենտրոնացված տնտեսական համակարգը պարտադրում էր այն, ինչ կար, ոչ մի հաղորդակցություն տեղի չէր ունենում արտադրողների և սպառողների միջև, և շուկան չէր կարող ինքնահավասարակշռվել և գործել օպտիմալ:

Որքան էլ չուզենանք ընդունել, իրականում գոյություն չունի «ճիշտ» և «սխալ» գներ որևէ ապրանքի կամ ծառայության համար: Օբյեկտիվ է միայն այն, թե ինչ գնով է այսինչ արտադրողը պատրաստ վաճառելու իր ապրանքը և որքան գումարով է պատրաստ այն ձեռք բերելու գնորդը: Իսկ այս հանգամանքի վրա ազդում է այն, թե պոտենցիալ վաճառողի և գնորդի ընկալմամբ՝ որոնք են տվյալ տեսակի մյուս ապրանքների գնային սահմաններն այդ պահին:

Եթե դուք նախապես չիմանայիք, թե տվյալ ակտիվը սովորաբար ինչ գնով է վաճառվում, հնարավոր է՝ ինքներդ առաջարկեիք շատ ավելի բարձր կամ ավելի ցածր գին: Պատճառն այն է, որ նախ դուք չեք կարողանա համեմատել ինչ-որ բան գնելու ձեր առկա հնարավորությունը այլ հասանելի հնարավորությունների հետ, որոնցից կարելի էր օգտվել՝ մերժելով այս մեկը: Երկրորդ՝ դուք պատկերացում չեք ունենա այն մասին, թե այդ ակտիվի մյուս սպառողները որքան են պատրաստ վճարելու դրա կամ փոխարինող նմանատիպ ակտիվների համար, ուստի և ստիպված կլինեք արժևորել այդ ակտիվը՝ հիմնվելով բացառապես ձեր սուբյեկտիվ չափանիշների վրա:

Գնագոյացման այս սկզբունքը գործում է հավասարապես հացի, դեղամիջոցների, մետաղական հանածոների, առցանց տեղեկատվության բաժանորդագրությունների, ուսուցիչների աշխատավարձերի և նորագույն կրիպտոարժույթների նկատմամբ: Այս բնական օրենքը բացառություններ չի ճանաչում, քանի դեռ ոչ ոք չի գործում սեփական շահերի դեմ: Եթե ապրանքը կամ ծառայությունը առաջարկվում է մի գնով, որը մարդիկ արդարացի են համարում, ապա փոխանակումը տեղի կունենա: Հակառակ դեպքում՝ ոչ:

Տնտեսական փոխանակումները տեղի են ունենում այնքան ժամանակ, քանի դեռ կան ակտիվներ, որոնք անհրաժեշտ են մարդկանց և հասանելի են այնպիսի գնով, որը սուբյեկտիվորեն համարվում է արդարացված, և կան մարդիկ, որոնք պատրաստ են հրաժարվելու իրենց ունեցած ինչ-որ բանից՝ մեկ այլ բան ձեռք բերելու համար: Հենց որ գները նվազում կամ բարձրանում են՝ դուրս գալով երկու կողմերի համար էլ «արդար» այդ միջակայքից, տնտեսական ակտիվությունը դադարում է: Այն բացակայում է այնքան ժամանակ, քանի դեռ որոշիչ գործոններից գոնե մեկը չի փոխվել: Կա՛մ նրանք, ովքեր ինչոր բան են ուզում, սկսում են ավելի շատ զգալ դրա կարիքը (այդպիսով արդարացնելով ավելի բարձր գինը), կա՛մ նրանք, ովքեր ինչոր բան են վաճառում, սկսում են ավելի շատ զգալ գումարի կարիքը (այդպիսով արդարացնելով ավելի ցածր գինը): Ամբողջ աշխարհում և պատմության ողջ ընթացքում մարդկության բոլոր շուկաները գործել են այս օրինաչափությամբ:

Այս տրամաբանական կապն անտեսելը և ձևացնելը, թե ամեն ինչ հաստատուն է, իրականությունը չի փոխի: Այն, ինչ արդարացված չէ անհատների համար, հանկարծ չի դառնա արդարացի: Այդպես կբացառվեն փոխանակումները, որոնք տեղի են ունենում փոխադարձ համաձայնությամբ: Արդյունքում անխուսափելիորեն մարդիկ ավելի քիչ կստանային այն, ինչ ցանկանում են, և ավելի քիչ արտադրողներ ի վիճակի կլինեին հասարակությանն իրենց ապրանքներն առաջարկելու: Այսպիսով՝ փողը կդադարի կատարել իր բուն գործառույթը, կառաջանան պակասուրդ և ավելցուկ, ճիշտ ինչպես ԽՍՀՄ-ում էր:

Եթե խոսքը այնպիսի ապրանքի կամ ծառայության մասին է, որը մարդիկ պարբերաբար գնում և վաճառում են, ապա ձեռներեցն ակնկալում է, որ դրա համար պետք է հաստատված լինի «գործող գին», «արդար գին» կամ «շուկայական արժեք»: Նա ոչ մի պատճառ չունի ավելի ցածր գնով վաճառելու իր ապրանքը, եթե գիտի, որ կա մեկը, որ պատրաստ է բարձր գնով ձեռք բերելու դա, և գնորդն էլ որևէ պատճառ չունի ավելի բարձր գնով ձեռք բերելու նույն ապրանքը, եթե գիտի, որ կա մեկը, որ պատրաստ է վաճառելու ցածր գնով: Այսպիսով՝ տնտեսությունն արագ է հավասարակշռվում այն ապրանքների և ծառայությունների դեպքում, որոնք բավական պահանջված են և փոխարինելի, ուստի շուկայում երկու կողմերն էլ մոտավորապես գիտեն՝ ինչ սպասել միմյանցից: Հաղորդակցումն օգնում է բոլորին տեղյակ լինել գների միտումների մասին և ըստ այդմ՝ փոփոխել իրենց վարքագիծը՝ կապված առքուվաճառքի հետ: Եթե փողոցի մյուս ծայրում գտնվող լցակայանում բենզինի մեկ լիտրը մի քանի ցենտով ավելի էժան է, ապա գնորդները արդարացված կհամարեն մի փոքր ավելի տարածություն կտրելը, որպեսզի լիցքավորեն իրենց մեքենան այնտեղ, այլ ոչ թե այն լցակայաններում, որն իրենց ավելի մոտ է: Թեև բենզինի գինը փոփոխվում է ամեն օր, այդ մասին պարզ և արագ հաղորդվում է մեծ ցուցանակների միջոցով, որոնք ներկայացնում են տվյալ պահի գինը նաև լցակայանից դուրս: Այսպիսով՝ ոչ միայն բենզինի սպառողներն են իմանում, թե որտեղ են ներկայացվում ամենալավ առաջարկները, այլև բենզինի մատակարարները, որոնք գուցե փորձում են գնային մրցակցության մեջ մտնել միմյանց հետ՝ տեղյակ լինելով մյուսների կողմից գանձվող գներին: Սա նրանց դրդում է մրցունակ գներ առաջարկելու սպառողներին (պայմանով, որ չկան այլ գործոններ՝ կապված իրենց բենզինի որակի կամ այն ձեռք բերելու միջոցների հետ, որոնք կարդարացնեին ավելի բարձր գինը): Նմանապես՝ երբ գնորդները հնարավորություն ունեն հեռախոսի ինտերնետով պարզելու խանութում ներկայացված թանկ ապրանքի գներն այլ վայրերում, դա ստիպում է վաճառողներին զիջումների գնալ:

Բայց շուկայում ոչ մի գործընթաց կայուն չէ, այդ թվում՝ գները: Այն գործոնները, որոնք ազդում են դժվարությամբ ինչոր բան արտադրելու և շուկա հանելու վրա (առաջարկ), և այն պայմանները, որոնք ազդում են մարդկանց ցանկությունների կամ կարիքների վրա (պահանջարկ), երբեք հաստատուն չեն: Չնայած պլանային տնտեսության ջատագովների ձգտմանը՝ վերահսկելու մարդկանց ցանկություններն ու արտադրական գործունեությունը, արտաքին մանիպուլյացիաները չեն կարող երկար տևել կամ տալ ցանկալի արդյունք: Ի վերջո կհաղթեն տնտեսության բնական օրենքները: Դուք չեք կարող հրամայել շուկայի մասնակիցներին, որ նրանք ինչոր բան ցանկանան ավելի շատ կամ ավելի քիչ, որևէ բան արտադրեն ավելի լավ կամ ավելի վատ: Դուք միայն կարող եք փորձել հասկանալ շուկայի օրենքները և կարելվույն չափ համապատասխանեցնել ձեր գործողությունները դրանց:

Ինչպես բնությունը, այնպես էլ տնտեսությունը վակուումներ չի հանդուրժում և շտապում է լցնել դատարկ տեղը, որովհետև դա ծառայում է առանձին գործընթացների և օրգանիզմների շահերին, որոնք կազմում են մեկ ամբողջություն: Այն ամենը, ինչ կարող է գոյություն ունենալ, գոյություն ունի: Այն ամենը, ինչը չի կարող բնականորեն տեղի ունենալ, տեղի չի ունենա:

Ձեռներեցները մոլորված են, եթե կարծում են, թե կարող են սահմանել որևէ կամայական բարձր գին իրենց առաջարկած ապրանքների և ծառայությունների համար։ Դա հանդգնություն է գնորդների նկատմամբ։ Ճիշտ նույն կերպ՝ գնորդները չեն կարող կամայական ցածր գներ պահանջել այն ապրանքների և ծառայությունների համար, որոնք ցանկանում են ստանալ, և ակնկալել, որ վաճառողները հենց միայն իրենց ցանկության համար կհամաձայնեն այդ պայմանին։ Լավագույնը, ինչ շուկայում կարելի է անել ինքնուրույն, ապրանքը վաճառելու կամ ձեռք բերելու որոշակի գին սահմանելն է՝ սպասելով, թե երբ տնտեսական պայմաններն այնպիսին կլինեն, որ այդ գինը դրական արձագանք ստանա, և հնարավոր լինի փոխշահավետ գործարք իրականացնել։ Թերևս աշխարհի զարգացած երկրներն ավելի շատ են շահում կայուն առաջարկից և կանխատեսելի պահանջարկից, քան այն երկրները, որտեղ ապակայունացնող իրադարձություններ ավելի հաճախ են տեղի ունենում (բնական, արդյունաբերական, թե քաղաքական գործոններով պայմանավորված)։ Բայց ոչ մի երկիր ապահովագրված չէ փոփոխվող միտումներից և տնտեսական

«սև կարապներից», որոնք ի չիք են դարձնում գների փոփոխման ամենագիտական կանխատեսումները։ Այդ պատճառով խելամիտ է ավելի շատ գնել, երբ տնտեսական պայմանները բարենպաստ են գնորդների համար, և ավելի շատ վաճառել, երբ դրանք բարենպաստ են վաճառողների համար, մինչև որ շուկան կրկին հավասարակշռվի։ Սա հատկապես ճիշտ քայլ է սպառման այն ապրանքների դեպքում, որոնք պիտանիության երկար ժամկետ ունեն, և հեշտ են պահպանվում ու տեղափոխվում։

Գնագոյացման փոփոխականության հետ հաշվի նստելու համար պետք է ընդունել այն փաստը, որ շուկայում գոյություն ունեցող ցանկացած բան ցանկացած պահի կարող է ձեռք բերել կամ կորցնել իր սուբյեկտիվ արժեքը ֆիզիկական կամ հոգեբանական պատճառներով։ Եվ նույնքան արագ, որքան ձեռք էր բերել կամ կորցրել էր այդ արժեքը, կարող է նաև վերստանալ այն։

Առաջարկն ու պահանջարկը շուկայի երկու ամենազոր, իրար հավասարակշռող «աստվածներն» են՝ անկախ նրանից, թե ինչ բիզնես եք վարում կամ ինչ ակտիվի հետ գործ ունեք։ Գուցե առաջարկը սկսի նվազել ֆիզիկական կամ լոգիստիկ խնդիրների պատճառով, ինչպիսիք են անսովոր վատ եղանակային պայմանները, որոնք սահմանափակում են հասանելիությունը բնական ռեսուրսներին: Հնարավոր է նաև՝ երբեմնի հազվագյուտ ակտիվը հանկարծ շատ ավելի հասանելի դառնա մեծ բնական հանքավայրի հայտնաբերման կամ ինովացիոն մեթոդների ներդրման շնորհիվ, որոնք զգալիորեն հեշտացնում են դրանց ձեռքբերումն ու մշակումը: Հիշեք մեր հին բարեկամ ալյումինի ճակատագիրը, որը մի ժամանակ ավելի հազվագյուտ և թանկարժեք մետաղ էր համարվում, քան ոսկին, իսկ այժմ այնքան առատ է և էժան, որ հաճախ առանց մտահոգվելու դեն ենք նետում:

Պահանջարկը նույնպես կարող է փոխվել, հաճախ հոգեբանական պատճառներով: Գուցե շուկայում հայտնվի ավելի լավ ապրանք՝ նախորդը դարձնելով ոչ գրավիչ: Հնարավոր է՝ այն երկիրը, որն ապահովում է այսինչ ակտիվի առաջնային մատակարարումը, հանկարծ որոշի մեծ մաքսատուրք սահմանել դրա արտահանման համար՝ հանգեցնելով գների բարձրացմանը և նվազեցնելով այն ձեռք բերելու մոտիվացիան: Գուցե ինչոր հայտնի մարդ սոցիալական մեդիաներում սկսի խոսել մի բանի մասին, որը նախկինում անտեսված էր հասարակության կողմից, և մեկ գիշերվա մեջ դրա շուրջը աժիոտաժ ձևավորվի:

Հավաքորդները գնում են հազվագյուտ, հինավուրց կամ արտասովոր ապրանքներ, որոնց արժեքը իրենց կարծիքով կբարձրանա այն ժամանակ, երբ արդեն իսկ սահմանափակ առաջարկը բնական կերպով էլ ավելի կնվազի, իսկ պահանջարկը բնականաբար կաճի (որովհետև հավաքչություն սիրող մարդկանց թիվը տարեցտարի ավելանում է տեղեկատվության ընդլայնման արդյունքում): Եթե այս կանխատեսումները ճիշտ դուրս գան, նրանք կարող են հսկայական շահույթ ստանալ իրենց ներդրումների, համբերության և հեռատեսության շնորհիվ:

Հաճախ այն, ինչ կորուստ է թվում, իրականում դեռ կորուստ չէ: Եվ հակառակը՝ այն, ինչ թվում է ձեռքբերում, չի կարող այդպիսին լինել: Խաղը շարունակվում է, և արդյունքները փոփոխվում են այնքան ժամանակ, քանի դեռ «փազլը» չի ամբողջացել, և մենք չենք կատարել համապատասխան ընտրություն լրիվ պատկերը տեսնելուց հետո:

Բայց մարդիկ, լինելով էմոցիոնալ արարածներ, հակված են անհապաղ արձագանքելու ցանկացած պահի տեղի ունեցող ցանկացած փոփոխության: Մինչդեռ առանց փորձառության՝ դժվար է զերծ մնալ պահի ազդեցությունից և կենտրոնանալ ավելի հեռահար նպատակի վրա՝ տեսնելով, թե իրականում ինչ է տեղի ունենում և հավանաբար ինչ տեղի կունենա ապագայում: Այդուհանդերձ ձեռներեցը պետք է պլանավորի մոտ ապագան: Դուք ոչինչ չեք շահի, եթե հեռավոր ապագայի ձեր կանխատեսումն իրականանա այն ժամանակ, երբ արդեն լքած կլինեք այս աշխարհը, կամ երբ վաղուց բաց թողած կլինեք շուկայի փոփոխություններից օգտվելու հնարավորությունը:

Գնագոյացման հարցի պատասխանը առավել դժվար է գտնել այն ոլորտներում, որոնք այնքան էլ տարածված չեն շուկայում, և մարդիկ չգիտեն ինչ գին ակնկալել, երբ վաճառվող ապրանքի որակի կամ գործառույթի փոփոխությունն այնքան մեծ է, որ այն չի կարող համեմատվել նույն կատեգորիայի այլ ապրանքների հետ:

Երբ գնորդները չգիտեն՝ ինչ օգտակարություն և արժեք կստանան մի բանից, որը բոլորովին նոր է, և չունեն այլ տարբերակներ այդ օգտակարությունն ու արժեքը ձեռք բերելու համար, ապա գնային միջակայքը շատ տարբեր կլինի: Ոմանք տվյալ ապրանքը կգնեն միայն շատ ցածր գնով, որովհետև կկարծեն, որ սովորականից մեծ ռիսկի են դիմում՝ փոխանակելով իրենց գումարը մի բանի հետ, որը դեռ անծանոթ է: Մյուսները գուցե պատրաստ լինեն վճարելու շատ ավելի բարձր գին այդ նույն ապրանքի կամ ծառայության համար՝ կարծելով, որ այն իրենց կտա մի եզակի բան, ինչը շուկայում ոչ մի այլ տեղ չէին գտնի, չկա ոչ մի այլ տարբերակ դա ցածր գնով ձեռք բերելու համար:

Մինչդեռ նման աննախադեպ արժեքի մատակարարը պետք է կատարի արտադրության ծախսերի և համապատասխան գնորդներ գտնելու համար ներդրված ջանքերի իր սեփական հաշվարկները, պետք է հաշվարկի նաև շահույթի այն չափը, որն այս ամբողջ գործունեությունը կդարձնի տնտեսապես շահավետ: Մի քանի ապրանք վաճառելը՝ ունենալով մեծ շահույթի մարժա, նույնը չէ, ինչ շատ ապրանքներ վաճառելը ցածր շահույթի մարժայով, որովհետև պահանջվող աշխատանքն էլ նույնը չի լինելու: Միգուցե մատակարարն ընդամենը մի քանի ապրանք ունի վաճառելու և կարող է ողջամտորեն կանխատեսել, որ շուկայում ինչ-որ տեղ գտնի մի քանի գնորդների, որոնք պատրաստ են շատ բարձր գին վճարելու դրանք ձեռք բերելու համար: Որքա՞ն են պատրաստ սպասելու վաճառողները այդ մի քանի գնորդին գտնելու համար: Որքա՞ն ռեսուրս են պատրաստ ներդնելու գործընթացի մեջ, և արդյո՞ք վաճառքից ստացված շահույթն արժե դրան: Գուցե նրանց համար ավելի օպտիմալ տարբերակ է ցածր, բայց դեռևս շահութաբեր գին սահմանելը՝ հետևելով, թե ինչպես են անհամբեր գնորդները խանութներից «թռցնում» ապրանքները: Բայց այժմ էլ կլինեն որոշ սպառողներ, որոնք կմտածեն՝ եթե ապրանքը վաճառվում է ցածր գնով, ուրեմն անորակ է, ուստի և ավելի քիչ հակված կլինեն գնելու այն, քան եթե գինը բարձր լիներ:

Այսպիսով՝ չկա մեկ ընդհանրական պատասխան: Յուրաքանչյուր գին ձեռներեցի համար կունենա իր առավելություններն ու թերությունները: Նրանք պետք է ուշադիր լինեն իրենց առաջնահերթությունները սահմանելիս և իմանան, թե քանի փորձի են պատրաստ, մինչև կգտնեն այն բիզնես մոդելը, որն ամենալավն է աշխատում իրենց համար:

Արդյոք այս ամբողջ վերլուծությունը վախեցրե՞ց ձեզ: Հակաձեռնարկատիրական մշակույթի կրողները հաճախ պնդում են, թե չեն կարող ինքնուրույն զբաղվել բիզնեսով, որովհետև չգիտեն ինչ հաշվարկներով ապահովել արտադրության մոդելի օպտիմալ շահութաբերությունը:

Այս արդարացումը ես բազմիցս լսել եմ իմ տան շինարարներից, որոնք համեստ հայեր էին: Երբ զրույց էր բացվում ձեռներեցության թեմայով, նրանցից մեկն ամեն անգամ կրկնում էր, թե չի կարող ղեկավարել իր սեփական բիզնես մոդելը, որովհետև այնքան խելացի չէ անհրաժեշտ հաշվապահական հաշվառում իրականացնելու համար: Նա երբեք չէր մասնակցել որևէ բիզնես թրեյնինգի, ուստի համարում էր, որ ինքը որակավորում չունի այդ ոլորտում աշխատելու: Զավեշտալին այն էր, որ միևնույն ժամանակ նա անդադար չափագրում էր նորոգվող սենյակները, հաշվարկում անհրաժեշտ շինանյութերի քանակն ու արդարացված գինը, որն ամեն խանութում տարբեր էր: Այս ամենը նա կատարում էր այն բազային մաթեմատիկական գիտելիքներով, որ ձեռք էր բերել տասնամյակներ առաջ սովետական միջնակարգ դպրոցում:

Բայց նրան ոչ ոք չէր հուշել, որ այդ նույն գիտելիքները նույնպիսի տաղանդով կարող է կիրառել նաև պարզ բիզնես մոդելի ֆինանսական և հաշվապահական հաշվառման համար: Ահա ևս մեկ մտացածին խոչընդոտ ձեռներեցությամբ մեր կյանքի որակը բարելավելու ճանապարհին, որը, որպես համընդհանուր մոլորություն, արմատացել է հասարակական մշակույթում:

Առքուվաճառքի էությունն այն է, որ ապրանքներն ու ծառայությունները ներկայացվեն այնտեղ, որտեղ այդ հարստությունը սուբյեկտիվորեն ամենաբարձրն է գնահատվում: Ամեն անգամ, երբ ձեռներեցը պատրաստվում է վաճառելու ինչոր բան, նա ակնկալում է, որ դրա դիմաց ստացվելիք գումարը որպես արժեք ավելի բարձր է, քան այն, ինչ «կորցնելու» է վաճառելիս: Եվ հակառակը՝ երբ սպառողը պատրաստվում է գնելու մի բան, նա այն արժևորում է ավելի, քան ծախսվող գումարը: Փոխանակումը չի կարող տեղի ունենալ առանց երկու կողմերի հոժարության, այսինքն՝ առանց փոխադարձ շահեկանության: Արժույթը՝ որպես թվերով արտահայտված փոխանակման միջոց (դոլարը, բիթքոինը, ոսկին), և՛ գնորդին, և՛ վաճառողին թույլ է տալիս սահմանել գործարքի իրենց պայմանները և հասնել երկուստեք ձեռնտու որոշակի համաձայնության՝ ստիպված չլինելով զոհաբերել ավելին, քան ուզում են:

ԳԼՈՒԽ 21

ԲՐԵՆԴԻ ԻՆՔՆՈՒԹՅՈՒՆԸ. ԽՈՍՏՄԱՆ ԿԱՄ ԻԴԵԱԼԻ ԽՈՐՀՐԴԱՆԻՇԻ ՊԱՀՊԱՆՈՒՄ

Հայաստանում տարածված երևույթ է նաև անվստահությունը որևէ նախաձեռնության երկարաժամկետ հեռանկարի նկատմամբ, և մարդիկ պայքարում են միայն այն ամենի համար, ինչ կարող են ունենալ մոտ ապագայում: Շատերն արդեն սովորել են կարճաժամկետ շահույթ ստանալ, սակայն կատարելով միշտ նույն ընտրությունը՝ նրանք սաբոտաժի են ենթարկում ուշ ապագայում կայուն շահույթ ստանալու իրենց հնարավորությունները: Կոմունիստական իշխանության պայմաններում ոչինչ չէր կարող մարդկանց դրդել ստեղծելու անձնական բրենդ կամ համբավ, որովհետև պետությունն արդեն իսկ ձեզ տալիս էր աշխատանք և աշխատավարձ:

Երբ մենք ընդունում ենք ձեռներեցությունն ու արժեքի նպատակադրված արտադրությունը որպես ամբողջական հարացույց, ակնհայտ է դառնում, որ այն ընտրությունները, որոնք շահավետ են կարճաժամկետ հեռանկարում, հաճախ երկարաժամկետ կտրվածքում վնաս են հասցնում մեզ (և ուրիշներին): Բացի դրանից՝ մեր կարճաժամկետ ընտրություններն ու սահմանափակ պլանավորումը կարող են առաջացնել էքստերնալ ծախսեր և պարտավորություններ, որոնց համար չէինք ուզի պատասխանատվություն ստանձնել՝ ուրիշ մարդկանց դարձնելով անարդար հանգամանքների զոհ, երբ նրանք պետք է փոխհատուցեն մեր սխալների համար: Այն քայլը, որ լավագույնն է մեզ համար առաջիկա հինգ րոպեներին, կարող է վատագույնը լինել առջևում սպասող հինգ տարիների համար: Որքան հեռուն տեսնենք և գնահատենք մեր կատարած ընտրության հետևանքները, այնքան արդյունք կքաղենք մեր պատասխանատվությունից և ապագայի վերահսկողությունից: Ի վերջո, բոլորս էլ հոժարությամբ ենք կրում կարճաժամկետ զոհողությունների անհարմարությունները, եթե կանխատեսում ենք, որ ապագայում դրանք մեծ արժեքի են հանգեցնելու:

Երևի նկատած կլինեք, որ մարդիկ իրենց փողը ոչ մեկին պատահական կամ անմտածված չեն տալիս, այլ հաշվի են առնում որոշակի չափանիշներ և օրինաչափություններ: Այն բազմաթիվ բիզնեսներն ու անհատները, որոնց վրա գումար եք ծախսում, ապրանքների և ծառայությունների կայուն աղբյուր են ձեզ համար: Հավանաբար ամեն անգամ նոր խանութ չեք փնտրում առօրյա գնումների դուրս գալիս: Դուք ինքնաբերաբար վերադառնում եք նույն վայրը, որտեղ նախկինում առևտրի դրական փորձառություն եք ունեցել և գիտեք՝ ինչ սպասել այնտեղից: Իսկ եթե չունեք նման փորձառություն, առնվազն կարող եք հաշվի առնել տարածված կարծիքները կամ ձեզ նման այլ մարդկանց առաջարկները: Դրական ասոցիացումները, որոնք ծնվում են առևտրի փորձառությունից, հենց տվյալ մատակարարների բրենդի ինքնության բաղադրիչն են: Իսկ եթե որոշել եք գտնել նոր մատակարարներ, հավանաբար պատճառն այն է, որ ձեր ճանաչածներից չեք ստացել այն, ինչ ցանկանում եք, կամ այժմ փնտրում եք ավելի հարմար գին, իսկ գուցե պարզապես փնտրում եք նոր ու հետաքրքիր բացահայտումներ: Սակայն, միևնույն է, ձեր փողի մեծ մասը ծախսվում է արդեն հայտնի վայրերում, որովհետև համարում եք, որ ծանոթ պայմանները նվազեցնում են ռիսկը:

Մտածեք, թե ինչպես են ձեր մեջ ձևավորվել դրական ասոցիացիաներն այն մարդկանց կամ հաստատությունների վերաբերյալ, որոնց հետ սովորաբար առևտուր եք անում: Ավելի հավանական է, որ ձեր գումարը կրկին կծախսեք այն մարդկանց մոտ, որոնք լավ են հաղորդակցվում ձեզ հետ, ճիշտ են հասկանում ձեր սպասելիքները և ամեն ինչ անում են դրանք բավարարելու համար, որպեսզի դուք հնարավորինս քիչ ժամանակի, փողի, մտավոր հանգստության և այլ ռեսուրսների կորուստ ունենաք: Սրանք բոլոր տեսակի աշխատող հարաբերությունների հիմքերն են: Հենց կրկնվող դրական ասոցիացիաների հիման վրա են ձեռներեցները կարողանում ընդլայնել իրենց գործունեությունը՝ մեկ պարզ և հեշտ արժեքի մատակարարումից անցնելով դրա հետ տրամաբանորեն կապված բազում այլ արժեքների մատակարարմանը և հասցնելով իրենց բիզնեսը մի կետի, երբ իրենցից ավելի ու ավելի քիչ ներդրում է պահանջվում՝ ավելի մեծ արժեք ստեղծելու համար: Հիշվող և ուշագրավ բրենդը հեշտացնում է այս գործառույթը ինչպես գոյություն ունեցող, այնպես էլ ապագա հաճախորդների համար:

Բրենդի հեղինակությունը կամ ինքնությունը ավելին է, քան լոգոտիպը, խորհրդանշական գույները, տառատեսակը, գրավիչ կարգախոսը կամ առինքնող մեղեդին: Այս բոլոր նյութական բաղադրիչները պարզապես գեղարվեստորեն ներկայացնում են բրենդի ոչ նյութական խոստումը: Բրենդն ինքնին արժեքի մասին հավաքական ասոցիացիան է՝ ստեղծված այն կազմակերպության կողմից, որտեղ բազմաթիվ մարդիկ են միահամուռ աշխատում ընդհանուր նպատակի համար: Երբ որևէ բան ձեռք բերելու կարիք ունեք, ապա հենց մատակարարողների բրենդների ճանաչողությունն է ձեզ թելադրում՝ ում դիմել: Դա նույնն է, երբ մարդիկ ցանկանում են ձեզնից գնել այն արժեքը կամ ստանալ այն ծառայությունը, որ ինքներդ եք խոստանում տրամադրել: Որքան ճիշտ է բրենդը ներկայացնում այն, ինչ առաջարկում է տվյալ ընկերությունը, այնքան ավելի մեծ վստահություն կունենան բոլոր գնորդները նրա նկատմամբ: Նյութական ինչպիսի տեսք էլ որ ընդունի բրենդը, այն արտահայտում է ընկերության ներկայացրած արժեքը: Դա որակի խորհրդանիշ է, չափանիշի խոստում, որն ակնկալում են սպառողները: Այդ խոստումը տրվում է շուկայում հեղինակության հիման վրա՝ ապագայում հնարավոր անհամար ռիսկերը հաշվի առնելով: Առանց արդյունավետ բրենդի ինքնության՝ անհնար է, որ բարդ տնտեսությանը մասնակցող մարդկանց մտքում ձևավորվեն և պահպանվեն կայուն գործարքներին նպաստող ասոցիացիաներ: Որքան ավելի բարդ, յուրահատուկ կամ կարևոր է այն արժեքը, որն ինչոր մեկը մտադիր է ներկայացնել աշխարհին, նույնքան ավելի կարևոր է նրա բրենդի ինքնությունը:

Բրենդները մեկ հարկի տակ են միավորում միմյանց հետ տրամաբանորեն կապված արժեքների աղբյուրները: Յուրաքանչյուր ոք կարող է լուծել որևէ խնդիր կամ միմյանց փոխկապակցված խնդիրներ: Բայց մեկ խնդիր լուծելով՝ մենք կարող ենք սահմանել ավելի բարդ խնդիրներ, որոնք այժմ հնարավոր է լուծել, քանի որ հինն այլևս ուշադրություն չի պահանջում: Ի վերջո՝ մարդկային ցանկություններն անվերջ են: Կատարյալ բավարարվածության մշտական վիճակ գոյություն չունի, քանի որ այդ դեպքում մենք ընդմիշտ կազատվեինք ընտրություն կատարելու անհրաժեշտությունից:

Սակայն շատ խնդիրներ իրենց հետ բերում են նաև ուղեկցող խնդիրներ, որոնք պետք է լուծվեն սկզբնական խնդրին զուգահեռ: Նման իրավիճակներում թե՛ գնորդի, թե՛ վաճառողի համար, սկզբնական արժեքի վաճառքից բացի, ձեռնտու են դառնում հավելյալ և խաչաձև վաճառքները: Բոլորի համար էլ արդյունավետ կլինի, եթե ավելի քիչ փոխգործակցությունների արդյունքում փոխանակվեն ավելի շատ արժեքներ: Այսպիսով՝ փոխկապված ոլորտներում գործող ձեռներեցները փոխշահավետ են համարում միմյանց հետ դաշինքներ կազմելը՝ հիմնվելով իրենց բրենդների ինքնության վրա, որպեսզի միասնաբար հեշտությամբ լուծեն որոշակի փոխլրացնող խնդիրներ: Հեղինակությունը բիզնեսների միջև հարաբերության վրա ազդում է ճիշտ այնպես, ինչպես բիզնեսի և սպառողի հարաբերության վրա, ուստի բրենդի ինքնությունը կենսական դեր է խաղում այն ձեռներեցների համար, որոնք համագործակցում են միմյանց հետ՝ ստեղծելու համար ավելի մեծ արժեք, քան կարող էին ինքնուրույն: Սա շուկայական սիներգիայի ևս մեկ գործող սկզբունք է և հարստության ստեղծման ու սպառման էքսպոնենցիալ աճի կարևոր պատճառներից մեկը ժամանակակից հասարակություններում:

Չկան արժեքի այնպիսի ձևեր, որոնք մյուսներից առանձնացված են, և մենք չենք կարող ապահովել արժեքի բոլոր մյուս ձևերը, որոնք կապված են մեր առաջարկածի հետ: Հեռուստացույցի համար պահանջվում է էլեկտրական հոսանք, որպեսզի այն միանա, և որպեսզի ցուցադրվեն ֆիլմեր ու շոուներ: Ձեր նոր խոհանոցի հատակի սալիկների համար պահանջվում են նաև շաղախ, սոսինձ, այդ ամենի առաքումը, վարպետի ծառայությունը: Երաժշտության մասնավոր պարապմունքների համար պահանջվում են դաշնամուր, դասագրքեր և հատուկ սենյակ: Ակնհայտ է, որ ատաղձագործը ոչինչ չի կարող անել առանց իր գործիքների, բայց նույնքան էլ ճիշտ է այն, որ իր աշխատանքը կախված է շուկայական բազմաթիվ գործոններից, ինչպես, օրինակ, իր գործերը ցուցադրելն ու գովազդելն է: Ձեռնարկատիրական մտածելակերպ ունեցող մարդը չի տեսնում միայն իր անհատական դերն ու հմտությունը, որով արժեք է ստեղծում հասարակության համար, այլ տեսնում է նաև այն համակարգերը, որոնցից կախված է իր դերը, ինչպես նաև այն տեղը, որը նա զբաղեցնում է այդ համակարգերում:

Վերից հայացք գցելով արժեքավոր իրերի ստեղծման ու փոխանակության գործընթացներին` ավելի պարզ կարելի է տեսնել ապրանքներ արտադրելու և ծառայություններ մատուցելու հնարավորությունները, որոնք անհամեմատ ավելի շահավետ կլինեն գործող համակարգում: Տվյալ պահին գոյություն ունեցող համակարգում կարող է բացակայել այնպիսի կարևոր բաղադրիչ, որի առկայության դեպքում այդ համակարգը շատ ավելի օգտակար կլիներ և ավելի կհեշտացներ մարդկանց կյանքը: Բացի դրանից` կարելի է միավորել փոխլրացնող, սակայն միմյանցից անջատ ապրանքներն ու ծառայությունները միևնույն մոդելի մեջ` դրանց արժեքը օպտիմալացնելու համար, ասենք՝ ներկայացնելով միասնական բրենդով կամ իրար մերձեցնելով այնպես, որ մեկի առկայությունը բարելավի մյուս բոլորինը, և մյուս բոլորը բարելավեն այդ մեկին: Ձեռներեցը և՛ օպտիմալացնում է առկա համակարգերը` դրանց ավելացնելով նոր բաղադրիչներ, և՛ ստեղծում է նոր համակարգեր, որտեղ ավելի պատշաճ են կառավարվում մինչ այդ անջատ եղած բաղադրիչները: Ահա թե ինչու էի ես ասում, որ ձեռներեցը նա է, ով ստեղծում կամ ղեկավարում է հարստությունը: Բավական է միայն ավելի լավ աշխատել այն բանի հետ, ինչն արդեն կա՝ օպտիմալացնելով դրա արժեքավոր արդյունքը առանց ինչոր նոր բան ստեղծելու անհրաժեշտության: Եթե որևէ տեղ տիրում են անգործություն, աններդաշնակություն, կան չբավարարված պահանջմունքներ և ավելորդ սթրես, որոնք առաջացել են խնդիրների սխալ և անարդյունավետ կառավարման հետևանքով, ապա ձեռներեցներն այդտեղ անելիք ունեն՝ ուղղելու իրավիճակը՝ արդարացված դրամական շահույթի դիմաց՝ ապրելով նաև աշխարհում իրենց օգտակար ներդրումն ունենալու ազնիվ զգացումը: Այսպիսով՝ եթե նայեք ձեր շուրջը և տեսնեք խնդիրներ, որոնք լուծման են սպասում, ապա պետք է ակնհայտ դառնա, թե որտեղ կարող եք ձեր գիտելիքները, հմտություններն ու նյութական ակտիվները առավել արդյունավետ կիրառել: Եվ նույնքան արագ պետք է տեսանելի դառնան նաև բոլոր խոչընդոտները խնդիրներ լուծելու այդ ճանապարհին: Արդյո՞ք մենք դատապարտված ենք ընդմիշտ մնալու նույն անփոփոխ հանգամանքների պայմաններում: Արդյոք այդ խոչընդոտները բնական մի փուլ չե՞ն քաղաքակրթության կյանքում, որը պետք է հաղթահարենք: Չե՞նք կարող քայլեր ձեռնարկել ուրիշների հետ մեր ջանքերը համատեղելու, ում ակտիվներն անհրաժեշտ են մեզ, որպեսզի միասնաբար գտնենք լուծումներ և հասնենք ներդաշնակության, որոնց մասին ձեզ հուշում են ձեր գիտելիքներն ու փորձը:

Նկատի ունեցեք, որ այն, ինչ այժմ համարում եք խնդիր, որից պետք է ազատվել, նախորդ հասարակություններում համարվել է մարդկային կյանքի անբաժանելի մասը: Հետզհետե մենք ինքնակրթվել ենք և հայտնագործել առաջադեմ տեխնոլոգիաներ, որոնք լուծել են արմատացած այնպիսի խնդիրներ, որոնք մի ժամանակ համարվում էին անլուծելի նույնիսկ տվյալ ժամանակաշրջանի ամենահարուստ և ամենաազդեցիկ մարդկանց համար: Նախկինում անբուժելի հիվանդություններն այսօր բուժվում են: Ժամանակակից աշխարհում շատ ավելի մեծ քանակությամբ սնունդ և ապաստարաններ ստեղծելու եղանակներ կան: Ձեռներեցների համար ոչ մի սահմանափակում չկա, թե ինչ արտադրեն և որքան՝ ապահովելու իրենք իրենց և հասարակության բարեկեցությունը:

Հասարակության մեջ արդեն իսկ կան հարստության անհամար ձևեր, որոնք չեն կիրառվում այնտեղ, որտեղ սուբյեկտիվորեն առավել արժեքավոր կլինեն, և դա հաճախ միայն այն պատճառով, որ ոչ մի մտածող ձեռներեց չի անդրադառնում այդ իրավիճակներին, որպեսզի կատարի անհրաժեշտ փոփոխություններ լավագույն արդյունքը ստանալու համար: Այդ խնդրով մտահոգ ձեռներեցը պետք է իմանա, թե ինչ բնույթ ունի յուրաքանչյուր մասնիկ տվյալ համակարգում, և ինչ արժեք է ինքն ունակ ստեղծելու, որքան լավ կարող է ներդրվել նոր համակարգում, և ինչպես ստիպել, որ այն գործի համակարգի մյուս մասնիկների հետ ներդաշնակ:

Հենց այստեղ է, որ բրենդի ինքնության սոցիալական ֆենոմենը հատկապես կարևոր է դառնում մեր աշխարհի տնտեսական բարելավման համար: Առանց բրենդի ինքնության, որից կարելի է կառչել՝ անհնար է արդյունավետ հաշվարկել՝ ինչպես կիրառել գոյություն ունեցող ակտիվները բոլորի համար առավելագույն հարստություն ստեղծելու նպատակով՝ համաձայնության գալով այն մարդկանց հետ, որոնք տնօրինում են այդ ակտիվները: Դա մեզ ազատում է ցանկալի ապրանքի յուրաքանչյուր նոր մատակարարի հետ անձնական կապ հաստատելու և նրան կուրորեն վստահելու անհրաժեշտությունից: Դա նաև նշանակում է, որ մենք չպետք է հույսներս դնենք «ամենազոր» կենտրոնական իշխանության վրա՝ տնտեսությունը կառավարելու և մեր փոխարեն այդ ընտրությունները կատարելու, դրանք մեզ հարկադրելու համար: Լավ բրենդի ինքնությունը նշանակում է՝ մենք կարող ենք վստահ լինել, որ կստանանք այն, ինչի համար վճարում ենք, նույնիսկ երբ չունենք անձնական փորձ: Մենք «փոխառում» ենք ուրիշների վստահությունը, որոնք մեզնից առաջ առնչվել են այն ամենի հետ, ինչ խորհրդանշում է տվյալ բրենդը:

Առանց այդպիսի վստահելի ասոցիացումների հնարավորության միշտ ունենալու էինք անհատական գործունեության բնական սահմանափակում:

Դարեր առաջ տպագիր գրքերը հնարավորություն տվեցին

տարածելու գիտելիքներն այնպիսի մասշտաբներով, որոնց մասին դասախոսները չէին կարող երազել: Ավելի ուշ հեռախոսներն ու համակարգիչները թույլ տվեցին մեզ կապ պահպանել մարդկանց հետ աշխարհի ցանկացած ծայրից: Ճիշտ իրականացված բրենդն ինքը հենց նույն նշանակությունն ունի նրանց համար, ովքեր ցանկանում են հայտնի լինել իրենց ներկայացրած արժեքի և այն արժեհամակարգի շնորհիվ, որը տարածողն են: Մեր արտադրական գործունեության արդյունքում ստացվող հարստությունը կախված է նրանից, թե որքան արդյունաբեր է այդ գործունեությունը մյուսների համար:

Բավական չէ ունենալ միայն լավ հաճախորդ և նրա գումարով լցնել ձեր դրամարկղը: Արժույթի դիմաց ապրանքի տրամադրմամբ գործարքը չի ավարտվում: Գնորդը պետք է հեռանա գործարքի մասին լավ զգացումներով՝ սպասելով նոր փոխանակման, երբ դրան կարիքը լինի: Գնորդը նաև պետք է հաճույքով առաջարկի մյուսներին նույնն անել: Հենց այդպես է ձևավորվում համընդհանուր վստահությունը ձեր նկատմամբ: Դա պատահականության և բախտի հարց չէ: Անհրաժեշտ է, որ ձեր կյանքի ամենաապահով ակտիվների հիման վրա կառուցեք հուսալի համակարգ:

ԱՄՓՈՓՈՒՄ

ՏՆՏԵՍՈՒԹՅՈՒՆՆ ԱՇԽԱՏՈՒՄ Է ԸՆՏՐՈՒԹՅԱՆ ՀԻՄԱՆ ՎՐԱ

Հետաքրքրասեր և առաջադեմ մարդիկ միշտ ապրում են ավելի լավ ապագայի հույսով: Գրեթե բոլոր հասարակություններում այդպիսին են երիտասարդները: Հետաքրքրությունը ստիպում է ավելի խոր գիտելիքներ ձեռք բերել և բարելավել հնացած մշակութային հարացույցները: Առանց դրա մարդիկ անգիտակցաբար կրկնօրինակելու են ուրիշների սովորություններն ու արժեքները: Մեկ հոգու տրավման, բարդույթները կամ սխալ գաղափարները արագ դառնում են միջավայրինը, և հասարակության մեջ զարգացում տեղի չի ունենում:

Խնդիրները պրոյեկտելու սկզբունքի դրական կողմն էլ այն է, որ եթե մի բան օգտակար է մի անհատի ֆինանսական ինքնուրույնության և ապագայի որոշակիության համար, ապա նույնն օգտակար է նաև ընդհանուր հասարակության ֆինանսական ինքնուրույնության համար: Ազատությունն ու դրա առավելությունները բոլորի համար են՝ անկախ նրանց անցյալի մշակութային և տնտեսական խնդիրներից, որոնց դեմ հիմա էլ պայքարում են:

Մարդկանց օգնելու, նրանց համար հարստություն և սեփական կյանքը կառավարելու հնարավորություն ապահովելու ճանապարհը միշտ էլ մեկն է եղել: Եվ միշտ այդ մեկը կլինի: Այն է՝ ավելի շատ կրթել հասարակությանը, սովորեցնել նրան տնտեսական իրականության օրենքները, զարգացնել նրանց հմտությունները, որոնք բխում են հենց գիտելիքներից: Անհրաժեշտ է հնարավորություն տալ մարդկանց բացահայտելու ավելի շատ և ավելի լավ գործիքներ, որոնք թույլ կտան բազմապատկել իրենց գիտելիքների և հմտությունների արդյունավետ կիրառումը՝ հարստություն ձեռք բերելու և բավարարվածության հասնելու համար: Հարկավոր է ոգեշնչել նրանց, որ ընդունեն այս հարացույցը և կատարեն առաջին կարևոր քայլերը իրենց կաշկանդող բարդույթներից ազատվելու համար:

Կրթությամբ է լուծվում նաև հարստահարության սոցիալական խնդիրը: Նա, ով վստահ է իր ձեռնարկատիրական ունակությունների վրա, երբեք սեփական ընտրության իրավունքը չի թողնի մեկ ուրիշին, որը կպնդի, թե կարող է ավելի լավ կատարել դա: Որքան լավ սովորական մարդիկ կարողանան վերահսկել կյանքի անորոշությունները, այնքան քիչ կախված կլինեն անմարդկային և անարդյունավետ իշխանական կառավարումից: Խորհրդային Միությունը և նմանատիպ այլ կեղեքող իշխանությունները հետևանք են անձնական պատասխանատվությունից լայնամասշտաբ հրաժարվելու և անձնական ընտրության պատասխանատվությունից խուսափելու: Խորհրդային Միության հասարակարգի անալոգներ կան ամբողջ աշխարհում, նույնիսկ իմ հայրենիքում՝ այսպես կոչված ազատների երկրում: Բռնապետները կարող են իրենց իշխանությունը պարտադրել զանգվածներին՝ ձևավորելով այն պատրանքը, թե դա անհրաժեշտություն է: Առանց այդ միֆի նրանք իշխանություն չէին ունենա:

Այսպիսով՝ հասարակությանն ու անհատներին օգնելու բանալին նրանց հավատացնելն է, որ իրենց ճակատագիրն իրենց ձեռքերում է, որ պահանջվում է փոխել իրենց հնացած համոզմունքները աշխարհի հետ փոխգործակցության ճանապարհների մասին, հատկապես իրենց տիրույթում եղած հնարավորություններով: Ունենալ սեփականություն նշանակում է ունենալ պատասխանատվություն և վերահսկողության իրավունք: Կյանքի վերահսկողությունը ընտրությունն է այն եղանակի, թե ինչպես է ինչ-որ բան օգտագործվելու: Դրան կարելի է հասնել՝ կիրառելով մեր ստեղծագործական պոտենցիալը՝ որևէ օգտակար և արժեքավոր բան արարելու համար: Առանց սեփականության և վերահսկողության իրավունքի չկա ստեղծագործելու և կատարելագործվելու ոչ մի խթան: Իսկ նման խթանի դեպքում աշխարհը հետզհետե ավելի լավը կդառնա, մարդիկ ավելի հետամուտ կլինեն իրենց արժեքների տարածմանը՝ առանց հասարակությանը վնասելու:

Ոչ ոք երբևէ չի կարող խուսափել այն ճանապարհից, որով նրան տանում են իր իսկ արժեքները: Մենք ընտրում ենք արժեքները, իսկ արժեքները պայմանավորում են մեր գործողությունները: Մենք կարող ենք ստանձնել պատասխանատվություն դրանց համար: Կարող ենք կատարելագործվել այնքան, որ արժանի լինենք մեր ձգտումներին, բայց կարող ենք նաև հրաժարվել այդ բեռից և արդյունքում ընդունել ուրիշների իշխանությունը, զիջել նրանց:

Մի բան է հստակ՝ երբեք չենք կարող փախչել մեր ցանկություններից, իսկ դրանց իրագործման ճանապարհին խաղի կանոններն անհամար են:

Թեև կարող են լինել հակառակը հիմնավորող պնդումներ, սակայն ես մնում եմ լավատես Հայաստանի և աշխարհի ապագայի նկատմամբ: Որովհետև գիտեմ՝ պարտադիր չէ, որ մարդիկ իրենց ձեռներեց հոչակեն կամ փայլուն հասկանան այս գրքում ներկայացված յուրաքանչյուր դրույթ, որպեսզի կիրառեն դրանք և շահեն: Սոցիալական պատկանելությունն ու մասնագիտական պիտակավորումը նշանակություն չունեն: Կարևոր է միայն այն, թե յուրաքանչյուր մարդ որքան է կարողանում իր վարքագիծը համապատասխանեցնել այն սկզբունքներին, որոնք հանգեցնում են իր ուզած արդյունքին:

Բոլորը չէ, որ տիրապետում են այս կամ այն գիտության յուրաքանչյուր նրբությանը, բայց միայն փոքրաթիվ մասնագետների աշխատանքի շնորհիվ բոլորն էլ կարող են օգտվել այդ գիտության ընձեռած հնարավորություններից: Եթե դուք հասկացել եք իմ այս ուղերձը և պատրաստ եք կիրառելու այն ձեր կյանքում, ուրեմն հասարակության առաջադեմ ուժի մի մասնիկն եք, որը զարգացնում է ինքնորոշումը որպես բարձր արժեք ներկայացնող մշակույթ: Այնուհանդերձ ստույգ է նաև, որ տնտեսական ազատության

ապահովումը կատարվելու է դանդաղ, և պահանջվելու է մի քանի սերունդ: Մենք տեսնում ենք, թե ինչպես անգամ հիմա, երբ սոցիալիզմն այլևս անցյալում է, միևնույն է, դրա կործանարար գաղափարախոսության ազդեցությունը դեռ պահպանվում է Հայաստանում և այն մյուս երկրներում, որոնք եղել են ԽՍՀՄ կազմում: Թեև այսօրվա երեսնամյա մարդը չի տեսել խորհրդային կարգերը, սակայն շարունակում է մնալ այն մշակութային ազդեցության տակ, որ այդ կայսրությունը ժամանակին ներշնչել է իր ծնողներին:

Հիմնախնդիրը կմեղմանա յուրաքանչյուր նոր սերնդի գալստյանը զուգահեռ: Իրականության մասին խոր գիտելիքները ազգային մշակույթի մաս են դառնում այն ժամանակ, երբ դրանց առավելություններն ակնհայտ են դառնում նկատելի թվով մարդկանց համար, և հասարակությունը սկսում է հետևել նրանց օրինակին: Մշակույթը չի կարող չփոխվել: Ապագան պատկանում է նրանց, ովքեր հետաքրքրասեր են և կարող են տեսնել գաղափարական պատնեշներից անդին: Նրանք, ովքեր արագ են ընդունում և կյանքի կոչում այս սկզբունք-ները, ձեռք են բերում վերահսկողության լծակներ իրականության նկատմամբ՝ էականորեն բարելավելով իրենց սոցիալական կյանքը, ինչն իր հերթին հեշտացնում է նաև մյուս բոլոր ոլորտների բարելավումը: Նրանք նույնիսկ անուղղակիորեն օգնում են մյուսներին, որոնք դեռ պատրաստ չեն հնացած մտածելակերպից հրաժարվելու:

Դժվար է ասել, թե ապագայում ինչ նոր ուղիներ կբացահայտվեն մարդկության կենսական խնդիրները լուծելու համար: Բայց քանի որ հիմա մենք հետաքրքրված ենք դրանով և հասկանում ենք գործող տնտեսական սկզբունքները, ուստի որևէ պատճառ չունենք համակերպվելու ոչ օպտիմալ մեթոդների հետ՝ հարստության ստեղծման, կառավարման ու բաշխման համար: Եթե կարողանանք պատկերացնել ավելի լավ ուղի, որը չի հակասում իրականության սկզբունքներին, մենք, անշուշտ, կընտրենք այն: Միակ ամենաազդեցիկ ընտրությունը, որ կարող ենք կատարել հիմա, համապատասխան գիտելիքներ և ոգեշնչում տարածելն է, որոնք ի վերջո կապահովեն երկրի տնտեսական առաջընթացը:

ՀԱՎԵԼՎԱԾ

ԿԱԼԱՎԱՆՈՒՄ ԽԱՆՈՒԹԻ ՀԻՄՆՈՒՄԸ՝ ԲԱՐԵՓՈԽՄԱՆ ՓՈՐՁՆԱԿԱՆ ՕՐԻՆԱԿ

Այս գիրքը գրելն ինձ համար և՛ ստեղծագործական աշխատանք էր, և՛ սոցիալական փորձի պես մի բան: Այն ծառայեց որպես միջոց՝ տեսնելու՝ արդյոք ունա՞կ եմ իրական ներդրում ունենալու տնտեսագիտական մշակույթի այն հարացույցում, որի հետ այժմ առնչվում եմ, և որը, ըստ իս, ունի այդ ներդրման կարիքը: Բայց այն երեք տարիներին, ինչ բնակվում եմ Հայաստանում, հասկացա, որ եթե ակնկալում եմ խելամիտ փոփոխություններ գրանցել այստեղի տնտեսական մոդելում, ապա մտքերս պետք է զուգակցել գործողությունների հետ: Ի վերջո ձեռնարկեցի այնպիսի քայլեր, որոնք ուղղակիորեն հանգեցրին համակարգային մեծ փոփոխությունների: Այդ քայլերն այնքա՜ն պարզ և հեշտ էին, որ մինչև այսօր ինքս ինձ նախատում եմ, թե ինչու ավելի վաղ չէի հանձնառել դրանք կատարել:

Գրեթե ամեն անգամ, երբ մեկնում էի գյուղին մերձ քաղաք՝ Դիլիջան, հարևանս՝ Շավարշը, խնդրում էր իր սիրելի ծխախոտից բերել: Սկզբում ես դեմ չէի այդ փոքրիկ լավությունն անելուն, բայց նա սկսեց ավելի ու ավելի հաճախակի դիմել նույն խնդրանքով, իսկ ես սովորաբար քաղաքում այլ գործեր էի ունենում և պարզապես չէի հասցնում նրա համար ծխախոտ գնել: Շավարշի համար ես քաղաքն ու գյուղն իրար կապող միակ օղակն էի այդ միկրոմատակարարման շղթայում: Իմ հրաժարումն այդ գործառույթից կնշանակեր, որ նա ստիպված է լինելու երկար օրեր մնալ առանց իր սիրելի ծխախոտի: Չունենալով սեփական մեքենա՝ հարևանս ուրիշ հուսալի միջոցներ չուներ այն ձեռք բերելու համար:

Մի օր ես վերջապես հարցրի Շավարշին, թե ինչու է ամեն անգամ խնդրում միայն մեկ-երկու տուփ ծխախոտ գնել, չէ՞ որ գիտի մոտ ապագայում այլևս այդ հնարավորությունը չի ունենալու: Իսկ քանի որ ծխախոտի պահպանման ժամկետը առնվազն մի քանի տարի է, նա կարող էր նախապես ապահովել իրեն անհրաժեշտ ամբողջ պաշարը: Ուրեմն ինչո՞ւ պարզապես չգնել միանգամից տասը-քսան տուփ: Շավարշի պատասխանը նույնքան հասկանալի էր, որքան կախվածությունը ծխախոտից. նա այդքան գումար չուներ:

Եվ ես հասկացա, որ սա ձեռնարկատիրության հիմունքներ

ուսուցանելու այն հնարավորությունն էր, որին վաղուց սպասում էի: Հաջորդ անգամ քաղաք գնալիս մի փոքր ժամանակ ծախսեցի՝ Շավարշի սիրելի ծխախոտը ամենացածր գնով գտնելու համար: Ես գնեցի տասը տուփ: Այսպիսով՝ երբ նրա ծխախոտը վերջանար, այլևս ստիպված չէր լինի սպասելու, թե երբ գյուղացիներից մեկը քաղաք կգնար: Նա կարող էր պարզապես ինձնից գնել ծխախոտը, միայն թե պետք է վճարեր 20% ավելի, քան ինքս էի ծախսել:

Այս պայմանս փոթորկեց նրան, և ես հասկացա, որ ևս մեկ կոպիտ սխալ եմ թույլ տվել, ինչպես այն պատանիներին աշխատանք առաջարկելիս: Ինչո՞ւ նա պետք է հավելյալ գումար վճարեր մի բանի համար, որը ես արդեն իսկ մեծ քանակությամբ ունեի և ինքս չէի սպառում: Ուստի պետք է ուրախ լինեի դրանք կիսելու նրա հետ, կամ գոնե նրան այն նույն գնով վաճառեի, որով գնել եմ: Ճի՞շտ է:

Բայց չէ՞ որ իմ արածը ճիշտ նույնն էր, ինչ գյուղի ֆերմերների՝ ամռանը խոտ դիզելն ու ձմռանն այն վաճառելը:

Այնուամենայնիվ որոշ ժամանակ անց Շավարշն ինքը հանգեց այն եզրակացության, որ ինձնից մեկ տուփ ծխախոտ գնելն արդարացված է: Ստացված շահույթն այժմ ավելի մեծ կլիներ, քան կատարված ծախսը: Շաբաթներ պահանջվեցին, մինչև ծխախոտամթերքի մեկ փաթեթ վաճառեցի Կալավանում: Բայց երբ շատերն իրարից տեղեկացան, որ ես ծխախոտ եմ առաջարկում չնչին հավելավճարով, կայուն հաճախորդներ ձեռք բերեցի: Այն օրը, երբ վաճառել էի քաղաքից գնած իմ բոլոր տասը փաթեթները (ստանալով 2,5 դոլարի ընդհանուր «շահույթ»), արդեն նկատում էի, որ հարևաններիս մտածելակերպում տեղի է ունեցել փոքրիկ, բայց կարևոր մի փոփոխություն:

Իմ այս գիտափորձով ես հարևաններիս ավելի պարզորոշ մատնանշեցի իրենց տնտեսության անարդյունավետությունը, քան անցած երեք տարիների անընդմեջ խնդրանքներով, բանավեճերով և խրատներով: Վերջապես ես իրական օրինակով նրանց ցույց տվեցի ավելի արդյունավետ տնտեսության մոդելը:

Ինձ համար այս փորձի կարևորությունը մարդկանց ծխել ստիպելը չէր, ոչ էլ, իհարկե, այն չնչին շահույթը, որը ունեցա: Անկեղծ ասած՝

չարժեր այդքան ժամանակ ու ռեսուրս ծախսել 2,5 դոլարի համար: Էականն այն էր, որ կարողացա խրախուսել համագյուղացիներիս տնտեսական բարելավումներ իրականացնելու՝ ապացուցելով, որ նրանք դա միշտ էլ կարող են անել:

Ի վերջո, անձնական շահը այն է, երբ ձեռնարկատերերը կարողանում են շուկայում մարդկանց ներկայացնել նոր հնարավորություններ՝ ձեռք բերելու իրենց փնտրածից ավելին և առավել լավ եղանակով:

Եթե ես այս եղանակով ծխախոտ վաճառեի Խորհրդային Հայաստանում, ապա անխուսափելիորեն կպիտակավորվեի որպես

«սպեկուլյանտ» և կարժանանայի խիստ պատժի՝ ծխախոտի մատակարարման և բաշխման պետական արդար գործին միջամտելու համար:

Սակայն այժմ ես Կալավանում առաջին քայլն էի արել՝ նպաստելու այն գիտակցության ձևավորմանը, որ գյուղում մանրածախ առևտրի խանութ բացելն արդյունավետ կլինի բոլորի համար: Այդ համեստ խանութը երկարաժամկետ օգուտներ ու մեծ տնտեսական փոփոխություններ կբերեր անապահով մի գյուղում, որտեղ բնակվում էի: Յուրաքանչյուր խանութի տնտեսական նպատակը երկակի է՝ պարզեցնել վաճառվող ապրանքների փոխանակման գործընթացը և ապահովել շարունակական մատակարարումը՝ դրանք ձեռք բերելով նախապես՝ մինչև պահանջարկի ի հայտ գալը: Օգտվելով աշխատանքի բաժանման սկզբունքից և մասշտաբի տնտեսումից՝ խանութի սեփականատերը իր հաճախորդներին զերծ է պահում այն անհարմարություններից, որոնց վերջիններս կարող են առնչվել սպառման տարբեր ապրանքներ ինքնուրույն հայթայթելիս: Նման անարդյունավետ տնտեսական կյանքի հետևանքները հատկապես վնասարար են այն մարդկանց համար, որոնք ապրում են հեռավոր և վատ զարգացած համայնքներում, ինչպես, օրինակ, Կալավան գյուղն է: Գործող խանութը առաջին՝ ամենապարզ և ամենահիմնարար տնտեսական բարեփոխումներից մեկը կլինի նման բնակավայրերում:

Այդուհանդերձ գյուղում փոքրիկ խանութ բացելու և

հարևաններիս այդ գործում ներգրավելու ձգտումներս մեծ դիմադրության հանդիպեցին: «Կալավանը շատ փոքր գյուղ է: Քանի որ այստեղ շատ մարդիկ չեն ապրում, շահույթ ստանալու համար բավականաչափ առևտուր չի լինի»,ասում էին բնակիչները:

Այս առարկության հիմքում այն է, որ խանութը պետք է առաջարկի ապրանքների այնքան չափաքանակ, որ տնտեսապես ավելի արդյունավետ լինի այդտեղից գնումներ կատարելը, քան քաղաքից: Պարտադիր չէ, որ խանութը լինի լեփ-լեցուն սուպերմարկետների նման, որտեղից սովոր են առևտուր անել քաղաքաբնակները: Նույնիսկ կարիք չկա հատուկ շինություն կառուցելու: Խանութի սեփականատիրոջ կողմից կառավարվող ֆիզիկական ակտիվները պարզապես պետք է պաշտպանվեն քայքայումից և գողությունից, իսկ հաճախորդների համար պետք է հարմար լինի անհրաժեշտ ապրանքները տվյալ վաճառակետից ձեռք բերելը: Գյուղացիները գումար կխնայեն ապրանքների մեծածախ առևտրի դեպքում, մինչդեռ նրանց մեծ մասը, քաղաքից շարունակաբար մանրածախ գնումներ կատարելով, ավելի շատ ռեսուրս է ծախսում, եթե հաշվենք նաև տրանսպորտային վարձը, ճանապարհի կտրելու ժամանակն ու էներգիան:

Բարեփոխելով համայնքի տնտեսությունը՝ մատակարարման մոդելը նրանց համար օբյեկտիվորեն ավելի արդյունավետ և սուբյեկտիվորեն բարենպաստ դարձնելու համար, հնարավոր կլինի գյուղացիների արմատացած վարքագիծը փոխել այնպիսի գործողությունների, որոնք առավել քիչ ջանքերի ու ավելորդ ծախսերի խնայման հաշվին ավելի շատ պահանջներ կբավարարեն:

Թեպետ սկզբում շատ մարդիկ գուցե կառչած մնան տնտեսապես անարդյունավետ սովորություններից, բայց կասկած չկա, որ ի վերջո նրանք կհասկանան, որ կարող են իրենց անհրաժեշտ այդ մի շիշ ձեթը, զուգարանի թուղթը կամ ծխախոտը ձեռք բերել այն պաշարից, որը նախապես գնել էր խանութի սեփականատերը՝ կանխատեսելով դրանց շարունակական կարիքը գյուղում: Նույնիսկ եթե տնտեսության օրինաչափությունը խանութի սեփականատիրոջից պահանջում է գյուղում փոքր-ինչ ավելի բարձր գնով վաճառք կազմակերպել, քան քաղաքում է, միևնույն է, հարմարավետությունն ու տրանսպորտային ծախսերի կրճատումը ազնիվ փոխանակում են գյուղացիների համար:

Իսկ եթե շուտ փչացող ապրանքները կորցնե՞ն իրենց պիտանիությունը՝ վնասներ հասցնելով խանութի սեփականատիրո՞ջը:

Էնտրոպիայի հավանականությունը ռիսկ է, որը վերաբերում է բոլոր ֆիզիկական ակտիվներին: Ժամանակի ընթացքում ամեն ինչ էլ որակազրկվում է: Յուրաքանչյուր ապրանք ունի պահպանման ժամկետ, որից հետո իբրև արժեք պիտանի չի լինում սպառողներին: Մենք «փչացող» ապրանքներ ենք անվանում այն ակտիվները, որոնց պահպանման ժամկետը զգալիորեն կարճ է: Ուստի մենք պետք է ամեն կերպ կառավարենք այդ ապրանքների պահեստավորումը, փոխանակումը և սպառումը: Ձեռնարկատիրական ռազմավարությունը ենթադրում է ապագայի որոշակի կանխատեսում:

Կալավանում խանութ բացելու պարագայում արագ փչացող ապրանքները, ինչպիսին են կաթը, ձուն, միսը և բանջարեղենը, անհամաչափ մեծ ձեռնարկատիրական ռիսկ են ներկայացնում՝ լրացուցիչ քանակով պահեստավորման անհրաժեշտության և պիտանիության սահմանափակ ժամկետի պատճառով: Այլ բան է գումար ծախսել գույք գնելու վրա՝ զերծ մնալով այն կարճ ժամկետում վաճառելու հարկադրանքից կամ ներդրման կորստի ռիսկից: Եթե անգամ մի քանի տարի շարունակ բացարձակապես ոչ ոք չցանկանա գնել տվյալ ապրանքները, կարելի է դրանք անձամբ օգտագործել, որպեսզի արժեքը դեռ կենսունակ մնա: Բայց շահույթ ապահովելու ռազմավարությունը (կամ գոնե կորստից խուսափումը) այլ է, երբ ձեռներեցն ունի ընդամենը մի քանի օր կամ մեկ-երկու շաբաթ իր սպեկուլյատիվ ակտիվներից արժեք ստանալու համար: Այդ դեպքում ճիշտ կլիներ՝ տեղաբնակ գյուղատնտեսը ողջամիտ հաշվարկ ունենար, թե որքան կտևի նման ապրանքների շարունակական պահանջարկը, հետևաբար՝ որքան հավկիթ կամ խոզի միս է պետք մթերել խանութում: Կալավանում նման հաշվարկ կատարելը դժվար է այն պատճառով, որ այստեղ մարդիկ դեռ սովոր չեն այդ տեսակի ապրանքներ գնել գյուղական խանութից: Շատ հավանական է, որ նույնիսկ խանութի բացումից հետո նրանք շարունակեն արտադրել իրենց սեփական մթերքը՝ իրականացնելով ուղիղ փոխանակություն հարևանների՝ այլ մթերքի հետ կամ հնարավորության դեպքում քաղաքից գնել թարմ ապրանքներ: Բայց նվազագույն ռիսկի դիմելով և գոնե թարմ մրգեր, միս, բանջարեղեն և այլ մթերք գնելու այլընտրանք առաջարկելով՝ գյուղի խանութպանը կարող է սկսել չափել, թե ինչպիսին կլինի շարունակական պահանջարկը փչացող ապրանքների յուրաքանչյուր տեսակի համար: Նա նույնիսկ կարող է հարմարեցնել իր ապրանքացուցակը՝ հիմնվելով պահանջարկի վրա ազդող ու փոփոխվող տնտեսական գործոնների վրա՝ տարվա եղանակների փոփոխություն, երկարաժամկետ հանգստի եկած զբոսաշրջիկներ, գյուղի բնակչության աճ, որը կարող է պայմանավորվել նույնիսկ հենց խանութի առկայությամբ:

Համակարգային խնդիրը այստեղ հեռահար կանխատեսումներ կատարելու և մեզ վրա ոչ թե միայն այդ պահին, այլ ապագայում դրականորեն ազդող ընտրություններ չկատարելն է: Դա այն ռիսկն է, որից այստեղ բոլորը վախենում են: «Ապրել այսօրվա օրով» մտածելակերպը ցավալիորեն խաթարում է ներկա և ապագա սերունդների առողջությունը, երջանկությունը, զրկում հարստանալու հնարավորությունից: Կարելի է կայուն և արդյունավետ տնտեսական լուծումներ ստեղծել, եթե մարդիկ աստիճանաբար հրաժարվեն արմատապես թերի այս մտածողությունից:

Միգուցե հարցնեք, թե ես ինքս ինչու երբեք չեմ մտածել Կալավան գյուղում խանութ բացելու մասին՝ ապացուցելու այն, ինչ շարունակ քարոզում եմ համառ լսարանիս: Թեև համոզված էի, որ խանութից բոլորը կշահեին՝ և՛ գնորդ գյուղացիները, և՛ խանութպանը, բայց նաև գիտակցում էի, որ իրավասու չեմ այս գործընթացը ինքնուրույն սկսելու: Ես պետք է նախ սովորեցնեի իմ հարևաններին այս պարզ տնտեսական ճշմարտությունները, քանի որ հետագայում ինքս դրանք կիրառելու համար նրանց օգնության կարիքը կունենայի: Աշխատանքի բաժանման պայմանն առաջնային դեր ունի այս նախաձեռնության հաջողության գործում:

Թեև գիտեի, որ ես Կալավանում ձեռներեցության մասին ամենաշատ գիտելիքներ ու փորձ ունեցող մարդն եմ և տվյալ գաղափարը կյանքի կոչելու համար ունեմ ամենաշատ կապիտալը, սակայն մի քանի հիմնական բաներ կային, որոնց ես տեղեկացված չէի: Կալավանում և հարակից մյուս գյուղերում ապրող հարյուրավոր մարդկանց մեջ ես ամենաքիչը գիտեի տեղի առևտրային սովորությունների մասին՝ որոշելու համար նման խանութի հաճախորդների թիրախային խմբին: Նույնիսկ եթե պարզեի, թե մարդիկ սովորաբար ինչ են գնում (ասել է թե՝ ինչպիսին կլինի կանխատեսելի շուկայական պահանջարկը), միևնույն է, ես բավարար չափով տեղեկացված չէի այդ ապրանքները շուկայական լավագույն գներով մատակարարելու եղանակների մասին: Ես չունեի վստահելի տեղեկատվություն ո՛չ առաջարկի, ո՛չ պահանջարկի վերաբերյալ: Բացի դրանից՝ Հայաստանում լեզվական ու մշակութային խոչընդոտը ինձ համար այդ բոլոր գիտելիքների ձեռքբերումը ավելի բարդացնում էր: Ինձնից ժամանակի և էներգիայի շատ ավելի մեծ ներդրում կպահանջվեր, քան տեղացիներից, իսկ իմ գրանցած արդյունքները շատ ավելի ցածր կլինեին: Մեծ ներդրում և ցածր արտադրողականություն. սա հենց «անարդյունավետություն» կոչվածն է: Ուստի եթե ընտրեի անընդմեջ փորձարկելու և սխալների հիման վրա նորանոր ուղղումներ կատարելու ճանապարհը, ապա անշուշտ կվատնեի այնքան ժամանակ ու գումար, որքան չէր վատնի ուրիշ մեկը տեղի մշակույթը կրողներից: Հնարավոր է նույնիսկ՝ ես անհաջող բրենդի ինքնություն ձևավորեի թե՛ խանութիս, թե՛ ինձ համար: Դա է պատճառը, որ հարևաններիս գիտելիքների և աշխատանքի կարիքն ունեի: Փոխարենը ինքս տիրապետում էի ձեռնարկատիրության հիմունքներին ու հմտություն ունեի՝ նկատելու նրանց չիրացված ակտիվների արժեքը: Իսկ տնտեսական միջավայր ձևավորելու համար ձեռնարկատիրոջ միջամտության կարիքը կար՝ այդ թաքնված արժեքը նյութականացնելու համար:

«Ամեն ոք ձեռներեց է» գիրքն անգլերեն հրատարակելուց կարճ ժամանակ անց տպագրվեց Հայաստանում՝ երկու լեզուներով: Գրքի մի քանի օրինակ նվիրեցի գյուղի իմ հարևաններին: Շատ բան չէի ակնկալում դրանով, բայց միևնույն է, արեցի՝ վստահ լինելու համար, որ գոնե փորձել եմ: Սակայն, ի զարմանս ինձ՝ հարևաններիցս մեկն իրականում որոշեց գիրքը մանրակրկիտորեն կարդալ, յուրաքանչյուր գլխի վերաբերյալ ինձ հարցեր ուղղել՝ իր կյանքի և գործողությունների իներցիան վերածելով ձեռնարկատիրական օրինաչափ հետագծի: Նա որոշեց այդ տարի իր գյուղմթերքի վաճառքից ստացված գումարը ներդնել խանութ հիմնելու ծրագրում: Մնացած գումարով նույնիսկ գնեց արհեստագործական սարքավորումներ, թեև այդ գործիքներով երաշխավորված և արագ եկամուտ ստանալու հստակ ծրագիր չուներ: Ես նկատեցի, որ նա պատրաստ է գործի դնելու վաստակելու իր բնատուր կարողությունը, կառավարելու այն՝ բաշխելով իր կապիտալը տարբեր ռազմավարությունների միջև, որոնց շնորհիվ մշտապես որոշակի եկամուտ կստանար, նույնիսկ եթե չկարողանար կատարելապես վերահսկել ամեն բան: Նախկինում նա ինձ ասում էր, թե երբեք չի կարող իրեն նման ծախսեր թույլ տալ, քանի որ դրանք չափազանց մեծ ռիսկ են ներկայացնում: Սակայն հենց այս մտահոգությունը նրան հանգեցրեց այն գիտակցության, որ ինքն այսպես, թե այնպես ռիսկի է ենթարկվում, ինչ գործողություններ էլ ձեռնարկի. Նյթև նա մինչև խոր ծերություն շարունակեր արհեստավորի իր ծանր աշխատանքը խղճուկ վարձատրության դիմաց, ապա վտանգի տակ կդներ առողջությունն ու սոցիալական ապահովությունը, ինչպես նաև ահռելի ժամանակ կկորցներ ապրուստը վաստակելու ճանապարհին: Եթե նա ոչինչ չձեռնարկեր, ռիսկի էր դիմում ավելացնելու իր չբավարարված պահանջները, քանի որ սպառում էր արդեն իսկ գոյացած կապիտալի մեծ մասը, իսկ մնացածը կորցնում էր էնտրոպիայի պատճառով: Սակայն եթե կուտակած դրամական կապիտալը ներդրվեր որևէ պարզ բիզնեսում, շահույթի երաշխիք նույնպես չէր լինի: Մի խոսքով՝ հարևանս ոչ մի կերպ չէր կարող խուսափել առանց ռիսկի ապրելուց: Նրան մնում էր միայն ընտրել, թե ո՞ր ռիսկն է պատրաստ ընդունելու՝ զարգացնելով այնպիսի պայմաններ, որոնք ավելի նվազ կդարձնեին այն: Կարդալով գիրքս՝ հարևանս պնդեց, որ իր համար արդեն պարզ են տնտեսագիտության հիմնական սկզբունքները:

Այս գրքում ես բազմիցս շեշտում եմ, որ ձեռներեցության սկզբունքների բացահայտմանը մենք հասնում ենք մեծ մասամբ ակամա և ինտուիտիվ կերպով: Այդուհանդերձ հայ և ամերիկացի ժողովուրդները հաճախ չեն կարողանում կյանքի կոչել իրենց գաղափարները հնարավոր լավագույն եղանակով: Մարդկանց ակնկալիքներն այդ տեսական գաղափարներից էականորեն տարբերվում են նրանով, թե ինչպես են նրանք կատարում իրենց ընտրությունը: Լավ ձեռներեցի նպատակը պետք է լինի սեփական գործողությունները մարդկանց ընտրություններին հնարավորինս հարմարեցնելը, այլապես մնում ենք կեղծ իրականության մեջ, որտեղ ամեն բան դատապարտված է ավելի քիչ արդյունավետության, քան հնարավոր պոտենցիալն է: Մենք հենց այսպիսի աշխարհում ենք ապրում. մարդկության ճնշող մեծամասնությունը անօգուտ աշխատանք է կատարում՝ բավարարելու իր հիմնական նյութական պահանջները, երբ փոխարենը կարող է ապրել առատության և ապահովության մեջ՝ իր ժամանակի մեծ մասը նվիրելով այն ամենին, ինչն իսկապես սիրում է, ինչը նրան երջանկություն է բերում:

Իմ հարևանի մտածելակերպում առանցքային փոփոխությունն ի վերջո կատարվեց ոչ թե շնորհիվ այն եզրահանգման, որ իրականության վրա ազդելու նրանց մոտեցումները սխալ էին, այլ երբ ձեռք բերեցին նոր մոտեցումներն իրագործելու կատարյալ ինքնավստահություն, երբ իրենց աչքերով տեսան գյուղում ծխախոտի վաճառքի շահավետությունը: Չէ՞ որ գաղափարն առանց համարժեք գործողության ոչինչ է:

Դասը, որ այս ամենից պետք է քաղեն ինձ նման մարդիկ (ովքեր ձգտում են նպաստել ձեռներեցության մշակույթի տարածմանը), այն է, որ գործով ցույց տալն ավելի է օգնում հաղթահարելու մշակութային իներցիան, քան համոզիչ փաստարկներն ու տեսական դասախոսությունները: Իրականում մարդկության միայն մի փոքր մասն է, որ սովորում է միայն տեսությունների և բանավոր դիսկուրսի միջոցով: Ինձ նման հեղինակ-տեսաբանի համար, ում հիմնական աշխատանքը գրքեր գրելն է, այս գիտակցումը, իհարկե, ամաչեցնում է և ստիպում մի փոքր համեստ լինել:

Դեռևս վստահ չեմ կարող ասել, թե ուրիշ ինչ կերպ կկարողանամ ազդել Կալավանի և առհասարակ Հայաստանի տնտեսության բարելավման վրա՝ ի բարօրություն բոլորի: Խանութի բացումն ընդամենը առաջին, ամենից ակնհայտ քայլն էր այդ ուղղությամբ: Եվ դրա շնորհիվ այստեղ՝ Կալավանում, բոլորն ավելի ապահով են, նույնիսկ եթե չեն հասկանում, թե ինչպես է դա օգնում տալիս իրենց՝ պարզապես ավելի լավ տարբերակ ապահովելով, քան նախկինում ունեին: Ինչպիսի փոփոխությունների էլ որ իմ խանութպան հարևանի այս նոր ու համարձակ ձեռնարկումը հանգեցնի, հավանականությունը մեծ է, որ դրանք օրինակելի կլինեն մյուսների համար: Եթե հարևան գյուղերի բնակիչներն էլ տեսնեն ձեռնարկատիրական ռիսկեր ստանձնած մեկին, որին վաղուց ճանաչում են ու հարգում, միգուցե նրանք էլ այդպիսի վստահություն ձեռք կբերեն:

Մարդիկ, որոնք լճանում են հասարակության տնտեսական սպեկտրի ամենաստորին շերտերում, պետք է որևէ կերպ սկսեն այնպիսի նոր ընտրություններ կատարել, որոնք կհանգեցնեն ավելի գոհացուցիչ արդյունքների: Դա աղքատությունից ազատվելու և դեպի սոցիալական ինքնապահովում տանող միակ ստույգ ճանապարհն է: Եթե այստեղ՝ մի հեռավոր գյուղում կարելի էր դա անել, ապա ինչո՞ւ հնարավոր չէ անել ամենուր: Տնտեսական խոչընդոտների մեծ մասը մարդածին է: Ուստի մարդածին գործողություններով էլ կարելի է շրջանցել կամ վերացնել դրանք:

Երբեմն ես զանգատվում էի, որ այս վերջին երեք տարիները հավանաբար անցկացրել եմ կռիվ տալով մի բանի դեմ, որին երբեք չեմ հաղթի՝ անկախ իմ մտադրություններից և վճռականությունից: Զգում էի, որ նմանվում եմ Սիզիփոսին. գործադրում էի ավելի ու ավելի մեծ ջանքեր՝ մի չնչին հույս անգամ չունենալով, որ աշխատանքիս արդյունքը կտեսնեմ՝ որպես շոշափելի փոփոխություն ինձ շրջապատող իրականության մեջ:

Ես այս գործում խրվեցի ոչ թե կեղծավորությունից կամ խորթ իրականությանը համառորեն ընդդիմանալուց, այլ իմ ձգտած նպատակներն իրականացնելու ավելի լավ ռազմավարության իմացության պակասից: Այնուամենայնիվ, երբեմն պետք է ընդունել հավանականությունը, որ առաջընթացը կարող է տեղի ունենալ դանդաղ, միգուցե նույնիսկ չզգաք այն, մինչև որ աստիճանական կուտակումից հանկարծ անցնեք մեծ կուտակման: Այսպիսով՝ կարծրացած շաղախը ճաքեր կտա: Կքանդվի այն պատնեշը, որը խոչընդոտում է մարդկային առաջընթացը: Մեկից հարյուրին հասնելու համար գուցե ավելի քիչ ժամանակ և ջանք պահանջվեն, քան զրոյից մեկին անցնելու համար. սա մասշտաբի տնտեսման արդյունավետության գեղեցիկ այլաբանությունն է: Լիահույս եմ, որ այստեղ իմ փորձը կարող է խնայել ուրիշների ժամանակը, ինչի շնորհիվ նրանք կարող են որդեգրել ավելի արդյունավետ ռազմավարությունները՝ իրենց իսկ ազնիվ ջանքերով գործնականում բարելավելով շրջապատի տնտեսական մշակույթի հարացույցները: Այն, ինչ այժմ մի հասարակ գյուղական խանութ է, հետագայում ողջ գյուղացիությանը կարող է ի ցույց դնել իրենց համայնքում լրացուցիչ ձեռնարկատիրական համակարգերի ներդրման պոտենցիալը՝ հիմնելու ռեստորաններ, ապահովելու տրանսպորտ գյուղից դեպի քաղաք, մատուցելու տարբեր մասնագիտական ծառայություններ, որոնց հմտությունը բնակիչները վաղուց ունեն, միայն թե անվստահ են գտնվել իրենց ուսերին հարակից ռիսկեր վերցնելու մեջ:

Ժամանակը ցույց կտա հետագա զարգացումները, և ես անհամբերությամբ սպասում եմ, թե երբ եմ լիարժեքորեն ներգրավվելու Կալավան գյուղի տնտեսության աստիճանական զարգացմանգործում: Այս պահին ինձ մնում է կատարել իմ բաժին աշխատանքը՝ փաստագրելու այս փոքրիկ սոցիալական փորձի առաջընթացը www.kalavan.net կայքում: Հետևեք իմ բլոգին, եթե կցանկանաք:

Փորփրեք համացանցը և կգտնեք մի քանի նյութեր, որոնք Կալավան գյուղը ներկայացնում են որպես էկոտուրիզմի, գիտական և տնտեսական առաջխաղացման պոտենցիալ ունեցող համայնք: Թեպետ լրագրողների շատ լուսաբանումներ թերի են, իսկ բյուրոկրատների՝

գյուղի զարգացմանը վերաբերող խոստումները՝ անկատար:[1] [2] [3]

Այստեղ ապրող մարդիկ ներուժ ունեն՝ ստեղծելու լուրջ բրենդի ինքնություն և համբավ՝ հիմնված իրենց ուժեղ կողմերի և իդեալների վրա: Իսկ արդյունքում նրանք և աշխարհը մի փոքր ավելի հարուստ և ապահով կլինեն:

Գրեգորի Դիլ Հունիս, 2022 Կալավան, Հայաստան

1 https://hetq.am/en/article/78358
2 https://armenianweekly.com/2018/12/12/kalavan-once-an-obscure-village-in-armenia-now-gaining-international-fame/
3 https://jam-news.net/kalavan-and-the-art-of-living/

ՏՆՏԵՍԱԳԻՏԱԿԱՆ

ՏԵՐՄԻՆՆԵՐԻ ԲԱՌԱՐԱՆ

ԳՐԵԳՈՐԻ ԴԻԼԻՑ

Ակտիվ և պարտավորություն

Ակտիվը բոլոր այն ռեսուրսներն են, որոնք սուբյեկտիվ արժեք են ապահովում իրենց սեփականատիրոջ համար: Գեղեցիկ արտաքինն ու գրավիչ կեցվածքը ակտիվներ են, եթե մեծացնում են սոցիալական կապերի արդյունավետությունը: Իմանալը, թե ինչպես է ինչոր կարևոր բան աշխատում, ինտելեկտուալ ակտիվ է, որն օգնում է հասնել մեր նպատակներին: Տրակտորը գյուղատնտեսական ակտիվ է, որը բազմապատկում է սննդի արտադրությունը ֆերմերի համար: Ապրանքներն ու արժույթները ֆինանսական ակտիվներ են, որոնք օգնում են մեզ փոխանակումներ իրականացնել ուրիշների հետ:

Պարտավորությունը պատասխանատվությունն է ռեսուրսների նկատմամբ, որոնց սխալ կառավարումը կհանգեցնի դրանց արժեքի նվազմանը: Ի վերջո, ոչինչ ապահովագրված չէ կորստից, վթարից կամ էնտրոպիայից: Քրոնիկ հիվանդությունը, օրինակ, կարող է հանգեցնել մեր ֆիզիկական կարողությունների նվազմանը: Թույլ հիմքով կառուցված շինությունը անվտանգության ապահովման պարտավորություն է ստեղծում այնտեղ ապրող մարդկանց համար:

Անվճար ապրանք

Անվճար ապրանքը այն ակտիվն է, որի առաջարկն այնքան է գերազանցում պահանջարկին, որ այլևս կարիք չկա դրա ձեռքբերումը նպատակ դարձնել և ռազմավարություն մշակել դրան հասնելու կամ այն կառավարելու համար: Այնուամենայնիվ, քանի որ առաջարկը վերաբերում է միայն այն ակտիվներին, որոնք արդեն իսկ ենթակա են սպառման, անվճար ապրանք չեն կարող լինել բնական ռեսուրսները, որոնք թեև առատ են բնության մեջ, սակայն նախ պետք է վերածվեն ապրանքների, որպեսզի ենթակա լինեն փոխանակման կամ սպառման: Ամռանը դաշտերում աճող խոտն անվճար ապրանք է, որովհետև անասուններն իրենք են այնտեղ արածում: Օդը անվճար ապրանք է, որովհետև մենք հատուկ ռազմավարություն չենք մշակում այն «սպառելու» համար (եթե ջրասուզորդ չենք):

Աշխատանք

Աշխատանքը մեր ֆիզիկական և մտավոր հմտությունները կիրառելու ժամանակավոր գործողությունն է՝ մեր նպատակներին հասնելու և բավարարում ստանալու համար (աշխատունակությունը հաճախ դառնում է մեր արդյունարարությունը մեծացնող կապիտալ): Հմտության ցանկացած կիրառում, որ հանգեցնում է անմիջական բավարարման, տնտեսագիտական իմաստով աշխատանք չէ, այլ հանգիստ: Աշխատելու ցանկությունն արդյունքն է այն բանի, որ կարողանում ենք կանխատեսել մեր ներկա չբավարարված պահանջների ապագա բավարարումը և ներդնում ենք ժամանակ, էներգիա և այլ նյութական ակտիվներ՝ ավելի ուշ եկամուտ ունենալու համար:

Ապրանք

Ապրանքը այն բնական ռեսուրսն է, որը ստացել է փոխարկելի և օգտակար ձև: Այդ ձևը կախված է դրա օգտագործման նպատակից՝ որպես կապիտալի և սպառողական ապրանքների բաղադրիչ: Զտված պղնձի ձուլակտորը օգտագործվում է տարբեր իրեր պատրաստելիս: Խրձով կապված խոտը օգտակար է որպես անասնակեր: Մեկ բարել նավթը օգտակար է որպես էներգիա ստանալու միջոց և տարբեր սպառողական ապրանքների բաղադրիչ: Մշակված փայտը օգտակար է որպես շինարարական նյութ: Եվ այսպես շարունակ:

Առաջարկ և պահանջարկ

Շուկայական առաջարկն այն ակտիվների հանրագումարն է, որոնք հասանելի են մարդկանց՝ կառավարման և սպառման համար: Որքան էլ ակտիվը օբյեկտիվորեն օգտակար լինի, այն ոչ մի արժեք չունի տնտեսական տեսանկյունից, քանի դեռ սուբյեկտիվ արժեք չի ստացել պահանջարկի տեսքով: Այդ պահանջարկը (կամ առնվազն դրա սպեկուլյատիվ ընկալումը) արդարացնում է ձեռներեցների ներդրումային ծախսերը՝ կապված համապատասխան բնական ռեսուրսների օգտագործման, դրանք ապրանքների վերածելու և այդ ամբողջ գործընթացը կառավարելու հետ: Սպառողների շուկան ակտիվների առաջարկի մասին ընկալումները հիմք է ընդունում իր ռազմավարությունը մշակելիս:

Շուկայական պահանջարկը պարբերաբար փոփոխվող ցանկալի արժեքների հանրագումարն է, այսինքն՝ այն, թե ինչպես են սպառողները գնահատում տվյալ ակտիվը: Անհատական մակարդակում սննդի պահանջարկը կտրուկ աճում է, երբ մենք երկար ժամանակ քաղցած ենք լինում, բայց այն գրեթե զրոյական է, երբ մենք հագեցած ենք: Մեզ այլևս չեն զվարճացնում մանկական խաղալիքները, բայց, ամենայն հավանականությամբ, ունենք կամ կունենանք նոր ցանկություններ, քանի դեռ ապրում ենք: Ձեռներեցները կա՛մ պետք է փորձեն կանխատեսել առկա շուկայական պահանջարկը և բավարարել այն իրենց առաջարկներով, կա՛մ ձևավորել նոր պահանջարկ իրենց ակտիվների համար:

Արբիտրաժ

Արբիտրաժը երկու և ավելի շուկանների միջև գների տարբերություններից օգուտ ստանալու պրակտիկան է, որի ընթացքում տարբեր շուկաներում առկա գներից անհատը կարողանում է իր համար շահույթ գեներացնել: Գների այդ տարբերությունը կարող է պայմանավորված լինել առևտրի իրականացման բնական խոչընդոտներով (օրինակ՝ հեռավորությունը, որն ինչոր մեկը ի վիճակի չէ կամ չի ցանկանում անցնել տվյալ ակտիվը ձեռք բերելու համար), արհեստական արգելքներով (օրինակ՝ օրենքները, որոնք թույլ չեն տալիս այսինչ բանը ձեռք բերել առանց իրավական հիմքի) կամ պարզապես օգտաբերության և մատչելիության մասին գիտելիքների պակասով: Ձեռներեցները, որոնք օգտվում են արբիտրաժից՝ ապրանքը ձեռք բերելով ցածր գնով և վաճառելով ավելի թանկ, բարձրացնում են շուկայի արդյունավետությունը՝ փակելով գնագոյացման բացերը և տեղափոխելով ակտիվներն այնտեղ, որտեղ սպառողները պատրաստ են դրանց համար ավելին վճարելու:

Արդարացվածություն

Արդարացվածությունն այն գործոնն է, որը ցույց է տալիս, թե որքան շահութաբեր է որևէ ընտրություն՝ ըստ ընտրողի սուբյեկտիվ գնահատման՝ բոլոր օգուտներն ու վնասները հաշվառելուց հետո: Եթե երկու մարդ ունեն միմյանց հակադիր արժեհամակարգեր, նրանց փոխադարձ շփումը չի կարող լինել արդարացված, որովհետև դրանից կկորցնեն ավելին, քան ստանում են: Արդարացվածությունը չափելու անհրաժեշտությունը պայմանավորված է այն հանգամանքով, որ յուրաքանչյուր անհատ սուբյեկտիվ է գնահատում արժեքները, և դրանց հասնելու կարողությունները նույնպես անհավասար են:

Արդյունավետություն

Արդյունավետությունը որևէ գործողության արդյունքի և ներդրման հարաբերակցությունն է (այսինքն՝ շահույթի և կորուստների հարաբերակցությունը): Մարդիկ հեշտությամբ թակարդն են ընկնում՝ հաշվարկելով սրանցից միայն մեկը կամ մյուսը: Նրանք կարող են նկատել արտադրության զգալի աճը և ենթադրել, թե գործերն ավելի լավ են ընթանում՝ միևնույն ժամանակ անտեսելով կատարված անհամաչափ ներդրումների ծավալը: Եվ հակառակը՝ նրանք կարող են տեսնել միայն ներդրումների մեծ ծավալը և սխալմամբ կարծել, թե դա ինքնին համարժեք շահույթ է ապահովելու:

Արդյունարարություն

Արդյունարարությունը գործոն է, որ ցույց է տալիս, թե որքան հաջող է որևէ գործողություն հանգեցնում սահմանված նպատակի իրագործմանը: Պլանային տնտեսության ջատագովներն անտեսում էին արդյունարարության գործոնը՝ սխալ հաշվարկներ կատարելով (օրինակ՝ հաշվում էին արտադրված կոշիկների ողջ քանակը, փոխարենը հաշվելու այն կոշիկների քանակը, որոնք համապատասխանում էին սպառողների ոճական նախապատվություններին, ոտքի չափսերին և որակական պահանջներին):

Արժեք

Արժեքը ակտիվի՝ անհատին սուբյեկտիվ բավարարվածություն ապահովելու աստիճանն է: Արժեքի բոլոր պատկերացումները կամայական են և յուրաքանչյուր մարդու համար՝ եզակի: Նույնիսկ բոլորիս հատուկ օբյեկտիվ պահանջմունքների դեպքում, ինչպիսին, օրինակ, ուտելու պահանջմունքն է, դրանք բավարարելու յուրաքանչյուրիս առաջնահերթություններն ու ռազմավարությունները տարբեր են: Ընտրություն կատարելու և գործելու հիմնական շարժիչ ուժը սուբյեկտիվ արժեքն է, որովհետև այն էմոցիոնալ փորձառության արդյունք է, մինչդեռ օբյեկտիվ օգտաբերության ճանաչողությունը՝ ինտելեկտուալ փորձառության:

Արժույթ

Արժույթն այն ակտիվն է, որն օգտագործվում է միայն որպես միջոց՝ այլ ակտիվների համարժեք փոխանակումը դյուրացնելու համար: Արժույթը պետք է բաժանվի այնքան փոքր միավորների, որ հարմար լինի հատուկ տնտեսական հաշվարկներ անելու համար: Գնորդներն ու վաճառողները պետք է կարողանան հեշտությամբ տալ և վերցնել այն գործարքների ժամանակ: Արժույթի առաջարկը պետք է այնքան քիչ լինի, որ յուրաքանչյուր միավորի տնտեսական արժեքը կանխատեսելի լինի: Ամենակարևորը՝ ով էլ որ ակտիվների դիմաց արժույթ ստանա, պետք է վստահ լինի, որ այլ մարդիկ, ումից նա ցանկանում է ինչոր բան գնել, կընդունեն դա որպես արժեք: Արժույթի օգտաբերությունը կախված է մեր ընկալումից, այնպես որ այն ամբողջությամբ սպեկուլյատիվ է: Օրինական փողը արժույթ է, որը ստեղծում և հարկադրում է պետությունը:

Արժևորում և արժեզրկում

Արժևորումն ակտիվի (նյութական կամ ոչ նյութական) սուբյեկտիվ արժեքի աճն է: Այդ աճը կարող է տեղի ունենալ ավելացած օբյեկտիվ օգտաբերության հաշվին (օրինակ՝ ավտոմեքենայի կամ տան պայմանների բարելավումը) կամ պարզապես տվյալ ակտիվի նկատմամբ գնորդների նախապատվության մեծացման՝ պահանջարկի հաշվին: Բնական պայմաններում ակտիվի դրամական գինը ուղիղ համեմատական է նրա արժևորմանը:

Արժեզրկումը ակտիվի սուբյեկտիվ արժեքի նվազումն է: Երկարաժամկետ կտրվածքում բոլոր ակտիվներն էլ կորցնում են իրենց արժեքը անխուսափելի բնական էնտրոպիայի պատճառով, որն աստիճանաբար նվազեցնում է դրանց օբյեկտիվ օգտաբերությունը: Բայց շուկայի որոշակի նպատակային գործողություններով մենք կարող ենք ավելացնել ու պահպանել բնական տարբեր ռեսուրսների և դրանցից ստացվող զանազան արտադրանքների օգտակարությունն ու արժեքը:

Արտադրություն և սպառում

Արտադրությունը բնական ռեսուրսների փոխակերպումն է արժեքավոր ակտիվների կամ մի ակտիվների փոխակերպումը մեկ այլ՝ ավելի արժեքավոր ակտիվի: Ոչ նյութական արտադրություն է նաև մտքերի փոխակերպումը արժեքավոր ծառայությունների: Արտադրությունը մարդկանց առաջարկում է սեփականություն և վերահսկողության հնարավորություն արդյունքի նկատմամբ: Այն ամենը, ինչ սպառվում է, նախ պետք է արտադրվի նպատակային գործողությունների միջոցով:

Տնտեսական իմաստով սպառումը չի պահանջում արտադրված ակտիվի ոչնչացում կամ ապականում կամ դրա արժեքավոր հատկանիշների վերացում: Դա արտադրանքի օգտագործումն է արժեք ստանալու համար: Որոշ ակտիվներ, օրինակ՝ ավտոմեքենան, տունը, կարող են բազմիցս «սպառվել»՝ առանց որակի զգալի կորստի կամ մաշվածության: Որոշ ակտիվների արժեքը նույնիսկ աճում է սպառման միջոցով, օրինակ, երբ մի ջութակով նվագում են բազմաթիվ վիրտուոզներ, նրա արժեքը բարձրանում է: Այլ արտադրանքներ, ինչպես, օրինակ, սնունդը, կարող են սպառվել միայն մեկ անգամ, որովհետև դրանց «վերացումն» է անհրաժեշտ պայման օգուտ քաղելու համար:

Բավարարվածություն և անբավարարվածություն

Բավարարվածությունն այն էմոցիոնալ վիճակն է, որն առաջանում է, երբ գիտակցված պահանջները կատարված են, իսկ դրանցից ստացված եկամուտները՝ ճանաչված: Տեսականորեն՝ բացարձակ բավարարվածության պայմաններում որևէ ընտրություն անելու կարիք չի լինի, որովհետև չեն լինի նպատակներ, որոնց պետք է հասնել: Գործնականում, սակայն, այս աշխարհում բավարարվածությունը երբեք բացարձակ կամ մշտական չէ: Մենք հասնում ենք բավարարվածության միայն ժամանակավորապես, մինչև որ նորից կառաջանա նույն պահանջմունքը կամ մեկ ուրիշ պահանջմունք տեղ կգրավի մեր առաջնահերթությունների ցանկում: Հետևաբար մարդիկ պարբերաբար մշակում են նոր ռազմավարություններ և աշխատում՝ այս կամ այն եղանակով բավարարման մեկ այլ մակարդակի հասնելու համար:

Անբավարարվածությունն այն էմոցիոնալ վիճակն է, որը դրդում է մեզ սահմանել նպատակներ և դրանց հասնելու քայլեր ձեռնարկել: Անբավարարվածությունը կարող է ունենալ կարճատև մարմնական բնույթ, ինչպես, օրինակ, քաղցը, որն արագորեն բավարարվում է սննդի սպառմամբ: Այն կարող է լինել նաև կայուն հոգեբանական, ինչպիսին է կյանքի իմաստի որոնումը, որը մարդուց շարունակ ինքնադրսևորում է պահանջում: Այնուամենայնիվ, բոլոր հոգսերը չեն, որ հանգեցնում են անբավարարվածության (ինչպես որ բոլոր օգտակար փորձառությունները չեն, որ հանգեցնում են էմոցիոնալ բավարարվածության), որովհետև մենք կարող ենք կամք դրսևորել՝ դիմակայելու տվյալ անհարմարությանը հանուն ավելի բարձր նպատակի: Անբավարարվածության զգացումը մեզ դրդում է ընտրություն կատարելու:

Բիզնես

Բիզնեսը գիտելիքի, հմտության և կապիտալի ստրատեգիական համադրումն է ապրանքների արտադրության և կամ ծառայությունների մատուցման համար: Բիզնես վարողները կամ ձեռներեցներն այն մարդիկ են, որոնք պատասխանատու են այս համադրման և որպես համակարգ՝ դրա օպտիմալ ու արդյունավետ կառավարման համար՝ ապահովելու նաև օպտիմալ շահույթ: Ցանկացած բիզնես ձևավորվում է շուկայի շարժիչ ուժերի՝ առաջարկի և պահանջարկի հիման վրա: Տվյալ բիզնեսի հաջողությունը պայմանավորած է այս և այլ օբյեկտիվ սահմանափակումների պայմաններում աշխատելու կարողությամբ:

Բնական ռեսուրսների շահագործում

Բնական ռեսուրսների շահագործումը սեփականության ձեռքբերումն է (վերահսկողության հաստատումը) և արդյունավետ գործողությունների միջոցով դրանք այնպիսի ակտիվների վերածելը, որոնք կարող են կառավարվել և փոխանակվել տնտեսության մեջ: Մենք որոշում ենք, թե ինչ ռեսուրսներ արժե շահագործել՝ հաշվի առնելով մեր գիտելիքներն այն մասին, թե ինչ կարող ենք անել դրանց հետ, և այն տեխնոլոգիան, որը կարդարացնի այդ շահագործումը:

Բրենդի ինքնություն

Ձեռներեցի կամ բիզնեսի բրենդի ինքնությունը պայմանավորված է սպառողների հավաքական ակնկալիքներով: Եթե բրենդավորումը հաջողվել է, նշանակում է՝ սպառողների ակնկալիքները համապատասխանում են ձեռնարկատիրոջ խոստումներին և իդեալներին: Այդ խոստումները և իդեալները արտահայտվում են խորհրդանիշներով, ինչպիսիք են տարբերանշանը, հեղինակային տառատեսակը, գուներանգները, կարգախոսը, գովազդերը, գովազդային մեղեդիները, առաքելությունների սահմանումը և նույնիսկ խոսելաոճն ու բառընտրությունը:

Բյուրոկրատիա

Բյուրոկրատիան պետական որոշումներով իրականացվող անփոփոխելի քաղաքականությունն է: Բյուրոկրատիան հաշվի չի առնում շուկայի բնական սահմանափակումները, ինչպիսիք են առաջարկն ու պահանջարկը: Բյուրոկրատիան հարկադրանք է կիրառում, որպեսզի մարդկանց վարքը ունենա այս կամ այն որոշակի ձևը: Բյուրոկրատական իշխանությունները ոչ մի օբյեկտիվ շարժառիթ չեն ունենում՝ բարելավելու իրենց քաղաքականությունը՝ դարձնելով այն արդյունաավետ ու շահավետ: Բյուրոկրատական որոշումները վերածվում են անիմաստ և խառնաշփոթ կանոնների, որոնց հետևում են զուտ հետևելու համար: Ցանկացած ոք, ով չի կարող ձեզ ասել, թե ինչու է անում այն, ինչ անում է կամ ինչու է հավատում նրան, ինչին հավատում է, բյուրոկրատական մտածողություն ունի: Բյուրոկրատիան ձեռներեցության հակադիր քաղաքականությունն է:

Գիտելիք

Գիտելիքը հարստության սկզբնական ձևն է: Դա կրթության ոչ նյութական արդյունքն է (այսինքն՝ իրականության ճանաչողության մեծացումը): Գիտելիքը կիրառվում է որպես հմտություն՝ նպատակադրված գործողությունների միջոցով իրականությունը փոխելու, որպեսզի այն տվյալ մարդու համար դառնա սուբյեկտիվորեն ավելի ցանկալի: Գիտելիքի միջոցով ստեղծվում են նոր գործիքներ և տեխնոլոգիաներ, որոնք բազմապատկում են նպատակներին հասնելու համար մարդկանց ընտրած գործողությունների արդյունավետությունն ու արդյունարարությունը:

Գին

Գինը որևէ արժույթով սահմանված այն գումարն է, որը շուկան առաջարկում է գնորդի և վաճառողի միջև տվյալ ակտիվի փոխշահավետ փոխանակում իրականացնելու համար: Գնային առաջարկ կարող է ներկայացնել կա՛մ ապրանք վաճառողը՝ գնորդ գտնելու հույսով, կա՛մ ապրանք գնողը՝ վաճառող գտնելու հույսով: Երբ շուկան օպտիմալ է գործում, և ինֆորմացիան ու ակտիվները երկու կողմերին էլ հասանելի են հավասարապես, գինն էլ արագորեն դառնում է օպտիմալ: Սակայն երբ տեղեկատվությունն ու հնարավորություններն արհեստականորեն սահմանափակվում են, գները սկսում են ենթարկվել զանգվածային արբիտրաժի և հանկարծակի փոփոխությունների:

Գործողություն

Տնտեսագիտական իմաստով՝ գործողությունը գիտակցաբար կատարված ֆիզիկական ակտ է, երբ գիտենք՝ ինչ ենք ուզում (նպատակ) և ինչպես ենք փորձում այն ձեռք բերել (ռազմավարություն): Հետևաբար՝ այն ամենը, ինչ մարմինն անում է ոչ գիտակցված ընտրությամբ, այլ անգիտակցաբար կամ որպես սովորություն, տնտեսագիտական առումով գործողություն չէ:

Եկամուտ և կորուստ

Եկամուտը սուբյեկտիվորեն դրական գնահատված ցանկացած ձեռքբերումն է, որն ընտրության արդյունք է, անգամ եթե այն նախապես չէր սահմանվել որպես ռազմավարական նպատակ: Եթե դուրս բերենք պահանջված ծախսերն ու ճանաչված կորուստները՝ եկամուտը շահույթն է, որը ցույց է տալիս, թե որքան էր մեր ընտրությունն արդարացված: Կատարվելիք ծախսերի համեմատ արդարացված եկամտի ակնկալիքով է, որ մենք սահմանում ենք նպատակներ: Այն, ինչ համարում ենք եկամուտ, կախված է վերլուծության և ընտրության տվյալ պահին մեր սուբյեկտիվ գնահատումից և առաջնահերթություններից:

Կորուստը սուբյեկտիվորեն բացասական գնատահատված ցանկացած ծախսն է (գումարի, էներգիայի, ժամանակի և այլն), որն առաջանում է, երբ որևէ ընտրության հետ կապված ռիսկն իրականություն է դառնում: Եթե ձեզ կողոպտեն կինոթատրոն գնալու ճանապարհին, տեղի կունենա ձեր դրամի կամ ֆիզիկական ու հոգեկան առողջության կորուստ: Մարքեթինգային արշավի վրա ծախսված գումարը, որի արդյունքում վաճառք տեղի չի ունեցել, կդառնա կորուստ: Կորստի և ծախսի տարբերությունն այն է, թե արդյոք մենք համարում ենք, որ այն, ինչ զոհաբերվել է, անհրաժեշտ էր նպատակին հասնելու համար և ի սկզբանե մեր ռազմավարության մասն էր:

Էնտրոպիա

Էնտրոպիան նյութական ակտիվների մաշվելու կամ շարքից դուրս գալու բնական պրոցես է, ինչը նշանակում է դրանց օբյեկտիվ օգտաբերության կորուստ, հնարավոր է նաև՝ դրանց սուբյեկտիվ արժեքի նվազեցում: Շատ նյութական ակտիվների արտադրումն այնքան ոչ ծախսատար է և այնքան կարճ ժամանակում է սպառվում, որ էնտրոպիայի ազդեցությունը գրեթե չի նկատվում կամ էական չէ դրանց սեփականատերերի համար: Պահանջվում է պահպանման շարունակական ջանք՝ ակտիվների էնտրոպիային հակազդելու համար:

Քանի որ հարստության բոլոր ոչ նյութական ձևերն էլ ունեն նյութական բաղադրիչներ (ինչպես, օրինակ, մարդու ուղեղը կամ սենյակի գրապահարանը՝ որպես գիտելիքի պահպանման գործիք), դրանք նույնպես անուղղակիորեն ենթակա են էնտրոպիայի վտանգին:

Ընտրություն

Ընտրությունն իրականությունը գիտակցաբար գնահատելու, ապագայի նախագծեր կազմելու, դրանք որպես նպատակներ սահմանելու և մեր գործողությունները դրանց հասնելու եղանակներին համաձայնեցնելու կարողությունն է: Ընտրությունը մեր հոգեկան գործընթացների գիտակցման արդյունք է՝ համակցված իրականության ճանաչողության հետ: Ընտրության անհրաժեշտությունը մեզ ստիպում է անընդհատ գնահատումներ անել, թե ինչպես ապահովենք ներքին բավարարվածությունը՝ ձեռք բերելով հարստության տարբեր ձևեր, որոնք, կարելի է ասել, մեզ են պատկանում այն ժամանակ, երբ ընտրության միջոցով որոշում ենք վերահսկել դրանց օգտագործումը: Ընտրությունը նաև ենթադրում է պատասխանատվություն արդյունքի համար: Ամեն անգամ, երբ ազատ ընտրությանը խանգարում են բռնությունը, բնական խոչընդոտները կամ սխալ գիտելիքները, բավարարվածության հասնելու մեր մոտիվացիան թուլանում է:

Լծակներ

Լծակներն այն գործիքներն են, որոնցով բարձրացնում ենք որևէ ընտրության արդյունավետությունը այս կամ այն նպատակին հասնելու գործընթացում: Դա թույլ է տալիս համեմատաբար քիչ ներդրումներով գեներացնել ավելի ու ավելի մեծ արդյունք: Դրան կարելի է հասնել, երբ բացահայտում ենք, թե ինչպես պետք է գործենք (գիտելիք և հմտություն), և թե որն է այն տեխնոլոգիան, որ թույլ է տալիս կատարել ավելի ճշգրիտ, կանխատեսելի և ազդեցիկ ընտրություններ:

Խաղամոլություն

Խաղամոլությունը հարստությունն ավելացնելու ձգտում է, որի հաջողությունը պայմանավորված է պատահականությամբ: Ըստ էության՝ դա այն իրավիճակն է, երբ մենք գրեթե չգիտենք կամ չենք վերահսկում արդյունքը: Բիզնես գործունեությունը նման է մոլախաղի, եթե դրանով զբաղվում ենք առանց իմանալու, թե ինչ գործոններ են ազդում հաջողության կամ անհաջողության վրա, երբ չկան ստույգ գիտելիքներ և հմտություններ, որոնք թույլ կտան մշակել կառավարելի ռիսկերով ռազմավարություն: Իհարկե, ամեն տեղ էլ կա հաջողակության կամ պատահականության գործոն, որովհետև ոչ ոք չի կարող ամեն բան կանխատեսել: Բայց ռազմավարությունը ձեռներեցին թույլ է տալիս նվազագույնի հասցնել հավանականությունը, որ ինչոր բան սխալ կընթանա:

Ծախս

Ծախսը սուբյեկտիվորեն բացասական պահանջն է սուբյեկտիվորեն դրական նպատակի հասնելու համար: Դա «ներդրում-արդյունք» հավասարման առաջին թևն է: Ծախսը առավել հեշտ է հաշվարկել ժամանակի, ջանքերի, հնարավորությունների և անհարմարությունների դրամական՝ թվային արտահայտությամբ: Չկա որևէ գործողություն, որը որոշակի ծախսեր չի պահանջում, որովհետև դրանց բոլորի կատարման համար էլ հարկավոր է որոշ ժամանակի և էներգիայի տրամադրում, իսկ դրանք կարող էին ծախսվել նաև այլ բանի համար: Ձեռնարկատիրական տեսանկյունից՝ ձեր հաճախորդների ծախսերն այն ամենն են, ինչ պահանջվում է նրանցից՝ ձեր արտադրանքը ձեռք բերելու և սպառելու համար (այսինքն՝ ստանալու դրա արժեքը):

Կապիտալ

Կապիտալը այն ակտիվն է, որն աշխատանքի հետ կիրառվում է որպես ներդրում՝ ավելի շատ հարստություն ձեռք բերելու նպատակով: Բիզնեսում ներդրված գումարը, որն օգնում է շահույթ ստանալ, դրամական կապիտալ է: Դաշնամուրը, որն օգտագործվում է այնպիսի արժեքավոր ծառայություններ մատուցելու համար, ինչպիսին երաժշտության դասերն են, նույնպես կապիտալ ապրանք է կամ գործիք: Ինֆորմացիան, որն ուսումնասիրվում և օգտագործվում է ինչոր բան ստեղծելու կամ նորարարական մոտեցումներ գտնելու նպատակով, գիտելիքի կապիտալ է: Քանի որ կապիտալը միշտ միջանկյալ քայլ է ավելի մեծ նպատակի հասնելու համար, միայն հեռահար արդյունքները տեսնող մարդիկ են նախընտրում կապիտալը՝ սպառողական ապրանքների փոխարեն, որովհետև վերջիններս միայն տվյալ պահին են բավարարում բերում:

Կառավարում

Կառավարումը տվյալ ակտիվի արժեքի օպտիմալացման գործընթացն է սահմանված նպատակին հասնելու համար՝ վերահսկելով պայմանները, որոնց ներքո այն գոյություն ունի և գործում է: Կառավարումը կարող է ներառել նաև պասիվ թվացող նպատակներ, ինչպիսին խուսափումն է պատահական վնասից կամ էնտրոպիայից: Երբ կառավարումն իրականացվում է մարդկանց և նրանց աշխատանքի արդյունքի նկատմամբ, նրա նպատակն է ապահովել իր տիրույթում գործող անձանց գիտելիքների ու հմտությունների արդյունավետ և սիներգետիկ կիրառումը: Կառավարումը հնարավորություն է տալիս կազմակերպելու անհատների աշխատանքը որպես ռազմավարության մաս՝ այն նպատակներին հասնելու համար, որոնց մասին նրանցից ոչ մեկն անգամ չգիտեր կամ չէր կարող արդյունավետ գործել դրանք ինքնուրույն ընտրելու և իրականացնելու հարցում: Կառավարումը նաև աշխատանքի օպտիմալ բաժանումն է, երբ յուրաքանչյուր ոք հնարավորինս շատ է անում այն, ինչի գիտակն է, և հնարավորինս քիչ՝ այն, ինչը լավ չի կարողանում կատարել:

Կրթություն

Կրթությունն անհատի գիտելիքներն ավելացնելու գործընթաց է (իրականության նրանց ճիշտ ճանաչողությունը)՝ ուսումնասիրության, փորձարկումների, պրակտիկայի միջոցով: Գիտելիքն ինքնին ունի պոտենցիալ օգտաբերություն և արժեք, նույնիսկ եթե դեռ պարզ չէ, թե ինչպես այն կարող է կիրառվել: Հետաքրքրասեր մարդը ձգտում է իրականությունը ճանաչել հանուն հենց այդ ճանաչողության, անգամ եթե տվյալ գիտելիքները չի կիրառելու որևէ հատուկ տեխնոլոգիական կամ ձեռնարկատիրական նախագծերում:

Հավասարակշռություն

Հավասարակշռությունը տնտեսության այն վիճակն է, երբ նվազագույն ծախսերով առավելագույնս բավարարվում է մարդկանց պահանջմունքները: Դա այն է, երբ յուրաքանչյուրը ստանում է այնքան, որքան կարող է, սակայն տալիս է միայն այնքան, որքան պետք է: Հավասարակշռության պետք է ձգտեն բոլոր ձեռներեցները, բայց այն երբեք կայուն չէ, քանի որ առաջարկն ու պահանջարկը միշտ փոփոխվում են: Եթե չկա արհեստական միջամտություն և հարկադրանք, տնտեսությունը միշտ ձգտում է հավասարակշռության, որովհետև մարդիկ իրենք են ընտրում իրենց նպատակներն ու դրանց հասնելու ռազմավարությունը: Սակայն երբ ճշգրիտ տեղեկատվությունը քիչ է, կամ արտաքին ուժերը արգելում են մարդկանց գործել ըստ իրենց շահերի, հավասարակշռության հասնելն ու այն պահպանելը ավելի դժվարանում են:

Հարացույց

Հարացույցը իրերի պատճառահետևանքային կապը գնահատելու տիպարային կաղապարն է, մարդու պատկերացումների ամբողջությունը: Նպատակին հասնելու յուրաքանչյուր ձգտում տեղի է ունենում այն ռազմավարությամբ, որը մշակվել է մեր հարացույցների միջոցով, սակայն դրանք կարող են սխալ կամ թերի լինել՝ թույլ չտալով հաջողության հասնել այս կամ այն ոլորտում: Երբ մեր հարացույցները սխալ են, մենք չենք կարողանում արդյունավետ ռազմավարություն մշակել, կայացնում ենք անարդյունավետ և անգամ հակաարդյունավետ որոշումներ մեր նպատակներին ձգտելիս:

Հարստություն

Հարստությունը նյութական և ոչ նյութական այն բոլոր պաշարներն է, որոնք օգտակարություն են բերում իրենց սեփականատերերին: Հարստությունը տալիս է ավելի մեծ հնարավորություններ և ավելի շատ եղանակներ մեր նպատակներին հասնելու համար: Հարստությունը կարող է դասակարգվել ըստ կարևորության՝ գիտելիքներ, հմտություններ, կապիտալ, սպառման ապրանքներ, արտադրանք և արժույթ: Հարստությունը գնահատվում է ըստ այնմ, թե մարդիկ ինչն են համարում արժեքավոր ակտիվներ: Այդ ակտիվները շուկայում ներկայացված են որպես ապրանքներ և ծառայություններ, որ առաջարկում են դրանք ստեղծող կամ կառավարող ձեռներեցները:

Հետաքրքրասիրություն

Հետաքրքրասիրությունը մարդու բնածին ձգտումն է ավելի շատ գիտելիք ունենալու (և դրանից բխող ամեն ինչի): Հետաքրքրասիրությունն ամենից ուժեղ արտահայտվում է մանկության շրջանում: Հետաքրքրասիրությունը տարիքին զուգահեռ նվազում է կրկնվող միանման փորձառությունների ու կարծրացած հարացույցների ազդեցությամբ: Միայն հետաքրքրասեր մարդը կարող է հանգել այն մտքին, որ հնարավոր է՝ իրականության իր ճանաչողությունը թերի է: Հետևաբար, հետաքրքրասիրությունը նախապայման է կրթվելու և նոր հարացույցներ մշակելու համար: Նույն կերպ էլ՝ արտադրանքի նոր և առաջնակարգ ձևերը կարող են շուկա մտնել և վաճառվել միայն այն մարդկանց, որոնք շահագրգռված են բարելավելու իրենց կյանքը և ավելի հեշտ հասնելու իրենց նպատակներին: Այսպիսով՝ հետաքրքրասիրությունը հիմնարար գործոն է ձեռներեցների գործունեության մեջ և տնտեսական կյանքում:

Հմտություն

Հմտությունը գիտելիքի կիրառումն է ավտոմատացված, բայց վերահսկելի ֆիզիկական գործողությունների միջոցով: Հմտությունն այն դուռն է, որով անցնելով՝ ոչ նյութական ակտիվները դառնում են նյութական: Կարդալու, գրելու կամ խոսելու կարողությունը հմտություն է: Ֆուտբոլ խաղալու կարողությունը հմտություն է: Մուրճ գործածելու կամ սղոցելու ունակությունը հմտություն է: Վակուումի մեջ մնացող գիտելիքը, որը ոչ մի կերպ չի կիրառվում մարմնի միջոցով, չի կարող որևէ ազդեցություն ունենալ նյութական իրականության վրա:

Ձեռներեց

Ձեռներեցն այն մարդն է, որն արժեք է ստեղծում կամ կառավարում է այն իր կատարած ընտրությունների միջոցով՝ իրերի օրինաչափությանը համապատասխան: Քանի որ յուրաքանչյուր ընտրություն կատարվում է սուբյեկտիվորեն կարևոր ճանաչված նպատակին հասնելու մտադրությամբ, ձեռնարկատիրական սկզբունքները գործում են իրականությունը ճանաչող բոլոր մարդկանց համար: Ձեռներեցությանը հակընդդեմ է բյուրոկրատիան, որին հատուկ են իրականության սկզբունքների անտեսումն ու կամայական գործողությունների բռնի թելադրանքը, որոնք ձախողում են նպատակին հասնելու գործընթացը:

Մարքեթինգ

Մարքեթինգը արժեք ձեռք բերելու հնարավորությունների մասին տեղեկության տրամադրումն է պոտենցիալ գնորդներին: Երբ ձեռներեցը շուկայում որոշակի գնով ներկայացնում է որևէ նոր կամ բարձրակարգ ակտիվ, նա խնդիր ունի այդ ակտիվը գնելու հնարավորության մասին տեղեկացնել այն մարդկանց, որոնք դրա գինը կհամարեն արդարացված: Այն ակտիվները, որոնց արժեքի մասին հաճախորդները պատշաճ տեղեկացված չեն, շատ ավելի դժվար են վաճառվում:

Մշակույթ

Մշակույթը սոցիումից ակամա ժառանգած համոզմունքների հանրագումար է, որոնցով ճանաչվում և գնահատվում է իրականությունը: Մշակութային մտածողությունը չի պահանջում հատուկ կրթություն, փորձարկում կամ նույնիսկ սեփական սովորությունների ճանաչողություն: Մշակույթը կարող է և՛

ճշգրիտ պատկերացում տալ իրականության մասին, և՛ ոչ, ըստ այդմ՝ կարող է օգտակար լինել կամ կործանարար կյանքի նպատակներին հասնելու և արժեքներ ձեռք բերելու առումով: Բայց մշակույթին առանց քննադատական մտքի՝ խստորեն հետևելու դեպքում հնարավոր է զրկվել կրթվելու, օբյեկտիվ գիտելիք ձեռք բերելու և ձեր աշխարհայացքային հարացույցները զարգացնելու հնարավորությունից:

Ներդրում

Ներդրումը հարստության մի փոքր մասի զոհաբերումն է՝ հետագայում ավելին ձեռք բերելու ռազմավարական նպատակի համար: Յուրաքանչյուր առևտուր ուղղակի ներդրում է և՛ վաճառողի, և՛ գնորդի համար, որովհետև երկուսն էլ հրաժարվում են ինչ-որ բանից՝ ձեռք բերելու համար մի բան, որն ավելի շատ են արժևորում: Ֆիզիկական աշխատանքի յուրաքանչյուր գիտակցված գործողություն նույնպես ինչ-որ բան ձեռք բերելու փորձ է, որն ավելի շատ է արժևորվում, քան այդ գործընթացում կորցրած էներգիան, հարմարավետությունն ու ժամանակը (ծախսերը):

Նյութական արժեք

Նյութական արժեքը ֆիզիկական ակտիվն է իր օբյեկտիվ օգտաբերությամբ: Ե՛վ թղթադրամը, և՛ գիրքը բաղկացած են փայտանյութից և թանաքից, բայց դրանց համադրության ձևը այս երկուսից յուրաքանչյուրին իր արժեքն է հաղորդում: Եթե մենք իրարից անջատենք թղթադրամի և գրքի ֆիզիկական բաղադրիչները, դրանք կրկին կդառնան ընդամենը փայտանյութ և թանաք, որոնց արժեք հաղորդելու համար գիտելիք և հմտություն է անհրաժեշտ:

Նպատակ

Նպատակը ապագա արժեքի պատկերացումն է, երբ այն դեռ ձեռք չի բերվել: Նպատակին հասնելու համար պահանջվում է ռազմավարական պլանավորում, երբ հաշվի եք առնում ծախսերը, որոնք կատարելու եք: Այդ ծախսերը պետք է համարվեն արդարացված փոխանակում: Նա, ով քայլեր չի ձեռնարկում իր նպատակներին հասնելու համար, կա՛մ անհրաժեշտ ծախսերն արդարացված չի համարում, կա՛մ ստույգ չի կարողանում դրանք հաշվարկել՝ հատուկ ռազմավարություն մշակելու համար:

Պահպանում

Պահպանումը գործողություն է՝ միտված ակտիվի սպառումն ու էնտրոպիան կանխելուն: Ձեր առողջության մասին հոգատարությունը նույնպես «պահպանում» է՝ միտված մարմնի օգտաբերության կորստի կանխմանը: Երբ հյուսնը սրում է իր սղոցը, նա պահպանում է իր կապիտալը և դրա միջոցով ստեղծվող հարստությունը: Դաշնակահարը, որն ամեն օր պարապում է, պահպանում է իր նվագելու և ստեղծագործական արժեք ստեղծելու հմտությունը:

Շահույթ

Շահույթն այն է, ինչ մնում է, երբ որևէ գործողության ավարտից հետո արդյունքներից դուրս են գրվում ներդրումները: Եթե եկամուտներն ու կորուստները ամբողջությամբ դրամական են, ապա շահույթը հեշտ է հաշվարկել, ընդամենը պետք է հանման մաթեմատիկական գործողություն կատարել: Բայց իրականում և՛ արդյունքը, և՛ ներդրումը տարատեսակ ակտիվների հանրագումար են, որոնց սուբյեկտիվ արժեքը պետք է գնահատի տվյալ անձը: Եթե վերլուծության արդյունքը վերջինիս համար դրական է, ապա գործողությունը շահավետ է եղել, իսկ ընտրությունը՝ արդարացված:

Պակասուրդ

Պակասուրդն առաջանում է, երբ տվյալ ակտիվի պահանջարկը գերազանցում է առաջարկին: Բացարձակ իմաստով՝ ամեն բան էլ պակասուրդային է, քանի որ բնության մեջ նյութական ռեսուրսները սահմանափակ են, բայց տնտեսագիտական իմաստով առաջարկը կարող է այնքան շատ լինել, որ իմաստ չունենա տվյալ ոլորտում ներդրումներ անելը: Բնականաբար, ապրանքի դրամական արժեքը մեծանում է, երբ ավելանում է պակասուրդը, և նվազում է, երբ այն նույնպես նվազում է՝ այդպիսով զգուշացնելով գնորդներին, որ ավելի քիչ ակտիվ է հասանելի:

Ռազմավարություն

Ռազմավարությունն ակտիվների կառավարումն է ըստ մշակված ծրագրի՝ սահմանված նպատակներին հասնելու համար: Արդյունավետ ռազմավարությունը պայմանավորված է երևույթների պատճառահետևանքային կապերի ճշգրիտ պատկերացմամբ, ինչպես նաև այն ակտիվների առկայությամբ, որոնք դեր ունեն այդ կապի շղթայում: Եթե մենք վստահ չենք, որ կկարողանանք կանխատեսել նպատակներին հասնելու բարդ համակարգերի արդյունքները, ապա երբեք չենք փորձի ռազմավարություն մշակել բազային մակարդակից անդին, ինչն անհնար կդարձնի ավելի մեծ և հեռահար նպատակադրումները:

Ռեսուրս

Ռեսուրսն այն ամենն է, ինչ կարելի է գտնել բնության մեջ, և որի վրա նպատակադրված ազդելու դեպքում ստանում ենք օգտակարություն և արժեք: Բնության մեջ ռեսուրսները ենթակա են ֆիզիկայի և կենսաբանության օրենքներին, որոնք պայմանավորում են դրանց գոյությունն ու փոխակերպումը: Ռեսուրսները նպատակադրված ի մի բերելով և կառավարելով այնպես, որ դրանց օգտաբերությունը առավելագույնի հասցվի, մենք ստեղծում ենք ապրանքներ, որոնց սպառումը տեղի է ունենում մարդկանց հայեցողությամբ:

Ռիսկ և ապահովություն

Ռիսկը բոլոր անցանկալի ելքերի հավանականության չափն է, որոնք կարող են տեղի ունենալ ընտրության արդյունքում: Որոշ ռիսկեր հայտնի են և կանխատեսելի (օրինակ՝ տրանսպորտային մեքենայի խափանումը), իսկ որոշ ռիսկեր՝ անհայտ և անկանխատեսելի (օրինակ՝ երբ սարսափելի պտտահողմը տներ է ավերում մի վայրում, որտեղ սովորաբար պտտահողմ չի լինում): Անկախ նրանից, թե որքան գիտելիք ունեք և ինչքան եք վերահսկում իրավիճակը, միշտ կա որոշակի ռիսկի գործոն, որովհետև ցանկացած բան էլ կարող է սխալ ընթացք ստանալ անկախ մեր կամքից:

Ապահովությունն այն գործոնն է, որը ցույց է տալիս, թե որքան լավ ենք կարողանում կառավարել հարստության բոլոր ձևերին բնորոշ ռիսկերը: Ապահովությունը ձևավորվում է փոփոխություններին հարմարվելու մեր կարողությունից, որի բացակայության դեպքում կարող է խախտվել կյանքի կարգուկանոնը: Որքան հստակ ենք հասկանում՝ ինչն է մեզ համար արժեքավոր, այնքան ավելի լավ կարող ենք օգտագործել մեր ակտիվները: Որքան լավ հասկանանք մեր հարստությանը սպառնացող ռիսկերը, այնքան ավելի արդյունավետ կկառավարենք դրանք (օրինակ՝ դիվերսիֆիկացնելով մեր հարստությունը կամ ապահովելով մեր ամենակարևոր ակտիվների հատուկ պահպանումը):

Սեփականություն

Սեփականությունը մարդու այն բոլոր ակտիվներն են, որոնց օգտագործման կերպի ընտրությունը կամ չօգտագործելու որոշումը նրա անձնական իրավունքն է. նա կարող է թույլ տալ ուրիշներին օգտագործել դրանք իր պայմաններով, կարող է ոչինչ չանել դրանցով կամ փոխանցել մեկ ուրիշին: Սեփականատիրոջ սահմանած պայմաններից դուրս որևէ ակտիվի օգտագործումը համարվում է գողություն: Սեփականություն ունենալը հանգեցնում է պահպանման պատասխանատվության՝ օպտիմալացնելու ակտիվները և կանխելու էնտրոպիան:

Սպառող

Սպառողը նա է, ով փնտրում է ակտիվներ բավարարվածության հասնելու համար (այսինքն՝ ձգտում է ունենալ այն, ինչ արժևորում է): Սպառողը տարբերվում է սպեկուլյանտից, որը ակտիվները ձեռք է բերում ոչ թե իր համար, այլ ավելի բարձր գնով վերավաճառելու՝ նրանց, ովքեր դրանք առավել են արժևորում, քան ինքը: Արվեստ սպառողները կարող են նկարներ և քանդակներ գնել, որպեսզի բավականություն ստանան տանը դրանց նայելով (կամ գումար ծախսեն՝ նույն բավարարումը թանգարանում ապրելու համար): Ավտոմեքենաների սպառողները կարող են մեքենան վարել՝ արժեք ստանալու համար (կամ վարձակալեն ուրիշի մեքենան՝ դարձյալ արժեք ստանալու համար):

Սպառողական ապրանք

Սպառողական ապրանքը այն ակտիվն է, որն օգտագործվում է անմիջապես բավարարվածություն ստանալու համար՝ ի տարբերություն կապիտալի, որի օգտագործումը միտված է ավելի ուշ բավարարում ստանալուն: Այն, ինչ սովորաբար համարվում է կապիտալ ապրանք, կարող է օգտագործվել նաև որպես սպառողական ապրանք (և հակառակը): Դուք կարող եք անմիջապես բավարարվածություն ապրել ապահովության զգացումի և էսթետիկական ապրումի տեսքով՝ նայելով ձեր ունեցած բարձրորակ կահույքաշինական գործիքներին: Եվ այդ նույն գործիքները կարող եք օգտագործել կահույք պատրաստելու և վաճառելու համար՝ հետագայում բավարարվածություն ստանալու նպատակով: Համակարգիչը, որն օգտագործում եք հիմնականում զվարճանքի համար, կարող եք ծառայեցնել նաև ապագա բավարարվածության նպատակին՝ այդ պահին դրանով աշխատելով:

Սպեկուլյացիա

Սպեկուլյացիան ակտիվի ձեռքբերումն է՝ վերավաճառելու համար նրանց, ովքեր այն ավելի են արժևորում: Այսպես՝ ակտիվները դրանց արժեքը հասկացողների ձեռքից անցնում են նրանց ձեռքը, ովքեր դրանց պահանջարկն ունեն: Առանց սպեկուլյացիայի՝ վաճառողները կսահմանափակվեն միայն նրանով, որ առաջարկեն իրենց ակտիվները դրանք ուղղակիորեն սպառողներին, իսկ գնորդները կկարողանան ակտիվներ ձեռք բերել միայն նրանցից, ովքեր ուղղակիորեն արտադրում են դրանք: Յուրաքանչյուր միջնորդ կամ վերավաճառող զբաղվում է սպեկուլյացիայով՝ ի շահ տնտեսության: Սպեկուլյանտները նաև օգնում են պահպանել առաջարկը, երբ պակասուրդի ծավալն անսպասելիորեն փոխվում է՝ հանգեցնելով առաջարկի նվազման և կամ պահանջարկի աճի:

Վաճառք

Վաճառքը ինչ-որ մեկին համոզելու գործընթաց է, որ իր ծախսը եկամտի դիմաց արդարացված կլինի՝ ըստ իր սուբյեկտիվ գնահատման, և դա իրեն շահույթ կբերի: Գնման սովորական սցենարի դեպքում վաճառքի իրականացումը պահանջում է գնորդին համոզել, որ իր վճարած գումարը համարժեք է ձեռք բերած ակտիվի օգտաբերությանը, և որ այդ ակտիվը արժեքի ավելի լավ աղբյուր է, քան ուրիշ ակտիվները: Վաճառքը որոշակի ձևով և չափով անհրաժեշտ է յուրաքանչյուր բիզնեսի, որովհետև մարդիկ նախապես հստակ չգիտեն, թե ինչ են ուզում (պահանջարկ), ինչ տարբերակներ ունեն դրանք ձեռք բերելու համար (առաջարկ) և չունեն ինքնուրույն գործելու վստահություն:

Վատնում

Վատնումը ապարդյուն կորուստն է հարստության ստեղծման կամ սպառման գործընթացում: Վատնման ընկալումը պատմության ընթացքում փոփոխվել է: Այն, ինչ անցյալում համարվել է թափոն, այսօր կարող է վերամշակվել և վերստանալ իր օգտաբերությունը: Այն, ինչ նախկինում եղել է բնության մեջ, սակայն չի օգտագործվել, այժմ կարող է կառավարվել և փոխանակվել մարդկանց կողմից, որոնք արժևորում են տվյալ ռեսուրսը: Որքան լավ իմանանք՝ ինչ հատկություններ ունեն բնական նյութերը, և դրանք կիրառենք օգտաբեր եղանակով, այնքան քիչ կլինի վատնումը: Ավելի քիչ կլինի այն, ինչը չենք կարող սպառել կամ փոխանակել:

Տեխնոլոգիա

Տեխնոլոգիան այն ամենն է, ինչ հայտնագործվել է մարդկանց օգնելու համար, որպեսզի նրանք իրենց նպատակներն իրագործեն ավելի արդյունավետ և արդյունարար ճանապարհով: Ավելի լավ տեխնոլոգիան ավելի լավ կրթության արդյունք է: Սղոցը գործիք է, որն օգնում է իրագործել փայտ կտրելու նպատակը: Մեքենաներն ու ավտոճանապարհները տեխնոլոգիայի ծնունդ են, որոնք օգնում են իրագործել արագ փոխադրման նպատակը: Տպագիր գիրքը տեխնոլոգիայի արդյունք է, որն օգնում է իրագործել կրթվելու նպատակը: Բիզնես կառույցները օգնում են իրագործել հարստության փոխանակման նպատակը:

Տնտեսություն

Տնտեսությունը արտադրության, ապրանքների սպառման ու փոխանակման և ծառայությունների մատուցման այն բոլոր գործընթացների ամբողջությունն է, որոնք տեղի են ունենում մարդկային քաղաքակրթության մեջ: Դա աննյութական համակարգ է, որի միջոցով մարդիկ փոխգործակցում են (նույնիսկ չգիտակցված), որպեսզի ավելի լավ իրագործեն իրենց և մյուսների նպատակները, քան կարող էին անել մենակ: Տնտեսությունը բնականորեն հանգում է մի հավասարակշռության, երբ նվազագույն ծախսերով բավարարվում են առավելագույն թվով մարդկանց նպատակները՝ վերջիններիս կատարած կամավոր ընտրության միջոցով: Երբ արհեստական խոչընդոտները մեկ ամբողջական տնտեսությունը բաժանում են անկապակից փոքր տնտեսությունների, դրանք խախտում են այդ հավասարակշռությունը: Նույնը կատարվում է, երբ մարդիկ իրականության սխալ ճանաչողություն են ունենում իրենց նպատակներին հասնելու ռազմավարությունը մշակելիս: Թեև հաճախ տնտեսությունը բնութագրվում է պարզեցված սահմանումներով, բայց իրականում այն պայմանավորում են ոչ միայն ծավալային, այլև ժամանակային գործոնները:

Փոխանակում և գողություն

Տնտեսական փոխանակումը ակտիվների և դրանց սեփականության ու վերահսկողության իրավունքի ինքնակամ փոխանցումն է մեկից մյուսին՝ այլ արժեքների դիմաց: Որքան ավելի զարգացած է տնտեսությունը, այնքան մարդիկ ավելի լայն հասանելիություն են ունենում ուրիշների գիտելիքների, հմտությունների և կապիտալի միջոցով ստեղծված արժեքներին: Ըստ այդմ՝ մեր հարստությունն ավելի շատ ձեռք է բերվում փոխանակման միջոցով, քան ուղղակիորեն մեր ձեռքով ստեղծվելով: Մարդու համար ավելի ու ավելի ձեռնտու է դառնում ուրիշներից ստանալ այն, ինչ իրեն անհրաժեշտ է, քանի որ այդ ուրիշները տվյալ արժեքն ավելի հմուտ են ստեղծում:

Սեփականության գողությունը ուրիշի ակտիվների ուզուրպացիան է՝ բռնի յուրացումը: Գողություն նշանակում է որևէ նյութական բանի ֆիզիկական առգրավում առանց սեփականատիրոջ համաձայնության: Գողություն է նաև ակտիվի օգտագործումն առանց սեփականատիրոջ իմացության կամ այդ ակտիվի օգտագործման ծավալը սեփականատիրոջից թաքցնելը: Նույնիսկ մանր գողությունը միշտ վնասում է տնտեսությունը, որովհետև առնվազն մարդկանց զրկում է ինչոր բան ստեղծելու մոտիվացիայից, իսկ գողերն էլ միայն սպառում են հարստությունը և ոչ ստեղծում:

Փոխարինելիություն

Փոխարինելիությունը գործոն է, որով համեմատվում են նմանատիպ օգտաբերություն ունեցող ակտիվները: Փոխարինելիությունը չի որոշվում բացառապես ակտիվների օբյեկտիվ ֆիզիկական ձևով, այլ նրանով, թե ինչպես են սպառողները մեկնաբանում դրանց հատկությունները: Նույնիսկ փողը, որը նախատեսված է որպես փոխանակման միջոց առևտուրը հեշտացնելու համար, լիովին փոխարինելի չէ: Մեկ հատ տասըդոլարանոց թղթադրամն իր օգտաբերությամբ կամ արժևորմամբ նույնը չէ, ինչ տասը հատ մեկդոլարանոցը: Նույն կերպ՝ նոր տպված թղթադրամը նույնը չէ, ինչ նույն նոմինալն ունեցող հին և մաշված թղթադրամը:

Օգտաբերություն և անօգտակարություն

Օգտաբերությունը ակտիվի օգտագործման հնարավոր բոլոր ձևերի հանրագումարն է՝ ըստ դրա ֆիզիկական հատկությունների և բնական սահմանափակումների: Որևէ ակտիվի օգտաբերության մասին մեր գիտելիքներն ավելանում են կրթության միջոցով: Նավթն ուներ նույն օգտաբերությունը մինչև արդյունաբերական դարաշրջանում էներգիայի հիմնական աղբյուր դառնալը, բայց մենք չէինք կարողանում օգտագործել այն, քանի դեռ չունեինք համապատասխան գիտելիքներ ու տեխնոլոգիաներ:

Անօգտակարությունը հոգսն է, որ ծնում է պաշարը: Այն, ինչ օգտաբեր է մեկի համար (հետևաբար՝ համարվում է ակտիվ), կարող է միանգամայն անօգուտ լինել մեկ ուրիշի համար (հետևաբար՝ համարվում է հոգս), քանի որ նրանք հետապնդում են տարբեր նպատակներ, և նրանց անհրաժեշտ են տարբեր պայմաններ դրանք իրագործելու համար: Նպատակներին հասնելու համար միշտ պետք է հաղթահարել անօգտակարության որոշակի մակարդակ: Հետևաբար՝ նպատակը որպես արժեք պետք է արդարացնի անօգտակարության հաղթահարման ծախսերը՝ ըստ անհատի սուբյեկտիվ գնահատման:

www.ingramcontent.com/pod-product-compliance
Lightning Source LLC
Chambersburg PA
CBHW062118020426
42335CB00013B/1008
9781945884856